高等教育应用型本科人才培养法律专业系列教材

U0869138

环境与资源保护法学

李　响　主编

哈尔滨工程大学出版社
Harbin Engineering University Press

内 容 简 介

本书立足于环境与资源保护法学理论的独特性和体系的完整性，紧密联系我国环境与资源保护的实践、环境与资源保护法学的研究前沿，全面、系统地介绍环境与资源保护法学的基本概念、原则、制度、法律责任，以及环境与资源保护立法各具体领域主要的法律规定，着重培养学生对环境与资源保护法学理论体系整体上的认知能力，同时注意训练学生运用环境与资源保护法学的基本理论解决实际问题的能力。

本书可作为高校培养应用型人才的教材，也可作为对环境与资源保护法学感兴趣的读者的参考书。

图书在版编目(CIP)数据

环境与资源保护法学 / 李响主编. — 哈尔滨 : 哈尔滨工程大学出版社, 2022.10

ISBN 978-7-5661-3752-4

Ⅰ. ①环… Ⅱ. ①李… Ⅲ. ①环境保护法-法的理论-中国②自然资源保护法-法的理论-中国 Ⅳ. ①D922.601

中国版本图书馆 CIP 数据核字(2022)第 194840 号

环境与资源保护法学
HUANJING YU ZIYUAN BAOHUFAXUE

选题策划 夏飞洋
责任编辑 夏飞洋
封面设计 李海波

出版发行 哈尔滨工程大学出版社
社　　址 哈尔滨市南岗区南通大街 145 号
邮政编码 150001
发行电话 0451-82519328
传　　真 0451-82519699
经　　销 新华书店
印　　刷 哈尔滨午阳印刷有限公司
开　　本 787 mm×1 092 mm　1/16
印　　张 18.5
字　　数 440 千字
版　　次 2022 年 10 月第 1 版
印　　次 2022 年 10 月第 1 次印刷
定　　价 59.00 元
http://www.hrbeupress.com
E-mail:heupress@hrbeu.edu.cn

前　言

本书是针对法学、环保等专业本科学生编写的教材，旨在培养学生解决环境资源问题和环境资源保护的实践能力与应用能力。本书包括环境资源问题与环境资源保护、环境与资源保护法概述、环境与资源保护法的基本原则和基本制度、环境污染防治法、自然保护与资源保护法、环境与资源保护法的法律责任和国际环境法等主要内容，为学生学习和了解环境与资源保护法提供了系统的指导。

本书的写作重点围绕着“应用型本科人才培养”这一目标展开，旨在帮助学生建立对环保法律法规的基本认识和理解，掌握环境与资源保护法的基本原则和制度，深入了解环境污染防治法、自然保护与资源保护法、环境与资源保护法的法律责任和国际环境法等方面的内容，为学生提高综合素质和实践应用能力奠定基础。本书结构严谨，内容切实可行，以培养学生应用环保法律法规的基础能力和实际应用能力为主线，兼顾理论与实践，注重将理论知识与实际问题相结合，有助于引导学生进行案例思考和综合性分析，最终达到掌握环保法律法规，形成环保法律思维，为环保工作提供具体解决方案的目标。

编　者
2022 年 8 月

目　录

第一章　环境资源问题与环境资源保护

【学习目标】

通过本章学习，学生应了解环境、自然资源、生态系统、环境问题的基本概念，理解环境保护、资源保护及其与生态保护的关系，掌握环境问题的产生原因及应对对策；熟悉了解环境与资源保护法的产生与发展过程，熟悉环境与资源保护法学的研究对象和方法，为进一步学习“环境与资源保护法学”课程打下基础。

第一节　环境与资源

一、环境的概念及分类

“环境”一词在不同的学科里具有不同的含义。《辞海》中对环境的解释：“①环绕所辖的区域；周匝。如：环境保护；环境卫生。②一般指围绕人类生存和发展的各种外部条件和要素的总体。在时间与空间上是无限的。分为自然环境和社会环境”。《阿拉伯联盟环境与发展宣言》(1986 年)指出：“环境乃指环绕人周围的一切。”我国的环境立法对“环境”的概念采用了概括式和列举式的方法进行规定，《中华人民共和国环境保护法》第二条规定：“本法所称环境，是指影响人类生存和发展的各种天然的和经过人工改造的自然因素的总体，包括大气、水、海洋、土地、矿藏、森林、草原、湿地、野生生物、自然遗迹、人文遗迹、自然保护区、风景名胜区、城市和乡村等。”这一解释具有明显的环境科学学科背景，即“人类”是“环境”的主体，而野生动物、其他自然体、区域环境等只是“环境”的要素和组成部分。

根据以上对“环境”一词含义的考察可得出，环境是指作用于一个对象的所有外界影响与力量的总和。环境总是以某一对象为中心而言的，人们把这个中心对象称为主体，把围绕着中心对象的周围世界称为环境。环境与资源保护法学所研究的环境是以人类为中心对象的环境——人类环境，即可以直接或间接影响人类生存和发展的各种自然因素与社会因素的总体。“人类环境”这一概念是 1972 年在联合国人类环境会议上正式提出来的，它指的是以人类为中心、为主体的外部世界，即人类赖以生存和发展的天然与人工改造过的各种物质因素的综合体。

从不同角度考察，依据不同的标准可对人类环境进行不同的分类。根据是否经过人类加工改造，可将环境分为自然环境和人为环境。有的学者将人为环境用“社会环境”一词来表达，我们觉得不太恰当，因为社会环境通常还包括许多非物质的人文因素，如社会风气、人际关系、文化等，这些因素并不是本学科所研究的对象。自然环境通常指环绕人类社会的自然界，它包括很多自然因素，主要有大气、水、土地、矿藏、森林、草原和生物等。这些都是人类赖以生存和发展的物质基础。人为环境是指人类为了不断提高物质和精神生活水平，在自然环境的基础上进行加工、改造而形成的环境，如名胜古迹、风景游览区、温泉区、疗养区、城市、农村等。根据人类的视野或人类活动所及的空间范围，可以把人类环境分为许多层次，如居住环境、生活环境、地面环境、地质环境、区域环境、地球环境、大气环境、水环境、宇宙环境等。根据人类环境的国界性，可把人类环境分为国内环境、国际环境、区际环境等。

二、资源的概念及分类

一般来说，资源是指一国或一定地区内拥有的物力、财力、人力等各种物质要素的总称。所谓资源，特别是自然资源，是指在一定时间、地点、条件下能产生经济价值，以提高人类当前和将来福利的自然环境因素和条件。广义的资源包括自然资源、经济资源、人力资源等；狭义的资源则仅指自然资源。对自然资源内涵的认识，随着人类社会的发展和科学技术水平的提升而不断发展变化。我国于1987年发布的《中国自然保护纲要》中，对自然资源的解释是：“在一定的技术经济条件下，自然界中对人类有用的一切物质和能量都称为自然资源。”联合国环境规划署对自然资源的定义是：“在一定时间、地点条件下，能够产生经济价值，以提高人类当前和未来福利的自然环境因素与条件。”《辞海》对自然资源所下的定义是：“泛指天然存在的并有利用价值的自然物，如土地、矿藏、气候、水利、生物、森林、海洋、太阳能等资源。生产的原料来源和布局场所。对国家或地区的自然资源、自然条件进行综合分析、评价，是地理学的重要任务之一。

我们认为，自然资源是客观存在于自然界，可供人类利用的一切物质和能量的总称，包括土地资源、矿藏资源、森林资源、草原资源、水资源、海洋资源和野生生物资源等。对自然资源概念的把握应该注意三点：一是自然资源的天然性，自然资源是天然存在而非人工加工改造而成的。二是自然资源的有用性，人类的生存离不开自然资源，自然资源对人类社会的生存发展具有利用价值。只有那些存在着主体需求，且能够为人类所开发利用的资源才是自然资源；如果不是人类需要的，或者人类根据现有技术水平无法利用的自然物质则不能称其为资源。三是自然资源作用的两面性，利用好自然资源可以为人类谋福利，利用不好自然资源可能会给人类带来灾难。

根据不同的标准，可对自然资源进行不同的分类。根据自然资源的分布空间，将其分为地下资源和地表资源；根据自然资源是否具有可再生能力，将其分为可再生自然资源、不可再生自然资源和恒定自然资源；根据自然资源是否具有自储性，将其分为储存性自然资源和流动性自然资源；根据自然资源在地球圈层的分布，将其分为矿产资源、气候资源、水利资源、土地资源、生物资源；根据自然资源在经济部门的地位，将其分为农业自然资源和工业自然资源两大系统；根据自然资源与土地的依附程度，将其分为土地依附型自然资源和自由活动型自然资源；根据自然资源权利的归属，将其分为私有自然资源、公用(社会公共)自然资源和公有(国家所有或者集体所有)自然资源；根据自然资源本身固有的属性，将其分为耗竭性自然资源和非耗竭性自然资源。耗竭性自然资源分为可更新的自然资源和不可更新的自然资源；非耗竭性自然资源分为恒定性自然资源，亚恒定性自然资源和易误用、易污染的自然资源。

三、环境与自然资源的关系

(一)环境与自然资源的联系

首先，两者密不可分。现代环境科学已经证明，环境由环境要素构成，而环境要素则是一定区域内具有生态联系的一切能为人类所利用的各种天然的与经过人工改造的物质和能量(即自然资源)。离开了具体的物质和能量，环境就无从谈起，更不用说人类的生存和发展。

其次，两者相互依存。侵害环境或自然资源的任何一方必然损害另一方，如大规模的林木砍伐活动，不仅会破坏森林资源，还会使作为环境因素之一的森林防风固沙、水土保持、吸收温室气体和净化空气等生态功能下降或丧失。保护环境或自然资源的任何一方必然有利于对另一方的保护，两者呈现一种互补和依存的关系。如果我们能保护每一根林木，那么，森林生态环境就能够得到改善。

再次，两者均具有经济价值。众所周知，自然资源(尤其是稀缺性资源)是具有经济价值的，同样，环境的一些功能，如环境容量也具有经济价值，如排污权交易实质上就是有偿地转让环境容量使用权。当前，我国在不断拓展环保市场领域，各地也在相关领域开展了有益的尝试。例如，广东省碳排放交易权试点工作和排污权交易试点工作的展开就是一个实例。今后，我们应积极试点和推行水权交易、排污权交易、碳排放权交易等以保护生态环境为目的的市场交易体系，形成层次分明、统一开放、竞争有序的生态保护市场交易体系。

(二)环境与自然资源的区别

第一，两者所反映的动静关系不同。在一定的时空范围和缺乏生态联系的条件下，资源表现为各种相互独立的静态物质和能量；而环境不仅是静的自然资源和能源的组合，而且是动的统一体，它是由处在一定时空范围内的一定数量、结构、层次并相似相容的物质和能量所构成的物质循环、能量流动与信息传递的统一体。

第二，两者的形态不同。自然资源要么看得见，要么能为人类所直接感知；而环境还包括各种无形的生态功能和信息传递功能等。

第三，两者强调的侧重点不同。自然资源强调的是林木、风、地热等物质实体或能量的天然性和有用性；环境强调的则是一定区域内一定类型生态系统所表现出来的整体生态功能价值（如环境污染与破坏容量、环境的舒适性、景观优美性、可欣赏性等），这些生态功能不是通过实物形态为人类服务，而是以脱离其实物载体的一种相对独立的功能形式存在。

第四，两者强调的价值和效益属性不同。自然资源强调经济价值和经济效益。自然资源的经济价值大部分属于有形财产，如煤的经济价值是建立在煤的有形使用价值基础上的。环境强调生态价值和生态效益，包括一些看不见、摸不着的、无形的生态功能和信息的使用或可利用价值，属于无形财产，如排污权交易费、优美环境的欣赏费和购买费（如购买风景区一定时间的经营权）等，其价值核算与自然资源经济价值的核算方式、方法也不同。

综上所述，尽管环境和自然资源有所差别，但是我们用生态学的观点来看待自然资源，两者又是不可分割的。例如，按照《中国自然保护纲要》的分类，自然资源主要包括土地、森林、草原和荒漠、物种、陆地水资源、河流、湖泊和水库、沼泽和滩涂、海洋矿产资源、大气以及区域性的自然环境与资源。而所有这些，大多已经在《中华人民共和国环境保护法》对"环境"的定义中予以了列举。也就是说，当我们在环境立法中提到"环境"的概念时，理所当然地将自然资源包括在内。从某种意义上说，自然资源是环境的组成部分，是构成环境的要素之一，破坏了自然资源就是破坏了环境。但破坏了环境不一定破坏了自然资源，如噪声污染、光污染等，虽说污染了环境但并没有对自然资源造成破坏。因此，我们认为环境和自然资源的关系是一种包含和被包含的逻辑关系。本书在许多情况下使用的"环境"概念是"环境资源"的简称。

第二节 环境资源问题

一、环境资源问题的概念及分类

环境资源问题是指由于自然原因或人类活动使环境条件或因素发生不利于人类的发展，以致影响人类的生产和生活，给人类带来灾害的现象。环境资源问题可分为两类：一类是指由于自然环境本身的运动变化而给人类造成的一切有害影响，如火山、地震、洪水等，被称为原生环境问题或第一环境问题，又称自然灾害；另一类是指由于人类活动作用于自然界并反过来对人类自身造成的一切有害影响，被称为次生环境问题，又称人为环境问题或第二环境问题。这两类环境问题有时交叉发生、协同作用，如大型水库往往诱发地震，滥伐森林往往引发和加剧洪水、干旱及火灾等。作为环境立法控制对象的环境问题，最初主要指第二类环境问题，后来逐步扩大到第一类环境问题，但占据主导地位的一直是第二类环境问题。

根据具体表现形式，第二类环境问题又可分为两大类：一是环境污染，又称投入性损害或污染性损害，即由于人类不适当地向环境中排放污染物或其他物质、能量对环境所造成的不利影响和危害，如工业“三废”(废水、废渣、废气)污染、农药化肥污染、有毒化学品污染等；二是自然生态破坏，又称取出性损害、开发性损害或非污染性损害，即由于人类不适当地从环境中取出或开发出某种物质、能源对环境所造成的不利影响和危害，如滥伐森林、滥垦土地、滥取地下水等。这两类环境问题有时同时发生在人类的同一项活动中，如开采矿产资源，可能同时造成自然生态破坏和环境污染。环境问题的实质是由于盲目发展、不合理开发利用资源而造成的环境质量退化，以及自然资源浪费和枯竭的现象。所以许多环境问题也是资源问题，对环境的污染和破坏，也包括对自然资源的污染和破坏。

二、环境资源问题的产生与发展

自从有了人类，地球就有了环境资源问题，只不过在人类社会发展的不同阶段，其环境资源问题有不同的表现形式、内容、程度、范围和性质。作为环境法研究对象的环境问题，主要是第二类环境问题，其产生和发展大致可分为以下三个阶段。

第一阶段，环境问题的萌芽阶段，又称古代环境问题阶段，即从人类诞生至18世纪工业革命。在人类诞生后的漫长岁月里，社会生产力落后，科技水平低下，人类影响和作用环境的能力与程度较弱，人类活动对环境的冲击并未超过环境的承载能力和自净能力。此时人与环境关系的基本特征是人对自然的依赖、盲从、迷信和崇拜。这个时期的环境问题主要是局部性、短期性和个别性的环境问题，主要表现在人对自然资源的掠夺破坏和某些局部生活环境问题上，如因连年战争所引起的土地荒芜退化问题、滥伐森林引起的水土流失问题等。

第二阶段，环境问题急剧发展、局部恶化的阶段，又称近代环境问题阶段，即从工业革命开始至第二次世界大战结束。随着蒸汽机、发电机等工业设备的发明和推广，人类改造自然的能力迅速增强，人类活动对环境的作用和影响超过了环境的承载能力与自净能力。这一阶段人与环境关系的基本特征是极端的人类中心主义，是人对环境的占有、征服、统治和掠夺。这个时期的环境问题体现在两个方面：一是环境污染，主要表现为“三废”的点源污染和区域性污染，如煤烟尘、二氧化硫等造成的大气污染，矿冶、制碱等化学工业造成的水质污染等；二是生态破坏，主要表现为因不合理开发、利用矿产和森林等自然资源所造成的植被破坏与资源破坏，以无林化和水土流失为主。

第三阶段，环境问题全面发展和局部被抑制的阶段，又称现代环境问题阶段，即从第二次世界大战结束至今。第二次世界大战以后，世界科技和经济高速发展，人口剧增，城市化和工业化加速，人类开发利用环境资源的能力、规模、程度大大提高，人类活动对环境的影响和冲击超出了环境的承载能力，环境问题开始成为全世界普遍关注的一个严重的社会问题，环境保护开始成为全人类的共同事业，人类防治环境问题的能力也日益提高。此时人与环境关系的基本特征是极端的人类中心主义环境观和不可持续发展的生产方式继续存在，与此同时，新的人与自然和谐共处的思想和可持续发展的生产方式已经产生。这个时期的环境问题又可以细分为两个阶段：第一个阶段是从 20 世纪 40 年代至 70 年代，以著名的世界“八大公害事件”为代表，以 1972 年召开的联合国人类环境会议为标志，属于工业污染、常规污染(如农药污染、石油污染)和资源能源危机急剧发展的阶段；第二个阶段是从 20 世纪 80 年代至今，以著名的印度博帕尔毒气泄漏、切尔诺贝利核电站核泄漏为代表，以 1992 年召开的联合国环境与发展会议为标志，是区域性环境问题、全球性环境问题大爆发的阶段。

根据环境问题的发展史，环境问题还有其他划分方法，如将其划分为原始人类时期、农牧业社会时期和工业革命时期。有的还从工业“公害”的角度把近代环境污染分为三个阶段：第一个阶段是 18 世纪末到 20 世纪初(产业革命时期)，以煤烟尘、二氧化硫造成的大气污染和以矿冶、制碱造成的水质污染为主；第二个阶段是 20 世纪 20 年代至 40 年代，燃煤造成的污染进一步加剧，同时增加了石油和石油产品带来的污染，有机化学工业的污染问题也逐年增加；第三个阶段是 20 世纪 50 年代到现在，由石油和石油产品造成的污染大量增加，又出现了农药、放射性物质等新的污染源。除大气污染、水质污染严重外，噪声、振动、垃圾、恶臭、地面沉降等其他公害也纷纷出现，环境问题进入了社会公害泛滥阶段。

三、我国的环境资源问题

我国的环境资源问题，早在中华人民共和国成立初期就已经暴露出来了。当时的主要表现是：由于森林和草原滥伐滥垦，植被遭到破坏，导致水土流失及土壤侵蚀；在少数工业城市，出现了不同程度的工业污染。但由于人口较少，生产规模不大，所产生的环境问题大多是局部性的生态破坏和环境污染。

20 世纪 50 年代末我国经济出现了严重的困难，工业污染和生态破坏也比较严重，主要表现为“小钢铁”遍地开花导致森林资源的严重破坏，在许多城市的工业区烟雾弥漫、污水横流、渣滓遍地，特别是对矿产资源的乱挖滥采、对植被的破坏，给生态环境带来了一系列的严重后果。这次大范围的冲击和破坏，使我国的环境问题急速加剧。

20 世纪 60 年代中期，我国经济濒临崩溃的边缘，环境污染和生态破坏也达到了触目惊心的程度。主要表现在：在工业方面，片面追求高产值，从而导致资源能源的极大浪费和环境的严重污染；“三线”建设将许多污染严重的工厂迁进了深山峡谷，造成严重污染的同时却无法采取集中有效的控制。在农业方面，强调“以粮为纲”，毁林开荒、围湖造田等严重破坏了生态平衡，此时的环境污染和生态破坏迅速蔓延，于 1972 年出现了大连湾污染告急事件、北京官厅水库水污染事件、松花江水系污染报警事件。这一时期是我国环境问题的大爆发期。

1973—1978 年，我国的环境保护事业开始起步，但无力阻挡污染加剧的趋势。主要表现为工业盲目发展，城市布局混乱，导致环境急剧恶化，主要城市出现了严重污染的局面；生态破坏日益加剧；自然灾害频繁；植被破坏加剧了水土流失；土壤退化、沙化、盐碱化趋势加剧；农业环境普遍受到化肥、农药、工业“三废”的污染；人口剧增对环境造成巨大冲击和压力。森林、草原、矿产、淡水等各种自然资源被超负荷开发利用，人口与资源矛盾日益突出。我国的环境问题处于加剧期。

改革开放后，我国的环境保护事业得到迅速发展，国家制定和颁布了一系列的环境保护法律法规，使我国的环境资源问题得到明显改善。但由于过去的环境资源问题欠账太多，加之当时我国的经济还需要进一步发展，许多环境资源问题仍然存在。

第三节　环境资源保护

一、环境资源保护的概念

环境资源保护简称环境保护。环境保护作为一个较为明确和科学的概念是在 1972 年联合国人类环境会议上提出来的。20 世纪 60 年代以前，人们认为环境问题只是局部地区大气和水污染的问题，在西方发达国家发生了反污染运动。1962 年美国出版了 R. 卡逊的《寂静的春天》一书，该书描述了农药污染造成的生态危机，震动了欧美各国。科学家们发现，在几十年内，工业的迅速发展将人类带进了一个被毒化了的环境，而环境污染造成的损害是全面的、长期的、严重的。

1972年联合国人类环境会议通过的《联合国人类环境会议宣言》，在分析了当时的环境问题，全面阐述了人口、资源、环境和发展的关系后，提出了全球环境保护战略。联合国人类环境会议明确指出：环境问题不是局部问题，而是全球问题；不仅是技术问题，更主要的是社会经济问题。换言之，环境保护是一项事关全局的工作，是社会经济工作的重要组成部分。从此，环境保护有了较为明确的含义，环境保护这一术语也被广泛采用，环境保护工作越来越受到各国的重视。

在现实生活中，人们对环境保护存在广义和狭义两种认识：广义的环境保护涵盖对环境或资源的合理开发利用和保护改善，这种环境保护的概念与环境工作同义；狭义的环境保护是相对于环境的开发利用而言，即专门指保护和改善环境。《中国大百科全书·环境科学》对环境保护的解释是："采取行政的、法律的、经济的、科学技术的多方面措施，合理地利用自然资源，防止环境污染和破坏，以求保持和发展生态平衡，扩大有用自然资源的再生产，保障人类社会的发展。"这一定义显然是采用广义的环境保护概念。目前，我国对"环境保护"一词的使用普遍倾向于广义的概念，即环境保护包括环境资源的合理开发利用。

综上所述，所谓环境保护是指为了协调人与自然的关系，促进人与自然的和谐共处，保证自然资源的合理开发利用，防止环境污染和生态环境破坏，保障社会经济的可持续发展而采取的行政、经济、法律、科学技术以及宣传教育等诸多措施和行动的总称。

环境保护的重要性日益凸显，得到了我国立法的高度重视。2014年最新修订的《中华人民共和国环境保护法》将保护环境确定为国家的基本国策，强调环境保护应当坚持保护优先、预防为主、综合治理、公众参与、损害担责的原则，并将每年的6月5日确定为环境日。

二、环境资源保护的内在价值取向：人与自然的和谐

人们对环境的认识、心理、观念和思维的总和构成了环境保护的内在价值支撑。随着环境问题的日趋严重，人类关于环境的价值观念也在不断变化过程之中。人类的环境价值观是建立在一定生产力之上并反作用于生产力的一种社会意识形态，随着生产力的发展和科学技术的进步而不断变化、发展。

迄今为止，人类与自然大致经历了三个历史阶段：人类畏惧自然、崇拜自然的阶段；人类无视自然、主宰自然的阶段；人类重视自然，与自然和睦相处、协调发展的阶段。与这三个历史阶段相对应，人类的环境价值观也经历了自然中心主义→人类中心主义→人与自然和谐的历史发展过程。尽管到目前为止，人类中心主义的环境价值观在现实社会中仍占据主导地位，但人与自然和谐的环境价值观随着环境问题的日益严峻与环境宣传的逐渐增强，已日渐深入人心。1972年联合国人类环境会议所发出的《联合国人类环境会议宣言》，呼吁全人类要对自

身的生存环境进行保护和改善，强调保护自然环境就是保护人类自己。同时，它还要求人类与自然进行有效合作，把保护环境同和平与发展统一起来，作为人类的共同目标去实现。以人类中心主义为价值取向的环境观，以人统治自然为指导思想，以反自然为主要特征。它认为，自然资源是无限的，取之不尽，用之不竭，因而可以不受限制和无偿地使用；自然界的自净能力是无限的，因而可以随意把废弃物排入自然界。人类在这种功利主义环境观的指导下，只要是对集团或个人有利的，便无限制地向自然索取；不顾一切地向自然界排放废弃物，导致人与自然的冲突和对立不断加剧，直至出现全球性的环境危机。今日世界诸多环境问题，是传统环境观发展的必然结果。

而人与自然和谐的环境价值观则建立在对自然规律、环境与人类关系的科学认识的基础上，它认为自然资源和环境容量是有限的，人和自然必须和平共处、和谐发展。在这种尊重自然和自然规律价值观的指导下，要求人类转变环境观念，转换社会经济发展模式，即由以牺牲环境为代价的社会经济发展模式转换到经济增长与环境保护协调发展，经济建设与环境建设同步进行，从而保证人与社会发展的持续性和稳定性的社会经济发展模式。

分析比较人类中心主义和人与自然和谐两种环境价值观，环境保护的内在价值取向只能是人与自然和谐的环境价值观，即要求人类必须在研究自然资源再生能力和环境自净能力的基础上，有限制地、合理地开发和利用自然资源，使人类和自然协调发展；必须在尊重自然规律的前提下，正确行使保护环境的权利，切实履行保护环境的义务；必须正确处理好眼前利益和长远利益的关系，以长辈的责任感为子孙后代留下一份宝贵的环境遗产。

三、环境资源保护的理性选择：可持续发展

面对全球性的环境问题，人们对如何处理环境与发展问题提出了种种观点，归纳起来有以下三种。

(1)悲观论，又称原点发展论。这种观点认为，人口增长和科学技术的发展必然造成公害，“人类正走向地狱之门”，环境问题发展到最后“势必毁灭人类”。因此，必须放弃发展，实现人口和经济的“原点发展”，甚至“回到自然界”。如著名的罗马俱乐部发表的《增长的极限》一书就提出了“零增长”“零排放”的理论。

(2)盲目乐观论，又称盲目发展论。这种观点认为，人类在不讲环境保护的情况下已生存了几百万年，今后也仍会生存下去，“车到山前必有路”，不必为环境问题惊慌失措、杞人忧天。如美国未来研究所发表的《世界经济发展——令人兴奋的 1978—2000 年》一文，就认为资源能源不会产生枯竭性的危机，人类总会有办法应对未来出现的一切问题。

(3)积极乐观论，又称可持续发展论。这种观点认为，人类既是环境的产

物，又是环境的塑造者。现代科学技术的发展，给予了人类认识和改造环境的能力，人类只要在尊重自然规律的前提下，认识环境问题产生的根源，摆正人类在自然界中的位置，正确处理好环境保护和发展的关系，是可以达到社会、经济的可持续发展的。

分析以上三种观点，显然，悲观论与盲目乐观论都不符合人类发展与环境保护的现实需求，只有可持续发展论具有持久的生命力，能满足人类现代发展的需求，因而成为环境保护的理性选择。

可持续发展的思想和概念源远流长，不论是中国还是世界各国都保持着传统的“永续利用”思想的历史。可持续发展是在环境保护的基础上发展起来的，是人类社会发展的必然选择，它涵盖了环境保护、生活质量、社会公平、为未来着想等多方面内容。可持续发展是从环境与自然资源角度提出的关于人类长期发展的战略和模式，它不是一般意义上所指的一个发展进程要在时间上连续运行，不被中断，而是强调环境与自然资源的长期承载力对发展的重要性以及发展对改善生活质量的重要性。它强调的是环境与经济的协调，追求的是人与自然的和谐，其核心思想是经济的健康发展应该建立在生态持续能力、社会公正和人民积极参与自身发展决策的基础之上。它的目标是不仅满足人类的各种需求，务使人尽其才，物尽其用，地尽其利，而且还要关注各种经济活动的生态合理性，保护生态资源，不对后代人的生存和发展构成威胁。在发展指标上，与传统发展模式有所不同的是，可持续发展不再把国内生产总值(GDP)作为衡量发展的唯一指标，而是用社会、经济、文化、环境、生活等各个方面的指标来衡量发展。可持续发展是指导人类走向新的繁荣、新的文明的重要指南，也是人类实现环境保护与资源永续利用的必然理性选择。

(一)可持续发展的丰富内涵

可持续发展的思想与传统发展思想是相对立的，是在对传统发展思想进行深刻反思基础上的一个彻底的否定。传统的发展是以高投入、高消耗作为其发展的重要手段和基本途径，以高消费、高享受作为其发展的追求目标和推动力，因而它往往片面地强调发展的经济目标，片面地强调发展的速度和发展的数量，而忽视对资源的保护和污染的防治，忽视自觉地调整人口与生态、资源与发展的合理比例。

可持续发展最广泛的定义和核心思想是：“既满足当代人的需要，又不对后代满足需要的能力构成危害”(《我们共同的未来》)；“人类应享有以与自然相和谐的方式过健康而富有生产成果的生活的权利，并公平地满足今世后代在发展与环境方面的需要，求取发展的权利必须实现”(《里约热内卢环境与发展宣言》)。由此可见，可持续发展含义的两个最基本的要点为：一是强调人类追求健康而富有生产成果的生活权利，应当坚持与自然相和谐方式的统一，而不应当凭借人们手中的技术和资本，采取耗竭资源、破坏生态和污染环境的方式来迎合发展权利的短期需要；二是强调当代人在创造与追求今世发展和消费的时候，应承认并努力做到使自己的机会与后代人的机会相平等，不允许当代人片面地、自私地为了追求今世的发展与消费而毫不留情地剥夺后代人本应合理享有的同等发展和消费的机会。

可持续发展在上述核心思想的指导下，还包括了以下几层含义。

(1)可持续发展特别强调的是发展，把消除贫穷作为一项不可缺少的条件。发展是人类共同和普遍的不容剥夺的权利，特别是对于发展中国家来说，发展尤为重要。目前，发展中国家正经受着来自贫穷和生态恶化的双重压力。而贫穷是导致生态恶化的根源，生态恶化又进一步加剧了贫穷。发展不仅是解决贫穷的钥匙，也是帮助发展中国家摆脱人口、生态危机和不卫生等一系列社会问题的必要手段。

(2)可持续发展认为，发展与环境保护相互联系，构成一个有机的整体。《里约热内卢环境与发展宣言》强调："为了实现可持续的发展，环境保护工作应是发展进程的一个整体组成部分，不能脱离这一进程来考虑。"可持续发展把环境保护作为积极追求的最基本的目标之一，它也是区分可持续发展与传统发展的重要标志。

(3)可持续发展认为，每个人都享有正当的环境权利，即享有在发展中合理利用自然资源的权利和享有清洁、安全、舒适的环境权利。人们的环境权利和环境义务是平等、统一的，在国际事务和交往中，国家环境资源主权与环境责任也应是平等统一的。

(4)可持续发展呼吁人们放弃传统的生产方式和消费方式。它一方面要求人类在生产时要尽可能地少投入多产出；另一方面要求人类在消费时要尽可能地多利用少排放。因此，人类必须纠正过去那种单纯依靠增加投入、加大消耗来实现发展和以牺牲环境来增加产出的错误做法，使发展更少地消耗地球上有限的资源，更多地与地球对环境污染的承载能力达到有机的协调。

(5)可持续发展要求加快环境保护新技术的研制和普及，并提高公众的环境意识。解决环境危机的根本出路在于科学技术，只有进行大量先进生产技术的研制、应用和普及，才能使单位生产量的能耗、物耗大幅度地下降，才能不断地开发新的能源和新的材料，才能实现少投入多产出的理想发展模式，进而减轻对环境的排污压力。

(6)可持续发展还着重强调人类必须改变对自然界功利主义的传统态度，树立起一种全新的现代文化观念。即用生态的观点重新认识人与自然的关系，把人类仅仅当作自然界大家庭中的一名普通成员，从而真正建立起人与自然界和谐相处的崭新观念。

(二)实现可持续发展的基本途径

1992年，联合国环境与发展会议通过的《21世纪议程》，全面描述了从1992年到21世纪向可持续发展转变的行动蓝图。从《21世纪议程》内容及各国实施的综合情况来看，可持续发展是一个包括了经济、社会、技术各项变革的长期动态过程，它要求世界各国根据自身的自然、经济、社会和文化的条件与特点，探求可持续发展的道路。虽然世界上不存在一种统一的、普遍适用的可持续发展模式，但从国际社会和各国所提出的可持续发展目标与战略来看，实现可持续发展的主要途径有以下几个方面。

1. 将环境保护纳入综合决策，转变传统增长模式

传统增长模式的核心是单纯追求经济产出的增长，把国民生产总值(GNP)的增长当作经济发展和社会进步的代名词。从环境与自然资源角度而言，这种增长方式忽视了经济、社会系统对环境的影响，往往以环境与自然资源的迅速消耗来加快经济产出，一种极端表现就是在我国和一些发展中国家所实施的“赶超战略”，采用压低农产品、矿物原料和能源价格的方式，补贴重化工业的发展。不计代价地发展高消耗、高污染的工业体系，造成资源大量浪费和环境严重污染。另一种极端表现就是以美国为代表的大批量生产、大批量消费模式，“用过即扔”，创造了人均资源消耗和废物产生量的新“奇迹”。

转变传统增长模式的途径主要有：修正传统的国民经济核算方法，把自然资源消耗和环境污染纳入经济核算，把经济发展战略建立在更为合理的目标和指标下；逐步取消各种使用资源的补贴，使资源价格充分反映其稀缺性，促进资源使用效率的提高；增加对污染的收费，使污染者完全补偿其污染环境的成本。

2. 变革社会观念，发展适度消费的新大众消费模式

大批量物质消费和“用过即扔”的现代大众消费模式是在西方国家，特别是美国发展起来的，是传统经济增长模式的社会动力。在这种模式下，大众消费和大规模生产相互促进，大量的物质产出带动了大量的物质消费。在惊人的消费增长中，发达国家消耗了世界上与其人口不成比例的自然资源和物质产品，以世界上1/4的人口消耗了世界商业能源的80%，其中，北美洲的人均消费是印度或中国的20倍。从全球资源和环境承载力来看，地球现有环境容量不可能将世界全部人口的消费水平都维持在西方现有的消费标准。据学者估计，如果22世纪初全球70亿人口都按照西方的消费水平来消耗资源，为满足人们的需求，人类需要的地球是十个而不是一个。转变消费模式，首先需要发达国家改变超出必要物质消费限度，并以越来越多的物质消费为目标的消费模式，致力于减少产品和服务对环境的不利影响，减少相应的资源、能源消耗和污染；同时，发展中国家也

应选择与环境相协调的，低资源、能源消耗，高消费质量的适度消费的体系。从消费品特征来说，强调持久耐用，强调可回收，强调易于处理。要在全社会大力树立绿色消费的理念，提倡“更少地消费，更好地生活”，既节约了资源，又提升了幸福指数。

3. 开发同环境友好的技术，实现清洁生产，发展同自然相容的产业体系

科技是一把“双刃剑”，既为人类提高生活水平和改善环境提供了手段，也为人类改变或破坏环境创造了条件。从技术根源讲，人类在 20 世纪所造成的全球范围的环境危害直接根源在于工业革命后人类发明和创造的各种生产技术。因此，发展清洁生产技术是人类有意识地引导科学技术以适应环境保护的一种尝试。

清洁生产技术的基本目标是减少乃至消除生产过程和产品与服务中对环境有害的影响。从生产过程而言，要求节约原材料和能源，尽可能不用有毒原材料，并在排放物和废物离开生产过程以前就减少它们的数量与毒性；从产品和服务而言，要求从获取和投入原材料到最终处置报废产品的整个过程中，尽可能将对环境的影响降至最低，减少产品和服务的物质材料、能源密度，扩大可再生资源的利用，提高产品的耐用性和寿命，提高服务的质量。20 世纪 80 年代以来，发达国家均把发展这类新型技术作为争取国家战略优势的重要途径和提高世界市场竞争力的重要手段。

4. 发展和完善环境保护法律政策

从经济、社会体系角度而言，环境问题是市场不完整及运转失效的一种表现，表现为一种“公害”，需要政府的干预行动。政府不论是采取直接行政干预和提供服务，还是采用间接经济手段，都要逐步建立相应的有关自然资源和环境保护的法律体系。从发达国家有关法律的发展过程来看，20 世纪 70 年代以后，这些国家一系列环境状况指标有了很大的改善，这表明各国所采用的法律规制手段已初见成效。但环境问题依然存在，一些环境问题还没有找到有效的控制手段，需要继续发展和完善自然资源与环境保护法律，使之适应可持续发展的长远目标。

5. 提高全社会环境意识，建立可持续发展的新文明

公众既是消费者又是生产者，他们的日常行为在很多方面对环境产生很大的影响，一旦他们产生了保护环境的要求，并采取行动积极保护自己的环境权益，就会为环境保护提供持久的动力。西方发达国家的环境保护大多是在公众环境保护运动的冲击下发展起来的。生活在工业文明中的人们面临着环境污染的日益严重、自然资源紧缺的日益加剧等一系列难题，已经清楚地意识到：工业文明在带来经济飞速发展的同时，也给生态环境带来了严重的破坏，使人类的可持续发展之路布满荆棘。人们开始思考：人类究竟需要什么样的文明形态？生态文明的提出，就是建立在这一追问之上的。

四、环境资源保护的制度保障：生态文明制度体系建设

（一）生态文明的概念及其基本要求

什么是生态文明？党的十八大报告指出：“面对资源约束趋紧、环境污染严重、生态系统退化的严峻形势，必须树立尊重自然、顺应自然、保护自然的生态文明理念，把生态文明建设放在突出地位，融入经济建设、政治建设、文化建设、社会建设各方面和全过程，努力建设美丽中国，实现中华民族永续发展。”从报告中可以看出，“资源约束趋紧、环境污染严重、生态系统退化”是我国生态文明建设必须直面的客观现实，“尊重自然、顺应自然、保护自然”是建设生态文明过程中应当一以贯之的重要理念，“把生态文明建设融入经济建设、政治建设、文化建设、社会建设各方面和全过程”是建设生态文明的基本路径，“建设美丽中国，实现中华民族永续发展”则是建设生态文明的根本目标。由此可知，生态文明是指为了更好地保护资源、环境和生态系统，在经济建设、政治建设、文化建设、社会建设等各方面始终树立保护自然资源、维护生态安全的理念，从而实现人与自然和谐相处、人类社会永续发展的文明形态。生态文明在本质上是要建立人与自然的和谐关系，实现人类社会的永续发展。

建设生态文明有以下三个基本要求。

(1)生态文明首先要求保护好“环境资源”。人类要以正确的态度对待自然，摒弃“人定胜天”的传统思维，不以“征服自然、统治自然、奴役自然”作为人类发展的价值取向，不滥用自然资源，不破坏生态环境；不能把人视为自然界的主宰者，而应坚持人是自然界的重要组成部分，或者说人与自然在复杂的生态系统中是平等的观点。

(2)生态文明要求保护好“人”。生态文明建设要求保护好人类的利益，建设生态文明必须始终坚持以人为本的发展理念。以人为本的发展理念，与极端的人类中心主义的主张有着本质区别。极端的人类中心主义是在把人与自然主客二分的基础上，把人的利益作为价值原点和道德评价的依据，强调只有人类才是价值判断的主体。而以人为本是科学发展观的核心，强调了要注重人的全面发展，而不能片面追求物质上的满足；强调发展应当是为了大多数人的利益，而不是为了少数人的利益。

(3)生态文明的最终目标是实现“人”与“自然”的良性互动、和谐发展。人类在向自然索取的同时，要保护好自然、积极主动回报自然。在渔猎文明时代，由于人类自身开发利用自然资源的能力有限，自然界的自我修复和再循环能力超过了人类的开发利用速度，其对人类而言犹如一个取之不尽、用之不竭的资源宝藏，人类对自然界的索取不会破坏生态平衡，也威胁不到生态安全。这种平衡在农业文明时代处于一种良性循环的状态。然而，当人类进入工业文明时代，科学

技术的迅猛发展大大提升了人类开发利用自然资源的能力，开发利用自然资源的速度和程度远远超越了自然界的自我修复能力，越来越多的不可再生资源濒临枯竭的危险境地。人类一味的、无节制的索取，加上开发利用过程中造成的空气污染与环境破坏，使得人与自然的矛盾日益尖锐。生态文明的提出，其根本目标是改善人与自然的关系，这就要求将开发利用自然资源与保护自然资源有机联系起来，建立必要的约束机制，开发利用与保护要同步进行。开发利用自然资源要以保护自然资源及不破坏生态平衡与安全为前提和基础。

(二)建设社会主义生态文明对环境资源保护的基本要求

在当下中国，很多地区雾霾严重，人们从未像现在这样关心环境问题，从未像现在这样渴望明媚的阳光、清澈的蓝天、清新的空气。推进生态文明建设，需要客观审视和评估我们所处的环境质量与生态状况，清醒地看到环境资源匮乏所带来的严峻生态形势，清楚地认识到人口、资源与环境之间的矛盾所带来的生态风险，自觉树立“尊重自然、顺应自然、保护自然”的生态文明理念。党的十八大报告强调：“我们一定要更加自觉地珍爱自然，更加积极地保护生态，努力走向社会主义生态文明新时代。”报告正式提出了“建设社会主义生态文明”，并将其与“建设社会主义市场经济、社会主义民主政治、社会主义先进文化、社会主义和谐社会”一起作为中国特色社会主义道路的有机组成部分。推进生态文明建设是民心所向，刻不容缓。

第一，要强调自然资源的节约利用、集约利用和循环利用。建设资源节约型社会是我们社会建设的重要目标之一。节约资源最重要的是不浪费自然资源，不滥用自然资源，在开发利用的过程中不破坏自然资源。要主动改变粗放式的开发利用自然资源的模式，逐步探讨和健全资源开发利用的技术标准与行业准入制度，及时淘汰高污染、低产能、高能耗的落后企业，积极开展科技创新，大力倡导资源的集约化利用，不断提升资源的使用效率，最大限度地发挥资源应有的经济效益和社会效益。大力发展循环经济，就是要积极主动地转变经济发展方式，走绿色工业化的发展道路，提高资源的循环使用能力，降低工业污染。

第二，要有全球视野，保护好全人类共同的生存环境。发达国家在工业化进程中耗费了大量的自然资源，导致资源匮乏、环境污染、生态失衡，这不仅影响了工业国家自身的自然环境，而且破坏了全球的气候安全。因此，必须要有全球视野，时刻牢记“地球是我们共同的家园”，不断增强保护自然资源的自觉性和责任感。同时，也要推动全球各国更为积极的环保行动，逐步建立“共同应对、全面合作、合力解决”的资源保护机制。

第三，要进一步明确生态文明建设中的政府职责，建立公共服务型政府。政府是经济社会发展的主导者和推动者，是生态文明建设的具体实施者和有效推动者。政府要确立科学的发展理念，探索符合生态文明发展要求的发展模式，科学规划产业布局，加大节能环保投入，出台有效的规章与政策，实施有效的环境保护监管措施，从发展理念、体制机制、具体举措等方面推进生态文明建设。

(三)加快生态文明制度建设，完善生态环境法治保障

生态文明制度体系建设，是建设生态文明的重要内容，也是建成生态文明的根本性保障。建设生态文明，必须建立系统完整的生态文明制度体系，实行最严格的源头保护制度、损害赔偿制度、责任追究制度，完善环境治理和生态修复制度，用制度保护生态环境。党的十八届三中全会通过的《中共中央关于全面深化改革若干重大问题的决定》，进一步明确了生态文明制度建设的具体目标。当前，要紧紧围绕建设美丽中国深化生态文明体制改革，加快建立生态文明制度，健全国土空间开发、资源节约利用、生态环境保护的体制机制，推动形成人与自然和谐发展现代化建设新格局。

要健全自然资源产权制度和用途管制制度。我国生态环境保护中存在的一些突出问题，在一定程度上与体制不健全有关，原因之一是全民所有自然资源的权利主体模糊，所有权人权益难以落实。因此，必须对水流、森林、山岭、草原、荒地、滩涂等自然生态空间进行统一确权登记，形成归属清晰、权责明确、监管有效的自然资源产权制度，并健全国家自然资源资产管理体制，统一行使全民所有自然资源所有者职责。要建立空间规划体系，划定生产、生活、生态空间开发管制界限，落实用途管制。山水林田湖是一个生命共同体，由一个部门行使领土范围内所有国土空间用途管制职责，对山水林田湖进行统一保护、统一修复是十分必要的。国家对全民所有自然资源资产行使所有权并进行管理和国家对国土范围内自然资源行使监管权是不同的，前者是所有权人意义上的权利，后者是管理者意义上的权力。因此，国有自然资源资产所有权人和国家自然资源管理者是相互独立、相互配合、相互监督的关系。

要划定生态保护红线。坚定不移地实施主体功能区制度，建立国土空间开发保护制度，严格按照主体功能区定位推动发展，建立国家公园体制。建立资源环境承载能力监测预警机制，对水土资源、环境容量和海洋资源超载区域实行限制性措施。对限制开发区域和生态脆弱的国家扶贫开发工作重点县取消地区生产总值考核。探索编制自然资源资产负债表，对领导干部实行自然资源资产离任审计。建立生态环境损害责任终身追究制。

要实行资源有偿使用制度和生态补偿制度。加快自然资源及其产品价格改革，全面反映市场供求、资源稀缺程度、生态环境损害成本和修复效益。坚持使用资源付费和谁污染环境、谁破坏生态谁付费原则，逐步将资源税扩展到占用各种自然生态空间的领域。稳定和扩大退耕还林、退牧还草范围，调整严重污染和

地下水严重超采区耕地用途，有序实现耕地、河湖休养生息。建立有效调节工业用地和居住用地合理比价机制，提高工业用地价格。坚持谁受益、谁补偿原则，完善对重点生态功能区的生态补偿机制，推动地区间建立横向生态补偿制度。发展环保市场，推行节能减排、碳排放权、排污权、水权交易制度，建立吸引社会资本投入生态环境保护的市场化机制，推行环境污染第三方治理。

要改革生态环境保护管理体制。建立和完善严格监管所有污染物排放的环境保护管理制度，独立进行环境监管和行政执法。要把公众参与、专家论证、风险评估、合法性审查、集体讨论决定确定为环境保护行政决策的法定程序，确保决策制度科学、程序正当、过程公开、责任明确。推进资源环境、农林水利、海洋渔业等领域的综合执法，建立陆海统筹的生态系统保护修复和污染防治区域联动机制。健全国有林区经营管理体制，完善集体林权制度改革。及时公布环境信息，健全举报制度，加强社会监督。完善污染物排放许可制度，健全环境标准制度，实行企事业单位污染物排放总量控制制度。对造成生态环境损害的责任者严格实行赔偿制度，依法追究环境污染者的行政责任与刑事责任。

按照生态文明制度建设的总体部署，加强自然资源法律制度建设，建立健全与自然资源开发、利用和保护的相关制度，是社会主义生态文明制度体系建设的一大根本任务。一是要通过健全国家自然资源权益保障制度，充分实现和有效落实国家作为自然资源所有者的权益。在自然资源开发利用的过程中，必须注重对自然资源的保护，尤其是要按照生态文明制度建设的总体部署，充分保障国家的自然资源权益。二是要通过自然资源用益物权制度，实现自然资源从归属到利用的有效衔接，促进自然资源“物尽其用”，促使更多的主体获得开发利用自然资源的权利。自然资源用益物权制度，有利于缓解自然资源稀缺性，促进人与自然的和谐相处，有利于实现物尽其用，充分发挥自然资源的使用价值，有利于促进市场在自然资源配置中发挥决定作用。在自然资源日益匮乏的今天，能否设计出科学的自然资源用益物权制度，直接关系到生态环境保护的成效和生态文明建设的进程。三是要通过健全侵犯自然资源权益的法律责任制度，实现从自然资源开发利用到自然资源法律保护的有效衔接。健全和完善侵犯自然资源权益的法律责任制度，明确侵犯自然资源权益的行为所应当承担的法律后果，使侵犯自然资源权益的违法行为受到法律的制裁，使受害者得到公平的补偿或者赔偿，这是生态文明背景下保护自然资源权益的客观要求。

总之，要用严格的法律制度保护生态环境，加快建立有效约束开发行为和促进绿色发展、循环发展、低碳发展的生态文明法律制度。2014 年修订的《中华人民共和国环境保护法》强化了生产者环境保护的法律责任，大幅度提高了违法成本。当前，要不断完善生态补偿和土壤、水、大气污染防治及海洋生态环境保护等法律法规，健全生态文明制度体系，促进社会主义生态文明建设。

本章小结

环境一般指影响人类生存与发展的各种天然的和经过人工改造的自然因素的总体。各国环境与资源保护立法给环境下定义的方法包括三类，即采用概括的方法对环境的内涵进行描述、采用列举的方法对环境的外延进行描述，或者采用概括加列举式的方法对环境的内涵和外延做出规定。

环境、自然资源与生态系统在性质上属于自然存在的、不以人类意志为转移的有机和无机物质的统一体。因环境、自然资源和生态系统的概念、划分依据与价值取向上的不同，环境保护、自然资源保护和生态保护的目的与性质也是不同的。这种不同也决定了单项环境与资源保护立法的不同价值取向。

环境问题有第一环境问题(原生)和第二环境问题(次生)之分。环境问题的发展经历了地域环境问题时期和国际环境问题时期，目前处于全球环境问题时期。环境法所要规制的环境问题是指人为原因导致的第二环境问题。产生环境问题的原因很多，从制度和决策层面分析，主要可以归咎于市场失灵、政策失误、科学不确定性以及国际贸易的影响等方面。因此，环境问题的解决是多方面的，应当综合运用科技、教育、社会、经济、政治、法律等方法和手段。

现代环境法产生于工业发达国家，大体经历了产生阶段、发展阶段和完备阶段。以 1949 年中华人民共和国成立为界，可以将中国环境与资源保护法的历史分为两个阶段：一是中华人民共和国成立以前的环境与资源保护法，二是中华人民共和国成立以后的环境与资源保护法。后者又可以分为产生阶段、发展阶段、改革完善阶段与强化阶段。

环境与资源保护法学是法学的新兴学科，它以环境与资源保护法的理论和实践及其发展规律为研究对象。环境与资源保护法学具有明显的自然科学和社会科学交叉渗透的特点，所以也是法学与环境科学的交叉学科、边缘学科。环境与资源保护法学既是一门研究法律规范的学问，又是一门法学方法论的学问。环境与资源保护法学研究除了要运用传统法学的理论和方法外，还应当注重对环境科学相关理论和方法的适用。

思考题

1. 环境、自然资源和生态系统的概念有什么异同？
2. 环境与资源保护立法定义“环境”的方式有哪些？
3. 什么是环境问题？环境问题的成因有哪些？
4. 外国环境与资源保护法的发展经历了哪几个阶段？各阶段有哪些特征？
5. 我国环境与资源保护法的发展经历了哪几个阶段？各阶段有哪些特征？

第二章　环境与资源保护法概述

【学习目标】

通过本章学习，学生应理解环境与资源保护法的概念、特征、目的及其与其他法律部门的关系，环境与资源保护法律体系的主要内容，了解环境与资源保护法律关系概念与特征；理解环境与资源保护法律关系的主体、客体及其权利义务，为学习和掌握环境与资源保护法学的具体内容奠定理论基础。

第一节　环境与资源保护法的概念

一、环境与资源保护法的定义和特征

（一）环境与资源保护法的定义

环境与资源保护法是指以保护和改善环境、预防和治理人为环境侵害为目的，调整人类环境与资源利用关系（也称环境利用关系）的法律规范的总称。

这一定义包含如下内涵。

第一，环境与资源保护法的调整对象是人类在从事环境利用行为中形成的环境利用关系。本书所谓的环境利用行为，是指人类为满足生存和发展需要，有意识地获取环境要素或者从环境要素中谋取利益的活动。

第二，环境与资源保护法的目的是保护和改善人类赖以生存的环境与资源，预防和治理人为环境破坏。

第三，环境与资源保护法的范畴既包含直接确立合理开发利用和保护环境与资源行为准则的法律规范，又包括其他部门法中有关环境与资源保护的法律规范。

此外，环境与资源保护法所要控制的是可事前预见的人为原因导致的环境污染或生态破坏。而以预防事前不可预见、不能克服和不能避免的自然灾害为目的的法律规范，理论上都不属于环境与资源保护法的范畴。

与环境与资源保护法相关的概念主要有环境法、环境保护法等。在中国法学

研究领域，环境与资源保护法同环境法或者环境保护法的内涵与外延基本一致。

（二）环境与资源保护法的特征

我国环境与资源保护法的特征可以归纳为社会性、政策性、科学技术性与综合性四个方面。

1. 社会性

环境与资源保护法的社会性（也称公益性）是环境与资源保护法区别于其他法律部门的最主要特征。环境与资源保护法的社会性是由两个因素决定的：一是环境要素具有公共产品属性。大多数环境要素要么属于公共所有，例如森林、海洋、野生生物；要么不属于任何人所有，例如大气、阳光。二是破坏与维护环境的受害或者获益群体具有广泛性。环境污染也被称为“公害”，即公众受害；反之，环境保护的受益群体也是公众，不仅包括当代人，而且包括后代人。

当然，环境与资源保护法的社会性特征并不能成为否认其阶级性和民族性的理由。例如，在当前国际应对气候变化谈判、跨界水道的开发利用等问题方面并不存在超国家的利益，每个国家所代表的本国与本民族的利益都是十分明显的，有时甚至针锋相对。

2. 政策性

环境与资源保护法的政策性根源于国家和政府对环境公共产品和环境公共利益的自觉保护，主要体现在以下三个方面。

第一，政策的法律化与法律的政策化。政策的法律化是指环境与资源保护法往往是政策先行的结果，当环境政策长期实行变成稳定的制度时，再经过国家的立法程序上升为法律。法律的政策化是指环境与资源保护法的内容有明显的政策性色彩，其实施通常主要通过政府制定政策加以落实。受此影响，美国于1969年制定的环境与资源保护的综合性立法直接被命名为《国家环境政策法》。

第二，环境与资源保护法需要根据环境质量的变化频繁修改。调整社会基本关系的传统法律部门虽然也会随着时代的变迁进行修正，但总体上其稳定程度较高，如《法国民法典》《德国民法典》等可以上百年不变。但是，环境质量的变化远比社会基本关系的变化快得多，人类治理环境的手段和措施特别是技术也日新月异，因而环境政策必须根据环境质量的变化适时调整，环境与资源保护法也因此需要不断修改。

第三，环境与资源保护法的执行受国家宏观经济形势和经济政策的影响。在经济发展与经济政策稳定时，环境与资源保护执法就比较严格；相反，在社会面对诸如金融危机等复杂的经济情势时，环境与资源保护执法就比较宽松。

3. 科学技术性

环境与资源保护法的科学技术性是由科学技术在环境保护中的重要地位决定

的，主要体现在以下三个方面。

第一，环境与资源保护法的制定必须遵循生态平衡等自然规律。各国进行专门环境立法的一个重要原因是控制人为因素导致的环境问题，即以法律手段将人类向环境排放的污染物数量控制在环境容量以内，以保护生态平衡。

第二，环境与资源保护法的内容以环境科学、生态科学为基础。无论是大气、水、海洋还是其他环境要素污染防治法，均以自然科学为基础，没有科学技术基础，环境与资源保护法就无从谈起。

第三，环境与资源保护法的实施必须依靠环境标准、环境监测等科技手段。环境质量标准是判断环境质量好坏的标准，污染物排放标准是判断排污者是否行政违法的标准，环境监测被称为环境保护的耳目。离开环境标准和环境监测这些科技手段，环境与资源保护法就难以实施。

4. 综合性

环境与资源保护法的综合性是指环境与资源保护法所采用的保护手段具有多样性，主要体现在以下三个方面。

第一，环境与资源保护法是公法与私法的融合。环境与资源保护法对环境的保护既采用私法性的民事手段，也采用公法性的行政与刑罚手段。

第二，环境与资源保护法是程序法与实体法的融合。环境与资源保护法主要是关于环境与资源保护法主体权利与义务的实体性规范。但由于环境问题的特殊性，对环境纠纷的处理也需要特殊的处理程序。因此，环境与资源保护法通常也包括有关环境纠纷处理的特殊程序法。

第三，环境与资源保护法是国内法和国际法的融合，局限于一国主权范围内的环境问题由一国的国内法解决，但是由于环境的整体性和流动性，环境问题可能由局部问题发展成为区域性问题甚至全球问题，因而在主要依靠国内法解决的同时，也需要国际合作，通过国际法解决全球性和区域性环境问题。

二、环境与资源保护法的目的

环境与资源保护法的目的，是立法者拟实现的环境与资源保护的理想和目标，是确立环境与资源保护法基本原则和基本制度的依据。理论上，可以把环境与资源保护法的目的有两个：一是基础的直接目的，二是最终目的。

各国环境与资源保护法的直接目的基本一致，即协调人与环境的关系，保护和改善环境；但是在最终目的上出现了分歧，产生了目的一元论和目的二元论。目的一元论，是指环境与资源保护法的最终目的是唯一的，即为了“保护人类健康”或者“环境优先论”；目的二元论是指环境与资源保护法的最终目的不仅在于保护人体健康，而且还要促进经济的可持续发展。

20 世纪 90 年代之后，随着可持续发展的理念逐渐被国际社会接受，各国环境与资源保护法的最终目的逐渐演变为可持续发展。

我国于1989年制定的《中华人民共和国环境保护法》第一条规定："为保护和改善生活环境与生态环境，防治污染和其他公害，保障人体健康，促进社会主义现代化建设的发展，制定本法。"《中华人民共和国环境保护法》之所以做出这样的规定，是基于当时的发展阶段和国情。第一，生存与发展仍然是首要需求。中国是发展中国家，有数量庞大的贫困人口，因而，经济发展仍然是社会进步的主导因素。第二，只有经济发展才能为环境问题的解决提供资金。环境与经济是一个问题的两个方面，环境问题一方面是经济发展所致，另一方面也需要经济发展提供充分的资金。如果片面追求环境的品质而不顾经济的发展，也有可能最终影响到环境的保护和改善。

经过多年的发展，随着中国经济的发展和人们生活质量的改善，特别是"可持续发展"理念被我国政府接受以后，我国环境与资源保护法的立法目的也随之发生调整和改变。自1998年修改的《中华人民共和国土地管理法》确立了"促进社会经济的可持续发展"的最终立法目的以来，后续制定或修订的环境与资源保护法律中，均明确地将"可持续发展"作为最终立法目的。

三、环境与资源保护法和其他法律部门的关系

目前，在全国人大宣布的中国特色社会主义法律体系中，环境与资源保护法不是独立的法律部门。环境与资源保护法中的环境污染防治立法被归到行政法部门，而自然资源立法则被归到经济法部门。

我们认为，环境与资源保护法理应作为中国特色社会主义法律体系的独立组成部分。其根本原因在于环境与资源保护法有其特殊的产生背景和特定的调整对象。

从环境与资源保护法的产生看，它是在利用传统法律部门无法对环境实施有效保护的背景下产生的。传统法律部门的手段和方法在救济环境与资源侵害方面存在如下局限性：第一，传统法律部门的救济基本上都属于事后救济，这与公众要求对环境污染实施预防和避免损害的预期有较大差距。第二，传统法律部门对环境问题救济通常属于个案救济，这与环境污染或生态破坏的大规模、连续性、潜伏性损害对公共环境利益的影响不相符。第三，传统法律部门对环境问题的救济属于分散救济，这与环境要素之间的相互关联性、生态系统的整体性不符。在传统法律部门对环境问题无能为力的情况下，环境与资源保护法作为对环境问题进行事前预防、事中控制、整体解决的法律部门应运而生。

在我国，法律部门划分的主要标准是法的调整对象。环境与资源保护法将人类生存环境作为保护对象，将人们在利用环境过程中产生的社会关系作为其调整的特定社会关系。这种因环境利用产生的社会关系在主体地位、权利义务内容和

客体指向等方面一般具有交叉、牵连和复合型的特征，很难简单用某种传统法律部门所调整的社会关系来概括和表述。

环境与资源保护法是较晚形成的法律部门，而且由于它使用综合性的法律手段解决环境问题，所以与其他法律部门存在千丝万缕的联系。

（一）环境与资源保护法和民法

环境与资源保护法和民法的联系主要表现在以下三个方面。

第一，在专门的环境污染防治法出现之前，环境污染问题主要依靠民事侵权救济机制加以解决。即使在当前，民事救济机制对于污染受害人的救济、环境损害的赔偿依然具有特别重要的意义。为此，《中华人民共和国侵权责任法》设专章对环境污染侵权责任进行了明确规定。

第二，民法中有关民事权利的规定，如人身权、财产权是环境污染受害人寻求救济的权利依据。在环境权作为独立的民事权利获得法律承认之前，环境污染受害人主要还是依据民法所规定的人身权和财产权对遭受的环境污染损害寻求司法救济。

第三，民法物权制度、相邻权制度对自然环境要素的保护、公众环境权益的维护也起到了一定的作用。

环境与资源保护法和民法的区别十分明显，主要表现在以下三个方面。

第一，公私法属性不同。民法对环境的保护属于私法保护，环境与资源保护法则更多地运用公法的手段对环境加以保护。在公私法分野比较明确的国家，一般将环境与资源保护法归为公法，而将民法归为私法。在承认第三法领域——社会法的国家，将环境与资源保护法归为社会法。但不论哪一个国家，一般都不将环境与资源保护法归为私法。

第二，民法对环境的保护属于事后救济；环境与资源保护法对环境的保护包括事前、事中和事后三个阶段，并且更侧重于事前预防，因此民法的救济相对比较被动，环境与资源保护法则趋向于主动。

第三，民法对环境受害者的救济是个案救济，侧重于对个人利益的维护；环境与资源保护法对污染的预防和治理则更倾向于对环境整体的保护，侧重于对环境公共利益的维护。

（二）环境与资源保护法和经济法

环境与资源保护法和经济法都是公私交融的法律部门，两者在政府主导性、政策性、综合性等方面具有相同的特质。自然资源既是环境要素也是经济要素，再加上环境问题本身是经济发展过程或者企业在创造社会价值时的副产品，以及产业政策、财税、价格、金融等经济法的宏观制度在环境与资源保护法中的运用，使得环境与资源保护法和经济法之间的关系更加密切。这也是我国长期以来将环境与资源保护法置于经济法学科体系之中的主要原因之一。

但是20世纪末期以来，随着环境问题的不断涌现，国家有关环境污染防治和资源保护的立法逐渐形成一个庞大的体系。环境与资源保护法在立法目的(保护环境与人体健康)、价值追求(可持续发展)、内容体系(污染防治与自然保护)上与经济法也存在明显差异，再将环境与资源保护法置于经济法学科体系之中不仅无助于彼此的成长，还会影响经济法体系的科学性。因此，环境与资源保护法应逐渐从经济法中分化出来成为一个独立的法律部门。

(三)环境与资源保护法和宪法、行政法

宪法是国家的根本大法，是其他法律制定的依据，任何法律都不得与宪法相违背。因此，宪法是环境与资源保护法制定的根据，环境与资源保护法不得与宪法相违背。《中华人民共和国宪法》第九条、第十条、第二十六条的规定即是环境与资源保护法制定的依据。近年来，随着环境意识和权利观念的深入人心，有关环境权入宪的呼声越来越高。

行政法是国家干预之法或者行政权力运用之法。现代国家的重要特征就是广泛运用行政手段干预社会生活的方方面面，以纠正“市场失灵”。环境与资源保护法就是政府干预手段在环境保护领域的体现并且法制化的结果。因此，环境与资源保护法在许多国家被视为行政法的组成部分。即使在我国，全国人大在中国特色社会主义法律体系的部门法划分中，也将环境与资源保护法最核心的部分“污染防治法律”作为行政法部门的组成部分。这说明环境与资源保护法和行政法之间的关系极为密切，这种密切关系也决定了环境与资源保护法具有政府主导性、政策性等特征。

但是，环境与资源保护法和行政法存在较大差异。第一，立法目的不同。环境与资源保护法以保护环境和人体健康、促进经济社会的可持续发展为立法宗旨；行政法则以规范行政行为、控制行政权的滥用为宗旨。第二，运用的手段不同。行政手段只是环境与资源保护法所使用的一种手段，环境与资源保护法还运用经济、科技、法律等多种手段保护环境；反过来，环境保护只是政府干预的一个方面。第三，专业性不同。环境问题既是国内的社会问题，也是全球性问题，有关环境保护的国际立法和国内立法已成为一个庞大的专业领域，甚至与外交、军事、国家安全、国际政治等密切相关，远远超出了行政法的范畴。

(四)环境与资源保护法和刑法

用刑罚手段保护环境是现代各国的共同做法。这是因为，如果没有刑事处罚这种最严厉的手段，就不足以达到威慑严重的环境污染或生态破坏行为，更好地

保护环境的目的。为此，《中华人民共和国刑法》专门规定了破坏环境资源保护罪，环境刑法正在成为刑法体系的重要组成部分。

但是我们应当认识到，利用刑罚保护环境只是解决环境问题的一种手段，环境问题主要还应当通过教育手段、技术手段、经济手段、行政手段以及民事手段等加以解决。

(五)环境与资源保护法和国际法

环境与资源保护法和国际法的结合点是国际环境法。在环境问题区域化、国际化之后，国际社会有关环境保护的公约、条约和议定书大量出现，这些公约、条约和议定书既是国内法的重要渊源也是国际法的重要渊源。因此，国际环境法一方面是国际法的研究对象，另一方面是环境与资源保护法的研究对象。

事实上，因为国际环境法中的权利义务主体主要是国家和政府间组织，非国家参与者在国际环境法中尚不具有明确的法律地位，而且因为环境问题引发的国际争端的解决与责任承担机制主要依据的是国际法的原则和规则，与国内法有较大差距，因而国际环境法主要还是属于国际法的范畴。但是，由于国际环境法和环境与资源保护法在解决环境问题的手段与措施上的相似性，以及国际环境法要通过国内环境与资源保护法予以实施，也决定了两者的密切关系。不过，在环境与资源保护法学研究中，通常将国际环境法视为一个相对独立的领域。

第二节　环境与资源保护法律体系

一、环境与资源保护法律体系的概念

一般而言，环境与资源保护法律体系包括环境与资源保护法的渊源体系和立法体系。环境与资源保护法的渊源体系是指由环境与资源保护法的外在表现形式所组成的有机整体。在我国，环境与资源保护法的渊源包括国内法渊源和国际法渊源。

环境与资源保护法的国内法渊源包括宪法中的环境与资源保护法律规范、环境与资源保护专门法律，其他法律中有关环境与资源保护的条款、环境与资源保护行政法规、环境与资源保护部门规章、环境与资源保护地方性法规与规章、环境与资源保护的司法解释等。

环境与资源保护法的国际法渊源主要指中国缔结或参加的国际环境公约、条约、协定和议定书。

环境与资源保护法的立法体系是指有立法权的机关按照立法权限和程序制定的环境与资源保护规范性文件组成的有机整体，包括环境与资源保护法律、环境

与资源保护行政法规、环境与环境保护部门规章、环境与资源保护地方性法规和规章，但不包括环境与资源保护国际公约、条约、协定和议定书，也不包括司法解释。

通常，我们是在法的渊源体系的意义上来定义环境与资源保护法律体系的。

二、环境与资源保护法律体系的内容

(一)宪法中的环境与资源保护法律规范

宪法作为国家的根本大法，对国家的一切根本性事务做出最权威的规定，是所有部门法的当然渊源。在环境与资源保护领域，宪法对国家、公民在环境与资源保护中的责任、权利和义务进行了原则规定。

《中华人民共和国宪法》第九条规定："国家保障自然资源的合理利用，保护珍贵的动物和植物。禁止任何组织或者个人用任何手段侵占或者破坏自然资源。"第十条规定："一切使用土地的组织和个人必须合理地利用土地。"第二十六条规定："国家保护和改善生活环境和生态环境，防治污染和其他公害。国家组织和鼓励植树造林，保护林木。"

宪法关于环境与资源保护的规定是我国环境与资源保护立法的基本依据。

(二)环境与资源保护专门法律

环境与资源保护专门法律，主要是指由国家立法机关制定的有关环境与资源保护的综合性法律和单行法律。综合性环境与资源保护法一般对国家环境与资源保护的宗旨、原则、基本制度、管理体制与机构、法律责任等加以规定。单行环境与资源保护法律是指，根据环境与资源要素的不同或者污染物的不同而分门别类地制定的法律。环境与资源保护专门法律是环境与资源保护法渊源体系的重要组成部分，也是决定一国环境与资源保护法的水平的重要指标。目前，我国已经制定了近三十部环境与资源保护的专门法律。

1. 综合性环境与资源保护法律

我国于1979年制定了《中华人民共和国环境保护法(试行)》，并于1989年修订颁布了《中华人民共和国环境保护法》。《中华人民共和国环境保护法》是我国最重要的一部综合性环境与资源保护法律，二十多年来对依法保护环境与资源发挥了积极作用。

总结我国环境与资源保护法律制定的发展历程，可以看出我国环境与资源保护立法选择的是"总则"与"分则"相结合的路径。在环境与资源保护法产生之初，我国需要综合性法律，对环境与资源保护的基本方面和主要问题做出规定；但在单行环境与资源保护法律比较完备的情况下，《中华人民共和国环境保护法》面面俱到的规定则难免导致与其他单行环境与资源保护法律的重复。

2. 污染防治法律

污染防治法律的目的制定在于预防、控制向环境进行的污染物排放，以减轻排污行为对环境的危害，从而达到保护人体健康的目的。当代环境与资源保护法就是在污染防治法的基础上发展起来的。工业发达国家如英国、日本早期的环境与资源保护法就是污染防治法或者公害防治法，虽然各国环境与资源保护法趋向于综合，不过污染防治法仍然是环境与资源保护法的重要组成部分。在我国环境与资源保护法律体系中也是如此。

在环境污染防治方面，我国已经颁布了《中华人民共和国海洋环境保护法》《中华人民共和国水污染防治法》《中华人民共和国大气污染防治法》《中华人民共和国固体废物污染防治法》《中华人民共和国环境噪声污染防治法》《中华人民共和国放射性污染防治法》等法律。这些法律对于防治环境污染、改善环境质量发挥了重要作用。

需要指出的是，在我国环境与资源保护法律体系中，还有《中华人民共和国清洁生产促进法》和《中华人民共和国循环经济促进法》等法律，它们的制定在于对资源开发利用的全过程实施科学管理，通过源头控制与物质循环利用，提高资源利用效率，减少污染物的产生。

3. 自然资源法律

自然资源法律是指为了合理开发、利用和保护自然资源、促进经济社会与环境可持续发展，对不同的自然资源分门别类制定的法律。由于自然资源既是人类生存的重要的环境要素，同时也是人类社会发展的物质基础，因而我国一直比较重视自然资源的立法工作。

目前，我国已经颁行的自然资源法律包括《中华人民共和国水法》《中华人民共和国森林法》《中华人民共和国草原法》《中华人民共和国渔业法》《中华人民共和国土地管理法》《中华人民共和国矿产资源法》《中华人民共和国节约能源法》《中华人民共和国海域使用管理法》《中华人民共和国可再生能源法》等法律。

但是传统上，有关自然资源的法律偏重于规范自然资源权属、自然资源的开发利用与管理，而忽视对自然资源的保护，因此在部门法的划分上，通常将自然资源法作为民法、经济法的组成部分。

近年来，随着可持续发展观的不断深化，我国自然资源法律的立法宗旨也在发生重大转变，从侧重于经济价值转向经济价值与生态价值并重，从侧重于开发利用转向开发利用与保护并重。因而，自然资源法律在内容上也发生了重大变化，即大量增加了有关自然资源保护的规范。

4. 自然保护法律

自然保护法律是指国家为了保护自然生态环境而制定的专门法律。

自然保护法律与自然资源法律的区别在于，自然保护法律通常将对自然生态环境的保护作为唯一价值，而自然资源法律则具有多元的价值目标，除了对自然资源的保护外，也强调对自然资源的开发利用。

目前，我国已经颁行了《中华人民共和国野生动物保护法》《中华人民共和国海岛保护法》《中华人民共和国自然保护区条例》等自然保护法律法规。从总体上看，我国在自然保护法律的制定方面相对比较薄弱。虽然自然资源和自然生态环境要素多是重合的，保护自然资源也就是对自然环境的保护，但是也有一些仅具有生态价值而没有明显经济价值的自然环境，如果仅依靠自然资源法律就难以对其进行保护，比如湿地、生物多样性等。因此，我国应当进一步加强自然保护法律的制定工作。

(三)法律中有关环境与资源保护的条款

1. 民事法律中有关环境与资源保护的条款

2007 年颁布的《中华人民共和国物权法》第四十六条至第四十九条对自然资源国家所有权进行了规定，第一百二十二条、第一百二十三条对自然资源用益物权进行了规定。此外，第九十条还对环境相邻关系进行了规定，即不动产权利人不得违反国家规定弃置固体废物，排放大气污染物、水染物、噪声、光、电磁波辐射等有害物质。这些法律规范对明确自然资源权属关系、规范自然资源开发利用秩序、实现可持续发展具有重要作用。

2009 年颁布的《中华人民共和国侵权责任法》第六十五条至第六十八条对环境污染侵权责任做了规定。这些法律规范对追究环境污染侵害人的民事责任、救济环境污染受害人具有十分重要的作用，也是环境与资源保护法律体系的组成部分。

我国于 2012 年 8 月修正的《中华人民共和国民事诉讼法》第五十五条对包括环境在内的公益诉讼进行了原则性规定，这一规定作为环境与资源保护法律体系的重要组成部分，极大地推动了我国环境与资源保护事业的发展。

2. 行政法律中有关环境与资源保护的条款

受政府主导这一特征的影响，一方面，各级环境与资源保护行政主管部门需要依据各种行政法律的规定依法行使环境与资源保护行政职权；另一方面，当环境与资源保护行政主管部门在行使职权中侵犯或影响到相对人的合法权益时，相对人也可以依据相关行政法律的规定寻求救济。由此，《中华人民共和国行政许可法》《中华人民共和国行政处罚法》《中华人民共和国行政强制法》《中华人民共和国行政复议法》《中华人民共和国行政诉讼法》等行政法律中的有关条款也成为环境与资源保护法律体系的重要组成部分。

3. 刑事法律中有关环境与资源保护的条款

随着环境问题的恶化，各国加大了环境与资源保护的力度，用刑罚手段保护环境与资源逐渐成为各国的共同做法。《中华人民共和国刑法》第六章第六节“破坏环境资源保护罪”对破坏环境与资源犯罪行为的刑事责任进行了规定，也是我国环境与资源保护法律体系的组成部分。

4. 其他法律中有关环境与资源保护的条款

其他法律如《中华人民共和国公司法》《中华人民共和国证券法》等经济法律中有关环境与资源保护的条款，也是环境与资源保护法体系的组成部分。

(四)环境与资源保护行政法规

环境与资源保护行政法规是指由国务院依据宪法和法律、按照法定权限和程序制定的有关环境与资源保护的规范性文件。依据《中华人民共和国立法法》的规定，行政法规的效力仅次于宪法和法律。

依据《中华人民共和国立法法》的规定，有下列情形之一的，可以制定环境与资源保护行政法规：一是为执行环境与资源保护法律的规定需要制定行政法规的事项；二是《中华人民共和国宪法》第八十九条规定的国务院行政管理职权的事项。

我国在环境与资源保护领域颁布了大量的行政法规，如《建设项目环境保护管理条例》《废弃电器电子产品回收处理管理条例》《防治船舶污染海洋环境管理条例》《规划环境影响评价条例》《放射性物品运输安全监督管理条例》《民用建筑节能条例》《公共机构节能条例》等。

(五)环境与资源保护部门规章

环境与资源保护部门规章是指由享有环境与资源保护监督管理职权的国务院各部门，根据法律或国务院的行政法规、决定、命令，在本部门的职权范围内制定的有关环境与资源保护的规范性文件。环境与资源保护部门规章往往因其具体、可操作性强而在环境与资源保护实践中发挥了巨大作用。

生态环境部、国土资源部、国家海洋局等国务院环境与资源保护主管部门已经单独或者联合发布了大量环境与资源保护规章，如《环境影响评价公众参与暂行办法》《环境信息公开办法(试行)》《环境行政处罚办法》《建设项目环境保护设施竣工验收管理规定》《电磁辐射环境保护管理办法》《环境信访办法》等。

(六)环境与资源保护地方性法规与规章

我国幅员辽阔，各地经济、社会、资源、人口、环境等存在较大差异，全国性法律、行政法规难以应对各地的环境与资源保护特殊需要。因而，在保持国家环境与资源保护法治统一的前提下，应当允许地方制定地方性法规与规章，有针对性地解决地方面临的环境与资源保护问题。这些地方性法规和规章也是环境与资源保护法律体系的组成部分。

我国几乎所有的省、自治区、直辖市人大和政府都制定了大量的有关环境污染防治、资源与生态保护的地方性法规和规章。

【案例 2.1】

《中华人民共和国行政诉讼法》第四十一条规定，认为具体行政行为侵犯其合法权益的公民、法人或者其他组织，可以依法提起行政诉讼。最高人民法院《关于执行<中华人民共和国行政诉讼法>若干问题的解释》第十二条规定，与具体行政行为有法律上利害关系的公民、法人或者其他组织对该行为不服的，可以依法提起行政诉讼。2009 年颁布实施的《贵阳市促进生态文明建设条例》第二十三条第二款规定，检察机关、环保公益组织为了环境公共利益，可以依照法律对涉及环境资源的具体行政行为和行政不作为提起诉讼，要求有关行政机关履行有利于保护环境、防止污染的行政管理职责。

讨论：你认为《贵阳市促进生态文明建设条例》第二十三条第二款的规定是否合法、合理，为什么？

提示：从《中华人民共和国立法法》规定的法律效力等级、法律保留事项以及环境与资源保护的实际需求等角度进行分析。

(七)有关环境与资源保护的司法解释

司法解释是指由最高人民法院、最高人民检察院依照法定程序分别就法律的具体适用问题做出的解释，如最高人民法院《关于审理环境污染刑事案件具体应用法律若干问题的解释》和最高人民检察院《关于渎职侵权犯罪案件立案标准的规定》。这两个司法解释分别就环境污染犯罪的定罪量刑和环境监管失职罪的立案标准进行了规定，直接确定了当事人的权利义务，也反映了国家对环境与资源保护的力度。

有关环境与资源保护的司法解释也是环境与资源保护法律体系的重要组成部分。

(八)对中国生效的国际环境条约和公约

随着环境问题和环境保护运动的全球化，国际环境条约和公约的数量在不断上升。我国参加了大量的国际环境条约和公约，其中对我国影响较大的国际环境条约和公约包括《防止海洋石油污染的国际公约》《捕鱼与养护公海生物资源公约》《国际捕鲸管制公约》《东南亚及太平洋植物保护协定》《南极条约》《国际油污损害民事责任公约》《世界文化和自然遗产保护公约》《防止因倾弃废物及其他物质面引起海洋污染的公约》《保护臭氧层维也纳公约》《控制危险废物越境转移及处置的巴塞尔公约》《联合国气候变化框架公约》《生物多样性公约》等。

对中国生效的国际环境条约、公约也是我国环境与资源保护法律体系的组成部分。

第三节 环境与资源保护法律关系

一、环境与资源保护法律关系的概念

(一)环境与资源保护法律关系的定义

环境与资源保护法律关系是指受法律调整的环境利用行为主体间发生的具有权利义务内容的环境利用关系。

考察环境与资源保护法的发展历史，早期的立法主要调整平等主体间的环境利用关系，如开发利用资源带来的民事权益改变以及污染致害产生的特殊侵权。由于开发利用行为的扩张性与环境资源的有限性导致地球生态系统正在发生不利于人类生存的改变，因此必须有序地规制开发利用行为、保护公众环境权益，以实现人类社会与经济的可持续发展。这样就需要通过立法授权代表国家行使环境与资源管理权和代表公众利益的政府运用行政权力介入与规制环境利用行为。

这样一来，环境与资源保护法律关系的主体和内容就发生了根本性改变。政府公权力因素的介入使得环境与资源保护法律关系兼具公法和私法的复合性特征。环境利用关系的主体已由过去的平等主体双方改变为政府、开发利用者以及公众(自然人及其代表)三方，在某一环境利用关系中公权力(权利)和各类私权利因素经常同时存在，而各类主体之间的利害关系也呈此消彼长之势。

(二)环境与资源保护法律关系的特征

1. 环境与资源保护法律关系是具有多重牵连性质的法律关系

在传统法中，因物的利用所产生的民事关系由私法调整，行政关系则由公法调整。因环境利用行为所产生的环境与资源保护法律关系比较复杂和特殊，单纯采用传统的公法、私法方法确立的法律关系则明显不适应环境与资源保护法律关系的复杂属性。

现实中，不论所有权关系如何，实际都存在着不同利用行为的多个主体同时从某些环境要素及其功能与效益上获益的现象。它们既存在民事关系，也存在行

政关系，需要同时采用公法和私法的手段与方法予以调整。

【案例 2.2】

A 公司超标排放大气污染物，使工厂附近农民 B 种植的果树大量死亡。B 向当地环保部门 C 投诉，要求查处 A。C 经调查后对 A 公司的超标排污行为进行了处罚。同时，B 还向 A 提出了索赔要求，并请求 C 对赔偿金额进行调解处理。

讨论：A、B、C 之间存在哪些法律关系？

提示：从民事、行政法律关系的角度进行分析。

2. 环境与资源保护法律关系以人类平等利用环境的权利和义务为主要内容

受科学发展和认知水平的限制，早期对环境价值的认识主要表现为自然资源的经济价值。这时的法律是把自然资源作为物的一种纳入物权客体的范畴，物权主体依法享有对它们占有、使用、收益和处分的权利。20 世纪 50 年代以后，环境科学研究发现，环境提供给人类的价值是多元的和有限的，环境的某些重要价值与功能(如物种和生物多样性的生态效应)在人类尚未认识之前就因不合理的开发利用行为而丧失殆尽。因此，环境与资源保护立法从维护环境多元价值与功能的角度出发，设立了人类平等地利用环境的权利和义务。

国家通过环境与资源保护立法确立平等地利用环境的权利或者在法律中明确规定公民的环境权益，是现代法律保护人类本能利用环境行为并限制过去受到法律保护的开发利用环境与资源行为的表现。它表明国家意识到保护本能利用行为对人类生存的重要性，要求人类对环境的开发利用应以不危害本能利用为限。

3. 环境与资源保护法律关系是结合并体现自然生态规律的人类意志

与一般社会关系不同，环境与资源保护法律关系是建立在环境利用行为之上的人与人之间的关系。调整人与人之间的关系并不是环境与资源保护法的唯一目的，通过调整环境利用关系来防止人类活动对环境造成的损害，从而协调人与自然的关系，才是环境与资源保护法的终极目的。为了实现这个目的，环境与资源保护法律关系就必须体现自然生态规律。

鉴于哲学、伦理学对“自然权利”的定义中还包含有生态系统中其他物种的权利，西方学者还提出了“自然的权利”的主张。承认自然的价值、尊重自然、主张人与自然和谐相处等基本理念，也开始成为现代法学研究的课题。

二、环境与资源保护法律关系的主体及其权利义务

由于环境与资源保护法律关系的多重构造，参与环境利用关系的主体除了公民(自然人)与环境保护团体外，还包括各种企事业单位以及国家机关。

(一)公众及其环境权益

1. 公众的概念

公众一般包括公民(自然人)和由公民组成的各种团体。公民(自然人)是环境质量和生态效益的受益者，是本能利用环境的主体。从生态学意义上讲，公民(自然人)是构成生态系统的组成部分；从宪法意义上讲，公民(自然人)的权利是人权的核心内容。因此，公民(自然人)理所当然是环境与资源保护法律关系的主体。

基于公民(自然人)处于弱势地位，加之政府公权力介入开发利用环境行为的不足，各国开始出现了由公民(自然人)结社组成的以保护环境为宗旨的环境保护组织，以通过集体的力量对抗不当或者违法开发利用的环境行为。环境保护组织也称非政府环境组织，一般指由公民依法自发成立的以环境保护为目的的社会团体。环境保护利益的公共性和散在性特征，决定了以公民(自然人)为主体成立的环境保护组织在环境与资源保护法律关系中具有特殊且重要的地位。在许多国家，环境公益诉讼主要是由环境保护组织提起的，其本质是保存自然环境的原生状态和保护公民对环境的本能利用。

2. 我国公众的环境权益与环境保护义务

(1)环境权益理论的沿革与发展。

公众环境权益理论源于西方国家法学界倡导的环境权论，是20世纪70年代依据宪法基本人权保障规定引申出来的一种新的权利形态。目前，各国和国际组织对环境权的一般表述是“人类享有在健康、舒适的环境中生存的权利”。环境权固然已为一些国家的宪法所确立，但由于其性质、内容和范围的不确定性及其与传统权利的交叉和冲突，因而在法学界还存在着极大的争议。

从西方国家环境权理论的发展看，美国学者提出的“公共信托论”和日本律师与学者共同提出的“环境支配权论”对环境权理论的贡献最大。

1968年，萨克斯教授出版了《保卫环境——公民行动战略》一书，针对政府环境行政决定过程公众参与程度低、环境诉讼中存在诉讼资格障碍等问题，首次根据公共信托原理提出了“环境权”理论。他认为，公共信托理论有三个原则可以适用于环境保护领域：第一，对于公众而言，他们对大气和水享有的利益非常重要，不应当将其作为私自所有权的对象。第二，自然给人类提供了巨大恩惠，所有公众都可以自由利用，这与利用者是企业还是个人无关。第三，建立政府的主要目的是促进一般公益事业，不能为了私利而将原本可利用的公共物进行限制或改变其分配形式。因此“在不妨害他人财产使用时使用自己的财产”的格言不仅适用于财产所有者之间的纠纷，而且适用于诸如工厂所有者与清洁大气的公共权利之间的纠纷、不动产者与水资源和维持野生生物生存地域的公共权利之间的纠纷、挖掘土地的采掘业者与维持自然舒适方面的公共利益之间的纠纷。

1970 年 3 月，在日本召开的国际公害研讨会上，与会代表共同发表了《东京决议》，首次明确提出了“请求将全人类健康和福祉不受灾难侵害的环境享受权利，以及当代人传给后代人的遗产中包括自然美在内的自然资源享受权利作为基本人权之一种，并将该原则在法的体系中予以确立”的环境权主张。之后，由日本大阪律师会成立的环境权研究会认为，环境权是“支配环境和享受良好环境的权利”。对于过分污染环境、影响居民舒适的生活或者造成妨害的，可以基于这项权利请求排除妨害以及采取预防措施。与此同时，公众负有在一定忍受限度范围内忍受公害的义务。因此，可将环境权理解为私权的一部分，即以环境为直接支配对象的支配权。

由于环境权具有与传统物权和人格权所不同的性质，日本法院判决认为：“环境是一定社会的自然状态，在对环境的认识和评价上居民普遍存在着差异，不可能共同享有排他的支配权，在立法没有规定的情况下不能将环境权理解为私权的对象。”“环境问题应通过民主主义机构决定。”环境权只能作为单个居民的“环境自主权”对待。目前日本的各种环境权利的表述被法理学界称为“新的权利”，包括日照权、厌烟权、知悉权、舒适权、平等的生存权等。

我国规定公众“环境权益”的环境与资源保护法律，首见于 2002 年《中华人民共和国环境影响评价法》，该法第十一条规定：“专项规划的编制机关对可能造成不良环境影响并直接涉及公众环境权益的规划，应当在该规划草案报送审批前，举行论证会、听证会，或者采取其他形式，征求有关单位、专家和公众对环境影响报告书草案的意见。”这为环境权益理论研究和司法实践奠定了法律基础，实践中应当依其原意做扩张性解释。

此外，国务院在 2009 年和 2012 年发布的《国家人权行动计划》中均将“环境权利”作为人权的重要组成部分纳入了中国公民的经济、社会和文化权利体系之中。《国家人权行动计划(2012—2015)》规定，政府将通过加强环境保护等措施，着力解决重金属、饮用水源、大气、土壤、海洋污染等关系民生的突出环境问题，以保障公众环境权利的实现。

环境权概念的出现源于政府不当开发决策和企业不当开发利用环境行为造成的环境污染和生态破坏的结果，可能妨害或侵害公民(自然人)个人或全体公众自由，本能地利用环境的利益。然而，因公民个人不具有独占环境的权利，除环境污染和生态破坏致使公民个人权益侵害的场合外，公民个人并不能主动地、独立地要求和主张环境利益。与之相反，公众则是一个群体概念，而环境利益又属于群体公益，如果不通过法律赋予公众作为环境利益的主体，那么当环境公益受到侵害时便没有利益主体表达社会群体的主张。

我们认为，公众环境权益既是公民基本权利中与享受优美环境相关的、非独占性的权利和利益的集合，也是公民对其正常生活和工作环境享有的不受他人干扰及侵害的权利与利益。由于该项权益的实现与公众稳定的生存环境密切相关，所以任何改变环境状况的行为都可能侵害公众的环境权益。

当环境权益适用于公众要求政府采取措施保护环境，或者据以参与环境决策的场合时，公众的环境权益就会与公权力发生关系，而与人权或宪法性权利相吻合，从而产生公众的知情权、参与权、建议权以及相应的救济请求权。

而当环境权益适用于物权法的相邻关系或者侵权的场合时，公众的环境权益就会与开发利用环境和资源的行为人发生关系而具有私权的性质。需要说明的是，公众在私权意义上适用环境权益时，不必等到妨害或侵害实际发生才可以行使权利，消除危险、排除妨害以及补偿可得的利益损失等具有预防效果的民事责任形式也是一种可行的法律救济方法。

因此，环境权在公民要求国家保护环境或者据以参与环境监督和管理的意义上使用时，因其与公权力发生关系属于人权或宪法性权利，主要具有公益权的性质；当环境权用于私主体之间的法律关系时，因其具有自益权的性质而成为一种实质上的私权。

(2)公众环境权益的内容。

第一，优美、舒适环境的享受权。享受优美、舒适环境质量的权利是每个公民(自然人)的生存本能，既包括对清洁环境要素的生理享受，也包括对优美景观、原生自然状况的精神和心理享受。具体而言，优美、舒适环境的享受权包括清洁空气权、清洁水权、安宁权、采光权、通风权、眺望权、观赏权、安静权及在优美、舒适环境的条件下工作或休息的权利等。

我们认为，优美、舒适环境的享受权中有一部分权利与国家对自然资源的所有权相近，另有一部分是作为自然人特有的权利。因此，当表现为不特定多数的自然人特有的权利受到不当决策行为或者开发利用行为侵害时，公众可以通过环境公益诉讼请求加害人消除危险、排除妨害和恢复原状。

第二，开发利用环境决策与行为知悉权，即对可能造成不良环境影响的政府开发与环境决策行为、企事业单位开发利用环境行为等，公众有了解和知悉的权利。例如，依照《中华人民共和国循环经济促进法》的规定，公民有权了解政府发展循环经济的信息并提出意见和建议；依照《政府信息公开条例》的规定，除行政机关依法公开的政府环境信息外，公众有权根据自身生产、生活、科研等特殊需要向各级政府及其主管部门申请获取相关政府环境信息。

【案例 2.3】

A 公司超标排污，环保部门依法对其进行了处罚并依法公开了其名称和违法行为。环保团体 B 从环保部门的网站上看到 A 公司的违法行为后，要求 A 公司公开其主要污染物的名称、排放方式、排放浓度和总量，以及环保设施的建设和运行情况。A公司以涉及商业秘密为由拒不公开。

讨论：A公司是否应当依B的请求公开相关环境信息？

提示：根据《环境信息公开办法(试行)》关于企业环境信息公开的规定进行分析。

第三，开发利用环境决策建言权，即对可能造成不良环境影响的政府开发与环境决策行为、企事业单位开发利用环境行为等，公众有提出主张或意见、建议的权利。当行政机关审批的某项环境与资源行政许可直接关系公众重大利益时，利害关系人有被告知、陈述和申辩的权利；对行政机关做出的准予环境与资源行政许可决定，公众有权查阅。公众对开发利用环境决策的意见或建议应当得到政府或主管部门以及建设单位等的尊重并被慎重考虑。例如，依照《中华人民共和国环境影响评价法》的规定，公众就规划或建设项目环境影响报告书草案提出的意见和建议有被政府审批或批复机关认真考虑，并获得相关说明的权利。

第四，监督开发利用环境行为及其检举权和控告权。在监督权方面，公众有权对开发利用环境与资源的企业实行监督。例如，《中华人民共和国清洁生产促进法》规定，公众有权监督企业实施清洁生产的状况。列入污染严重企业名单的企业，应当按照规定公布主要污染物的排放情况，接受公众监督。

检举和控告一般指公众以举报、揭发等方式向有环境与资源监督管理权的部门报告环境与资源法行为。例如，《中华人民共和国循环经济促进法》规定，公民有权举报浪费资源、破坏环境的行为；《中华人民共和国水污染防治法》规定，任何单位和个人有权对污染损害水环境的行为进行检举。

第五，环境权益侵害救济请求权。当公民认为自身环境权益受到或可能受到不当或不法的政府决策或企事业单位开发利用环境行为的影响或者侵害的，有权依法申请行政复议、提起行政诉讼或者民事诉讼请求救济。当公众的环境权益受到或可能受到不当、不法政府与主管部门决策或企事业单位行为侵害时，可以请求法律规定的机关、社会组织提起环境公益诉讼。

环境公益诉讼是20世纪70年代源于美国公民诉讼的一种新的诉讼形态，其宗旨不在于通过诉讼维护专属于原告的利益，而在于通过私人诉讼保护因私人或政府机关的违法行为而受损的环境公共利益。

环境公益诉讼并非独立的诉讼领域，它只是一种与原告资格认定相关的诉讼方式和手段。这种诉讼既可以在行政诉讼中采用，也适用于民事诉讼程序。如被诉的对象是对环境公益造成侵害或有侵害之嫌的行政机关或者其他公权力机构，即为适用行政诉讼的环境行政公益诉讼；如被诉对象是企业、公司、其他组织或个人，即为适用民事诉讼的环境民事公益诉讼。

根据《中华人民共和国行政诉讼法》第四十一条规定，提起行政诉讼的原告必须是认为具体行政行为侵犯其合法权益的相对人，或与具体行政行为有法律上利害关系的公民、法人或者其他组织，这就为环境行政公益诉讼提供了法律空间。目前，我国已在行政诉讼的司法实践中认可了第三人诉讼和撤销诉讼的诉讼形态。

2012 年，修改后的《中华人民共和国民事诉讼法》第五十五条规定：“对污染环境、侵害众多消费者合法权益等损害社会公共利益的行为，法律规定的机关和有关组织可以向人民法院提起诉讼。”这为环境公益诉讼提供了明确的法律依据。但是，该规定只将环境民事公益诉讼的原告资格赋予了法律规定的机关和有关组织，公民个人尚不能成为提起环境民事公益诉讼的适格原告。

从我国已有的环境公益诉讼司法实践看，能够提起环境公益诉讼的“机关”主要包括检察机关和行使环境与资源保护监督管理权的行政机关；能够提起环境公益诉讼的“有关组织”主要是指以环境保护为宗旨的非政府组织，既包括在民政部门登记注册的社会团体，也包括民办非企业单位。上述机关和组织要提起环境公益诉讼还需有“法律规定”作为依据。目前，我国仅有《中华人民共和国海洋环境保护法》第九十条明确规定：“对破坏海洋生态、海洋水产资源、海洋保护区，给国家造成重大损失的，由依照本法规定行使海洋环境监督管理权的部门代表国家对责任者提出损害赔偿要求。”

【案例 2.4】

2009 年 9 月以来，昆明某公司在排污管网及污水防治设施未建成时允许养殖户进入生海畜牧小区从事生猪养殖，造成村民饮用水源污染。2010 年 8 月 12 日，昆明市环保局向昆明市中级人民法院提起诉讼，要求该公司立即停止对环境的污染，赔偿全部治理费用和鉴定费用 432 万元。昆明市中级人民法院一审判决被告支付为治理污染发生的费用 417.21 万元，并赔偿因此次诉讼产生的环境污染评估费 13 万余元。被告不服，提起上诉，云南省高级人民法院二审维持原判。

讨论：由环保部门提起公益诉讼的做法是否合理、合法？

提示：从环境公益诉讼的制度功能及《中华人民共和国民事诉讼法》的相关规定两个角度进行分析。

(3)公民的环境保护义务。

首先，是关心和保护环境的一般义务。公民除了享有与之相应的环境权益外，还负有关心环境与合理实施本能环境利用行为的义务。《中华人民共和国环境保护法》第六条规定：“一切单位和个人都有保护环境的义务。”

公民的一般环境保护义务除了关心和保护环境外，还包括在日常生产、生活活动中减少自身行为对环境负荷的义务。例如，倡导节约精神、减少资源与能源的消费以及减少购买和使用污染环境的产品等。

其次，是忍受一定限度环境污染或生态破坏的特别义务。忍受义务是平衡各类环境利用关系的法律选择。向环境排放一定数量的污染物或开发一定数量的自然资源，均会造成部分地域环境质量或者功能的破坏，并导致不同环境利用行为人之间产生利益冲突。

对此种利益冲突的协调机制是：一方面通过行政许可限制开发利用行为人对环境和资源的利用，另一方面则要求公民对开发利用行为予以容忍。只要排污行为或者开发行为不超过排放(控制)标准或者行政许可的限度和范围，行为的影响未对公民构成可测定(计量)，可预判和可证实的妨害或者潜在风险的威胁，公民就有义务在行政许可的限度内对排污行为或者开发行为予以忍受。

忍受义务来自法律规定，即只要法律不禁止某个干扰行为的存在，公民就应当予以忍受。如一定限度的相邻噪声干扰或者符合标准要求的排污行为。德国学者认为，公民在政府监督之下的容忍义务可以分为两类：一类是公民有容忍第三人为环境保护的作为的义务；另一类则是公民有容忍第三人为法律所允许的环境污染的义务。

一般情况下，忍受的判断标准是排放行为是否具有合法性，它以行为是否构成实质性影响为判断标准。在德国，某种妨害是否具备实质性一般从理性的正常人的理解出发进行利益衡量，并以生活习惯以及被妨害的不动产的用途来评价妨害的程度和持续时间，此外还要考虑基本权利体现的价值和公众利益。是否应当许可或者忍受实质性影响，取决于两个条件：一是行为是否为当地通行，二是影响是否可以通过经济上可行的措施克服。值得一提的是，某些噪声影响即使没有超过技术性排放标准也可能被认为具备了实质性妨害，因为技术标准只具有参考性。

与忍受相关的问题是政府在规划和审批环境利用行为时负有使该行为尽可能不对相邻人产生妨害或者带来危害风险的注意义务。

按照受益者负担原则，开发利用环境行为人应当依法向政府支付环境费，用于政府组织环境治理和恢复工作。因此，公民在容忍的同时有权对环境费的收支和使用状况进行监督。

当环境污染和生态破坏的干扰与妨害超过了常人的忍受限度时就属于权利滥用的行为，受害人可以依法提出消除危险和排除妨害的请求。

当然，还存在着需要根据科技发展而适时修订环境标准的问题，如果科技发展已经明确某种污染物即使达标排放也可能因“小剂量、长时期”的接触而导致人体健康受害的话，政府就有义务适时修订污染物的排放标准或者废止原来的标准。因此，公民有权利敦促政府适时修订环境标准。

(二)企业及其开发利用环境的权利与义务

1. 企业开发利用环境的一般权利与义务

从环境利用行为的角度看，开发利用环境资源的企业是环境和自然资源的主动利用者。开发利用环境行为的特征在于单向性和破坏性，即利用环境容量向环境排放污染物或者为索取环境要素的经济价值而开发利用自然资源。由于开发利用环境行为的后果均对环境保护不利，所以开发利用环境资源的企业在环境与资源保护法律关系中主要处于受制的被动地位。

我国实行社会主义公有制，主要自然资源属于国家所有。因此，企业开发利用自然资源，首先要取得由政府特许的自然资源开发利用权或者向环境排放污染物的权利，然后按照自然资源规划或者环境保护规划实施开发利用环境的行为。与此同时，企业还必须接受国家对其利用行为开展的宏观调控和管理监督。当环境利用行为触犯国家和地方环境与资源保护法律法规时，还必须接受依法对它们实行的行政与刑事制裁。当向环境排放污染物造成环境侵害或者因开发自然资源造成生态破坏时，还应当依法承担相应的民事责任。

(1)开发利用自然资源的权利与义务。

地球上的自然资源一直在为人类社会的繁衍和进步提供非凡的经济价值，自然资源的所有权人以及依法取得自然资源开发、使用和经营管理权者有开发与利用自然资源并获取相应利益的权利。

对自然资源的开发利用和恢复更新应当符合自然规律，这样才能使自然资源可持续地为人类所利用。另外，自然资源不仅作为物质或者财富为人类社会发展提供经济支撑，而且作为环境要素它们还是地球生态系统平衡和人类生存繁衍的条件与基础。从这个意义上讲，开发利用自然资源的权利还应当受到环境与资源保护法律的限制。例如，开发利用者有义务合理开发利用自然资源、承担对自然资源的养护责任、适当考虑自然资源开发利用对环境的不良影响，并负有遵守法律规定的其他干预性、给付性、计划性以及禁止性和命令性等义务性规范。

(2)利用环境容量排污的权利与义务。

利用环境容量排污的权利又称排污权，它是行政机关依法赋予排污者依照法律规定的污染物排放(控制)标准向环境排放污染物的权利，而非宪法上的基本权利。利用环境容量排污者有义务遵守行政机关依法许可的排污范围、排污方法、排污途径以及按照排污标准所限定的种类、浓度和数量等排放污染物，并依法履行环境影响评价和“三同时”，排污申报登记、缴纳排污费、接受现场检查等法定义务以及负有遵守法律规定的其他干预性、给付性、计划性以及禁止性和命令性等义务性规范。

当造成环境污染侵害时，即使主观上无过失或排污行为符合行政法规和排放标准，也有义务依法向受害者承担相应的消除危险、排除妨害或赔偿(补偿)损失的责任。

2. 企业的环境社会责任

(1)企业环境社会责任的概念。

法律意义上的企业环境责任，是指企业违反环境与资源保护法上的强制性规定所应承担的不利法律后果。而企业环境社会责任，则是指实施开发利用环境行为的企业作为一类社会群体对社会以及其他公众承担的除强制性法律规范外的环境保护义务。

企业环境社会责任具有两个特征：第一，责任主体为实施开发利用环境行为(排污或者开发资源)的企业，它们同时也属于公众的范畴，是社会群体的一种类型；第二，这种责任并非来源于法律的强制性规范，而是源于开发利用环境资源的企业用以维系和调整气体能利用环境的公民之间和谐关系的一种道义责任。

企业环境社会责任的履行可以分为两个层次。第一个层次是企业对环境立法有关强制性规范的遵守，这是企业最基本的义务和社会对企业的最基本要求，如果企业达不到这个要求就谈不上履行环境社会责任。第二个层次是企业自主地承担环境社会责任，包括对环境与资源保护法律法规中的指导性、任意性规范的执行，或者企业主动地适用被各种社会组织推荐的有利于环境保护的规则，或者自主树立环境保护理念并付诸实施。

从国外的实践看，企业主动承担环境社会责任的目的主要有四个方面：一是展示环境友好型社会和社会公益性，以提升企业的国际影响而有利于国际贸易；二是迎合消费者高涨的“绿色消费”意识，提高社会对企业的认同感，从而促进产品的销售；三是节约能源和资源，削减能源、资源采购方面的成本；四是事前回避环境风险，预防因环境污染而引起的巨额赔偿。

当然，企业要通过承担环境社会责任得到更大的利益，需要具备两个前提条件。首先，必须是环境立法给企业确立了一系列明确、具体且公平的法律运行机制和指导开发利用环境的行为模式，包括权利行使、利益获取和违法制裁等内容；其次，必须是政府及其主管部门严格和平等地执行法律，避免出现企业违法获利却由国家和社会公众承担环境污染与生态破坏后果的现象。

(2)企业履行环境社会责任的表现。

第一，通过环境质量体系认证或获得绿色标签认定。为了迎合企业履行环境社会责任的需求，各国政府及一些国际组织向企业提供了社会认可的环境质量体系认证或者实行绿色标签，以鼓励企业在守法经营的基础上履行更高的环境保护义务。例如，企业可以主动要求通过国际标准化组织制定的 ISO 14000 环境标准系列的认证，以标榜自己的生产过程与产品符合环境友好型社会理念，同时实现自由贸易与环境保护的统一。

此外，各国以环境资源耗费补偿为中心建立了环境审计制度，可以为企业提供相关环境和经济信息，并反映环境对经济的贡献以及经济活动对环境的影响。企业可以通过会计系统以及其他途径采集的环境信息以年度报告的形式向外界披露，以公示其履行环境社会责任的程度。

第二，推行清洁生产。推行清洁生产的方式，一方面是改进生产工艺，提高资源利用率和回收率，避免粗放式的生产模式，从而用更少的资源生产出更多的产品；另一方面是改进排污设施，降低污染物的排放数量，减少或避免企业在运营过程中对生态环境造成的不利影响。可以说，推行清洁生产是企业的利己性和利他性的良好结合，既可以提高企业自身的经济效益，又切实地履行了自身的环境社会责任。

第三，主动对外展示企业环境保护守则。许多企业为了占领更多的市场，还积极宣传自身的环境保护理念或者主动按照政府或环保团体的引导制定环境保护准则。例如，在生产链上实行"绿色供应"，即向上游供应企业提供"绿色供应标准书"，规定产品、材料、部件的各种标准，优先选取具有 ISO 14000 环境标准认证资格或推行"环境管理体系构建"的企业作为供应商，采购对环境影响小的部件、材料、原料。有的企业还按照政府的指导性要求或者社区与环保团体的请求，自愿与周边居民签署防治污染协议或者污染物减排计划。

【案例 2.5】

A 是一家世界知名的运动品牌企业，B 是一家中国的纺织企业，其主要业务是为 A 代工生产运动服装。为了降低生产成本，B 在生产过程中一直超标排污，导致严重的环境污染。A 对此一直知情，但由于 B 的做法也降低了 A 的采购成本，因此 A 一直保持沉默。B 超标排污的事情被媒体曝光之后，公众认为 A 也应当承担责任。A 认为，B 是独立的法人，其环境违法行为与 A 无关。

讨论：A 是否应当对 B 的环境违法行为承担责任？

提示：从法律责任与社会责任两个方面进行分析。

（三）政府及其主管部门的监管职能

1. 政府环境监管职能概述

从环境保护的规范对象看，对于可能造成环境污染或生态破坏的行为都要加以规范，因此环境保护不仅限于对企业行为的直接控制或者间接诱导，还需要政府通过制定相应的环境政策来落实，通过设立相应的环境保护管理机关来主管和协调。

为使环境行政权力得以有效运行，20 世纪 70 年代以后西方国家除大量制定防治环境污染和生态破坏的法律外，还设立了高级别的专门环境行政机关。与其他关联行政机关的职能不同，专门环境行政机关的宗旨和职能是专门针对环境问题采取各种对策，如 1970 年美国成立的联邦环保署、1971 年日本成立的环境厅(现为环境省)等。

目前，西方国家环境行政机构体系的基本格局，是一种以环境部门或环境行政机关的专门环境行政为中心，以关联行政机关的个别环境行政为辅佐的协同模式。

2. 中国各级人民政府的环境与资源保护职能

(1)对环境与资源的保护和管理既是对国家财产的保护，也是对公众环境权益的保护。

《中华人民共和国宪法》规定，构成自然资源的所有环境要素除法律规定属于集体所有的外，全部属于国家所有，即全民所有。在这个意义上，环境污染和生态破坏形式上侵害了公众的环境权益，但本质上是对国家环境资源所有权的侵害。从法理推演，可以认为中国公众的环境权益主要是建立在环境资源的国家所有制基础之上的。因此，与实行私有制或者其他所有制形式的国家相比，中国政府的环境保护行政职能具有两方面的意义：一是对国家所有的环境与资源财产的保护；二是对公众环境权益的保护。

为了切实履行《中华人民共和国宪法》规定的国家职能，我国环境与资源保护立法授权中央政府及其主管部门行使对国家环境与资源保护的监管职权，并根据各届中央政府机构改革方案进行不断调整。各级地方人民政府也根据法律、行政法规以及中央政府机构改革方案的要求，设立了本地的环境与资源保护行政主管部门。

(2)环境保护是中国的一项基本国策。

在中国，通过政策和法律宣示为国家基本国策的事业有四项，即计划生育、环境保护、耕地保护和节约资源。

1983 年 12 月，在第二次全国环境保护大会上，国务院根据当时的国情决定将环境保护作为中国的一项基本国策确立下来。做出这个决定的背景是：首先，防治环境污染、维护生态平衡是保证中国农业发展的基本前提；其次，制止环境的进一步恶化、不断改善环境质量是促进中国经济持续发展的重要条件；再次，创设一个适宜、健全的生活环境和生态环境是国家现代化建设的重要目标；最后，远近结合、统筹兼顾是中国实现持续发展的重大利益。

自环境保护作为中国的一项基本国策被提出以来，我国政府的环境行政管理有了长足的进展，国家和地方的环境保护机构建设也在日益加强。

(3)建设资源节约型和环境友好型社会是政府的重要目标。

从 1980 年至今，中国经济高速增长，创造了 GDP 年均增长超过 8%的世界奇迹。与此同时，中国在社会、环境与资源、能源等许多方面也付出了巨大的代价。2003 年，中共十六届三中全会提出了“统筹人与自然和谐发展”和“坚持以人为本，树立全面、协调、可持续的发展观，促进经济社会和人的全面发展”的新时期重要发展战略。2004 年 3 月，国务院在向全国人大作的《政府工作报告》中提出，科学发展观和正确的政绩观是政府工作的新理念。2005 年，中共十六届五中全会进一步提出了“加快建设资源节约型、环境友好型社会”的主张。2007 年，中共十七大报告提出“必须把建设资源节约型、环境友好型社会放在工业化、现代发展战略的突出位置，落实到每个单位、每个家庭”。在《国民经济和社会发展“第十二个五年”规划纲要》中，也把建设资源节约型、环境友好型社会作为加快转变经济发展方式的重要着力点。

目前中央和地方各级人民政府的主要工作是，继续采取更加有力的措施，更有效地利用资源，更有效地保护环境，从根本上转变高消耗、高排放的粗放型经济发展方式。

(4)建设生态文明，是关系人民福祉、关乎民族未来的长远大计。

胡锦涛同志在“党的十八大”报告中指出，面对资源约束趋紧、环境污染严重、生态系统退化的严峻形势，我们必须把生态文明建设放在突出地位，将生态文明融入经济建设、政治建设、文化建设，社会建设各方面和全过程，努力建设美丽中国，实现中华民族永续发展。

为实现上述目标，我们必须坚持节约资源和保护环境的基本国策，坚持节约优先、保护优先、自然恢复为主的方针，着力推进绿色发展、循环发展、低碳发展，形成节约资源和保护环境的空间格局、产业结构、生产方式、生活方式，从源头上扭转生态环境恶化趋势，最终形成人与自然和谐发展的现代化建设新格局。

3. 中国的环境保护行政管理体制

由于环境保护所涉及的行业、事项和部门较多，因此中央政府的环境保护行政实行环保部门统一监督管理与其他相关部门分工负责管理的体制。依照《中华人民共和国环境保护法》的规定，国务院环境保护行政主管部门对全国环境保护工作实施统一监督管理。县级以上地方人民政府环境保护行政主管部门对本辖区的环境保护工作实施统一监督管理。国家海洋行政主管部门，港务监督、渔政渔港监督、军队环境保护部门和各级公安、交通、铁道、民航管理部门，依照有关法律的规定对环境污染防治实施监督管理。县级以上人民政府的土地、矿产、林业、农业、水利行政主管部门，依照有关法律的规定对资源的保护实施监督管理。

依照中国环境与资源保护法律和国务院机构改革方案对国务院环境保护行政体制与职责的规定，除了少数法律直接授权政府管理的环境保护事务外，行使环境保护行政职权的专门行政机关大体分为两类：一类是国务院环保部门(即生态环境部)，对环境保护实施统一的监督管理；另一类是国务院和环境与资源保护有关的主管部门，它们在各自职权范围内对环境保护实施分工负责的监督管理。

依照《中华人民共和国环境保护法》规定，地方各级人民政府对本辖区的环境质量负责，采取措施改善环境质量。地方政府的环境行政机构的构建基本上与国务院相同。所不同的是，依照《中华人民共和国宪法》和《中华人民共和国立法法》的规定，地方的某些环境与资源保护管理事项还可以由地方立法确立。也就是说，地方政府及其环境行政机构除了享有国家环境与资源保护法律所赋予的职权外，还享有地方立法赋予的执行地方环境保护事务的职权，地方各级人民政府设立的行政机关既要依法对地方各级人民政府负责，也要依法接受国务院各对口部委的业务指导。

(1)专门对环境保护实施统一监督管理的机关。

根据《中华人民共和国环境保护法》的规定，国务院生态环境部门对全国的环境保护工作实施统一的监督管理；县级以上地方人民政府环保部门对本辖区的环境保护工作实施统一的监督管理；国务院环保部门经历了从临时到常设、从内设机构到独立机构的发展历程。1974 年，国务院成立了由 20 多个有关部、委组成的环境保护领导小组，其日常工作由下属的领导小组办公室负责。1982 年，我国成立了城乡建设环境保护部，内设环保局，同时撤销了国务院环境保护领导小组。1984 年，城乡建设环境保护部内设的环保局改为部委归口管理的国家环境保护局；同年我国成立了国务院环境保护委员会，领导和组织协调全国的环境保护工作，办事机构设在国家环境保护局。1998 年，国家环境保护局升格为国务院直属的国家环境保护总局，同时撤销了国务院环境保护委员会。2008 年，国家环境保护总局进一步升格为环境保护部，成为国务院的组成部门之一。

从国务院环保部门的职权看，统一的监督管理一般包括两方面的内容：一是对全国环境保护监督管理工作进行统一规划、部署与协调；二是对本部门、本系统以及国务院其他相关行政主管部门各自在职权范围内行使的环境保护监督管理行为进行统一指导。

目前，国务院环保部门职权范围所涉及的领域非常广泛，包括执行工业污染防治、城市环境综合整治、自然生态环境保护以及中国承担的有关全球环境保护义务等事项。具体而言，有对大气污染、水污染、土壤污染以及有害废物、有毒化学品、噪声、振动、恶臭、放射性、电磁波辐射等污染的控制，也有对生态环境、生态农业、海洋环境保护和自然保护区、野生动植物、濒危物种的监督管理等。

(2)其他对环境保护实施分工负责监督管理的机关。

根据中国环境与资源保护法律的规定，中央和地方政府设置的其他行政机关依法在职权范围内享有一定的环境保护监督管理权。按照环境问题来源和政府机构职权等的不同，可以将它们分为环境污染防治分工负责机关和自然环境保护分工负责机关两大类。

第一类是环境污染防治分工负责机关。依照环境污染防治法律的规定，依法享有分工负责管理职权的机关包括海洋行政主管部门(国家海洋局)、港务监督机关(归口交通运输部)、渔政渔港监督机关(归口农业农村部)、军队环保部门(全军环境保护局)以及公安、交通、铁道、民航管理部门。

第二类是自然环境保护分工负责机关。依照自然资源管理法律的规定，依法享有分工负责管理职权的机关包括土地管理机关(归口国土资源部)、矿产资源管理机关(归口国土资源部)、林业行政主管部门(国家林业和草原局)、农业行政主管部门、水利行政主管部门。

另外，政府设置的宏观调控、专业经济管理机构的职权中也有许多涉及环境保护工作。例如，国家发展和改革委员会负责研究提出包括环境保护规划在内的国民经济规划和社会发展规划，资源开发、生产力布局和生态环境建设规划，安排管理国家拨款建设项目和国家重大建设项目等，对社会事业等与整个国民规划和社会发展进行平衡，推进可持续发展战略的实施，协调环境保护产业政策和发展规划等事项。住房和城乡建设部负责城市规划、村镇规划与建设，指导园林、市容和环卫工作以及城市规划区的绿化工作，负责对国家重点风景名胜区的保护监督，指导城市规划区内地下水的开发利用与保护，指导城市市容环境治理等工作事项。

依照《中华人民共和国治安管理处罚法》的规定，公安部门可以对与环境安全和环境保护有关的扰乱公共秩序、妨害公共安全、侵犯人身权利、财产权利、妨害社会管理等具有社会危害性，但尚不够刑事处罚的行为给予行政处罚。

4. 政府实施环境与资源保护管理的手段

(1)行使环境与资源保护行政管理权。

我国环境与资源保护行政包含污染防治行政和自然保护(含自然资源保护)行政两大部分。行使环境与资源保护行政权力的主体既包括各级人民政府，也包括各级政府主管部门。环境与资源行政管理的权力应当根据国家环境与资源保护法律法规的授权行使。

我国立法所确立的环境与资源保护基本制度以及由单项环境与资源保护法律法规确立的各该领域特有的制度措施，均授权由环境与资源保护行政管理机关运用公权力执行。归纳起来看，我国环境与资源保护行政权力主要包括开发利用环境决定权、开发利用环境许可权、开发利用环境监督管理权以及法律赋予的规章制定权、行政强制权、行政处罚权等。

第一，开发利用环境资源的决策权，即由国家环境与资源保护法律法规授权的政府及其主管部门，就开发利用和保护环境与资源制定策略、编制规划以及发布命令并组织实施的行政权力。

第二，开发利用环境资源及其相关行为的许可权(也称审批权)，即由国家环境与资源保护法律法规授权的政府及其主管部门，赋予申请人实施开发利用环境的权利或者资格的行政权力。这类权力既包括对使用(占用)环境容量和开发利用自然资源的特许与专营，也包括对与环境与资源保护有关行为的登记(备案)、认可和核准，还包括对利用自然环境及其功能行为的许可。

第三，开发利用环境与资源的监督管理权，即由国家环境与资源保护法律法规授权的政府及其主管部门或行政执法机构，通过现场检查与实地调查、实行环境监测等方式，对开发利用环境的行为实行监督管理的行政权力。

环境监测是指政府监测机构或依法接受委托的社会检测机构及其工作人员，按照环境标准和技术规范的要求，运用物理、化学、生物或遥感等技术手段对影响环境质量因素的代表值进行测定，并评价环境质量状况、分析环境影响趋势的活动。环境监测一般包括环境质量监测、污染源监测与应急监测等三大类。

依照我国环境与资源保护法律的规定，环保部门、水行政主管部门和海洋主管部门分别对环境、水环境质量和海洋环境监测享有管理权限。自然资源管理部门在各自职权范围内享有对自然保护与自然资源监测(如水与水文、土地、湿地、森林、草原、渔业、野生动植物和生物多样性、矿产、气象等)以及自然灾害监测等的管理权限。

目前，政府行使开发利用环境资源监督管理权的主要机构包括环境监察机构、中国海洋机构、森林资源监督机构、渔政监督机构、土地监督机构、矿产资源监督机构、水利稽查与水务稽查机构、海事监督机构、草原监理机构、自然保护区与风景名胜区管理机构、国家濒危物种进出口管理办公室(林业部门负责陆生和水生野生生物管理的机构)等。通常情况下，这些执法机构也同时行使其主管部门的环境监测职能。

第四，规章制定权、行政强制权与行政处罚权。

规章制定权是由法律授权的环保部门和其他行使环境与资源保护监督管理权的机关，在本部门的权限范围内制定执行环境与资源保护法律或行政法规的规范性文件的权力。

行政强制权包括行政强制措施和行政强制执行的权力。行政强制措施的种类包括限制公民人身自由，查封场所、设施或者财物，扣押财物，冻结存款、汇款等。行政强制执行的具体方式包括加处罚款或者滞纳金，划拨存款、汇款，拍卖或者依法处理查封、扣押的场所、设施或者财物，排除妨碍、恢复原状，代履行等。

行政机关依法做出要求当事人履行排除妨碍、恢复原状等义务的行政决定，当事人逾期不履行，经催告仍不履行，其后果已经或者将造成环境污染或者破坏自然资源的，行政机关可以代履行，或者委托没有利害关系的第三人代履行。此外，我国环境与资源保护法资源保护违法现象，如在临时占用的草原上修建永久性建筑物、构筑物，机关可以代履行。

行政处罚权是指对公民、法人或者其他组织违反行政管理秩序的行为，由行政机关按照法律法规或者规章的规定对行为人给予行政制裁的权力。环境与资源保护行政处罚的种类包括警告、罚款、没收违法所得、责令停止生产或者使用、吊销许可证或者其他具有许可性质的证书，以及环境与资源保护法律、法规规定的其他种类的行政处罚。

当事人不服行政处罚，申请行政复议或者提起行政诉讼的，行政处罚不停止行政处罚决定的执行。当事人逾期不申请行政复议、不提起行政诉讼，又不履行处罚决定的，由做出处罚决定的行政主管部门申请人民法院强制执行。

(2)代表国家对环境与资源损害行使民事索赔权。

《中华人民共和国宪法》规定："社会主义的公共财产神圣不可侵犯。国家保护社会主义的公共财产。禁止任何组织或者个人用任何手段侵占或者破坏国家的和集体的财产。"《中华人民共和国物权法》也规定，"国家的物权受法律保护，任何单位和个人不得侵犯。"

根据我国宪法、物权法以及环境与资源保护法律规定，国务院是最高国家行政机关，有关环境与资源保护的事务则由国务院各职能部门行使。因此，按照责权相一致的原理，既然我国法律法规将环境与资源保护和监督管理的行政职能授权国务院各职能部门行使，那么当这些职能部门管理的国家环境与资源因环境污染或生态破坏造成重大损失时，它们理所当然地享有代表国家行使民事索赔的权利。

实际上，这一权利可以从《中华人民共和国海洋环境保护法》第八十九条关于"对破坏海洋生态，海洋水产资源、海洋保护区，给国家造成重大损失的，由依照本法规定行使海洋环境监督管理权的部门代表国家对责任者提出损害赔偿要求"的规定中得以体现。

此外，最高人民法院《关于为加快经济发展方式转变提供司法保障和服务的若干意见》(2010 年 6 月)中有关"依法受理环境保护行政部门代表国家提起的环境污染损害照偿纠纷案件"的规定也表明，我国最高司法机关也认同行使国家环境保护职权的部门享有代表国家行使民事索赔的权利。

目前，国家海洋局等行使海洋环境监督管理权的部门已经提起过数起海洋生态损害索赔诉讼。从这些案例看，生态损害的赔偿范围一般包括以下几个方面：清除环境污染和采取减轻损害等预防措施的费用，包括由于采取预防措施造成的次生污染或者损害的损失；生态服务功能损失(包括环境容量损失)；修复受损生态以及由此产生的调查研究、制订修复技术方案等合理费用；受损生态无法修复的，重建替代有关生态功能的合理费用；为确定生态损害的性质、程度而支出的监测、评估以及专业咨询、法律服务的合理费用；其他必要的合理费用。

【案例 2.6】

2012 年 8 月，A 公司的环保设施发生故障，无法正常处理污染物。但 A 公司为了尽快完成订单，仍然正常生产，所产生的污水直接排入白马江，结果导致重大水污染事故。环保部门在依法对 A 进行处罚的同时，要求 A 赔偿其违法行为给国家造成的生态损失。但 A 认为环保部门要求其赔偿生态损失的要求于法无据。

讨论：环保部门是否有权要求 A 公司因为水污染赔偿对国家造成的生态损失？

提示：从《中华人民共和国宪法》《中华人民共和国物权法》等规定的自然资源国家所有权，以及《中华人民共和国民事诉讼法》关于公益诉讼的规定角度进行分析。

三、环境与资源保护法律关系的客体

环境与资源保护法律关系的客体，是指权利主体的权利与义务所指向的对象，这些对象的共同特征在于它们应当为环境与资源保护法所确认，并可能受人为活动的控制或者影响。简单地讲，环境与资源保护法律关系的客体就是人类的环境利用行为与环境要素及其性状。

（一）环境利用行为

作为环境与资源保护法律关系客体的行为，是指环境与资源保护法律关系主体从事的、由立法所确认的对环境有影响的行为，包括积极的作为和消极的不作为。如保护行为、行政行为、开发利用行为、排污行为、消费和废弃行为、回收和恢复行为、旅游观光行为以及军事行为等，其中与法律关系主体及其权利义务最为密切的行为是环境利用行为。

环境利用行为的构成要素有三个：第一，环境利用行为的主体是人（含自然人和法律拟制的人）；第二，行为在主观上是为了满足人的生存与发展需要；第三，行为的结果是获取环境要素或者从环境要素中谋取利益。根据环境利用行为的不同目的，可以将环境利用行为分为本能利用行为与开发利用行为两大类。

1. 本能利用行为

本能利用行为，是指行为人在自然状态下为了生存繁衍、适应环境变化所进行的利用和改变环境的活动。人类为了基本生存而本能地利用环境要素及其产生的生态效益，是古典自然法学派主张的自然权利的思想渊源。

伴随人类社会所有权制度的出现，有形的环境要素（如自然资源）逐渐成为所有权的客体，以财产的名义受到法律的保护。而自然状态下的无形环境要素及依附全部环境要素产生的生态效益，则因人类对环境价值认知的不足及其不符合财产（物）的法律特征而被忽略。然而，在人类社会实现工业化和城市化之后，自然资源逐渐减少、环境污染逐渐加剧的现象则使环境的自然属性发生了根本性变化，致使人类的本能利用行为受到限制。

目前，人类已利用现代科学技术衡量环境对人类的舒适度、环境的质量状况以及生态系统的效益，并科学地判断人类开发利用自然资源与排污活动的影响，如污染物排放总量、自然资源利用程度、地域开发强度、人口居住密度等。

2. 开发利用行为

开发利用行为，是指行为人以谋取环境容量与自然资源的经济利益为目的，向环境排放废弃物与能量或者开发自然资源等利用和改变环境的活动。根据开发利用行为的方式，可以将其分为环境容量利用行为和自然资源利用行为两大类。二者的区别在于前者以排放为特征，后者以索取为特征。

（1）环境容量利用行为。环境容量一般指某一环境单元（空间）所能容纳污染物质的最大量。环境容量利用行为，是指经行政机关许可的特定主体（企业）为谋取经济利益而利用环境容量向环境排放污染物或抛弃废物的行为。由于环境自身具有净化和分解进入环境中有害物质的作用，因此人类可以在环境容量的范围内向环境排放污染物而不致环境质量状况恶化。

为协调自然排放行为与人类本能利用行为的关系，规范环境容量利用行为以保障环境质量，各国环境立法均规定禁止未经许可向环境排放污染物，同时还创设了污染物排放总量控制制度。

（2）自然资源利用行为。自然资源利用行为，是指经行政机关许可的特定主体（企业）为谋取经济利益从环境要素中获取利益的行为，如取水、伐木、狩猎、养殖、放牧以及修建水坝等。作为环境要素的组成部分，自然资源具有生命的周期性、循环性以及损害的可恢复性和可更新性，因此人类可以在不损害这些特性的基础上对它们进行重复利用。在这个意义上，尽管自然资源利用行为受到财产（物权）法律的保护，但在更大程度上还应当受到人类本能利用行为和生态规律的制约。

为协调资源利用行为与人类本能利用行为的关系，规范开发自然利用行为，保护自然环境和生态系统，各国相继制定了合理开发、利用和保护自然资源的法律。鉴于人类在过去几个世纪开发自然资源的总量超过了维持地球生态系统稳定发展的能力，导致全球生态系统不断退化，各国还创立了自然保护法律制度，对自然区域、物种和生物多样性进行特殊保护。

总而言之，尽管任何环境利用行为的总体目标都是促进人类的发展和福祉的提高，但本能利用行为主要以满足人类所有群体的基本生存为目标，利用环境提供的自然物质与生态效益；开发利用行为则以人类部分群体的物质财富和经济利益为目标，利用环境提供的纳污容量和自然资源，它总体上也可以促进人类发展。但是，由于地球环境的有限性，致使这两类环境利用行为之间实际上存在着此消彼长的利益竞争关系。

环境与资源保护法存在的意义就是要在具有竞争关系的本能利用和开发利用行为之间确立一个利益平衡点，既要保护人类发展的经济利益，也要维护人类生存的根本利益。

(二)客观现实的物质财富、非物质财富与环境功能

1. 客观现实的物质财富

对于环境与资源保护法而言，客观存在的物质财富一般是指权利人可以主张的、应当受到法律保护的环境要素及其自然性状，如大气、水、海洋、土地、矿藏、森林、草原、野生生物、自然遗迹、人文遗迹、自然保护区、风景名胜区、城市和乡村等。

作为环境与资源保护法律关系客体的自然物，绝大多数也是可以产生经济价值的自然资源，并已经依法确立了其所有权。所以将这些自然物作为环境与资源保护法律关系的客体对待时，还应当从民法所有权的角度对它们进行分析。例如，某些可以作为财产权利对象的自然物，如土地、森林、草原、山脉、矿藏、水流等，依照我国法律规定只能成为国家或集体所有权的客体，而不能成为私人所有权的客体。还有一些作为环境要素的自然物，如空气、风力、光照等，只能作为环境与资源保护法律关系的客体，而不能成为具有财产权内容的法律关系，如民事法律关系的客体。

按照传统的民法学原理，某些濒危、珍稀的野生动物，如动物园和马戏团里的熊猫、老虎等，在它们脱离自然界失去环境要素的功能时，就不再是环境与资源保护法律关系的客体，而是民事法律关系的客体。但是近代社会鉴于对珍稀、濒危野生动物价值认识的提高，对它们的处分也通过环境立法做出了非常严格的限定。此外法律还禁止出售、收购、猎捕、杀害国家重点保护野生动物。这时，即使是个人或集体饲养、繁殖的国家重点保护野生动物，由于它们同时也是环境与资源保护法律关系的客体，因而不能简单地将其作为民事法律关系的客体对待。

另外，某些人工制造物或人为划定的一定区域，如开发区、工矿企业、机器设备、排污设施和治理设施、移动性交通工具以及生产和消费过程中产生的污染

物或废弃物等，由于只有通过义务人的积极行为才能使权利人的利益得到满足，因此它们也可以作为环境与资源保护法律关系的客体。

2. 客观现实的非物质财富与环境功能

在确定环境与资源保护法律关系的客体时我们还应当注意环境的功能，即人类向环境排放污染物时所利用的环境容量以及自然物为人类和生态系统平衡所提供的环境效能。自然物对环境和生态平衡所提供的这些效能，只能成为环境与资源保护法律关系的客体。

具有环境效能的非物质财富也是环境与资源保护法律关系的客体，它主要表现为一定的环境效应、生态功能等。具有环境效能的非物质财富既可能通过人类的主观感受，如碧海蓝天、青山秀水等表现出来，也可能通过人类的被动接受，如呼吸清新的空气、享受静稳和舒适的状态等而实际获益。需要说明的是，传统法并不将清新的空气视为法律关系的客体，因为它尚不能为人类自由地控制和支配。但是，现代科学技术已经发展到可以对空气质量予以人为测定和控制的水平，因此空气可以成为环境与资源保护法律关系的客体。

另外，由于生态系统循环和自然规律不以人的意志而转移，因此自然物还存在着非人类利用价值(自然的内在价值)，这些价值和功能也直接影响着人类的生存和社会的发展。所以它们也应当成为环境与资源保护法律关系的客体。

自然物在传统法中只能是法律关系的客体，但是随着环境伦理学的发展，也出现了要求将某些自然物作为法律关系的主体看待的理论主张。尽管自然物是否能够成为环境与资源保护法律关系的主体尚未明确，但环境与资源保护法在强调环境对人类的经济价值将其作为权利义务关系客体的同时，也开始强调自然物独立于经济价值的生态价值，以及环境要素在保持生物多样性方面所表现出的内在价值。

本章小结

环境与资源保护法是指以保护和改善环境、预防和治理人为环境侵害为目的，调整人类环境利用关系的法律规范的总称。

环境与资源保护法的调整对象是人类在从事环境利用行为中形成的环境利用关系。环境与资源保护法的目的是保护和改善人类赖以生存的环境与资源，预防和治理人为环境破坏。环境与资源保护法的范畴既包含直接确立合理开发利用和保护环境与资源行为准则的法律规范，也包括其他部门法中有关环境与资源保护的法律规范。与环境与资源保护法相关的概念主要有环境法、环境保护法等。在中国法学研究领域，环境与资源保护法同环境法或者环境保护法的内涵与外延基本一致。

各国环境与资源保护法的直接目的一般是协调人与环境的关系，保护和改善环境，最终目的是促进可持续发展。

通常我们是在法的渊源体系的意义上来定义环境与资源保护法律体系的。我国环境与资源保护法律体系的内容包括宪法、环境与资源保护法律、环境与资源保护行政法规、国务院各部门有关环境与资源保护的行政规章、地方性环境与资源保护法规与规章、有关环境与资源保护的司法解释、中国缔结或参加的国际环境公约、条约、协定和议定书。

环境与资源保护法律关系是指受法律调整的环境与资源开发利用行为主体间发生的具有权利义务内容的环境利用关系。环境与资源保护法律关系的主体包括国家、国家机关以及全事业单位、社会组织和公众。

公众一般包括公民(自然人)和由公民组成的各种团体。公众环境权益的内容包括优美、舒适环境的享受权，开发利用环境决策与行为知悉权，开发利用环境决策建言权，监督开发利用环境行为及其检举和控告权，环境权益侵害救济请求权。公民的环境保护义务包括关心和保护环境的一般义务与忍受一定限度环境污染或生态破坏的特别义务。

企业开发利用环境的权利包括开发利用自然资源的权利与利用环境容量排污的权利两大类。企业行使开发利用环境的权利时有义务遵守法律规定的干预性、给付性、计划性、禁止性和命令性等义务性规范。企业环境社会责任是指从事开发利用环境行为的企业作为一类社会解体对社会以及其他公众所承担的、除强制性法律规范外的一种道义上的环境保护义务。其主要内容包括通过环境质量体系认证或获得绿色标签认定，推行清洁生产，主动对外宣示企业环境保护守则等。

我国实行统一监督管理与分部门分工负责管理的环境与资源保护行政管理体制。生态环境部门对环境保护工作实施统一的监督管理；海洋、国土、林业、农业、水利、建设等部门依法在职权范围内享有一定的环境保护监督管理权。

政府实施环境与资源保护管理的手段包括行使环境与资源保护行政管理权和代表国家对环境资源损害行使民事索赔权。前者的主要内容包括开发利用环境与资源的决策权，开发利用环境与资源及其相关行为的许可权，开发利用环境与资源的监督管理权，规章制定、行政强制权与行政处罚权。

环境与资源保护法律关系的客体是人类的环境利用行为与环境要素及其性状。环境利用行为分为本能利用行为与开发利用行为两大类。环境利用行为的主体是人(含自然人和法律拟制的人)，行为在主观上是为了满足人的生存需要，行为的结果是获取环境要素或者从环境要素中谋取利益。环境要素及其性状具体表现为客观现实的物质财富、非物质财富与环境功能。

思考题

1. 什么是环境与资源保护法？它区别于其他法律部门的特征有哪些？
2.《中华人民共和国环境保护法》的立法目的是什么？
3. 我国环境与资源保护法律体系的主要内容有哪些？
4. 公众及其环境权益的主要内容是什么？
5. 企业开发利用环境的权利及义务的内容有哪些？
6. 政府及其主管部门的环境与资源保护管理职能有哪些？
7. 什么是环境利用行为？

第三章　环境与资源保护法的基本原则和基本制度

【学习目标】

通过本章的学习，学生应了解环境与资源保护法基本原则的含义及确立依据，理解各项基本原则的概念、作用以及贯彻实施方法；了解环境与资源保护法基本制度的含义、作用和意义，理解各项基本制度的产生和发展过程、基本内容及相关法律规定。

第一节　环境与资源保护法的基本原则和基本制度概述

一、环境与资源保护法基本原则概述

环境与资源保护法的基本原则是指能够反映环境与资源保护法的本质，体现环境与资源保护法的精神，贯穿于环境与资源保护法始终，并能指导环境与资源保护立法、执法和司法的法律规范。

确立环境与资源保护法基本原则的重要意义表现在以下三个方面。

第一，反映一国环境与资源保护法的精神和本质。正如平等、自愿、等价、有偿等民法的基本原则反映民法的精神和本质特点一样，环境与资源保护法的基本原则也反映环境与资源保护法的精神。环境与资源保护法的历史和现状决定了环境与资源保护法基本原则不像其他已经成熟的法律部门一样完备。但是经过几十年的发展，反映环境与资源保护法精神的基本原则正在逐渐形成，如经济社会发展与环境保护协调发展原则。

第二，弥补法律规定的不足。法律是稳定的，社会生活是不断变化发展的。在出现诸如新型环境利用关系等新问题、新社会现象需要环境与资源保护法加以调整和规范时，具体立法有可能滞后或者存在空白。在这种情况下，基本原则可以弥补法律规定的不足，指导环境与资源保护执法和司法，并防止法律的滥用。

第三，指导环境与资源保护立法。基本原则的确立可以有效地推动环境与资

源保护立法的进程。我国环境与资源保护法确立的基本原则，如预防原则、公众参与原则，在推动环境影响评价制度与“三同时”制度、环境信息公开等制度的立法进程中发挥了积极作用。在一定时期内由于环境问题的主要表现及其解决问题的法律方法不同，各国和地区环境与资源保护立法对基本原则的解释与认识也有所不同。例如协调发展原则，日本在1967年的《公害对策基本法》中就将其解释为环境保护必须与经济的健全发展相协调，即当环境保护与经济发展出现矛盾时以经济发展优先。这一条款在1970年日本修改该法时被删除，到1993年日本在制定《环境基本法》时又将该原则解释为环境优先。

确定环境与资源保护法基本原则的主要依据包括以下五个方面。

第一，环境与资源保护法的基本原则应当具有法律规范的特性，以便于执法者、司法者解决环境与资源保护实践中可能产生的各种纠纷与矛盾。

第二，环境与资源保护法的目的不能等同于环境与资源保护法的基本原则。环境与资源保护法的基本原则属于比较抽象的法律规范，而环境与资源保护法的目的则属于比较具体和直接的法律规范。例如，环境与资源保护法的目的包括促进经济发展、保障人体健康，但这些不是环境与资源保护法的基本原则。

第三，环境与资源保护法的基本原则必须是环境与资源保护法的特有原则，与其他部门法共有的原则不应该成为环境与资源保护法的基本原则。

第四，环境与资源保护法的基本原则应当贯穿于整个环境与资源保护法规范之中，并对环境与资源保护法的规范体系具有指导与纲领作用。环境与资源保护法基本原则应当在环境与资源保护立法、执法等各个环节和所有领域普遍、广泛适用。如果一项原则只适用于某个环节、某个领域，就不能够成为环境与资源保护法的基本原则。

第五，环境与资源保护法的基本原则应该内容明确、具有可操作性。战略性、宣示性的口号不宜直接作为环境与资源保护法的原则。例如，1979年《中华人民共和国环境保护法(试行)》所确立的“全面规划，合理布局，综合利用，化害为利，依靠群众，大家动手，保护环境，造福人民”的环境保护方针，就不宜作为环境与资源保护法的基本原则加以规定。

据此，本书将经济社会发展与环境保护相协调原则、预防原则、受益者负担原则、公众参与原则四项原则作为环境与资源保护法的基本原则。

二、环境与资源保护法基本制度概述

在我国环境与资源保护法中，制度一词通常与政策结合使用，但两者在性质上却是不同的。政策是执政者在一定时期内确立的行为目标或希望达到的结果，不具有法的拘束力，但可以对制度的执行和变革产生影响；而制度是由法律确立的行为模式或行为准则，具有法的拘束力，同时在执行中可能要求执政者采取有利于制度实施的政策。

理论上，环境与资源保护法律制度有基本制度和特别制度之分。环境与资源保护的基本制度，是指按照环境与资源保护立法的目的和基本原则确立的、具体表现并普遍适用于环境与资源保护各个领域的法律规范的总称。环境与资源保护的特别制度，是指在各单项环境与资源保护立法中为实现立法目的而确立的具有领域性、针对性和特殊性的法律规范的总称。由于环境与资源保护法律体系的范畴既包含环境污染防治法律，又包括自然保护与资源保护法律，因此在单项环境与资源保护立法中，必须为实现立法的特殊目的而确立与环境和资源要素保护相关的具体措施和方法。

结合环境与资源保护立法的实践，我们认为我国环境与资源保护法的基本制度是依据以下原理确定的。

第一，具体体现环境与资源保护法的基本原则。环境与资源保护法的基本原则蕴含着环境与资源保护法的本质和它所认可的根本价值，但是环境与资源保护法的基本原则一般只具有法的模糊性、概括性或指引性，并且大多数不具有法的拘束力，必须通过明确的法律规范来具体确定和体现。

第二，具体反映环境与资源保护法律的共通性和本质性的法律措施。在国内环境与资源保护法学教科书中，一般将环境保护计划、环境标准、环境影响评价、“三同时”、排污申报登记、排污收费、排污许可、现场检查、环境监测、限期治理、污染事故报告处理等作为基本制度加以阐述。在中国的环境保护实践中，还有以政府环保部门提出的环境保护基本法律制度为依据的分类方法，如环境影响评价制度、“三同时”制度、排污收费制度、城市环境综合整治制度、排污申报登记制度、限期治理制度、污染物排放许可制度、企业环境保护责任制度、现场检查制度。本书从环境与资源保护法律的内在联系、规制方法及其本质出发，将具体确立于各单项环境与资源保护法律之中具有共通性的法律规范作为环境与资源保护法的基本制度。

第三，依据基本国情和社会经济发展水平，通过对法的“立、改、废”逐步完善。20世纪80年代初，我国在修改颁布的《中华人民共和国宪法》中就将环境保护作为国家的责任予以规定。为此，中国制定和完善了一系列的环境与资源保护法律法规，并逐步确立了一些行之有效的环境与资源保护法律制度。但是中国是一个发展中国家，面临着发展经济以提高人民物质生活和文化需要与巨大的人口、资源压力，以及工业基础设施陈旧落后和管理水平低下等矛盾和问题，因此不可能将已被西方国家实施并证明的所有成功的法律制度全部适用于中国。为此，环境与资源保护基本制度是在充分研究了中国国情的基础上，结合现有科学技术的发展水平，将那些经济、适用、可行的方法和措施确立为基本制度。

本书按照上述原理将环境与资源保护的基本制度分为环境标准制度，环境与资源保护规划制度，环境费制度，环境影响评价制度，治理、恢复与补救制度五类。

需要指出的是，中国现行的环境与资源保护立法主要始于20世纪80年代，因为这个时期环境与资源保护工作的重点是环境污染的治理，这使得中国环境与资源保护法的基本制度存在着突出环境污染防治的阶段性特点。从可持续发展的观念出发，环境保护应当包含对资源和能源的保护以及对资源的循环利用等各个方面。例如，党的十八大报告就指出：为保护生态环境，我们必须要建立国土空间开发保护制度，完善最严格的耕地保护制度、水资源管理制度、环境保护制度。为此，中国目前正加强对自然资源和能源保护的立法，以完善自然资源保护和促进循环经济的基本法律制度。相信中国环境与资源保护法的基本制度还会随着立法的发展而不断完善。

三、综合性环境保护法与基本原则和基本制度的关系

（一）综合性环境保护法的概念

综合性环境保护法也称环境基本法，是指由国家立法机关制定的，在一国环境与资源保护法律体系内处于最高位阶，对立法、行政和司法以及法律的适用具有指导地位的法律。综合性环境保护法的产生具有以下两方面的背景。

第一，与经济利益相抗衡的环境利益不能及时在国家政治，尤其是宪法上得到充分反映。

近代宪法是以保护个人利益为本位的资本主义生产关系的产物。20世纪中后期，伴随环境问题的出现各国社会关系领域的许多重大事项发生了改变。然而，许多国家鉴于修订程序繁杂，涉及社会关系领域众多等原因，轻易不会修改宪法。这样就使环境问题所导致的社会关系的改变不容易通过宪法表现和调整，而只能选择对该领域制定一部高位阶的、新的法律予以应对。

但是，由于涉及环境问题的社会关系非常复杂，并非大量单项环境与资源保护立法就可以解决。所以各国开始将以应对环境问题为中心的法律共同集合成为一个法律部门，在此基础上以一部高位阶的综合性环境保护政策法或基本法作为“统领”，以弥补国家宪法有关环境保护规范的不足。

第二，环境问题的对策措施关系到社会生活、文化和经济等各个领域，需要综合平衡和统一协调社会各方利益。

环境问题的产生是与人类社会进步和经济发展相互交织的，由于诸多环境保护对策仅从问题的结果出发，因此单一确立应对策略的做法脱离了国家经济、社会以及法治发展的现实，并且环境保护的行政权力分属于政府各部门，难以从总体上达成国家制定环境政策的目标。

为此，各国发现，只有通过制定一部符合国家应对环境问题的高位阶的法律，明示环境保护的基本原则和基本制度以及其他国家法律在环境保护领域的适用关系，才能够多层次、多方位地综合调整由环境问题引发及改变的社会关系。

例如，20 世纪 50 年代西方主要国家分别在大气、水、噪声、废弃物、野生动植物、森林、土地、河流、海洋、草原、自然保护区与优美景观保护等领域制定实施了大量单项法律，之后各国和地区开始重视综合性环境保护法立法。美国于 1969 年制定了《国家环境政策法》；德国于 1959 年和 1974 年分别制定了《自然保护法》和《污染控制法》；日本于 1968 年和 1972 年分别制定了《公害对策基本法》和《自然环境保全法》，1993 年又将这两部法律合二为一，修改成为《环境基本法》。我国台湾地区也在完善环境立法的基础上于 2002 年制定了新的“环境基本法”。

在一国环境与资源保护法律体系中，综合性环境保护法一般处于最高位阶，它确立了国家环境与发展关系的基本准则，通过明确的法律规定将其他现行政策、法律原则统一到环境与资源保护的政策或原则上来。因此，环境基本法或者综合性环境保护法也被称为“环境宪法”。

从法律条文上考察，综合性环境保护法的篇幅一般较为简短，目的主要在于确立国家综合性环境保护方针策略、调整环境与发展的关系、明确政府的环境责任、设立专门的环境问题对策委员会，以及确立有关环境纠纷处理的法律适用问题。从法律规范的内容上考察，综合性环境保护法对政府环境责任的规定较多，义务性、鼓励性和授权性规范也运用得较多，但很少对政府各行政主管部门的职权职责做出直接规定。

（二）《中华人民共和国环境保护法》（以下均指 1989 年实施的《中华人民共和国环境保护法》）的内容、地位和作用

《中华人民共和国环境保护法》是于 1989 年由第七届全国人民代表大会常务委员会第十一次会议通过的，此前，我国曾于 1979 年制定了《中华人民共和国环境保护法（试行）》。20 世纪 70 年代末，我国社会主义法治建设尚处于恢复重建时期。在这个背景下，立法者借鉴了国外环境立法有关“基本法加单项法”的模式来构建我国的环境与资源保护法律体系，即在各单项环境与资源保护法律尚未制定的情况下，先行制定《中华人民共和国环境保护法（试行）》，并将其作为环境与资源保护领域的基本法。该法在内容上只规定了国家环境与资源保护的基本方针和政策，而对环境与资源保护领域的具体规定则考虑在未来制定各单项法律法规或实施细则时予以解决。

20 世纪 80 年代中叶，我国修改了《中华人民共和国宪法》，确立了社会主义有计划的商品经济体制，同时制定实施了一系列单项环境与资源保护法律和行政

法规。因此，有必要对国家的环境与资源保护的基本方针和政策进行调整，以适应国内政治和经济形势发展的需要。由于那时经过几次机构改革，国务院有关部门的环境与资源保护监督管理职权的界限也逐步清晰，所以对《中华人民共和国环境保护法(试行)》进行修改的重点主要是围绕国家环保部门的职权范围展开的。这样就使得修改草案所确立的基本原则和基本制度，一开始就具有浓厚的环境污染防治和管理的特征，而有关自然与资源保护的内容则因为领域广泛、主管部门职权交叉较多等问题而留待于其他单项自然资源立法另行做出规定。

在环境与资源保护法学界，一般按照《中华人民共和国环境保护法》在我国环境与资源保护法律体系中的地位和作用，将其视为我国的环境基本法。但在《中华人民共和国立法法》所确立的现有国家立法体制与框架内，《中华人民共和国环境保护法》并非国家基本法，但在立法实践中被称为环境与资源保护法律领域的牵头法。

《中华人民共和国环境保护法》在内容上分为总则、环境监督管理、保护和改善环境、防治环境污染和其他公害、法律责任以及附则六章。

“总则”的内容主要包括立法目的、环境的定义、法的适用范围、环境保护规划与国民经济和社会发展计划的关系、协调发展原则、发展环保科教事业、单位和个人检举与控告破坏环境的权利、环保行政监督管理的职权职责与部门划分、奖励规范等一般性规定。

“环境监督管理”主要确立了环境质量标准和污染物排放标准的制定与效力，环境监测与环境状况公报制度、环境保护规划制度、建设项目的环境影响评价制度、现场检查制度、跨行政区环境污染和环境破坏的处理原则等。

“保护和改善环境”主要确立了生态环境的保护原则，内容包括地方人民政府对本辖区环境质量负责以及保护自然区域的职责。此外，鉴于我国有关单项自然资源与自然环境保护的立法正在逐步完善，因此该法分别就风景名胜区和自然保护区建设、开发利用自然资源行为中的生态保护、农业环境保护、土地保护、海洋环境保护、城市环境保护和改善以及城乡建设环境保护等做出了原则性规定。

“防治环境污染和其他公害”的内容主要包括产生环境污染和其他公害单位的义务、环境保护责任制度、环境污染与其他公害的类型、工业企业技术改造的环保要求、“三同时”制度、排污申报登记、排污收费和超标排污费制度、限期治理制度、禁止引进不符合我国环境保护规定要求的技术和设备的措施、污染事故报告处理制度、环境污染事故应急措施、经营有毒有害物品者的守法义务以及防止污染转嫁措施。

“法律责任”的内容主要包括违反该法的行政处罚和行政处分责任、环境污染损害的无过失责任制度、环境损害诉讼的特殊诉讼时效以及造成环境污染事故应当承担刑事责任的准用性规定。

“附则”的内容主要包括国际环境条约在中国的适用和该法的生效时间。

历史考察发现，我国在环境保护事业和社会主义法治建设起步时期制定的《中华人民共和国环境保护法(试行)》与1989年通过的《中华人民共和国环境保护法》，在保护和改善环境、防治污染和其他公害，以及完善环境与资源保护法律体系与促进社会、经济的协调发展方面都起到了重要作用。

首先，率先将中国环境保护事业纳入法治轨道，明确了国家环境保护的基本方针、基本任务和基本政策。1979年《中华人民共和国环境保护法(试行)》确立了“将环境保护纳入计划统筹安排”“预防为主、防治结合、综合治理”“谁污染，谁治理”等环境保护的基本原则，确定了环境标准、环境影响评价、“三同时”、排污收费、限期治理等一系列环境保护的基本法律制度；1989年《中华人民共和国环境保护法》又相对完善了有关基本制度及其相关的法律责任。

其次，为中国环境与资源保护法律体系的完善和发展奠定了基础。1979年《中华人民共和国环境保护法(试行)》颁布实施以后，中国开始制定单项环境与资源保护法律、行政法规和部门规章，一些地方也依法制定了地方性环境与资源保护法规。1979年至今，我国已在环境、资源、能源以及清洁生产和循环经济领域制定了近三十部法律，中国的环境与资源保护法律体系已经基本形成。

再次，确立了环保部门统一监督管理与其他相关部门分工负责管理的环境保护行政体制，促进了环境保护行政机构的建立和发展。1979年以后中国从中央到地方自上而下地建立、健全了环保行政监督管理机构，逐步完善了环境监测网络。另外，在军队以及一些国有企事业单位也相继建立了环保机构。

最后，促进了全民法律意识和环境意识的提高，推动了其他部门法在修订时纳入与保护环境与资源相关的条款。自20世纪80年代以来，在司法部持续开展的全国普法教育活动中，《中华人民共和国环境保护法》一直都是国家普法教育的主要内容之一，对《中华人民共和国环境保护法》的宣传教育将环境保护与法律有机地结合在一起，它以公民所关心的环境问题为实证，在普法教育中唤起了中国公众的环境意识。此外，由于环境与资源保护所涉及的法律不仅体现在行政管理方面，更多的保障措施必须依靠其他部门法和国家相关基本法共同完成。为此，我国在刑法、民法、诉讼法以及行政法、经济法等有关立法中也相应规定了与环境和资源保护相关的条款。

(三)《中华人民共和国环境保护法》与基本原则和基本制度的关系

1.《中华人民共和国环境保护法》和环境与资源保护法基本原则的关系

比较各国环境与资源保护立法，对基本原则做出明确规定的一般是综合性环境保护法或者环境法典的总则部分。

在《中华人民共和国环境保护法》中，既有通过明文规定确立的基本原则(如协调发展原则)，又有间接通过一个或几个具体法律条文确立的基本原则(如预防原则)。

2.《中华人民共和国环境保护法》和环境与资源保护基本制度的关系

第一，《中华人民共和国环境保护法》初步确立和完善了环境与资源保护的基本制度体系。

我国环境与资源保护基本制度中的环境标准制度、环境与资源保护规划制度、环境影响评价制度与“三同时”制度、排污收费制度以及限期治理制度等都是由《中华人民共和国环境保护法》创立的。

本着从预防、治理和救济等三方面解决环境问题的思路，《中华人民共和国环境保护法》所确立的环境与资源保护基本制度在制度设计、顺位安排及其相互关系上也相辅相成，有利于政府开展环境与资源保护监督管理工作。

例如，从预防环境利用行为可能带来的环境污染和资源破坏的思路出发，《中华人民共和国环境保护法》在基本制度的设计上首先确立了环境标准制度、环境与资源保护规划制度和环境影响评价制度，为政府制定和开展对环境利用行为的事前监管措施提供法律依据。其次，从治理现有环境污染和生态破坏的实际出发，《中华人民共和国环境保护法》确立了排污收费制度以及其他自然保护的准用性规范，为环境与资源保护的过程管理奠定了执法基础。最后，从救济可能存在的环境侵害以及防治环境污染和生态破坏的需要出发，《中华人民共和国环境保护法》还确立了限期治理制度、突发环境事件处理制度以及环境侵害的民事责任制度。

在后来制定并不断修订的单项环境与资源保护立法以及执法实践中，各单项环境与资源保护立法结合环境与资源保护要素与领域的实际，又逐步发展和完善了这些基本制度。

第二，《中华人民共和国环境保护法》所确立的环境与资源保护基本制度，为单项环境与资源保护法律确立特别制度奠定了基础。

总体上看，开展环境与资源保护工作除了政府要安排专门的财政资金进行环境保护以外，主要的对策措施还是围绕环境问题的源头展开的，即合理控制环境容量利用和自然资源开发利用等环境利用行为。因此环境与资源保护特别法律制度的构建，需要在基本制度之外针对单项污染要素和有害因素等迁移转变规律以及结合自然资源开发与保护方式、方法的特点予以确立，从而达到对基本制度予以补充的目的。

此外，由于基本制度并非一成不变，所以有些环境与资源保护的特别制度还可以上升为基本制度，它们也需要通过修订《中华人民共和国环境保护法》的方式予以实现。

目前，我国《中华人民共和国环境保护法》和单项环境与资源保护法律已基本建立，它们所确立的法律制度共同构成了以基本制度为主导，以特别制度为补充的环境与资源保护制度体系。

第二节　环境与资源保护法的基本原则

一、经济社会发展与环境保护相协调原则

(一)经济社会发展与环境保护相协调原则概述

1. 经济社会发展与环境保护相协调原则的含义

经济社会发展与环境保护相协调原则(以下简称协调发展原则)是指经济社会发展要充分考虑环境与资源的承载力，使环境和资源既能够满足经济社会发展目标的需要，又能够使环境资源保持在满足当代人和后代人对适当环境质量要求的水平上，从而使经济社会发展与环境保护相互促进，共同发展，实现经济效益、社会效益与环境效益的统一。协调发展原则的内涵包括以下三个方面。

第一，协调发展是指经济建设、社会发展与环境保护在发展过程中的统一协调。尽管社会发展有很多目标，也有多种利益关系需要平衡，但是，只有处理好环境与发展的关系，人类社会才可能在保证其生存环境的基础上，继续进步繁荣。

第二，协调发展的实质是重视环境与资源的保护，不能为了经济发展而牺牲环境利益。在发展初期，多数国家都是重视经济发展而忽视环境保护的。但是环境危机使人类认识到片面强调经济的发展，尤其是过分追求短期经济利益，最终还是会制约经济的长期稳定发展，因而必须重视环境与资源的保护。

第三，协调发展的目标是实现国家的可持续发展。1992 联合国环境与发展会议通过的《里约环境与发展宣言》(简称《里约宣言》)确立了可持续发展战略，即既满足当代人的需要，又不对后代人满足其需要的能力构成危害的发展。可持续发展战略的核心包括两个方面——发展与限制。无论是发达国家还是发展中国家，都需要通过发展而实现社会的进步，因此发展是社会进步的首要因素。但是这种发展必须是可持续的，即对传统的发展模式和发展速度加以适当的限制，经济的发展必须考虑环境、资源、能源的承载力，并为后代人的发展留下空间。可持续发展理念经过多年的发展，已经成为国际及各国环境保护的基本战略。我国也将可持续发展作为国家发展的战略。协调发展原则从经济建设与环境保护之间利益平衡的角度探索实现可持续发展的道路，既体现了可持续发展关于限制与发展的本质和内涵，又比较具体并具有较强的可实施性，是具有中国特色的处理环境与发展关系的法律原则。

2. 协调发展原则的形成

协调发展原则的形成与对经济发展和环境保护关系的争论密切相关。关于经济发展与环境保护之间的关系，可以概括为三种不同的理论，即“经济发展优先论”“环境保护优先论”“协调发展论”。

“经济发展优先论”主张，为了经济发展而“先污染后治理”。赞同这种观点的人认为，先污染后治理是客观规律，经济发达国家均走过“先污染后治理”的道路，发展中国家也不可能例外。只有国家经济发展水平提高了，人民生活改善了，国民才会有提高生存质量和生活环境的需求。这时，环境保护的重要性自然就会出现，人们才会自觉地保护环境；没有经济的发展，或者经济发展尚未达到一定程度，即使强行保护环境，也不能达到环境保护的目的。

与“经济发展优先论”相反，“环境保护优先论”认为，经济的指数式发展会给环境资源带来难以承受的压力，并在某个时间达到极限，经济会陷入“灾难性崩溃”。因而必须停止增长，保护环境，并将环境保护置于优先地位。

“协调发展论”是对“经济发展优先论”和“环境保护优先论”的折中。协调发展论认为，经济发展优先论与环境保护优先论的共同特点是将经济发展与环境保护对立起来，片面强调经济发展和片面强调环境保护均有一定的问题，人类只有恰当处理好经济发展与环境保护之间的关系，让两者平衡、协调地发展，社会才能进步和繁荣。

我国在处理经济发展与环境保护关系选择发展道路时，吸取和借鉴了发达国家的经验，理性地分析了各种道路的利弊。

首先，先污染后治理的道路在中国走不通。中国当前的条件与工业化国家的历史条件存在很大不同，特别体现在资源与能源的匮乏、劳动力成本的提高、利润率的下降，以及已经被发达国家严重污染了的全球环境等方面。在此条件下，如果走先污染后治理的道路，中国必然会比发达国家付出更加沉重的代价。但是，在环境与资源保护法的实际执行过程中，地方各级政府还是本着“先污染后治理”的思想行事，环境与资源保护领域有法不依现象仍非常严重。

其次，环境保护优先论在中国同样走不通。中国拥有庞大的人口规模，经济基础落后于发达国家，而国民又期望拥有美好的生活质量。如果中国将“环境保护优先”作为处理经济与环境之间关系的方法，那么在现实中，可能会面临许多两难的选择，如就业岗位、脱贫致富、能源供应、汽车出行等与环境保护的矛盾与冲突等。即便是美国这样发达的超级大国，仍然在经济发展与环境保护之间进行着某种利益平衡，为了维护国内能源企业的利益、就业岗位等，甚至不惜选择放弃全球应对气候变化领军者的地位。

因而，经济与环境保护协调发展是中国的必然选择。牺牲其中的任何一种利益以换取另一种利益，都可能导致利益失衡、社会发展停滞或者环境代价过大的后果。

3. 关于协调发展原则的法律规定

《中华人民共和国环境保护法》规定，“国家制定的环境保护规划必须纳入国民经济和社会发展计划，国家采取有利于环境保护的经济、技术政策和措施，使环境保护工作同经济建设和社会发展相协调”，这就使得协调发展原则被法定化了。

【案例 3.1】

A 县生态环境十分优越，具有很好的旅游资源和野生生物资源开发前景。但是，为促进本地经济发展，政府决定将一片湿地填埋后建设成一个工业园区，希望通过发展工业来提高本地财政收入并增加就业机会。

讨论：县政府的决定是否是最好的选择？

提示：根据协调发展原则的内涵进行分析。

然而，在贯彻落实协调发展原则的过程中，通常却是让环境保护被动地与经济发展相协调，或者从属于经济发展，一些地方政府甚至让环境保护让路于经济发展。

为了克服环境保护的被动局面，国务院在 2006 年发布的《国务院关于落实科学发展观加强环境保护的决定》中明确提出，“经济社会发展必须与环境保护相协调”，即经济建设受环境保护制约，强调经济发展与环境保护的适应性。并进一步要求“各地区要根据资源禀赋、环境容量、生态状况、人口数量以及国家发展规划和产业政策，明确不同区域的功能定位和发展方向，将区域经济规划和环境保护目标有机结合起来，从而进一步具体化了协调发展原则的内容”。

4. 协调发展原则的意义

将协调发展原则作为我国环境与资源保护法的一项基本原则，对于我国经济、社会、环境的发展具有三方面的意义。

第一，有利于正确处理经济发展与环境保护之间的关系。严格来说，我国协调发展原则的形成早于可持续发展概念的提出，这也表明我国较早地寻找到了一条处理发展与环境关系的道路。只不过协调发展是从事物之间横向联系的角度提出了处理发展与环境之间矛盾的对策，而可持续发展则从纵向、长远的角度提出了处理发展与环境之间矛盾的对策。因而，协调发展与可持续发展在本质上是完全一致的。我们在处理环境与发展的关系时，既需要重视横向的利益平衡，又需要重视纵向的可持续发展。可持续发展的基础仍然在于平衡协调、妥善地处理经济建设与环境保护之间的关系。

第二，有利于实现中国经济发展方式的转变。一直以来，我国环境质量恶化的主要根源之一是“高消耗、高排放、高污染”的粗放式经济发展方式。这种发展方式所带来的不良后果是有限资源和能源的枯竭，以及生存环境质量的不断下降。多年来，我国一直致力于转变经济发展方式。协调发展原则强调环境资源承载力对经济发展的制约，强调对资源的节约与环境的保护，对于转变经济发展方式具有积极的意义。

第三，有利于实现社会的长久繁荣与发展。协调发展原则要求在经济利益与环境利益之间寻求平衡，实质上是要求为人们提供健康适宜的生存环境。因为如果生存环境被破坏，人的健康和生命难以保证，经济的发展及其成果的取得就没有任何价值。可见，协调发展原则也是实现社会长久发展的基础。

(二)实施协调发展原则的制度措施

1. 通过环境影响评价制度实现经济发展与环境保护一体化决策

《中华人民共和国环境影响评价法》明确将“实施可持续发展战略，预防因规划和建设项目实施后对环境造成不良影响，促进经济、社会和环境的协调发展”作为其立法目的，并将规划和一切对环境有影响的建设项目纳入环境影响评价的范围。通过实施规划环境影响评价和项目环境影响评价，可以实现经济与环境保护的一体化决策，从而保证在宏观和微观经济决策活动两个方面实现经济与环境的协调发展。

2. 通过“三同时”制度保障经济建设与环境保护同步进行

“三同时”制度旨在与环境影响评价制度相衔接，通过建设项目环保设施与主体工程，同时设计、同时施工、同时投产来落实环境影响报告书中所提出的防治污染的措施。“三同时”制度重在防范从事具体经济活动的排污行为可能给环境带来的影响，更进一步将“协调发展”落到了实处。

3. 通过循环经济制度将经济发展建立在环境承载力的基础上

循环经济是指在生产、流通和消费等过程中，减少资源消耗和废物的产生，对废物进行再使用或者将废物作为原料进行利用与再利用的经济发展方式。其目的仍然在于转变我国传统粗放式的经济发展方式，走“资源节约型、环境友好型”的发展道路，以促进经济建设与资源环境相协调。我国还专门颁布实施了《中华人民共和国循环经济促进法》，建立和制定了一系列大力发展循环经济的制度与措施。

4. 通过实施清洁生产制度实现经济发展与环境保护双赢

清洁生产是指不断采取改进设计、使用清洁的能源和原料、采用先进的工艺技术与设备、改善管理、综合利用等措施，从源头削减污染，提高资源利用效率，减少或者避免生产、服务和产品使用过程中污染物的产生和排放，以减轻或者消除对人类健康和环境的危害。如果说循环经济是以资源与废物为核心来预防污染的，那么清洁生产则是以生产过程或者环节为核心来预防污染的。它从设计、原料、工艺、管理、产品、废物等经济过程的多个环节，预防因企业生产可能对环境带来的影响，达到“清洁的原料、清洁的生产、清洁的产品”，实现经济发展与环境保护双赢。

5. 通过清洁能源制度解决环境对经济的制约

以煤为主的能源结构是导致我国环境问题严重的一个重要原因。煤的优点是价格低、数量多、热能高、经济效益明显，但缺点是“肮脏”、环境成本大。虽然我国一直致力于改善能源结构，但可替代的清洁能源有限，这严重制约了经济的发展，也影响了环境保护的进程。为此，我国制定了《中华人民共和国可再生能源法》，以促进风能、太阳能、生物质能等可再生的清洁能源的发展，解决能源对经济发展的制约。同时，我国也正在研究制定《中华人民共和国原子能法(征求意见稿)》，试图通过发展核电进一步优化能源结构。

6. 通过绿色 GDP 核算等经济政策促进和保障协调发展原则的实现

绿色 GDP 是指一个国家或地区扣除了资源损耗成本和环境降缓成本后经济活动的最终成果，代表了国民经济增长的净正效应。实行绿色 GDP 核算指标以后，资源损耗部分和环境污染等外部效应部分将从 GDP 总量中扣除。由于资源成本在 GDP 总量中所占比重较大，绿色 GDP 核算体系的建立可有效地牵制地方政府的投资冲动，实现经济与环境协调发展。

二、预防原则

(一)预防原则概述

1. 预防原则的含义

预防原则，也称环境损害预防原则，是指针对一切可能影响环境的活动和行为，事先采取经济、技术、法律、行政等各种手段和措施，防止环境污染和生态破坏等损害结果的发生。

预防原则的内涵包括三个方面：第一，预防的对象是环境损害，这种损害是科学上确定的、形成共识的，例如二氧化硫等空气污染物造成的酸雨损害、有毒有害物质对人体的伤害等都是科学上确定无疑的。第二，预防的目的是避免或者减少环境损害。预防原则的核心在于预防损害的发生，即“防患于未然”，它实质上是对末端治理方式即“治理于已然”的转变。第三，预防的性质属于事前积极控制。预防原则是相对损害发生后的治理而言的。损害发生后的治理，虽然也是对环境的保护，但它是消极被动的；而预防损害的发生，则是事前的控制，是积极主动的。

预防原则是国际社会公认的环境与资源保护法原则，该原则也被视为环境与资源保护领域的“黄金规则”。

除损害预防以外，随着环境保护的深入展开，在国际环境法中产生了一个新的原则——风险预防原则，也称谨慎原则。它是指遇有严重或不可逆转损害的威胁时，不得以缺乏科学充分确实证据为理由，延迟采取符合成本效益的措施防止环境恶化。

损害预防与风险预防的区别在于：第一，预防的对象不同。风险预防原则适用于预防严重的或者不可逆转的环境威胁，而损害预防原则适用于所有环境损害，包括环境污染和环境破坏。第二，科学确定性的判断不同。风险预防所预防的“损害”具有科学性和不确定性，而损害预防原则所预防的损害在科学上是确定无疑的。

我们认为，随着国内有关气候变化、转基因生物等立法进程的加快，风险预防已成为我国环境与资源保护法中的预防原则的应有之义。

【案例 3.2】

2003 年，国家发展和改革委员会规划在怒江干流上建设 2 库 13 级的水电站，此举引起了重大争议。赞成方认为，云南江州辖区内的四个县均为国家级贫困县，接近一半的农村人口处于贫困状态。但是，怒江州拥有丰富的水电资源，建设大型的水电项目可以帮助当地脱贫。反对方则认为，怒江水电开发可能会给怒江流域沿岸的生态环境带来灾难性影响，在把这些重大不利环境影响讨论清楚之前，怒江的水电开发应当慎之又慎。

讨论：你如何看待怒江水电开发争议？

提示：从协调发展原则与预防原则的角度进行分析。

2. 预防原则的形成

西方工业发达国家早期的环境保护策略是末端废物管理和污染控制，在环境法律和政策方面体现为针对排污口的反应性政策和单项治理措施。从 20 世纪 80 年代开始，这些国家开始调整环境保护战略，从末端治理向源头治理、反应性方向转变。

20 世纪 90 年代以后，预防性环境战略逐渐在各国立法中得到反映。1990 年美国通过《污染预防法》对污染实行预防或者源消减，这标志着美国环境政策从末端治理向源头控制转变。同期，其他工业发达国家也进行了类似的政策调整。例如经济合作与发展组织在 1991 年提出的《关于综合污染防治的建议》中号召成员方采取措施，实行污染综合控制。

我国长期实行计划经济，对污染预防政策的提出实际上早于发达国家。早在 1973 年国务院发布的《关于保护和改善环境的若干规定(试行草案)》就提出要贯彻“预防为主”的方针。《中华人民共和国环境保护法》虽然没有明确规定预防原则，但是其规定的一系列基本制度已经充分体现了预防为主的要求，例如环境影响评价制度、许可证制度等。各环境与资源保护单项法中也有许多相关规定，如2002年制定的《中华人民共和国清洁生产法》和《中华人民共和国环境影响评价法》更是对从源头上预防污染、实行清洁生产做了具体规定，全面体现了“预防为主、防治结合、综合治理”的原则。这也标志着中国的污染防治工作已经从以末端治理为主进入以源头预防为主、综合治理的阶段。

3. 预防原则的意义

首先，采取预防措施可以用较低的成本获得较大的环境效益。环境污染或者生态破坏一旦产生，通常都会造成巨大的经济损失和生态损失。例如，我国的松花江水污染事件、康菲石油海洋污染事件、紫金矿业污染事件等都给国家、地方以及公众的人身和财产造成了巨大损失，而且这些事件对生态环境造成的损失也难以估算，特别是造成的水生生物、海洋生物等损失甚至可能是难以逆转的；另外，国家、企业和个人还要花费巨资进行污染治理和生态恢复。但是，如果能够预防这些污染，即便投入了一些人、财、物，也会大大低于治理污染的成本。因此预防是一种低成本的环境保护战略。

其次，采取预防措施有利于扭转我国环境保护的被动局面。环境保护的历史证明，“头痛医头、脚痛医脚”是“治不胜治”“医不胜医”的，而且环境问题的复杂性远远不是污染本身那么简单，它的潜在影响、散发性影响极大，甚至影响社会安定、民族的健康和未来。因此，必须通过预防，防止一切行为和活动可能对环境产生的影响，从而使环境保护工作从被动变为主动、从消极变为积极。

(二)实施预防原则的制度措施

1. 通过环境影响评价制度在决策阶段落实预防原则

环境影响评价制度是最有效、操作性最强的环境预防措施。环境影响评价制度的目的就是预防因规划和建设项目实施后对环境造成不良影响，因此，《中华人民共和国环境影响评价法》特别注重从环境影响评价的过程与程序来控制规划和项目可能对环境造成的影响。

根据《中华人民共和国环境影响评价法》的规定，规划环境影响评价是在规划编制过程中进行环境影响评价，有关人民政府在审批规划的环境影响报告书时，应当将环境影响评价结论作为决策的重要根据。建设项目可行性研究阶段对建设项目可能对环境造成的影响进行可行性分析，建设项目的环境影响评价文件，由建设单位按照国务院的规定报有审批权的环境保护主管部门审批；建设项目的环境影响评价文件未经法律规定的审批部门审查或者审查后未予批准的，该项目审批部门不得批准其建设，建设单位不得开工建设。这些规定可以有效预防规划和建设项目可能给环境造成的影响。

2. 通过“三同时”制度在建设阶段落实预防原则

如果说环境影响评价制度就是在规划和项目的起草或可行性研究阶段的早期预防措施，那么“三同时”制度是在项目的设计、施工、投产阶段的预防措施。大多数国家都建立了环境影响评价制度，但“三同时”制度是我国首创的预防制度。

通过“三同时”制度，对环境影响评价报告书中提出的防范对策加以落实，并与环境影响评价制度相配合，对建设项目从可行性研究、设计、施工、投产所有重要环节予以把控，预防其可能对环境带来的污染和破坏。

3. 通过清洁生产制度在生产阶段落实预防原则

美国《污染预防法》的核心是“源消减”，即在进行再生利用、处理和处置之前，减少流入或释放到环境中的任何有害物质、污染物或其组分的数量，减少这些有害物质、污染物或其组分对公共健康和环境的危害。

我国建立清洁生产制度的初衷，实际上就是借鉴美国将“污染预防的战略”持续地应用于生产过程的思路，建立我国的污染预防法律制度，“减少或者避免污染物的产生”。

4. 通过循环经济制度在资源废物循环阶段落实预防原则

循环经济制度与清洁生产制度的共同之处在于：两者都侧重于预防污染的发生，只不过清洁生产制度以“生产过程”为中心，而循环经济制度则以“资源的再生利用、重复利用”为中心。循环经济从节水、节地，节材、节能和综合利用五个方面来预防对环境的污染和损害，因此与传统以“排污口”达标和“废物管理”的污染治理模式存在明显不同。

5. 通过排污许可证制度在排污阶段落实预防原则

为了预防和控制环境污染，国家对从事生产与经营的企业向环境排放废气、废水、固体废弃物、噪声等行为实行许可证管理。国家通过颁发许可证来控制可能向环境排放污染物的总量，以使排污量不超过环境容量，从而预防环境质量的恶化。《中华人民共和国大气污染防治法》《中华人民共和国水污染防治法》《中华人民共和国固体废物污染环境防治法》等都规定了排污许可证制度。

三、受益者负担原则

（一）受益者负担原则概述

1. 受益者负担原则的含义

受益者负担原则是指开发利用环境和资源或者排放污染物，对环境造成不利影响和危害者，应当支付由其活动所造成的环境损害费用，并承担治理其造成的环境污染与破坏的责任。受益者负担原则包括“谁开发谁保护，谁破坏谁恢复，谁利用谁补偿，谁污染谁治理”四个方面的内容。

“谁开发谁保护”是指开发自然资源与环境的企业和个人，必须在开发自然资源的同时，负担保护生态环境的责任和义务。造成我国生态环境恶化的一个重要的原因就是“边开发边破坏”的传统的自然资源开发方式。为此，我国在西部大开发中，提出“边开发边保护”“先保护后开发”战略。

“谁破坏堆恢复”是指环境与资源的破坏者，应当承担修复生态环境功能的责任和义务。在交通、水利、房地产开发、工矿企业的建设过程中，都可能对土地、森林、草原等自然生态系统造成破坏，影响生态环境的功能。因而由破坏者负责对已破坏的生态环境进行恢复，如进行土地复垦、水土保持、植树造林等生态恢复是十分必要的。

“谁利用谁补偿”是指环境与资源的利用者，应当承担生态补偿的责任和义务。强调利用者的补偿责任是十分重要的，因为我国各地资源禀赋不均衡，而经济发达地区往往是资源匮乏地区，经济落后的地区往往是资源富集的地区。落后地区的资源通常被富裕地区利用，而落后地区则因为资源的开发造成严重的生态破坏。因而由经济发达地区的资源利用者对资源富集地区的资源出让者进行经济补偿，是符合公平原则的。

“谁污染谁治理”是指环境的污染者，应当承担治理污染的责任和义务。让污染者承担治理污染的责任，如同让“欠债者还钱”“杀人者偿命”一样具有正当性。污染者治理污染除了符合公平正义等理念外，还有利于降低治污的成本，形成公平的竞争环境。

通常，我们对开发者、破坏者、利用者、污染者不加以区分，因为他们同为环境污染与破坏的“受益者”。但事实上，将环境责任的承担者具体化，并对开发者、破坏者、利用者、污染者的责任加以区分是十分必要的。开发者一般是能源、矿山企业；破坏者则可能是土地开发利用企业、林木经营部门；利用者则可以是任何单位与个人；污染者则通常是从事工业生产、商业经营活动的企业。开发者、破坏者、利用者负责原则旨在强调对生态环境的保护，污染者负责旨在强调对污染的治理。

近年来，受益者负担原则的内涵有了进一步扩展的趋势，即将地方政府对所辖行政区域的环境质量负责也纳入环境责任的范畴。因此，我国环境与资源保护法中的受益者负担原则是一个涵盖资源保护、污染防治，并包括开发者、利用者、破坏者、污染者以及地方政府在内的广泛责任主体的责任体系。

在理解受益者负担原则时，有两点需要特别强调：第一，受益者负担实质上是一种义务的概念，即主体所应承担的法律义务，而非违反义务所应承担的法律后果。因而它与环境法律责任中所强调的法律制裁是完全不同的。第二，受益者所承担的主要是经济责任，并不影响它因违反环境与资源保护法律法规或者造成他人财产和人身损害所应承担的刑事、行政以及民事赔偿责任。

【案例 3.3】

1998 年长江爆发洪灾之后，国家对长江上游全面实施天然林保护工程。位于长江上游的云南省丽江市按照国家要求，停止市内天然林采伐，地方财政收入也因此大幅下降。

讨论：丽江市因保护生态环境而丧失的发展机会成本应当如何进行补偿？

提示：从受益者负担原则的角度进行分析。

2. 受益者负担原则的形成

受益者负担原则是由经济合作与发展组织于 1972 年提出的“污染者负担原则”逐渐演变，并结合中国实际情况形成的。

20 世纪 70 年代初，经济合作与发展组织注意到其成员方利用政府公共资金控制污染和治理环境，不但会导致污染者生产的商品的价格不能反映其真实的成本，而且会形成政府的变相补贴，从而扭曲和干扰污染者与其商业对手之间竞争的公平性。同时，政府公共财政资金来源于纳税人，让全体纳税人负担污染者造成的污染损害，也有损于公平原则。为此，经济合作与发展组织率先提出了污染者负担原则，并通过了《关于实施污染者负担原则的建议》，以促使将行染者造成的环境成本内在化，解决“企业排污赚钱，政府买单(社会承担)治理污染”的不公平现象。

“污染者负担原则”提出后，得到了工业发达国家的广泛认同，很快被各国的国内立法采纳，成为各国通用的环境保护原则。目前，污染者负担原则还体现在国际环境法中，成为国际环境法的一项基本原则。

我国并未照搬“污染者负担”原则，而是参照“污染者负担原则”，确立了“谁污染谁治理”原则。《中华人民共和国环境保护法(试行)》第六条规定：“已经对环境造成污染和其他公害的单位，应当按照谁污染谁治理的原则，制定规划，积极治理，或者报请主管部门批准转产、搬迁。”

1989 年《中华人民共和国环境保护法》制定了“谁污染谁治理”原则，其主要原因是，“谁污染谁治理”只明确了治理责任，容易被理解为只是让污染者承担治理污染的责任，而实际上国家与地方政府也承担着综合治理污染的责任。另外也会让人认为污染者只承担治理污染的责任，不承担对污染造成损失的赔偿责任。

《中华人民共和国环境保护法》虽然没有明确规定污染者负担原则，但体现了污染者负担原则的精神。《中华人民共和国环境保护法》第二十四条规定：“产生环境污染和其他公害的单位，必须把环境保护工作纳入计划，建立环境保护责任制度；采取有效措施，防治在生产建设或者其他活动中产生的废气、废水、废渣、粉尘、恶臭气体、放射性物质以及噪声、振动、电磁波辐射等对环境的污染和危害。”第二十八条规定：“排放污染物超过国家或者地方规定的污染物排放标准的企业事业单位，依照国家规定缴纳超标准排污费，并负责治理。”第十六条规定：“地方各级人民政府，应当对本辖区的环境质量负责，采取措施改善环境质量。”

1990 年，国务院发布了《关于进一步加强环境保护工作的决定》，提出“凡产生环境污染和其他公害的企事业单位，必须把消除污染、改善环境，节约资源和综合利用作为技术改造和经营管理的重要内容，建立环境保护责任制度和考核制度”，并提出按照“谁开发谁保护，谁破坏谁恢复，谁利用谁补偿”方针，加强资源管理和生态建设随着环境保护的范围从污染防治扩大到自然保护和物质消费领域，污染者负担原则的适用范围也在逐步扩大。我国 2004 年修改的《中华人民共和国固体废物污染环境防治法》明确规定“产品的生产者、销售者、进口者、使用者对其产生的固体废物依法承担污染防治责任”；2008 年制定的《中华人民共和国循环经济促进法》也明确规定由产品生产者、销售者、使用者等共同承担产品及其废弃物的环境影响成本。

至此，我国形成了比发达国家“污染者负担原则”更加丰富的“受益者负担原则”。

3. 受益者负担原则的意义

第一，实现社会公平。受益者负担原则的本质是将污染者的污染成本内在化，让污染成本进入产品的价格，促进资源的合理分配，从而有利于企业的公平竞争。同时，污染成本内在化也可以减少政府公共支出，减轻纳税人的负担。

第二，降低环境保护的成本。让开发者保护、破坏者恢复、利用者补偿、污染者治理，实际上就是让知情者、有经验者对环境进行保护，对污染进行治理，这实际上是对资源最合理的配置，也是最有效率的环境保护方法，从而有利于降低环境保护的成本，取得经济效益与环境效益的双赢。

第三，最大限度地保护环境质量。让开发者保护、利用者补偿、破坏者恢复、污染者治理，其中包含着将经济活动与环境保护同步进行的意蕴，也是对及早预防、及时治理、防患于未然的另一种解读，以此最大限度地达到保护环境的目的。

（二）实施受益者负担原则的制度措施

1. 实行排污收费制度

征收排污费被公认为是环境成本内在化的有效手段，也是世界各国在环境保护中广泛使用的一种经济手段。我国于 1979 年颁布的《中华人民共和国环境保护法（试行）》中就确立了排污收费制度，《中华人民共和国环境保护法》也明确规定了排污收费制度。虽然我国排污费收取标准偏低，但是将排污费作为企业支出的一部分并纳入成本核算，有效地引导了企业治理的积极性。未来，我国还需要进一步提高排污费的征收标准，使得对排污者征收的排污费等于其给社会其他成员造成的损失。

2. 实行生态补偿制度

生态补偿制度是指根据生态系统服务价值、生态保护成本、发展机会成本，综合运用行政和市场手段，调整生态环境保护和建设与利用者等相关各方之间利益关系的环境经济政策和环境与资源保护法律制度。生态补偿的本质是由生态服务功能受益者向生态服务功能提供者付费，真正体现了“受益者负担原则”。

《中华人民共和国环境保护法》并没有明确规定生态补偿制度，但是生态补偿的实践却在中国已经进行了许多年。早在 1989 年，国家环保部门会同财政部门，在广西、江苏、福建、陕西、山西、贵州和新疆等地试行征收生态环境补偿费。1998 年，国家又开始实行“以粮代赈、退耕还林”政策，并开展森林生态效益补偿机制、草原生态效益补偿机制、水资源开发生态补偿机制、能源矿产开发生态补偿机制等。2012 年党的十八大报告也明确提出“建立反映市场供求和资源稀缺程度、体现生态价值和代际补偿的资源有偿使用制度和生态补偿制度”的生态文明建设目标。

3. 征收环境保护税

为了进一步实施受益者负担原则，我国从 2018 年 1 月 1 日开始征收环境保护税。开征环境税有三种方案：一是一般环境保护税，以筹集资金为主要目的，根据“受益者付费”原则征收；二是污染排放税，根据“污染者付费”原则征收，税基与污染物数量直接相关；三是污染产品税，依据“使用者付费”原则征收，征收对象是有潜在污染的产品。

4. 实行土地复垦制度

土地复垦，是指对生产建设活动和自然灾害损毁的土地，采取整治措施，使其达到可供利用状态的活动。生产建设活动损毁的土地，按照“谁损毁，谁复垦”的原则，由生产建设单位或者个人(土地复垦义务人)负责复垦。《中华人民共和国土地管理法》规定了土地复垦制度，之后，国务院于 1988 年发布了《土地复垦规定》，2011 年又修订为《土地复垦条例》，进一步明确规定了土地复垦人的义务。

四、公众参与原则

(一)公众参与原则概述

1. 公众参与原则的含义

公众参与原则，也称环境民主原则、依靠群众保护环境原则，是指公众对可能造成环境影响的开发决策、建设项目有相应的知情、参与决策和监督的权利。公众参与原则包括以下四个方面的内涵。

第一，参与主体是公众。公众即社会大众、普通民众，亦即受经济活动影响的社会个体及其集合。在美国等发达国家，由于公众的环境意识较高，加之民主制度比较健全，因而环境保护中的公众参与大多以社会团体尤其是环境保护非政府组织的形式进行。例如，美国的塞拉俱乐部、自然资源保护委员会等非政府组织经常以原告身份出现在美国的各类环境诉讼中。在我国，虽然也有一些环境保护非政府组织，但由于这些组织并不发达，环境保护的公众参与主要还是普通民众的个人行为，或者公众为某个事项面临时集结。

第二，参与的对象主要是影响到公众环境利益的建设项目。无论是发生在北京“西上六”输电工程案①，还是发生在厦门的 PX 案②，均因为这些建设项目影响到公众的环境利益，特别是影响到公众的身体健康和财产利益，而成为广受关注的公众参与案例。

第三，参与方式主要是通过法定的程序进行的。例如，《中华人民共和国环境影响评价法》对公众参与规划环境影响评价和建设项目环境影响评价等均有明确规定。

第四，公众参与的内容包括公众的环境知情权、参与决策权与监督权。近年来，我国在保证公众的环境知情权、参与决策权和监督权方面进行不断的努力，并取得了突破性进展。我国环境信息公开制度、环境影响评价公众参与制度、环境公益诉讼制度的建设都极大地保障了公众参与实质内容的开展。

2. 公众参与原则的形成

早在 1973 年召开的第一次全国环境保护会议上提出的环境保护 32 字方针中，就包含有“依靠群众、大家动手”这种朴素的公众参与环境保护的思想。这项方针虽然在 1979 年的《中华人民共和国环境保护法(试行)》中被承认，但是有关依靠群众保护环境的内容并没有具体的措施和制度加以保障，仅停留在口号式的宣传上。

《中华人民共和国环境保护法》对这一口号式方针未加保留，代而取之的是规定“一切单位和个人都有保护环境的义务，并有权对污染和破坏环境的单位和个人进行检举和控告”。虽然学界普遍认为这条规定是《中华人民共和国环境保护法》关于公众参与环境保护的规定，但是因为这条规定的操作性比较差，也广

---

① 2004 年 2 月开建的西沙屯—上庄—六郎庄 220 kV/110 kV 架空输电线工程，由于可能影响颐和园景观和对近万名居民构成电磁污染，引起了较大争议。受影响的百旺家苑小区居民通过行政复议、行政诉讼乃至静坐等方式抵制该建设项目，引起了社会各界的广泛关注和重视。

② 2004 年 2 月国务院批准立项、2005 年 7 月国家环保局审查通过了项目环评的厦门 PX 项目，由于潜在的环境健康风险，引发厦门市民的强烈反对和大规模的反对游行。此后厦门市政府积极应对、听取民意，举行了较为公开、可参与的市民座谈会。最终该项目迁至漳州。

受诟病。

公众参与环境保护的原则在我国得到广泛承认和深入人心，应当始于 1992 年的里约会议。《里约宣言》的原则中宣称：环境问题最好是在全体有关市民的参与下，在有关级别上加以处理。在国家一级，每一个人都应能适当地获得公共当局所持有的关于环境的资料，包括关于在其社区内的危险物质和活动的资料，并应有机会参与各项决策进程。各国应通过广泛提供资料来鼓励公众的认识和参与，让人人都能有效地使用司法和行政程序，包括补偿和补救程序。

里约会议之后，国务院于 1994 年通过的《中国 21 世纪议程——中国 21 世纪人口、环境与发展白皮书》明确提出：实现可持续发展目标，必须依靠公众及社会团体的支持和参与，公众与社会团体的参与方式和参与程度，将决定可持续发展目标实现的进程；公众既需要参与有关环境与发展的决策过程，特别是参与那些可能影响到他们生活和工作的社区决策，也需要参与对决策执行的监督。此外，还就妇女、青少年、少数民族、工人、科技界参与环境保护提出了具体方案。

《中华人民共和国环境影响评价法》第五条明确规定："国家鼓励有关单位、专家和公众以适当方式参与环境影响评价。"此外，《中华人民共和国清洁生产促进法》《中华人民共和国循环经济促进法》《中华人民共和国大气污染防治法》《中华人民共和国水污染防治法》《中华人民共和国固体废物污染环境防治法》等都不同程度地对环境保护的公众参与进行了规定。

（二）实施公众参与原则的制度措施

1. 环境影响评价中的公众参与制度

《中华人民共和国环境影响评价法》是我国将公众参与原则制度化的第一部环境与资源保护立法，它在推动我国公众参与环境保护方面功不可没。

但是，《中华人民共和国环境影响评价法》的规定还是比较原则的。为了推进和规范环境影响评价的公众参与，原国家环境保护总局于 2006 年布了《环境影响评价公众参与暂行办法》，对环境影响评价中的公众参与的范围、环境影响评价信息的公开、征询公众意见的组织形式和程序等内容进行了详尽的规定，使环境影响评价中的公众参与制度更加规范和可操作。

2. 环境行政许可和环境行政处罚中的公众参与制度

为了保障公众参与，推动环境行政决策的科学性和民主性，国务院环保部门根据《中华人民共和国行政许可法》《中华人民共和国行政处罚法》制定了《环境保护行政许可听证暂行办法》《环境保护行政处罚听证程序规定》等规章，对环境行政许可听证与环境行政处罚过程中的公众参与进行了规定。

3. 建立环境信息公开与披露制度

为了推动公众参与环境保护，原国家环境保护总局于2007年根据《中华人民共和国清洁生产促进法》《政府信息公开条例》等制定了《环境信息公开办法(试行)》。根据该办法，政府环保部门应当主动公开环境保护规划、环境质量状况、主要污染物排放总量指标分配及落实情况、排污许可证发放情况等政府环境信息，公开方式包括政府网站、公报、新闻发布会以及报刊，广播、电视等便于公众知晓的方式。同时，也鼓励企业自愿公开企业排放污染物种类、数量、浓度和去向以及企业环保设施的建设和运行情况等公众关注度较高的企业环境信息。

4. 鼓励各类非政府环保组织代表公众参与环境决策

目前，我国非政府环境保护组织虽然不如发达国家成熟，但是近年来也有许多非政府环境保护组织在组织公众参与环境保护方面发挥了积极作用，如中华环保联合会、自然之友、绿家园等。它们在代表公众维护环境权益、参与国家环境决策方面发挥了积极作用，如绿家园在中国水电建设决策的公众参与方面成效显著。

5. 建立公众参与的司法保障制度

司法作为公众权利与利益的最后防线，在保障公众参与方面也同样具有积极作用。虽然环境公益诉讼制度的建设进程颇费周折，不过成效比较明显。一方面，2012年修改的《中华人民共和国民事诉讼法》增加了包括环境公益诉讼在内的有关公益诉讼的规定，这将从根本上保障环境保护的公众参与。另一方面，贵阳、云南、江苏等省市试点建立了环保法庭，并制定了一些有关环境公益诉讼的规范性文件。实践中也出现了一些成功的环境保护公益诉讼案例，如中华环保联合会与江阴市居民朱正茂等诉江苏江阴港集装箱有限公司环境污染案①等。

第三节　环境与资源保护法的基本制度

一、环境标准制度

(一)概述

环境标准是指为了保护人群健康、保护社会财富和维护生态平衡，就环境质量及污染物的排放、环境监测方法以及其他需要的事项，按照法律规定的程序制

① 2009年7月，中华环保联合会与江苏省江阴市居民朱正茂作为共同原告，向江苏省无锡市中级人民法院状告江苏江阴港集装箱有限公司。该案是我国首例由社团组织提起的环境公益民事诉讼，最终以江苏江阴港集装箱有限公司停止环境污染行为、采取全面整改措施后，由法院调解告终。

定的各种技术指标与规范的总称。环境标准通过客观、科学的数据对相关领域的人类活动及其所产生的环境负荷进行定量分析，以量化的方法来预测、判断和说明环境承载能力，约束人类的环境利用行为，间接地实现了对环境污染和生态破坏行为的“事前控制”。

各国环境与资源保护立法一般将行政行为适用的强制性环境标准直接在法律中明确规定。例如，依照日本《环境基本法》的规定，环境标准包括有关人体健康项目的标准和有关生活环境项目的标准两大类。

而依照《中华人民共和国环境保护法》的规定，环境标准主要包括环境质量标准和污染物排放(控制)标准两大类。除此之外，在具体实施监测、测定和技术分析时，还要按照一定的科学方法来进行，因此除强制性环境标准外还存在着一些基础性、方法性的技术规范，这些标准在中国也属于环境标准的范畴。

总体上环境标准包括环境质量标准、污染物排放(控制)标准、环境监测方法标准、环境标准样品标准、环境基础标准等五类。此外，根据我国环境标准管理办法的规定，环境保护部(原国家环境保护总局)还可以制定环境保护部标准。

《中华人民共和国标准化法》第七条规定：“国家标准、行业标准分为强制性标准和推荐性标准。保障人体健康，人身、财产安全的标准和法律、行政法规规定强制执行的标准是强制性标准，其他标准是推荐性标准。省、自治区、直辖市标准化行政主管部门制定的工业产品的安全、卫生要求的地方标准，在本行政区域内是强制性标准。”①在环境标准中，环境质量标准、污染物排放(控制)标准属于强制性标准，必须执行。环境质量标准、污染物排放(控制)标准以外的环境标准属于推荐性环境标准。此外，国家鼓励采用推荐性环境标准，推荐性环境标准若被强制性环境标准引用，也必须强制执行。

国家环境质量标准和国家污染物排放控制标准由生态环境部提出编制计划，经国家质量监督检验检疫总局下达计划后由生态环境部制订，并由生态环境部、国家质量监督检验检疫总局联合发布。另外，环境基础标准、环境标准样品标准以及环境监测方法标准等三类国家标准则由生态环境部提出计划，组织制订，并由国家质量监督检验检疫总局下达计划、审批后联合发布。

由于环保工作涉及其他有关部门，如卫生、建设、交通、水利、国土资源、农业、林业以及海洋等部门，这些部门也有权依法制定其职权范围内涉及环境保护工作的标准。鉴于中国的环境标准是各类性质和目的不同的技术指标和规范的统称，因其制定机关、适用对象和强制性等的不同，导致它们本身的规范性也不确定。

---

① 强制性国家标准的代号，用“GB”表示；推荐性国家标准的代号，则用“GB/T”表示。

（二）环境质量标准与污染物排放（控制）标准

1. 环境质量标准

环境质量标准，是为保护自然环境、人体健康和社会物质财富，限制环境中的有害物质和因素所做的控制规定，如《环境空气质量标准》《海水水质标准》《地面水环境质量标准》《土壤环境质量标准》《渔业水质标准》《景观娱乐用水水质标准》等。

环境质量标准是满足环境达到规定使用功能和生态环境质量的基本要求。编制环境质量标准的主要依据是各主要环境要素的使用功能、使用目的和保护目标，在此基础上对该环境要素所处的区域分为不同类别的功能区，分别确立污染物的最大数值或环境保护的项目。

环境质量标准分为国家和地方两级。

国家环境质量标准在整个环境标准中处于核心地位，是国家环境政策目标的综合反映和体现，是国家实行环境保护规划、控制污染以及分级、分类管理环境和科学评价环境质量的基础，是制定污染物排放标准的主要科学依据，也是判断某地域环境质量状况和是否受到污染的直接依据。

《中华人民共和国环境保护法》中规定，地方各级人民政府应当对本辖区的环境质量负责。因此，环境质量标准的强制性主要表现为对政府环境管理行为的约束，是考评各级人民政府负责人环保工作成效的直接依据。

需要明确的是，环境质量标准的实施需经环保或其他主管部门按照环境质量功能区划的要求，在各该划定的区域内明确适用不同类别的标准数值后才具有法的约束力，因此，对不同环境质量功能区的划定属于主管部门的行政裁量行为，在经划定的环境质量功能区内从事生产生活活动的公民依法负有容忍一定程度污染的义务。由于对环境质量功能区域划定的结果将直接影响到该区域内公众的环境权益，因此，我们认为环保或其他主管部门对环境质量功能区域的划定行为应当听取公众的意见。

2. 污染物排放（控制）标准

污染物排放（控制）标准，是为实现环境质量标准，结合技术经济条件和环境特点，限制排入环境中的污染物或对环境造成危害的其他因素所做的控制规定，如《污水综合排放标准》《恶臭污染物排放标准》《大气污染物综合排放标准》《船舶污染物排放标准》等。

污染物排放（控制）标准是针对污染物排放所规定的最大限值，即“污染允许限度”。编制污染物排放（控制）标准的主要依据是环境质量标准，并按照不同类别的功能区分别规定与之相应的排放限值，适用于所有经划定的环境质量功能区内的污染源。

依照《中华人民共和国环境保护法》第十条的规定，国务院环境保护行政主管部门根据国家环境质量标准和国家经济、技术条件，制定国家污染物排放标准。省、自治区、直辖市级人民政府对国家污染物排放标准中未作规定的项目，可以制定地方污染物排放标准；对国家污染物排放标准中已作规定的项目，可以制定严于国家污染物排放标准①的地方污染物排放标准。地方污染物排放标准须报国务院环境保护行政主管部门备案。

地方污染物标准既可以是适用于特定行业污染源或特定产品污染源的行业型污染物排放标准，也可以是适用于所有行业的综合型污染物排放标准。向已有地方标准的区域排放污染物的，应当执行地方污染物排放标准。

由于污染物排放(控制)标准是针对污染物排放而做出的限制，因此对排放污染物的行为具有直接的约束力。在许多国家的环境立法中，一般将污染物排放(控制)标准作为判断排污行为是否违法的客观标准和依据。

3. 强制性环境标准与环境行政的关系

强制性环境标准即环境质量标准和污染物排放(控制)标准本属于技术规范，从法的角度看它们的规范性并不确定。人类环境利用行为的强度越大对环境要素的压力也越大，这时就必须通过一定的指标客观反映环境各要素满足外在的生态需求能力，以指导人类对环境的合理利用。

为提高环境行政决策的效率、减少行政机关对各类环境利用行为的审查程序，填补法律在具体规定上的不足，就必须通过法律授权专门的主管部门制定专业性较强的科技标准规范并适用于不同环境利用行为。它们可以弥补环境立法的不足，体现出对环境与资源保护法律关系的参与主体在环境与资源保护法律规范适用上的预见性、确定性和可归责性。因此，将环境质量标准和污染物排放(控制)标准作为国家强制性标准授权环境行政部门，按照不同的环境地域要求予以分别适用是非常重要的。

例如，在环境质量标准的制定中，本着既满足环境的各类使用功能，又满足环境的生态质量要求的理念，针对人类活动强度和环境要素需求的不同，将环境地域按照环境要素的功能和人类对环境的利用目的、保护目标等分为若干类别并确立不同的标准值分别适用。这样既有利于政府在编制环境与资源保护规划时明确环境质量保护的目标，又有利于公众对计划执行效果的监督。

与之相适应，在污染物排放(控制)标准的制定中，必须根据环境质量标准确立一个维持该标准值所要求状态的最低数值作为控制污染物排放的最高数值，

---

① 依照2004年11月国家环境保护总局颁布的《地方环境质量标准和污染物排放标准备案管理办法》，所谓“严于国家污染物排放标准”，是指对于同类行业污染源或产品污染源，在相同的环境功能区域内，采用相同监测方法、地方污染物排放标准规定的项目限值、控制要求，在其有效期内严于相应时期的国家污染物排放标准。

以实现人类生存对环境质量状况的基本要求。同样，污染物排放(控制)标准既是政府环境监督检查的依据，也是对超标排污者予以行政处罚和行政指导的依据。

由于环境利用行为和环境保护技术的发展经常处于一个动态的过程，而强制性环境标准的制定是以现有科技水平为基础，这样在标准管制行政中经常会出现新发现的环境问题没有相应的标准对应或现有标准的规制水平较低等现象。所有这些也都需要对环境标准进行动态的调整以适应改变，并且在环境行政决策中考虑这一现实以促使决策能够防范环境风险。

强制性环境标准本身不属于法的规范，其具体适用需附于法定环境行政决定即公法上的判断。为此，强制性环境标准不具有判断或决定平等主体间是否存在环境妨害或者侵害的法的效力。从这个意义上讲，强制性环境标准必须经环境立法确认并由环保等主管部门决定适用后才具有相应的法的拘束力。

基于强制性环境标准的专业性特点，各国制定、适用与解释环境标准的权力一般均由环保部门享有。但是，在缺乏法律程序规范的条件下，生态环境部门对具体个案的适用具有较大的裁量空间，并存在着标准适用上的随机性、模糊性与难以掌握等问题。因此，公众参与环境决策就显得非常重要。另外，当强制性环境标准的适用因涉及公共利益而发生纠纷时，应当在尊重专业判断的前提下进行司法审查。

(三)其他类别的环境标准

其他类别的环境标准，是指除环境质量标准和污染物排放(控制)标准以外，由政府主管部门、行业或企业制定的推荐性或自愿性的环境标准。

1. 环境监测方法标准、环境标准样品标准和环境基础标准

环境监测方法标准、环境标准样品标准和环境基础标准一般属于推荐性环境标准。环境监测方法标准是为监测环境质量和污染物排放，规范采样、分析测试、数据处理等技术而制定的技术规范；环境标准样品标准是为保证环境监测数据的准确、可靠，对用于量值传递或质量控制的材料、实物样品而制定的技术规范；环境基础标准是对环境保护工作中需要统一的技术术语、符号、代号(代码)、图形、指南、导则及信息编码等所做的规定。

鉴于有关环境监测方法、技术规范和相关数据需要在全国范围内统一，因此上述三类环境标准只有国家标准没有地方标准。这类环境标准的制定权限来源于《中华人民共和国标准化法》的授权，由国务院环保部门和其他主管部门制定，属于指导环境监测和实施环境监督的技术规范，不具有法的拘束力。当没有国家或行业环境监测方法标准时，应将该污染物的监测方法列入地方环境标准附录，或在地方环境标准中列出发表该监测方法的出版物。

在认定污染物排放是否超标的问题上发生分歧时，可以用上述三类环境标准所规定的技术规范判断监测方法以及测定技术等操作程序和内容是否符合国家环境标准进行判定。

【案例3.4】

环保部门发现A企业存在超标排污行为，遂决定依法给予A行政处罚。A认为，环保部门在现场检查时进行的排污监测过程不符合环境监测方法标准规定的程序和方法，因此所得出的监测结果不能作为处罚依据。环保部门认为，虽然监测过程未完全符合相关环境监测方法标准的规定，但不影响监测结果的准确性，所得出的结论可以作为处罚的依据。

讨论：A的主张是否成立？

提示：从环境标准的法律效力角度进行分析。

2. 环境与资源保护行业标准

在环境标准体系中，环境保护部标准是一类较为特殊的标准，特指需要在全国环境保护工作范围内统一的技术要求而又没有国家环境标准时由环境保护部制定的标准。环境保护部标准属于行业标准，不属于国家标准。由于实践中不存在独立的环境保护行业，因此将此类标准命名为环境保护部标准。

目前，环境保护部标准主要局限于环境基础标准和环境影响评价技术规范两大类，属于推荐性标准。例如，在环境影响评价工作中适用的《环境影响评价技术导则总纲》就是环境保护部标准。

环境保护部标准由环境保护部负责制定，报国家质量监督检验检疫总局备案。

此外，由于我国实行统一管理与部门分工负责管理的环境与资源保护行政体制，国务院有关环境与资源保护的主管部门都可以在本部门范围内制定统一适用的行业标准，其效力与环境保护部标准相同。

3. 企业排放标准

企业排放标准是指企业自行制定的比国家或地方更为严格的污染物排放标准。依照《中华人民共和国标准化法》的规定，国家鼓励企业制定严于国家标准或者行业标准的企业标准，在企业内部适用。

随着循环经济的兴起，许多企业在技术改造过程中运用了新设备和新技术，在提高能源利用效率的同时也减少了污染物的排放。目前，许多著名的大型企业为赢得社会的公信力和当地民众的支持，纷纷制定了更为严格的排放标准，直接适用或者通过与政府或者周边居民签订环境协议的方式予以适用。

企业排放标准因不是法律所规定，所以一般不具有法的拘束力。但是，在下列两种情况下应当认可其法的拘束力：一是在企业与政府或者周边居民签订的环境协议中作为企业义务明确规定的；二是司法机关认可某些特殊领域的企业排放标准可以作为鉴定标准适用的。

二、环境与资源保护规划制度

（一）概述

环境与资源保护规划是国家开展环境与资源保护行政的重要依据，通常与国家的环境政策相提并论。由于我国对环境与资源保护实行统一和分工负责管理相结合的体制，有关计划和规划的编制与实施也分别由对环境与资源保护享有监督管理权的不同主管部门掌管，因此我国并没有一部统一的环境与资源保护规划。

在我国，环境与资源保护规划是由国民经济和社会发展五年规划纲要中的环境保护篇章、全国主体功能区规划、国家各类生态建设和保护规划、专项环境保护规划等共同组成的，以环境与资源保护为目的的规划的统称。其中，由国务院编制并由全国人民代表大会通过的国民经济和社会发展五年规划纲要中的环境保护篇章在所有环境与自然保护规划中处于最高地位。国家级主体功能区规划由国务院审议通过，其他各类环境与资源保护专项规划则由国务院主管部门编制并报国务院批准实施。

环境与资源保护规划是环境预测与科学决策的产物，因此它们是实现环境立法目的和指导国家环境保护工作、考评政府官员执政业绩的重要依据。

（二）国民经济和社会发展规划中的环境保护篇章和专项规划

依照《中华人民共和国宪法》的规定，国务院编制国民经济和社会发展计划①，报全国人民代表大会审查批准后执行。

在我国，国务院编制的国民经济和社会发展五年规划一般包含三个层次：第一层次是编制国民经济和社会发展五年规划纲要；第二层次是在纲要的指导之下由国务院主管部门编制的重点专项规划；第三层次是各部门、各地区根据纲要和重点专项规划的内容编制的行业规划和地区规划。

1. 五年规划纲要中的环境保护篇章

从 1975 年起，国务院环境保护领导小组在其制定的《关于制定环境保护十年规划和“五五”（1976—1980 年）计划》中就提出要把环境保护纳入国民经济和社会发展计划，并提出了“五年控制，十年基本解决环境污染问题”的行政目标。为此还开展了污染源调查、环境质量评价等基础性的环境保护工作。由于未能制定具有强

① “十一五”时期开始，国民经济和社会发展五年计划改称为国民经济和社会发展五年规划。

制力的环境保护法律并编制科学系统的环境保护规划，这一目标未能实现。

在中国国民经济和社会发展的第六个五年计划时期，中国首次根据《中华人民共和国环境保护法（试行）》的规定，将国家环境保护“六五”计划（1981—1985年）作为一个独立的篇章纳入国家国民经济和社会发展计划，为后来将环境保护计划纳入国家规划奠定了基础。从1986年实行“七五”计划时期开始，中国在环境保护规划和计划工作的各方面都进展顺利。

《中华人民共和国环境保护法》规定，国家制定的环境保护规划必须纳入国民经济和社会发展计划。自此以后，各个国民经济和社会发展五年计划均将环境保护与经济社会协调发展、综合平衡作为编制规划的重要指导思想，并专门设立了环境保护篇章。

2. 国务院主管部门编制的环境与资源保护专项规划

（1）环保部门制订的环境保护计划。环境保护计划是各级政府和各有关部门在计划期内要实现的环境目标和所要采取的防治措施的具体体现。环境保护计划的目的是保证环境保护作为国民经济和社会发展计划的重要组成部分参与综合平衡，发挥计划的指导和宏观调控作用，强化环境管理，推动污染防治和自然保护，改善环境质量，促进环境与国民经济和社会协调发展。

依照1994年《环境保护计划管理办法》的规定，环境保护计划包括城市环境质量控制计划、污染排放控制和污染治理计划、自然生态保护计划以及其他有关的计划四类。环境保护计划的计划期与国民经济和社会发展计划期相同，分五年计划和年度计划，实行国家、省、市、县四级管理。其中，国家环境保护计划以宏观指导为主；地方环境保护计划除应包括国家环境保护计划的内容外，还应包括相关的环境治理和建设项目，并根据具体情况适当增加必要的内容和指标。

（2）有关部门编制的环境与资源保护规划与行业、地区规划。按照环境与资源保护分工负责的管理体制，除国务院环境保护部门外，其他有关部门也依法享有环境与资源保护的管理职权，它们可以单独或者与环保部门联合编制有关的规划并报国务院批准发布并实施。

有关部门编制的环境与资源保护规划既有专项规划，也有行业和地区规划，如《全国生态环境保护纲要》《全国生态环境建设规划》《松花江流域水污染防治规划（2006—2010年）》《全国野生动植物保护及自然保护区建设工程总体规划》《全国草原保护建设利用总体规划》《全国生物物种资源保护与利用规划纲要》《中国水生生物资源养护行动钢要》《全国湿地保护工程实施规划》和《天然林保护工程规划》等。

（三）关于全国主体功能区规划

2000年，原国家计委（中华人民共和国国家计划委员会）在有关规划体制改革的意见中首次提出了“空间协调与平衡”思想，要求政府在制定规划时必须考虑将产业分布与空间、人、资源与环境相协调。2006年，《国民经济和社会发展第十一个五年规划纲要》授权国务院编制全国主体功能区规划。2011年6月，国务院正式发布了《全国主体功能区规划》，这是我国第一部国土空间开发规划。

《全国主体功能区规划》根据不同区域的资源环境承载能力、现有开发密度和发展潜力，按照人口分布、经济布局、国土利用和城镇化格局，将国土空间划分为优化开发、重点开发、限制开发和禁止开发四类。优化开发区域是指国土开发密度已经较高、资源环境承载能力开始减弱的区域；重点开发区域是指资源环境承载能力较强、经济和人口集聚条件较好的区域；限制开发区域是指资源承载能力较弱、大规模集聚经济和人口条件不够好，并关系到全国或较大区域范围生态安全的区域；禁止开发区域是指依法设立的各类自然保护区域根据功能区划分标准。《全国主体功能区规划》由国家主体功能区规划和省级主体功能区规划组成，分国家和省级两个层次编制，规划期至2020年。

与以往的综合性开发利用以及环境与资源保护规划相比，《全国主体功能区规划》最大的特点是打破了传统行政区划的界限，要求今后的各类政策以及考核模式等都将以功能区为单位展开。实施《全国主体功能区规划》后，国家和地方有关财政、投资、产业、土地、人口管理、环境保护以及绩效评价与政绩考核政策和指标均要发生改变。在此基础上，党的十八大报告明确提出要把资源消耗、环境损害、生态效益纳入经济社会发展评价体系，建立体现生态文明要求的目标体系、考核办法、奖惩机制。

《全国主体功能区规划》是国土空间开发的战略性、基础性和约束性规划，是国民经济和社会发展总体规划、人口规划、区域规划、城市规划、土地利用规划、环境保护规划、生态建设规划、流域综合规划、水资源综合规划、海洋功能区划、海域使用规划、粮食生产规划，交通规划、防灾减灾规划等在空间开发和布局方面的基本依据。因此国民经济和社会发展规划中的环境与资源保护规划以及行业和地区规划的编制都应当以《全国主体功能区规划》为准。

（四）环境与资源保护规划的效力

从理论上讲，环境与资源保护规划属于行政行为，是针对一定目标确立的多阶段、分时期的行政过程。在各国环境与资源保护法律实践中，环境与资源保护规划的表现形式多种多样，既有依照法律制订的计划或规划，也有通过行政法规或者规章确立的计划或规划。因此其法律效力也各不相同。

从中国各类环境与资源保护规划的编制和执行上看，国民经济与社会发展五年规划纲要由全国人民代表大会审议通过、具有最高规划效力，其他依次为国务院发布的全国主体功能区规划以及其他类别的规划。

由于中国现行环境与资源保护法律并未对环境与资源保护规划的编制和执行规定相应的法律后果，所以环境与资源保护规划主要对政府及其行政主管部门依法审批规划所确立的项目具有指导和准据作用，一般不对行政机关以外的人具有直接的法的强制力。

【案例3.5】

“十二五”规划节能减排指标确定为约束性指标后，国务院颁布了《“十二五”节能减排综合性工作方案》对各省市节能减排指标进行了分配。因钢铁、化工等重工业企业过多，2011年A省未完成年度节能减排指标。

讨论：A省未能完成节能减排规划确定的指标的法律后果是什么？

提示：从环境与资源保护规划的法律效力角度进行分析。

在西方国家，通过环境基本法所确立的环境与资源保护计划属于国家的基本计划，其他计划或者规划的编制都应当与之相协调，这是国家环境保护义务的具体体现。在我国，由于专门的环境与资源保护规划属于国家国民经济和社会发展五年规划的组成部分，因此在政府计划层面上，各类其他计划或者规划也应当符合环境与资源保护规划的要求。

当环境与资源保护规划的具体实施涉及公众的环境权益时，应当按照不同环境与资源保护规划的性质决定该规划的编制和审批行为是否可以接受司法审查。

三、环境影响评价制度

(一)概述

1. 环境影响评价的概念

在西方国家，环境影响评价一般指决策者在做出可能带来环境影响的决策之前，事先对环境的现状进行调查，并在此基础上提出各种不同的替代方案①，并就各种方案可能造成的环境影响进行预测、评价和比较，从而选择最适合于环境的决策。而依照《中华人民共和国环境影响评价法》第二条的规定，环境影响评价是指对规划和建设项目实施后可能造成的环境影响进行分析、预测和评估，提出预防或者减轻不良环境影响的对策和措施，进行跟踪监测的方法与制度。

环境影响评价制度是环境与资源保护法有关预防原则的具体体现，也是中国环境与资源保护立法借鉴和吸收西方国家环境管理中有关环境影响评价制度的产

① 所谓替代方案，是指除拟议活动之外的其他可供选择的备选方案。具体而言，就是指那些可用来替代拟议活动，并实现该拟议活动与其目标的行动方案。

物。实行环境影响评价制度的主要意义在于环境影响评价具有科学技术性、前瞻预测性和内容综合性等优点，是环境行政决策的主要科学依据。

中国的环境影响评价制度的实施始于20世纪70年代末。1978年，中共中央在批转国务院关于《环境保护工作汇报要点》的报告中首次提出了进行环境影响评价工作的意见。同年国务院有关部门组织对位于江西省的永平铜矿进行了环境影响评价。1979年，《中华人民共和国环境保护法(试行)》对建设项目环境影响评价做出了规定。1989年，《中华人民共和国环境保护法》采用准用性规范规定“建设污染环境的项目，必须遵守国家有关建设项目环境保护管理的规定”。此外，在我国颁布的《中华人民共和国水污染防治法》《环境噪声污染防治法》《中华人民共和国海洋环境保护法》《中华人民共和国大气污染防治法》《中华人民共和国固体废物污染环境防治法》中，也都毫无例外地对建设项目环境影响评价制度做了重申。

2002年，我国制定了《中华人民共和国环境影响评价法》，首次以专门立法的形式确立了环境影响评价制度。此外，在建设项目环境保护管理方面，国务院于1998年颁布实施了《建设项目环境保护管理条例》，并于2009年颁布实施了《规划环境影响评价条例》。

2. 环境影响评价的对象

世界各国环境影响评价立法对评价对象的规定并不一致。环境影响评价的对象大体上包括两类：一是政府宏观决策活动(主要指立法、决策、编制计划和规划等)的环境影响评价(又称战略环境评价)；二是对开发建设项目的环境影响评价。

依照《中华人民共和国环境影响评价法》的规定，环境影响评价的对象包括规划和建设项目两大类。

(1)规划。在2003年以前我国只对建设项目实行环境影响评价。但是，建设项目只处在整个决策链的末端，如果不从各种开发建设活动的源头即规划阶段预防环境问题，就无法彻底从源头上保护环境，也不能指导政策或规划的发展方向。因此，《中华人民共和国环境影响评价法》将规划也纳入了环境影响评价的对象范围，但并未将政策和立法纳入法定的环境影响评价对象。

由国务院有关部门、设区的市级以上地方人民政府及其有关部门组织编制的规划范围很广、种类繁多，不可能也没有必要都进行环境影响评价。为此，《中华人民共和国环境影响评价法》只规定对某些综合性规划和专项规划实行环境影响评价。

综合性规划是就国家或地方有关宏观、长远发展提出的具有指导性、预测性、参考性的指标。根据《规划环境影响评价条例》第二条的规定，应当进行环境影响评价的综合性规划包括国务院有关部门、设区的市级以上地方人民政府及其有关部门，对其组织编制的土地利用的有关规划和区域、流域、海域的建设、开发利用规划。

专项规划是对有关的指标、要求做出具体的执行安排，专项规划涉及几乎所有的经济活动领域。根据《规划环境影响评价条例》第二条的规定，应当进行环境影响评价的专项规划包括国务院有关部门、设区的市级以上地方人民政府及其有关部门组织编制的工业、农业、畜牧业、林业、能源、水利、交通、城市建设、旅游、自然资源开发的有关专项规划。

(2)建设项目。建设项目一般指由《建设项目环境保护分类管理名录》规定的对环境可能产生影响的新建、改建、扩建工程项目和其他开发活动，对环境可能造成影响的饮食娱乐服务性行业也属于建设项目环境保护管理的范围。

现行《建设项目环境保护分类管理名录》以环境敏感区的敏感性质和敏感程度作为确定建设项目环境影响评价类别的重要依据。所谓环境敏感区，是指依法设立的各级各类自然、文化保护地，以及对建设项目的某类污染因子或者生态影响因子特别敏感的区域。

依照该名录的规定，建设涉及环境敏感区的项目，应当严格按照名录确定其环境影响评价类别(即报告书、报告表、登记表的类别)，环境影响评价文件应当就该项目对环境敏感区的影响做重点分析。跨行业、复合型建设项目的环境影响评价类别按名录中单项等级最高的确定。名录中未做规定的建设项目，其环境影响评价类别由省级环保部门根据建设项目的污染因子、生态影响因子特征及其所处环境的敏感性质和敏感程度提出建议，报国务院环保部门认定。

3. 环境影响评价的基本内容和基本程序

环境影响评价的基本内容一般反映在环境影响报告书之中，主要包括对拟议行动方案及其可供选择的其他方案实施后可能造成的环境影响的科学评估、受影响的环境以及环境受到影响后可能产生的不良后果及其对策措施等方面。

环境影响评价的基本程序主要包括确定是否应当进行环境影响评价的必要性判断程序、确定评价范围的程序、实施环境影响评价和编制环境影响报告书的程序、公众参与的程序以及最终决定程序等。

各国法律对环境影响评价的基本内容和基本程序的规定略有不同，但是对拟议行动方案及其可供选择的其他方案一并评估以及公众参与评估和决策的全过程是必不可少的内容和程序，是环境影响评价制度的核心和精髓。然而，在我国，考虑到编制行动方案的成本较高，法律并不要求在拟议行动方案之外再提供可选择的其他方案，因此被评价的方案只有一个。另外，公众参与的广度、深度及其权益保障也有待进一步加强和明确。

(二)规划与建设项目环境影响评分的程序

1.规划的环境影响评价的程序

根据《中华人民共和国环境影响评价法》《规划环境影响评价条例》的规定，规划的环境影响评价应当遵守以下程序。

(1)编写规划的环境影响评价文件。规划编制机关应当在规划编制过程中组织进行规划的环境影响评价，依照规划环境影响评价的技术规范分析、预测和评估规划的实施可能对环境产生的整体影响、可能对环境和人群健康产生的长远影响，以及规划实施的经济效益、社会效益与环境效益之间，还有当前利益与长远利益之间的关系。

对综合性规划与专项规划中的指导性规划，规划编制机关编写环境影响篇章或者说明，内容包括规划实施对环境可能造成影响的分析、预测和评估，以及预防或者减轻不良环境影响的对策和措施；对专项规划，规划编制机关应当在规划草案报送审批前编制环境影响报告书，内容除了环境影响篇章或者说明的内容外，还包括环境影响评价结论。

对可能造成不良环境影响并直接涉及公众环境权益的专项规划，除依法需要保密外，编制机关应当在规划草案报送审批前征求有关公众等的意见。当有关公众等的意见与环境影响评价结论有重大分歧时，规划编制机关还应当进一步论证。在规划编制机关向审查机关报审环境影响报告书时，应当附具对公众意见采纳与不采纳情况及其理由说明。

对已批准的规划进行重大调整或者修订的，规划编制机关应当重新或者补充进行环境影响评价。

(2)规划的环境影响评价文件的审查。规划编制机关在报送综合性规划或指导性专项规划草案时，应当将环境影响篇章或者说明作为规划草案的组成部分一并报送规划审批机关，未报送的，规划审批机关不予审批。

规划编制机关在报送审批专项规划草案时，应当将环境影响报告书一并附送规划审批机关。设区的市级以上人民政府审批的专项规划，审批机关在收到规划环境影响评价文件后，在审批前由其环境保护主管部门召集有关部门代表和专家组成审查小组，对环境影响报告书进行审查。省级以上人民政府有关部门审批的专项规划，审批机关在收到规划环境影响评价文件后，在审批前由其与环境保护主管部门共同召集有关部门代表和专家组成审查小组，对环境影响报告书进行审查。

审查小组对规划的环境影响评价文件进行审查的内容包括：基础资料、数据的真实性；评价方法的适当性；环境影响分析、预测和评估的可靠性；预防或者减轻不良环境影响的对策和措施的合理性与有效性；公众意见采纳与不采纳情况及其理由的说明的合理性；环境影响评价结论的科学性。

审查小组对规划环境影响评价文件进行审查后应当向审批机关提交书面意见。依据现有知识水平和技术条件，对规划实施可能产生的不良环境影响的程度或者范围不能做出科学判断，规划实施可能造成重大不良环境影响的环境影响报告书，并且无法提出切实可行的预防或者减轻对策项目，审查小组应当提出不予通过规划环境影响报告书的意见。

规划审批机关在审批专项规划草案时，应当将环境影响报告书结论以及审查意见作为决策的重要依据。当规划审批机关对环境影响报告书结论以及审查意见不予采纳时，应当逐项就不予采纳的理由做出书面说明，并存档备查。有关单位、专家和公众可以申请调查，但依法需要保密的除外。

2. 建设项目的环境影响评价的程序

根据《中华人民共和国环境影响评价法》和《建设项目环境管理保护条例》的有关规定，建设项目的环境影响评价应当遵守以下程序。

(1)通过分类管理方式筛选评价对象和决定评价范围。我国根据建设项目对环境的影响程度，对建设项目的环境影响评价实行分类管理；可能造成重大环境影响的，应当编制环境影响报告书，对产生的环境影响进行全面评价；可能造成轻度环境影响的，应当编制环境影响报告表，对产生的环境影响进行分析或者专项评价；对环境影响很小，不需要进行环境影响评价的，应当填报环境影响登记表。

至于何种程度的环境影响属于法律规定的重大影响、轻度影响或者很小影响，则由主管部门根据《建设项目环境保护分类管理目录》的规定，分别按照项目对环境可能造成重大影响、轻度影响、影响很小的界定原则的规定进行判断并做出决定。

(2)编制环境影响评价文件。对于拟建的建设项目所需编制的环境影响评价文件，内容详略有所不同。其中最全面、详细的环境影响报告书的内容应包括：建设项目概况；建设项目周围环境现状；建设项目对环境可能造成影响的分析、预测和评估；建设项目环境保护措施及其技术经济论证；建设项目对环境影响的经济损益分析；对建设项目实施环境监测的建议；环境影响评价的结论等七部分。

需要说明的是，建设项目的环境影响评价应当避免与规划的环境影响评价重复。作为一项整体建设项目的规划，按照建设项目进行环境影响评价，不进行规划的环境影响评价。另外，根据《规划环境影响评价条例》第二十三条规定，已经进行了环境影响评价的规划所包含的具体建设项目，其环境影响评价内容建设单位可以简化。

除国家规定需要保密的情形外，对环境可能造成重大影响、应当编制环境影响报告书的建设项目，建设单位应当在报批建设项目环境影响报告书前，举行论证会、听证会，或者采取其他形式，征求有关单位、专家和公众的意见。建设单位报批的环境影响报告书应当附具对有关单位、专家和公众的意见采纳或者不采纳的说明。

(3)环境影响评价文件的审批。建设单位应当向有审批权的环保部门或者其他依法行使审批权的部门报批环境影响评价文件。国务院环保部门负责审批下列类型的建设项目环境影响评价文件：核设施、绝密工程等特殊性质的建设项目，跨省、自治区、直辖市行政区域的建设项目，由国务院审批或核准的建设项目，由国务院授权有关部门审批或核准的建设项目，由国务院有关部门备案的对环境可能造成重大影响的特殊性质的建设项目。其他建设项目环境影响评价文件的审批权限，由省级环保部门提出分级审批建议，报省级人民政府批准后实施，并抄报环境保护部。其中，建设项目可能造成跨行政区域的不良环境影响，有关环境保护部门对该项目的环境影响评价结论有争议的，其环境影响评价文件由共同的上一级环保部门审批。

有关审批部门在对环境影响评价文件进行审查时，可以组织专家进行技术评估，其间应当将有关信息向社会公布周知。对可能影响项目所在地居民生活环境质量以及存在重大意见分歧的建设项目，除国家规定需要保密的建设项目外，可以举行听证会、论证会、座谈会，征求有关单位、专家和公众的意见。

审批部门认为环境影响评价文件符合环境影响评价法规规定的，应当向建设单位发放同意的批复。

建设单位未依法报批建设项目环境影响评价文件或者未重新报批或者报请重新审核环境影响评价文件擅自开工建设的，由有权审批该项目环境影响评价文件的环保部门责令停止建设，限期补办手续；逾期不补办手续的，可以处 5 万元以上 20 万元以下的罚款，对建设单位直接负责的主管人员和其他直接责任人员，依法给予行政处分。

建设项目环境影响评价文件未经批准或者未经原审批部门重新审核同意，建设单位擅自开工建设的，由有权审批该项目环境影响评价文件的环保部门责令停止建设，可以处 5 万元以上 20 万元以下的罚款，对建设单位直接负责的主管人员和其他直接责任人员，依法给予行政处分。

建设项目依法应当进行环境影响评价而未评价，或者环境影响评价文件未经依法批准，审批部门擅自批准该项目建设的，对直接负责的主管人员和其他直接责任人员，由上级机关或者监察机关依法给予行政处分；构成犯罪的，依法追究刑事责任。

3. 环境影响评价的公众参与

环境影响评价的公众参与是指除开发单位及审查环境影响评价机关外，其他相关机关、团体地方政府、学者专家、当地居民等，依照法定程序或非法定方式，参与环境影响报告书的制作、审查与监督等阶段的活动。环境影响报告书编制中的公众参与是环境与资源保护法有关公众参与原则的具体体现，是环境决策民主化和科学化的具体要求。

一般情况下，在规划和建设项目环境影响报告书的编制和审批阶段，除国家规定需要保密的情形外，规划的编制机关或者建设单位应当在报批环境影响报告书前举行论证会、听证会或采取其他形式，征求有关单位、专家和公众的意见。从公众参与方式上看，论证会适合专家参与的场合，而听证会则适合所有公众。

2006 年 2 月，国家环境保护总局公布了《环境影响评价公众参与暂行办法》，确立了公众参与环境评价实行公开、平等、广泛和便利的四项原则，以及和公众参与建设项目环境影响评价的具体步骤和程序。

《规划环境影响评价条例》还规定，任何单位和个人对违反条例规定的行为或者对规划实施过程中产生的重大不良环境影响，有权向规划审批机关、规划编制机关或者环境保护主管部门举报。有关部门接到举报后，应当依法调查处理。

4. 环境影响评价机构及其权利和义务

尽管法律规定规划编制机关或建设单位有义务对规划草案或者建设项目方案进行环境影响评价，但由于环境影响评价工作的科学技术性和专业性，这些工作实际上是由专门从事环境影响评价服务的技术机构承担的。

环境影响评价机构是指接受委托为规划草案或者建设项目环境影响评价提供技术服务的机构。此类机构的设立一般需经国务院环保部门考核审查合格后认定，并颁发资质证书，按照资质证书规定的等级和评价范围，从事环境影响评价服务，并对评价结论负责。我国于 2005 年修订发布了《建设项目环境影响评价资质管理办法》，但目前法律法规并未对规划环境影响评价机构的资质做出具体规定。

根据《中华人民共和国环境影响评价法》的规定，环境影响评价文件中的环境影响报告书或者环境影响报告表，应当由具有相应环境影响评价资质的机构编制。为建设项目环境影响评价提供技术服务的机构，不得与负责审批建设项目环境影响评价文件的环保部门或者其他有关审批部门存在任何利益关系。任何单位和个人不得为建设单位指定对其建设项目进行环境影响评价的机构。

根据《中华人民共和国环境影响评价法》的规定，接受委托为建设项目环境影响评价提供技术服务的机构在环境影响评价工作中不负责任或者弄虚作假，致使环境影响评价文件失实的，由授予环境影响评价资质的环保部门降低其资质等级或者吊销其资质证书，并处所收费用一倍以上三倍以下的罚款；构成犯罪的，依法追究刑事责任。

【案例 3.6】

A 化工厂发生重大水污染事故，导致所在城市城区停水超过 60 小时。经查，A 生产设备采用了落后的生产工艺，但 B 环评机构在其编制的环境影响报告书中声称 A 在生产过程中“无废水外排”，此外，B 还在环评报告书中编造了附近居民“坚决支持”该项目的公众调查结论。

讨论：B 环评机构应当承担何种法律责任?

根据《规划环境影响评价条例》的规定，规划环境影响评价技术机构弄虚作假或者有失职行为，造成环境影响评价文件严重失实的，由国务院环境保护主管部门予以通报，并处所收费用一倍以上三倍以下的罚款；构成犯罪的，依法追究刑事责任。

5. “三同时”制度

根据《中华人民共和国环境保护法》的规定，建设项目中防治污染的设施必须与主体工程同时设计、同时施工、同时投产使用，防治污染的设施必须经原审批环境影响报告书的环保部门验收合格后方可投入生产或者使用。这一规定在我国其他污染防治法律中也有规定，一般将其简称为“三同时”制度。

“三同时”制度首创于国务院 1973 年发布的《关于保护和改善环境的若干规定(试行草案)》中，后经环境管理实践不断改革完善，并将其由“防治污染的措施”扩大到“环境保护的措施”，使得这项制度与环境影响评价制度一道成为国家法律规定中有关预防和控制新污染源的重要手段。

“三同时”制度的主要内容包括三个方面：第一，同时设计，即在对有关建设项目的主体工程进行设计时，设计单位必须按照国家规定的设计程序进行，执行环境影响报告书(表)的编审制度，并且环境保护的设施必须与主体工程同时进行设计。第二，同时施工，即建设项目中有关环境保护的设施必须与主体工程同时进行施工。第三，同时投产并使用，即建设项目在正式投产或使用前，建设单位必须向负责审批的环保部门提交环境保护设施竣工验收申请，经验收合格并发给相应的合格证后方可正式投产使用。正式投产使用后，非经审批部门的许可，该环境保护设施不得停止运营。

根据《建设项目环境管理保护条例》的规定，对试生产建设项目配套建设的环境保护设施未与主体工程同时投入试运行，或者建设项目投入试生产超过 3 个月而未申请环境保护设施竣工验收的，由审批环评文件的环境保护部门责令限期改正或办理环境保护设施竣工验收手续；逾期不改正或未办理的，责令停止试生产，可以处 5 万元以下的罚款建设项目需要配套建设的环境保护设施未建成，未经验收或者经验收不合格，主体工程正式投入生产或者使用的，由审批环评文件的环保部门责令停止生产或者使用，可以处 10 万元以下的罚款。

【案例 3.7】

2008 年 12 月某铁路客运专线全线贯通，2009 年 10 月经某省环保厅同意投入试运行，但试运行期间其配套建设的环保设施一直未申请环境保护部验收。2010 年 11 月，环境保护部向该客运专线运营公司发出“改正违法行为决定书”，要求该工程必须在 2011 年 3 月底之前通过环保验收，否则将责令该客运专线停止使用。该客运专线运行公司认为，该工程是连接京沪铁路的繁忙干线，一旦停止使用，中断运行，将给国家社会、经济、国防造成重大损失，乘客出行受阻进而影响社会稳定。因此拒绝执行环境保护部发出的改正违法行为决定书。

讨论：本案应当如何处理？

四、环境费制度

(一)概述

环境费是对所有环境收费的统称，指国家或者其他公法人团体以治理污染和改善环境为目的，依法向环境利用行为人收取的与其行为相对等的金钱。在各国环境立法上，环境费通常表现为环境规费、环境公课、环境受益费等形式。

环境规费是缴纳者基于公权力关系从环境获益而向政府支付一定报偿的对价，如废物处理处置费以及法律规定的许可费等。环境规费的确定以补偿成本为原则。

环境公课是政府为特定的环境保护财政需要而在财政预算外针对特定环境利用团体征收的费用，如对排污行为、废弃物倾倒行为、消费使用行为、产品原料或产品的征费等。[①] 环境公课的确定以补偿环境损害为原则，使用上必须专款专用。环境公课的特定性还促使其具备了经济诱导的功能，若缴纳者减少污染物排放，其支付的费用就会相应减少。

环境受益费是公权力机关为满足财政需求，向公共环境设施的使用者或受益者收取的费用，如风景名胜区或自然保护区公园的使用费、公害防止事业费企业负担金(日本)等。环境收费的确定以效益/成本比为原则。

---

① “公课”一词源于德国，它既有别于规费，又与税收不同。根据对德国联邦法院判决的归纳，构成要件有三：第一，公课针对社会上一定的团体而征收，且该团体的行为与公课目的之间存在非常重要的关联性，即团体的责任性；第二，公课须以该团体的利益保障为前提并达成此种特别缴费的义务，即对团体的有益性；第三，公课的征收理由必须持续存在，即征收期间的正当性。

比较各国的环境费制度，它们具有三个共同特征：第一，环境费的主体具有特定性。征收者为依法代表国家或地方专门行使环境管理的公权力机关或其他公法人团体；缴纳者则为特定的、基于公权力关系而从环境获益的环境利用行为人，其他人无须担负此种缴费义务。第二，环境费的属性具有补偿性。根据公平原则和受益者负担原则，环境利用行为人所支付的金钱属于补偿其利用环境而造成环境利益损失的恢复和治理成本，这也是环境费与国家税赋的最大不同点。因此，对其数额的衡量应当以与环境利益损失相当为原则，目的在于实现社会公正。第三，环境费的用途具有确定性。环境费只能由征收者依法专门适用于以环境保护为目的的相关领域。

在我国的环境与资源保护领域，目前除环境费外也开始实行环境税与生态补偿金等制度。

环境税也称生态税，是一个广义的概念，是以环境保护为目的对开发利用环境的行为者征收的税种。由于环境税征收既涉及排污行为，也涉及能源利用和开发利用资源的行为，所以它与资源税、能源税有许多交叉，至今没有一个被广泛接受的统一定义。如果仅以排污行为为限，环境税一般包括碳排放税、二氧化硫排放税、化学需氧量(COD)与生物需氧量(BOD)排放税以及重金属排放税等。

生态补偿金制度是最近十年我国政府在森林、湿地、草原、矿产、野生动植物、海洋等领域依照法律与政策实行环境费制度的基础上逐步建立起来的一项制度。与环境税一样，因其涉及面广且内容分散、资金来源分散、补偿金管理机关不一、补偿金的支付标准不一，目前正在逐渐规范之中。伴随全国主体功能区规划实施变化，我国生态补偿金制度的构建方向是在现行法律法规确立的环境费制度框架之外，由中央和地方政府从年度财政收入中提取一定比例的资金作为生态补给专项资金，采用财政转移支付方式自上而下地对因保护生态环境而受到的各种利益损失给予补偿。

实际上，环境费、环境税和生态补偿资金的构建原理都是将人们主动利用环境和资源行为而产生的外部不经济性予以内部化，只不过它们的外在表现形式不同。

在中国环境与资源保护法中，环境费制度具体表现为征收排污费制度和自然保护费制度。

(二)征收排污费制度

1. 征收排污费制度的概念

征收排污费制度是指直接向环境排放污染物的排污者，按照环保部门依法核定的污染物排放的种类和数量向法律授权的主管部门缴纳一定费用，以适当补偿环境损失成本的行为规范。

我国征收排污费制度建立了从超标排污收费到达标收费、超标收费的思路转变。

超标排污收费制度的实施源于1979年的《中华人民共和国环境保护法(试行)》。当时国有企事业单位的生产工艺和设备普遍陈旧、落后，法律若规定要求污染物全面实行达标排放不符合中国的国情。因此，《中华人民共和国环境保护法(试行)》作为法律上的过渡措施，规定了超标排污收费制度。

1982年，国务院颁布了《征收排污费暂行办法》，对排污收费的目的、范围、标准以及费用的管理使用等做了具体规定。1989年国务院发布了《污染源治理专项基金有偿使用暂行办法》，将原来规定直接返还给企业的部分比例排污费作为环境保护补助资金，采用贷款的方法实行有偿使用。

鉴于超标排污费征收标准很低、实际上起到鼓励企业超标排污的作用等问题，我国在先后修改颁布的《中华人民共和国海洋环境保护法》《中华人民共和国大气污染防治法》和《中华人民共和国水污染防治法》中均确立了“达标排污收费、超标排污违法”的新排污收费制度。2002年，国务院制定了《排污费征收使用管理条例》，对排污费征收和使用管理做出了明确具体的规定。此外，《中华人民共和国海洋环境保护法》也规定了与排污收费性质相同的海洋废弃物倾倒费制度①。

从排污费的征收和使用管理看，中国的排污费制度应当属于西方国家环境费中环境公课的性质。需要明确指出的是，排污收费制度仅为行政或财政上的环境公课范畴。因此，排污者缴纳排污费，不免除其防治污染，赔偿污染损害的责任和法律、行政法规规定的其他责任。

2. 排污费的类别及其征收和使用

(1)排污费的类别。根据《排污费征收使用管理条例》的规定，直接向环境排放污染物的排污者应当依法缴纳排污费。排污者向城市污水集中处理设施排放污水并缴纳污水处理费用的，不再缴纳排污费。

综合现行污染防治法律和《排污费征收使用管理条例》的规定，排污费主要包括废气排污费、海洋工程排污费和废弃物海洋倾倒费、污水排污费、危险废物排污费、噪声超标排污费五类。

废气排污费，即向大气排放污染物时，按照排放污染物的种类、数量缴纳排污费。海洋工程排污费和废弃物海洋倾倒费，按照《海洋工程排污费征收标准实施办法》规定的征收标准和《废弃物海洋倾倒费收费标准》缴纳排污费；污水排污费，即向水体排放污染物时，按照排放污染物的种类、数量缴纳排污费；排污者向城市污水集中处理设施排放污水缴纳污水处理费用的，不再缴纳排污费；对城

① 《中华人民共和国海洋环境保护法》第十一条规定，直接向海洋排放污染物的单位和个人，必须按照国家规定缴纳排污费。向海洋倾倒废弃物，必须按国家规定缴纳倾倒费。根据本法规定征收的排污费、倾倒费，必须用于海洋环境污染的整治，不得挪作他用，具体办法由国务院规定。

市污水集中处理设施达到国家或地方排放标准排放的水，不征收污水排污费。危险废物排污费，即以填埋方式处置危险废物，不符合国家有关规定的，按照排放污染物的种类、数量缴纳危险废物排污费。噪声超标排污费，即产生环境噪声污染超过国家环境噪声标准的，按照排放噪声的超标声级缴纳排污费。

对于超标排污者，应当给予相应的行政处罚。例如，《中华人民共和国水污染防治法》规定，超标排污的，按照应缴纳排污费数额 2 倍以上 5 倍以下处以罚款。

【案例 3.8】

A 公司在开发利用储灰场和清运粉煤灰的过程中，对清运作业监督不力，致使 10 吨粉煤灰被倾倒入 B 河流，造成水体污染。当地环境保护部门对该厂罚款 5 万元，同时征收排污费 20 万元。A 厂不服，认为对于违法持放污染物的行为，环保部门不能在罚款的同时征收排污费。

讨论：A 厂的主张是否成立？

提示：从排污费的法律性质角度进行分析。

（2）排污费的征收。排污费由负责污染物排放核定工作的环保部门征收，对跨地域排污单位的排污费由排污口所在地的环保部门征收。

环保部门根据排污费征收标准和排污者排放的污染物种类、数量，确定排污者应当缴纳的排污费数额并向排污者送达排污费缴纳通知单，排污者接到排污费缴纳通知单后到指定银行缴纳排污费，银行按照规定比例将收到的排污费分别上缴中央国库和地方国库。

当排污者因有特殊困难不能按期缴纳排污费时，可以自接到排污费缴纳通知单后向发出缴费通知单的环保部门申请缓缴排污费。当排污者因不可抗力遭受重大经济损失的，可以申请减半缴纳排污费或者免缴排污费。但是，排污者因未及时采取有效措施，造成环境污染的，不得申请减半缴纳排污费或者免缴排污费。

排污者未按照规定缴纳排污费的，由环保部门依据职权责令限期缴纳；逾期拒不缴纳的，处应缴纳排污费数额 1 倍以上 3 倍以下的罚款，并报经有批准权的人民政府批准，责令停产停业整顿。

（3）排污费的使用。根据《排污费征收使用管理条例》第十八条的规定，排污费必须纳入财政预算，列入环境保护专项资金进行管理，主要用于下列项目的拨款补助或者贷款贴息：重点污染源防治；区域性污染防治；污染防治新技术、新工艺的开发、示范和应用；国务院规定的其他污染防治项目。

在排污费的使用上，中央部属和省属排污单位缴纳的排污费缴入省级财政，其他排污单位的排污费缴入当地地方财政。

县级以上地方政府财政部门和环保部门应当每季度向本级政府(上级财政部门)和环保部门报告本行政区域内环境保护专项资金的使用与管理情况。审计机关应当对环境保护专项资金使用和管理进行审计监督。

(三)自然保护费制度

1. 自然保护费制度的概念

自然保护费制度是指开发利用自然资源或自然环境，应当依照自然资源或生态保护法律法规的规定，按其对自然资源与环境要素的利用程度向法律授权的主管部门缴纳一定费用的行为规范。自然保护费是环境费在中国环境与资源保护立法上的另一种表现形式。

依照各单项自然资源或生态保护法律法规的规定，自然保护费的征收和使用一般也必须纳入财政预算并实行专款专用。

应当注意的是，有关自然资源的使用费或资源税不属于自然保护费的范畴。此外，随着国家提倡建立循环型经济社会，有关自然资源方面的环境费还在不断扩大。例如，在产品的生产和回收方面，目前世界各国广泛实行抵押金制度、预付金制度等。

2. 自然保护费的类别

由于自然保护行为与自然资源的开发利用行为经常联系在一起，因此中国的自然保护费一般由各单项自然资源法律予以规定。此外，在生态保护相关法律法规中也有相关的专门规定。

根据所收费用使用的目的不同，自然保护费可以分为直接用于自然保护的收费和间接用于自然保护的收费两大类。

(1)直接用于自然保护的收费。

直接用于自然保护的收费主要包括与森林、草原与野生动物相关的收费等三个方面。

《中华人民共和国森林法》规定了育林费、森林植被恢复费以及森林生态效益补偿基金。育林费专门用于造林育林；森林植被恢复费属于政府性基金，用于林业主管部门组织的植树造林、恢复森林植被，包括调查规划设计、整地、造林、抚育、护林防火、病虫害防治、资源管护等开支；中央森林生态效益补偿基金的补偿范围为国家林业以草原局公布的重点公益林林地中的有林地，以及荒漠化和水土流失严重地区的疏林地、灌木林地、灌丛地。

《中华人民共和国草原法》规定了草原植被恢复费，因建设征用或者使用草原的应当缴纳草原植被恢复费。草原植被恢复费由草原部门按照规定用于恢复草原植被。《中华人民共和国野生动物保护法》规定了野生动物资源保护管理费，用于野生动物资源的保护管理、资源调查、宣传教育、驯养繁殖、科学研究。其中，陆生野生动物资源保护管理费由省级以上林业部门向经批准出售、收购、利用的国家一、二级保护野生动物或其产品的供货方收取。

(2)间接用于自然保护的收费。

间接用于自然保护的收费主要包括《中华人民共和国土地管理法》规定的耕地开垦费与土地复垦费、《中华人民共和国水法》规定的水资源费、《中华人民共和国渔业法》规定的渔业资源增殖保护费、《中华人民共和国矿产资源法》规定的矿产资源补偿费等。

(四)关于环境与资源保护法律制度上的优惠和鼓励措施

环境与资源保护法上的优惠，是指对制造、使用对环境有益的产品或者综合利用自然资源的行为，由政府依法赋予利用者、生产者或使用者一定利益予以鼓励的法律措施。优惠措施经常表现为减、免征费或征税、给予金钱补助以及表彰等精神奖励方面，其效果是促使企业的竞争和产品市场的拓展符合环境保护目的。在一些环境与资源保护法教科书中，也将其称为“奖励综合利用的原则”，意指把最大限度地利用物质生产和消费过程中排放的各种废弃物，做到物尽其用，使整个社会生产和消费的排放物减少到最低限度，从而取得最好的经济和环境效益。

环境保护的鼓励措施通常是通过市场方法实现的，例如环境标志、ISO 14000 系列环境管理标准及其认证体系等。

实践中，优惠的一般条件是以产品或行为低于法律限制性规定的上限、废弃物的循环程度、资源的利用和节约效率等为标准。随着科技水平的提高，优惠的标准或条件也会相应地发生改变。因此，需要政府在实践中根据具体事项灵活掌握。

在中国，几乎所有环境与资源保护法律都对优惠与鼓励措施做了规定。《中华人民共和国清洁生产促进法》还明确规定国家鼓励和促进清洁生产，但是，由于优惠措施需以市场的发达和国家相关法律(如税法等)的完备为基础才能实施，而在中国市场经济尚未完全建立的条件下，无论是立法上还是在行政上只能对优惠措施做出原则规定，并在实践中由环境行政机关自行掌握，最为简单易行的环境保护优惠措施是授予生产者一定的荣誉称号。

我国在推行建立资源节约型、环境友好型社会的进程中，环境与资源保护法上的优惠措施还有进一步深化的余地。

五、治理、恢复与补救制度

(一)概述

环境与资源保护法上的治理、恢复与补救制度，是指当环境利用行为造成环境污染或生态破坏时对行为人采取的以恢复环境与自然的原状为中心的行政命令措施通常情况下，环境利用行为不论是否合法均可能造成环境污染或生态破坏。按照法律的公平原则和受益者负担原则，对造成的环境污染或生态破坏采取治理、恢复与补救措施，属于环境利用行为人的法律义务以及应当承担的民事责任的范畴。但是，因为环境所具有的公共物品性质和中国自然资源的全民所有制形式，使得一般公众难以独立地对其主张私自权益。这时就需要根据公共信托原理，依照宪法将公众环境权益和自然资源全民所有权等“共益权”转变为国家管理公共事务的权力，依法交由政府及其主管部门统一行使并责令环境利用行为人履行。

因此，环境与资源保护法上的治理、恢复与补救措施所保护的法益，应为公众的环境权益与自然资源的共益权，也包括维护国家对社会公共事务的管理秩序。

对于环境利用行为人而言，环境与资源保护法上的治理、恢复与补救既是一种义务，也是一种责任。与民事责任中的恢复原状责任不同，治理、恢复与补救命令具有行政强制性，无须通过司法程序的判断而具有法的拘束力。对拒不执行行政机关发布的治理、恢复与补救命令者，可由行政机关或受其指定者代为执行，其费用由造成环境污染或生态破坏的环境利用行为人承担。

此外，在中国的环境与资源保护法律中，通常将环境利用行为人违法造成环境污染或生态破坏所应当承担的治理、恢复与补救义务规定于法律责任条款之中，它们可以与相关的行政处罚措施一并执行。

(二)治理

治理原意是“控制、引导和操纵”，本书特指对造成严重环境污染或生态破坏者，由政府及其行政主管部门根据环境利用行为人的实际状况制订专门的治理计划，并设定一定治理期限，命令环境利用行为人在该期限内完成治理事项、达到治理目标的行政强制措施。

治理措施主要分为环境污染治理和生态破坏整治两大类。

1. 对环境污染实行的限期治理

对环境污染实行的限期治理是指对于超标(超总量)排放污集物、严重污染环境的污染源，以及位于需要特别保护的区域内的超标排污的污染源，由环保部门依法责令排污单位在一定期限内对污染源进行治理并完成治理任务，达到治理目标的一种强制性措施。

限期治理制度最早出现在1979年《中华人民共和国环境保护法(试行)》中，其适用对象是在国家实行特别保护的区域已造成环境污染或者排污一时达不到国家标准的企事业单位。当时的立法意图是通过确定弹性较大的限期治理的规定，逐步解决企业长时期积累的污染问题。但时至今日，限期治理的规定见诸于各单项环境污染防治法律之中，并逐步演变成为一种行政法律责任形式①。

因污染防治单项法律规定的不同，限期治理在污染防治领域的具体适用也有所不同。对造成大气污染和海洋污染的企业，由县级以上地方人民政府行使限期治理的决定权，即由生态环境部门对企业提出限期治理意见，报省级以下同级人民政府最后决定。鉴于地方各级政府在决定严重污染企业限期治理方面的不作为现象较为严重，2004 年修订的《中华人民共和国固体废物污染环境防治法》和 2008 年修订的《中华人民共和国水污染防治法》将限期治理决定权赋予了县级以上人民政府环保部门。

根据《中华人民共和国环境保护法》第三十九条的规定，对限期治理逾期未完成治理的企业事业单位，除依照国家规定加收超标准排污费外，可以根据所造成的危害后果处以罚款，或者责令停业、关闭。罚款由环境保护主管部门决定。责令停业、关闭，由作出限期治理决定的人民政府决定；责令中央直接管辖的企业事业单位停业、关闭，须报国务院批准。根据《中华人民共和国水污染防治法》第七十四条的规定，排放水污染物超过国家或者地方规定的水污染物排放标准，或者超过重点水污染物排放总量控制指标的，由县级以上人民政府环境保护主管部门按照权限责令限期治理，处应缴纳排污费数额 2 倍以上 5 倍以下的罚款。

因此，与超标排污所负有的一般治理义务相比，限期治理则是已上升为一种具有惩罚性质的行政责任形式，所以它具有行政强制性。

一般情况下，限期治理的期限应当根据完成限期治理任务的实际需要确定，并且对同一污染源的同一违法行为不应当重复下达限期治理决定。此外，根据《中华人民共和国水污染防治法》第七十四条第二款规定，限期治理期间，由环境保护主管部门责令限制生产、限制排放或者停产整治。限期治理的期限最长不超过 1 年；逾期未完成治理任务的，报经有批准权的人民政府批准，责令关闭。

2009 年 6 月，环境保护部根据《中华人民共和国水污染防治法》制定了《限期治理管理办法(试行)》，明确了水污染防治领域适用限期治理的对象，即排放水污染物超过国家或者地方规定的水污染物排放标准，或者排放重点水污染物超过国务院或省级人民政府确定的总量削减和控制的。此外该办法还对水污染防治中限期治理的决定权限、治理期限、部门职责以及法律后果作出具体规定。

2. 对生态破坏实行的治理

对自然资源进行开发利用的行为一般是长期的，因此开发利用自然资源所造成的生态破坏也具有长期性、渐进性和累积性，同样需要用一定的时期进行治理

① 2000 年修改的《中华人民共和国大气污染防治法》将限期治理纳入了行政法律责任的范畴。

以逐步恢复自然本来的功能。为此，对生态破坏实行的治理措施也有不同的方式并适用于不同的生态破坏。目前中国自然资源法律规定的治理措施及其适用范围主要包括以下两类。

(1)限期治理，即环境利用行为人违反法律规定开发利用自然资源，造成自然环境的使用功能降低而依法应当承担的治理责任。其主要适用于在一定期限内通过治理措施可以迅速恢复的自然环境与资源破坏区域，在水土保持、草原、防沙治沙与土地等法律中都有限期治理的规定。

(2)综合治理和专项治理，即国家或地方政府依照环境与资源保护计划的安排，通过投入专门的治理资金等对生态破坏实行的治理。综合治理是指将治理对象和措施纳入国家国土整治计划或土地利用总体规划，由国家投入资金对生态破坏施行的大规模、长时期的整治活动。专项治理是指由各级政府在确定的环境保护与自然资源保护计划时期内，将环境退化或生态破坏地区纳入该计划所划定的治理区，有目的地从事治理活动的政府行为。

(三)恢复、补救和拯救

环境与资源保护法上的恢复、补救和拯救措施，主要适用于因开发利用规划的失误或者违法开发利用自然资源而导致自然资源受到破坏或者自然环境可能遭受损失的区域，主要包括恢复原状与补救或拯救两种措施。

恢复原状措施主要适用于因开发利用规划的失误造成土地资源过度开垦，或改变原自然环境的使用功能和生态功能而造成生态不良影响的区域，如恢复土地原状、土地复垦等，其目的在于恢复该土地的原有功能和使用用途。

补救措施适用于依据众所周知的事实与自然规律可以判定行为的结果将会造成生态破坏及其损害的领域，如在水生动物河道处建闸筑坝的行为、开发矿产资源的行为以及从事工程建设导致供水影响的行为等都应当依法采取补救措施。

拯救措施主要是针对生长受到人为活动或自然灾害威胁的国家和地方重点保护野生动植物的行为，目的在于保护或者恢复野生动植物的生长环境。

应当说明的是，在生态破坏领域广泛实施的治理、恢复和补救并非绝对、单一的事后补救措施。因自然资源保护法律规定的不同，它们有时也可以重叠适用于某一具体的生态破坏领域。

(四)突发环境事件处理

1. 概述

进入21世纪以后，突发环境事件的概念逐步被我国的规范性文件所确立。2003年以来我国相继发生的“非典”事件、松花江重大水污染事件等危害公共安全的重大突发事件，对部分地区人民的生命、财产安全造成了危害，并给国家带来了严重的不良影响。究其原因，很大程度是由于在突发公共事件发生之际政府各部门之间缺乏统一协调的应对机制而延误了最佳处理时机。

为提高政府保障公共安全和处置突发公共事件的能力，最大限度地预防和减少突发公共事件及其危害，国务院于 2006 年发布了《国家突发公共事件总体应急预案》，将环境河染和生态破坏事件纳入了事故灾难类突发公共事件的范畴。

与此同时，国务院还依据《中华人民共和国环境保护法》《中华人民共和国海洋环境保护法》《中华人民共和国安全生产法》和《国家突发公共事件总体应急预案》及相关的法律法规，制定实施了专项应急预案《国家突发环境事件应急预案》，适用于应对以下各类事件的应急响应：超出事件发生地省(区、市)人民政府突发环境事件处置能力的应对工作，跨省突发环境事件应对工作，国务院或者全国环境保护部际联席会议需要协调、指导的突发环境事件或者其他突发事件次生、衍生的环境事件。[①]

2007 年 8 月，我国颁布实施了《中华人民共和国突发事件应对法》，对突发事件的预防与应急准备、监测与预警、应急处置与救援、事后恢复与重建等应对活动做出了规定。

2. 突发环境事件的定义和分类

依照《国家突发环境事件应急预案》的规定，突发环境事件是指突然发生，造成或者可能造成重大人员伤亡、重大财产损失和对全国或者某一地区的经济社会稳定、政治安定构成重大威胁和损害，有重大社会影响的涉及公共安全的环境事件。

根据突发环境事件的发生过程、性质和机理，《国家突发环境事件应急预案》将突发环境事件分为以下三大类。

第一，突发环境污染事件，包括重点流域、敏感水域水环境污染事件；重点城市光化学烟雾污染事件；危险化学品、废弃化学品污染事件；海上石油勘探开发溢油事件；突发船触污染事件等。

第二，生物物种安全环境事件，指生物物种受到不当采集、猎杀、走私、非法携带出入境或合作交换，工程建设危害以及外来入侵物种对生物多样性造成损失和对生态环境造成威胁及危害事件。

第三，辐射环境污染事件，包括放射性同位素、放射源、辐射装置、放射性废物辐射污染事件。

按照突发事件严重性和紧急程度，《国家突发环境事件应急预案》将突发环境事件分为特别重大环境事件(Ⅰ级)、重大环境事件(Ⅱ级)、较大环境事件(Ⅲ级)和一般环境事件(Ⅳ级)四级。

---

① 依照《国家突发环境事性应急预案》的规定，核事故的应急应遵照国家核应急办协调委员会有关规定执行。

3. 突发环境事件应急组织体系和综合协调机构

《国家突发环境事件应急预案》规定，国家突发环境事件应急组织体系由应急领导机构、综合协调机构、有关类别环境事件专业指挥机构、应急支持保障部门、专家咨询机构、地方各级人民政府突发环境事件应急领导机构和应急救援队伍组成。

为此，国务院成立了全国环境保护部际联席会议，负责协调国家突发环境事件应对工作。各有关成员部门负责各自专业领域的应急协调保障工作。各级人民政府也自上而下地成立了相应的应急指挥或者领导机构。

4. 突发环境事件应急的运行机制

《国家突发环境事件应急预案》规定了预防和预警、应急响应、应急保障、后期处置以及责任追究等五项机制。

预防和预警机制要求按照早发现、早报告、早处置的原则，开展对国内(外)有关环境、自然灾害等预警信息或者监测数据的综合分析、风险评估工作。按照突发事件严重性、紧急程度和可能波及的范围，突发环境事件的预警级别由低到高分为蓝、黄、橙、红四级。当有关信息证明突发环境事件即将发生或者发生可能性增大时，应当按照相关应急预案执行。

应急响应机制主要包括以下两方面内容。

第一，按照属地为主的原则实行分级响应。突发环境事件的应急响应分为特别重大(Ⅰ级响应)、重大(Ⅱ级响应)、较大(Ⅲ级响应)、一般(Ⅳ级响应)四级。

第二，实行突发环境事件报告制度。突发环境事件的报告分为初报、续报和处理结果报告三类。

初报实行1小时报告制，即发现突发环境事件后1小时内上报事件的初步情况。突发环境事件责任单位和责任人以及负有监管责任的单位发现突发环境事件后，应在1小时内向所在地县级以上人民政府和上一级主管部门报告。紧急情况下可越级上报。负责确认环境事件的单位，在确认重大(Ⅱ级)环境事件后，1小时内报告省级相关专业主管部门，特别重大(Ⅰ级)环境事件立即报告国务院相关专业主管部门，并通报其他相关部门。地方各级人民政府应当在接到报告后1小时内向上一级人民政府报告。省级人民政府在接到报告后1小时内，向国务院及国务院有关部门报告。重大(Ⅱ级)、特别重大(Ⅰ级)突发环境事件，国务院有关部门应立即向国务院报告。

续报是在查清有关情况后随时上报，主要报告就事件等进展情况及采取的应急措施等情况。

处理结果报告在事件处理完毕后立即上报。国务院有关部门和部际联席会议可以根据需要成立环境应急指挥部，负责指导、协调突发环境事件的应对工作。

应急保障机制确立了资金保障、装备保障、通信保障、人力资源保障、技术保障等应急保障的内容，并对宣传、培训与演练以及应急能力评价等做出了规定。

后期处置机制要求地方政府在做好受灾人员安置工作后，组织专家对受灾范围进行科学评估，提出补偿和对遭受污染的生态环境进行恢复的建议。此外，还要求建立突发环境事件社会保险机制。

责任追究机制规定，对各种违反突发环境事件应急工作的行为，按照《突发事件应对法》和有关法律和规定对有关责任人员追究法律责任。

【案例 3.9】

2010 年 7 月，A 公司发生严重的污染物泄漏事件，大量污染物流入某河流。为了不影响社会稳定，A 公司决定自己尽快处理善后事宜，暂不向政府和公众公布此次事件的信息。不料，第二天天降大雨，河水猛涨，污染下泄的速度大大加快。A 公司见情况已经无法控制，只好向当地政府报告了该事件。当地政府指示 A 公司采取一切措施防止污染扩散，但并未及时向社会公布该消息。三天之后，该河下游的养殖户发现鱼类大量死亡，损失超过 1 000 万元，遂向当地环保部门和渔业部门举报。迫于压力，A 公司和当地政府在事发九天之后，才向社会公布了发生污染事件的事实。

讨论：A 公司和当地政府在处理污染事件过程中存在哪些违法之处？

本章小结

我国环境与资源保护法的基本原则包括经济社会发展与环境保护相协调原则、预防原则、受益者负担原则、公众参与原则。

经济社会发展与环境保护相协调原则也称协调发展原则，是指经济社会发展要充分考虑环境与资源的承载力，使环境和资源既能满足经济社会发展目标的需要，又能使环境资源保持在满足当代人和后代人对适当环境质量要求的水平上，从而使经济社会发展与环境保护相互促进、共同发展，实现经济效益、社会效益与环境效益的统一。贯彻实施协调发展原则的措施包括通过环境影响评价制度，实现经济发展与环境保护的一体化决策；通过“三同时”制度保障经济建设与环境保护同步进行；通过循环经济制度将经济发展建立在环境承载力的基础上；通过实施清洁生产制度实现经济发展与环境保护双赢；通过清洁能源制度解决环境对经济的制约；通过绿色 GDP 核算等经济政策促进实施和保障实现协调发展原则。

预防原则也称环境损害预防原则，是指针对一切可能影响环境的活动和行为，事先采取经济、技术、法律、行政等各种手段和措施，防止环境污染和生态破坏等损害结果的发生；风险预防也已成为我国环境与资源保护法中的预防原则的应有之义。贯彻预防原则的措施包括通过环境影响评价制度在决策阶段落实预防原则，通过“三同时”制度在建设阶段落实预防原则，通过清洁生产制度在生产阶段落实预防原则，通过循环经济制度在资源物循环阶段落实预防原则，通过污染许可证制度在排污阶段落实预防原则。

受益者负担原则是指开发利用环境和资源或者排放污染物，对环境造成不利影响和危害者，应当支付由其活动所造成的环境损害费用，并承担治理其造成的环境污染与破坏的责任。贯彻受益者负担原则的措施包括实行排污收费制度、实行生态补偿制度、征收环境税、实行土地复垦制度。

公众参与原则是指公众对可能造成环境影响的经济决策和建设项目有相应的知情、参与决策和监督的权利。贯彻公众参与原则的措施包括环境影响评价中的公众参与制度、环境行政许可和环境行政处罚中的公众参与制度、建立环境信息公开与披露制度、鼓励各类非政府环保组织代表公众参与环境决策、建立公众参与的司法保障制度。

环境与资源保护的基本制度，是指按照环境与资源保护立法的目的和基本原则确立的、具体表现并普遍适用于环境与资源保护各个领域的法律规范的总称。我国环境与资源保护的基本制度包括环境标准制度，环境与资源保护规划制度，环境影响评价制度，环境费制度，治理、恢复与补救制度五类。

环境标准包括环境质量标准、污染物排放(控制)标准以及环境监测方法标准、环境标准样品标准、环境基础标准等五类。环境质量标准、污染物排放(控制)标准属于强制性环境标准，必须执行。环境质量标准、污染物排放(控制)标准以外的环境标准属于推荐性环境标准，强制性环境标准必须经环境立法确认并由环保部门决定适用后才具有相应的法的拘束力。

我国环境与资源自然保护规划是对国民经济和社会发展五年规划的环境保护篇章、全国主体功能区规划、国家各类生态建设和保护规划、专项环境保护规划等共同组成的以环境与资源保护为目的的规划的统称。环境与资源保护规划主要对政府及其行政主管部门依法审批规划所确立的项目具有指导和依据作用，一般不对行政机关以外的人具有直接的法的强制力。

我国环境影响评价的对象包括规划和建设项目两大类。环境影响评价的程序主要包括筛选评价对象和决定评价范围、编制环境影响报告书、审批或审查环境影响评价文件等三个环节以及其中包含的公众参与程序。“三同时”制度是与环境影响评价制度相关联的法律制度，即建设项目中防治污染的措施必须与主体工程同时设计、同时施工、同时投产使用，防治污染的设施必须经原审批环境影响报告书的环保部门验收合格后方可投入生产或者使用。

环境费是对所有环境收费的统称，在我国主要表现为排污费和自然资源费。排污费是指直接向环境排放污染物的排污者，应当按照环保部门依法核定的污染物排放的种类和数量，向法律授权的主管部门缴纳的一定费用。排污者缴纳排污费，不免除其防治污染、赔偿污染损害的责任和法律、行政法规规定的其他责任；自然保护费是指开发利用自然资源或自然环境者，应当依照自然资源或生态保护法律法规的规定，按其对自然资源与环境要素的利用程度向法律授权的主管部门缴纳的一定费用。

环境法上的治理、恢复与补救，是指针对环境利用行为造成的环境污染或生态破坏而对行为人采取的以恢复环境与自然的原状为中心的行政命令措施。其保护法益为公众的环境权益与自然资源的共益权，此外还包括保护国家对社会公共事务的管理程序。突发环境事件应急预案制度，是指为及时应对突发环境事件，由政府事先编制突发环境事件的应急响应方案及其应急机制，在发生或者可能发生突发环境事件时，启动该应急预案以最大限度地预防和减少突发环境事件及其可能带来的危害等规范性措施的总称。

思考题

1. 经济社会发展与环境保护相协调原则的含义与贯彻措施是什么？
2. 预防原则的含义与贯彻措施是什么？
3. 受益者负担原则的含义与贯彻措施是什么？
4. 公众参与原则的含义与贯彻措施是什么？
5. 环境与资源保护规划的内容与法律效力是什么？
6. 环境标准体系的主要内容是什么？各类环境标准的法律效力是什么？
7. 环境影响评价的对象有哪些？环境影响评价程序的主要内容是什么？
8. 排污费与自然资源费的征收对象、主体、程序、用途是什么？
9. 环境与资源保护法上的治理、恢复与补救措施的主要内容是什么？突发环境事件应急运行机制的主要内容是什么？

第四章　环境污染防治法

【学习目标】

通过本章的学习，学生应了解环境污染以及环境污染防治法的概念与特征，掌握我国《中华人民共和国大气污染防治法》《中华人民共和国水污染防治法》《中华人民共和国海洋环境保护法》《中华人民共和国环境噪声污染防治法》《中华人民共和国固体废物污染环境防治法》《放射性污染防治法》《中华人民共和国清洁生产促进法》《中华人民共和国循环经济促进法》等主要环境污染防治法律法规的立法沿革及其主要内容。

第一节　环境污染防治法概述

一、环境污染的概念

（一）环境污染的定义

环境污染通常是指在人类生产、生活中向环境排放了超过环境容量的物质或能量，导致环境质量降低，进而对人体健康、财产以及生态系统平衡等造成不利影响的现象。

我国现行环境与资源保护立法对环境污染一词并没有统一的用语，其较完整的表述是“污染和其他公害”。这种表述形式源于 1978 年《中华人民共和国宪法》第十一条的规定“国家保护环境和自然资源，防治污染和其他公害”。1982 年《中华人民共和国宪法》和 1989 年《中华人民共和国环境保护法》沿用了“污染和其他公害”的表述方式。

从立法背景看，我国立法中的“污染和其他公害”的概念，只是欧美国家环境立法中的“环境污染”和日本环境立法中的“公害”的复合词，其本质就是环境污染。

能够造成环境污染的物质或能量通常被称为污染物，即以高于天然浓度和一定滞留时间存在于环境中，从而影响环境的正常组成和性质，对人、生物及社会物质财富等造成直接或间接有害效应的物质。依照《中华人民共和国环境保护法》第二十四条的规定，受我国法律控制的污染物主要包括废气、废水、废渣、粉尘、恶臭气体、放射性物质以及噪声、振动、电磁波辐射等。

（二）环境污染的特征

环境污染具有以下三个特征。

第一，环境污染须伴随人类活动而产生。环境污染一定是以人类的生产、生活活动为前提而产生的。人类活动以外的自然原因或因素也可以直接释放某种物质或能量而产生污染，但此类污染不属于一般意义的环境污染，也不属于环境污染防治法所要控制的对象。

第二，环境污染须为物质，能量从一定的设施设备向外界排放或者泄漏。排放是指人类主动并有意识地利用环境容量，而向环境倾倒、释放、散发污染物的行为；泄漏则是指在人为活动中因疏忽大意或管理不善，导致物质和能量直接或者间接进入环境的行为。在对环境污染实行法律控制的过程中，区别对待排放行为与泄漏行为，采取不同的控制措施具有特别重要的意义。

第三，环境污染须出现环境质量下降的结果。环境具有一定的自净能力，但在具体的时空条件下，环境的自净能力是有限的，当向环境排放或泄漏的有害物质或能量超过了环境的自净能力时，就会导致环境污染。环境污染的实质就是环境质量恶化。

（三）环境污染的分类

依据不同的标准，可以对环境污染进行不同的分类。

以产生污染的人类活动为标准，环境污染可以分为工业环境污染、城市环境污染、农业环境污染等；以被污染的环境要素为标准，环境污染可以分为大气污染、土壤污染、水污染、海洋污染等；以污染物的性质为标准，环境污染可以分为物质污染和能量污染两大类，前者主要是指有形的污染物所导致的环境污染，例如固体废物污染、废气污染、废水污染、化学物质污染等，后者则主要是指无形的能量所导致的环境污染，例如噪声与振动污染、放射性污染、电磁辐射污染以及光污染等不同类型的环境污染，需要采取不同的污染防治措施，由此也会导致污染防治立法的差异。

二、环境污染防治法的概念

（一）环境污染防治法的定义

由于在控制对象、管理方式以及立法目标和制度重点等方面有所不同，世界各国(地区)污染防治的法律名称各不相同。

美国联邦层面对污染防治法律采用的是“清洁环境要素”的命名方法，如《中华人民共和国清洁空气法》《中华人民共和国清洁水法》等。日本则采用的是“环境要素或污染因子，防止(规制)”的命名方法，如《中华人民共和国大气污染防治法》《水质污浊防止法》《恶臭防止法》《噪音规制法》等。欧洲各国既有以单项环境要素的保护作为法的名称的，也有以污染因子的防治或控制作为法的名称的。

无论采取何种名称，环境污染防治法的本质内涵都是相同的，即以保护环境，进而保护人体健康和财产安全为目的，对产生或可能产生环境污染的人类活动实施控制的法律规范的总称。从环境容量利用的角度，环境污染实际上是人类超过环境容量限制排放污染物的必然结果，因此环境污染防治法也可以被定义为引导、规范、控制人类环境容量利用行为的法律规范的总称。

在我国，环境污染防治法有广义和狭义之分。狭义的环境污染防治法是指以污染因子控制为直接目的的法律，如《中华人民共和国大气污染防治法》《中华人民共和国水污染防治法》等。广义的环境污染防治法是指所有与预防或减少污染物排放、恢复和治理环境污染有关的法律，如致力于从源头削减污染的《中华人民共和国清洁生产促进法》与致力于在生产、流通和消费全过程中减少废弃物的《中华人民共和国循环经济促进法》等。本书采用广义环境污染防治法概念。

(二)我国环境污染防治法的体系

从内容上看，我国环境污染防治法的体系主要由海洋污染防治、大气污染防治、水污染防治、固体废物污染环境防治、环境噪声污染防治、放射性污染防治、化学物质环境管理以及清洁生产、循环经济等方面的法律、法规、规章所组成。

从控制对象、目标与方法看，我国的环境污染防治法体系由三部分内容组成。

第一，物质污染防治法。我国对物质污染防治的立法主要包括大气污染、水污染、海洋污染、固体废物污染、化学物质污染防治等方面的法律法规。

第二，能量污染防治法。我国对能量污染防治的立法主要包括环境噪声污染、放射性污染、振动与电磁辐射污染等方面的法律法规。

第三，污染源头及全过程管理法。我国对污染的源头治理及全过程管理的立法主要包括清洁生产促进与循环经济促进的法律。

(三)环境污染防治的法律制度

环境污染防治法律制度的核心目标是控制污染物的排放，而控制污染物排放的方法主要有浓度控制与总量控制两种。前者仅通过限制排污口所排放的污染物浓度的方式进行污染控制，后者通过限制一定时期内特定区域污染物排放总量的方式进行污染控制。

浓度控制操作简单，因此在早期的污染防治法律中广泛适用。但是浓度控制方法存在较大缺陷：一方面，浓度控制无法为企业提供额外的动力来更新生产技术、减少排污总量；另一方面，浓度控制无法有效实现污染控制目标，即使所有的排污者均遵守排放标准，排入环境的污染物总量依然可能超过环境的自净能力并导致环境污染。

为弥补浓度控制的不足，总量控制方法开始出现。通过总量控制，各个排污者排放的污染物总量不会超过环境容量，也就不会导致环境质量显著下降。但是总量控制的操作更加复杂，如何科学、合理地确定总量以及公平、公正地分配总量都是十分困难的工作。

目前，我国已开始在大气污染防治、水污染防治、海洋污染防治领域对主要污染物或重点污染物实施总量控制。

以总量控制为基础，衍生出了排污交易这种市场化的污染控制手段。排污交易又称排污指标交易、排污权交易，可交易的许可等，是指排污者将其依法获得的部分或者全部污染物排放总量通过交易市场或者法定方式出售给购买者，该污染物排放许可的部分或者全部权利也随之转移的行为。综合运用总量控制和排污权交易制度，理论上不但可以实现污染防治的目的，而且可以大幅度减少排污者的守法成本。因为排污者可以自主地根据市场需求决定其生产规模和排污总量，如果一些企业能够以很低的成本减少排放总量，而另一些企业要花很高的成本才能减少排放总量，则后者可以通过向前者购买排污权的方式来实现守法。这样，既实现了国家的环境目标，又节约了企业的经济成本。

目前，我国的环境污染防治法尚未规定排污交易制度。实践中，我国南方地区的许多省市开始在实施重点污染物排放许可证制度的基础上试行排污交易。

实际上，环境污染防治法律制度的确立过程，就是将环境与资源保护法的基本制度运用于环境污染防治法的过程。规划、标准、环境影响评价、三同时、许可、限期治理、突发事件应急等环境与资源保护法的基本制度在环境污染防治法中有不同程度的体现。但是，因为各类环境污染在具体迁移转变规律、控制对策手段以及致害特性等方面存在着一定的差异，各单项环境污染防治法律的具体对策措施也存在一些差异。

第二节 物质污染防治法

一、大气污染防治法

(一)概述

1979年，我国《中华人民共和国环境保护法(试行)》首次以法律的形式对大气污染防治做出了原则性规定。1987年，我国颁布了《中华人民共和国大气污染防治法》，专门规定了防治大气污染的一般原则、监督管理、防治烟尘污染、防治废气、粉尘和恶臭污染、法律责任等方面的内容。1991年，经国务院批准，原国家环境保护局还公布施行了《大气污染防治法实施细则》。

1995年，我国对《中华人民共和国大气污染防治法》进行了第一次修改，增加规定了淘汰落后生产工艺和设备制度、酸雨控制区或二氧化硫污染控制区划定制度等内容。2000年，我国对《中华人民共和国大气污染防治法》进行了第二次修改，加强了机动车污染防治，实行了禁止超标排污和重点大气污染物排放总量控制和许可制度。

为解决诸如酸雨、灰尘和光化学烟雾等区域性大气污染问题，经国务院同意，环境保护部等部门于2010年联合发布了《关于推进大气污染联防联控工作改善区域空气质量的指导意见》。

目前，《中华人民共和国大气污染防治法》的第三次修改工作正在进行。

(二)一般规定

1. 大气污染防治的监督管理体制

大气污染防治实施统一监督管理与分部门监督管理相结合的管理体制。对大气污染防治实施统一监督管理的是各级环保部门，对机动车船污染实施分部门监督管理的是各级公安、交通、铁道、渔业管理部门。

2. 大气环境标准制度

我国大气环境标准体系的核心是《环境空气质量标准》，该标准于1982年首次发布，1996年、2000年、2012年分别进行了三次修订。修订后的《环境空气质量标准》于2012年开始在京津冀、长三角、珠三角等重点区域以及直辖市和省会城市实施，2013年开始在113个环境保护重点城市和国家环保模范城市实施，2015年开始在全国所有地级以上城市实施，2016年1月1日开始在全国实施。

2012年修订后的《环境空气质量标准》将环境空气质量功能区分为两类，一类区为自然保护区、风景名胜区和其他需要特殊保护的地区；二类区为城镇规划中确定的居住区、商业交通居民混合区、文化区、一般工业区和农村地区。上述两类功能区相应地执行一级和二级环境空气质量标准。修订后的标准规定了二氧化硫、二氧化氮、一氧化碳、臭氧、细颗粒物(PM2.5)、可吸入颗粒物(PM10)、总悬浮颗粒物、氮氧化物、铅、苯并[a]芘等10种大气污染物的浓度限值。

除《环境空气质量标准》外,《大气污染物综合排放标准》也比较重要,其对33种大气污染物的排放限值作出了具体规定。

为发挥地方在控制城市机动车尾气污染领域的自主性,省级人民政府可以制定严于国家排放标准的机动车船大气污染物地方排放标准,但须报经国务院批准。目前,经国务院批准,北京市和上海市已经制定实施了地方机动车尾气排放标准。

《中华人民共和国大气污染防治法》规定了"达标排放、超标违法"的制度,即向大气排放污染物的,其污染物排放浓度不得超过国家和地方规定的排放标准,并缴纳相应的排污费。超标排放的,应当予以限期治理并处1万元以上10万元以下罚款。

3. 主要大气污染物排放总量控制和核定制度

主要大气污染物排放总量控制和核定制度的实施主要包括三个步骤。

首先,确定总量控制区、总量控制区包括两类:一是由国务院和省、自治区、直辖市人民政府划定的尚未达到规定的大气环境质量标准的区域;二是两控区,即国务院环保部门会同国务院有关部门,根据气象、地形,土壤等自然条件,经国务院批准划定的酸雨控制区或者二氧化硫污染控制区。

其次,确定主要大气污染物排放总量。国家通过制定大气污染防治计划的方式,对计划年度内总量控制区的主要大气污染物(主要是指二氧化硫、烟尘及工业粉尘)排放量作出总量减排指标规定,并将上述指标分别分解到实行总量控制的区域的地方政府。

最后,主要大气污染物排放总量的分配。主要大气污染物总量控制区内有关地方人民政府依照国务院规定的条件和程序,按照公开、公平、公正的原则,核定企业事业单位的主要大气污染物排放总量,核发主要大气污染物排放许可证。有大气污染物总量控制任务的企业事业单位,必须按照核定的主要大气污染物排放总量和许可证规定的排放条件排放污染物。

【案例4.1】

A公司位于国务院划定的二氧化硫控制区,当地人民政府依法核定了A公司的主要大气污染排放总量,并给A公司颁发了主要大气污染物排放许可证。2011年12月,当地环保部门在对A公司进行现场检查时发现A公司排放的主要大气污染物总量已经超过了许可证核定的排放总量,遂决定对A进行处罚。A公司认为，其排放的主要大气污染物并未超过国家和地方规定的排放标准，环保部门不应当对其进行处罚。

讨论：A 公司的主张是否成立？

提示：依据《中华人民共和国大气污染防治法》有关总量控制的规定进行分析。

4. 大气污染防治重点城市制度

随着我国城市化进程的加快，城市大气污染防治工作已经成为大气污染防治工作的重点。为此，《中华人民共和国大气污染防治法》规定了大气污染防治重点城市制度。国务院按照城市总体规划、环境保护规划目标和城市大气环境质量状况，划定大气污染防治重点城市。

直辖市、省会城市、沿海开放城市和重点旅游城市应当列入大气污染防治重点城市。截至目前，我国共划定了 113 个大气污染防治重点城市。

未达到大气环境质量标准的大气污染防治重点城市，应当按照国务院或者国务院环保部门规定的期限，达到大气环境质量标准。该城市人民政府应当制定限期达标规划，并根据国务院的授权或者规定，采取更加严格的措施，按期实现达标规划。

5. 大气环境质量状况公报制度

为保障公众的大气环境信息知情权，大、中城市人民政府环保部门应当定期发布大气环境质量状况公报，并逐步开展大气环境质量预报工作。

大气环境质量状况公报的主要内容包括城市大气环境污染特征、主要污染物的种类及污染危害程度等内容。

(三) 防治燃煤污染

为防治燃煤污染，《中华人民共和国大气污染防治法》主要规定了煤炭开采控制、清洁能源推广锅炉和城市供热管理等方面的内容

第一，控制煤炭开采。限制对高硫分、高灰分煤炭的开采；禁止对含放射性和砷等有毒有害物质超过规定标准煤炭的开采，对违反者责令关闭。推行煤炭洗选加工，以降低煤的硫份和灰分，使煤炭中的含灰分达到规定的标准。新建的所采煤炭属于高硫分、高灰分的煤矿，必须建设配套的煤炭洗选设施，使煤炭中的含硫分、含灰分达到规定的标准；对已建成的所采煤炭属于高硫分、高灰分的煤矿，应当按照国务院批准的规划，限期建成配套的煤炭洗选设施。对违反者，责令限期建设配套设施，并可以处 2 万元以上 20 万元以下罚款。

第二，控制煤炭的使用，推广清洁能源。大气污染防治重点城市人民政府，可以在本辖区内划定禁止销售、使用国务院环保部门规定的高污染燃料的区域；

该区域内的单位和个人应当在规定的期限内停止燃用高污染燃料，改用天然气、液化石油气、电或者其他清洁能源。大、中城市人民政府应当制定规划，对饮食服务企业限期使用天然气、液化石油气、电或者其他清洁能源；对未划定为禁止使用高污染燃料区域的大、中城市市区内的其他民用炉灶，限期改用固硫型煤或者使用其他清洁能源。对期限届满后继续使用高污染燃料者，责令拆除或者没收用高污染燃料的设施。

第三，国务院有关主管部门应当根据锅炉大气污染物排放标准，在锅炉产品质量标准中规定相应的要求，达不到规定要求的锅炉不得制造、销售或者进口。在集中供热管网覆盖的地区，不得新建燃煤供热锅炉；对违反者，可以处5万元以下罚款。

第四，在人口集中地区堆放煤炭、煤矸石、煤渣、煤灰、砂石、灰土等物料，必须采取防燃、防尘措施，防止污染大气。对违反者，给予警告或者处以5万元以下罚款。

（四）防治机动车船污染

为防治机动车船污染大气环境，《中华人民共和国大气污染防治法》规定了机动车尾气排放标准，在用车使用和维修、燃油质量、尾气排放年度监督检查等方面的内容。

第一，任何单位和个人不得制造、销售或者进口污染物排放超过规定排放标准的机动车船。对违反者，没收违法所得，可以并处违法所得一倍以下的罚款，对无法达到规定的污染物排放标准的机动车船，没收销毁。在用机动车不符合制造当时的在用机动车污染物排放标准的，不得上路行驶。省级人民政府报经国务院批准后，可以决定对在用机动车实行新的污染物排放标准并对其进行改造。

第二，国家鼓励生产和消费使用清洁能源的机动车船，鼓励和支持生产，使用优质燃料油。任何单位和个人应当按照国务院规定的期限，停止生产、进口、销售含铅汽油。对违反者，可以没收所生产、进口、销售的含铅汽油和违法所得。

第三，交通、渔政等有监督管理权的部门、省级人民政府环保部门可以委托已取得资质认定的单位，按照规范对船舶与机动车排气污染进行年度检测。县级以上地方人民政府环保部门可以在机动车停放地对在用机动车的污染物排放状况进行监督抽测。

（五）防治废气、粉室和恶臭等污染

严格限制向大气排放含有毒物质的废气和粉尘，确需排放的，应当经过净化处理，不超过规定的排放标准。对违反者，可以处5万元以下罚款。

工业生产中产生的可燃性气体应当回收利用，不具备回收利用条件而向大气排放的，应当进行防治污染处理。向大气排放转炉气、电石气、电炉法黄磷尾气、有机烃类尾气的，须报当地环保部门批准。炼制石油、生产合成氨、煤气和燃煤焦化、有色金属冶炼过程中排放含有硫化物气体的，应当配备脱硫装置或者采取其他脱硫措施。向大气排放含放射性物质的气体和气溶胶，必须符合国家有关放射性防护的规定，不得超过规定的排放标准。

在人口集中地区和其他依法需要特殊保护的区域内，禁止焚烧沥青、油毡、橡胶、塑料、皮革、垃圾以及其他产生有毒有害烟尘和恶臭气体的物质；在人口集中地区、机场周围、交通干线附近以及当地人民政府划定的区域，禁止露天焚烧秸秆、落叶等产生烟尘污染的物质；对违反者处 2 万元以下罚款。

在城市市区进行建设施工或者从事其他产生扬尘污染活动的单位，必须按照当地环境保护的规定，采取防治扬尘污染的措施。

向大气排放恶臭气体的排污单位，必须采取措施防止周围居民区受到污染。城市饮食服务业的经营者，必须采取措施防治油烟对附近居民的居住环境造成污染；对违反规定造成附近居民居住环境污染者，可以处 5 万元以下罚款。

国家鼓励、支持消耗臭氧层物质替代品的生产和使用，逐步减少消耗臭氧层物质的产量，直至停止消耗臭氧层物质的生产和使用。另外，在国家规定的期限内，生产、进口消耗臭氧层物质的单位必须按照国务院有关行政主管部门核定的配额进行生产、进口。

二、水污染防治法

(一)概述

1979 年，《中华人民共和国环境保护法(试行)》首次以法律的形式对水污染的防治做出了原则性的规定。1984 年，我国制定了第一部防治水污染的专门法律《中华人民共和国水污染防治法》。1989 年我国又颁布了与之配套的《水污染防治法实施细则》。

鉴于实行社会主义市场经济以后我国水污染防治的对象等发生了重大变化，水污染在总体上呈继续恶化趋势等现实情况，1996 年我国对《中华人民共和国水污染防治法》进行了第一次修改，主要强化或新增了水污染防治的流域管理、城市污水的集中治理、对饮用水源保护等方面的内容。2000 年 3 月，国务院制定了新的《水污染防治法实施细则》。针对水污染持续恶化的状况，2008 年我国对《中华人民共和国水污染防治法》进行了第二次修改，进一步加强了对饮用水水源和其他特殊水体的保护，实行了禁止超标排污和重点水污染物排放总量控制与许可制度。

我国立法中所谓的“水污染”特指陆地水污染，即江河、湖泊、运河、渠道、水库等地表水体和地下水体的污染，海洋污染防治适用《中华人民共和国海洋环境保护法》。

(二)一般规定

1. 水污染防治的监督管理体制

水污染防治实施统一监督管理与分部门监督管理相结合的管理体制。生态环境部门对水污染防治实施统一监督管理，海事部门对船舶污染水域的防治实施监督管理，水行政、国土资源、卫生、建设、农业、渔业等部门以及重要江河、湖泊的流域管理机构，在各自的职责范围内，对有关水污染防治实施监督管理。

国家实行水环境保护目标责任制和考核评价制度，水环境保护目标完成情况是对地方人民政府及其负责人考核评价的内容之一。

2. 水环境标准制度

水环境标准体系的核心是《地表水环境质量标准》，该标准将地表水水域功能区划分为五类：Ⅰ类——主要适用于源头水、国家自然保护区；Ⅱ类——主要适用于集中式生活饮用水地表水源地一级保护区、珍稀水生生物栖息地、鱼虾类产卵场、仔稚幼鱼的索饵场等；Ⅲ类——主要适用于集中式生活饮用水地表水源地二级保护区、鱼虾类越冬场、洄游通道、水产养殖区等渔业水域及游泳区；Ⅳ类——主要适用于一般工业用水区及人体非直接接触的娱乐用水区；Ⅴ类——主要适用于农业用水区及一般景观要求水域。

《地表水环境质量标准》主要对 24 种项目规定了具体的标准限值。与五类水域功能区相对应，地表水环境质量标准的基本项目标准值也分为五类，不同功能类别分别执行相应类别的标准值。同一水域兼有多类使用功能的，执行最高功能类别对应的标准值。

除综合性的《地表水质量标准》外，我国还分别制定了《渔业水质标准》《景观娱乐用水水质标准》《地下水质量标准》《农田灌溉水质标准》等水质标准。

在水污染物放标准方面，最重要的是《污水综合排放标准》。该标准按照污水排放去向，分年限规定了 69 种水污染物最高允许排放浓度及部分行业最高允许排水量。另外，我国还制定了《造纸工业水污染物排放标准》《畜禽养殖业污染物排放标准》等行业水污染物排放标准。

超标排污的，责令限期治理，处应缴纳排污费数额 2 倍以上 5 倍以下的罚款。限期治理期限最长不得超过 1 年。

【案例 4.2】

A 公司是 B 市的纳税大户，员工超过 2 000 人，其董事长和总经理分别是当地人大代表和政协委员。A公司长期向某河流超标排污，被附近居民多次举报。2009年1月，当地环保部门责令A限期治理，期限为1年。1年之后，环保部门发现A公司并未完成治理任务。考虑到A公司对B市财政和就业的重要性，环保部门决定继续责令A公司限期治理。

讨论：环保部门的做法是否合法？

提示：根据《中华人民共和国水污染防治法》关于限期治理的期限和逾期未完成治理任务的规定进行分析。

3. 水污染防治规划制度

防治水污染应当按流域或者按区域进行统一规划。

流域水污染防治规划的内容应当包括水体的环境功能要求、分阶段达到的水质目标及时限、水污染防治的重点控制区域和重点污染源，以及具体实施措施、流域城市排水与河水处理设施建设规划等。

国家确定的重要江河、湖泊的流域水污染防治规划，由国务院环保部门会同国务院经济综合宏观调控、水行政等部门和有关省、自治区、直辖市人民政府编制，报国务院批准。

其他跨省、自治区、直辖市江河、湖泊的流域水污染防治规划，根据国家确定的重要江河、湖泊的流域水污染防治规划和本地实际情况，由有关省、自治区、直辖市人民政府环保部门会同同级水行政等部门和有关市、县人民政府编制，经有关省、自治区、直辖市人民政府审核，报国务院批准。

省、自治区、直辖市内跨县江河、湖泊的流域水污染防治规划，根据国家确定的重要江河、湖泊的流域水污染防治规划和本地实际情况，由省、自治区、直辖市人民政府环境保护主管部门会同同级水行政等部门编制，报省、自治区、直辖市人民政府批准，并报国务院备案。

经批准的水污染防治规划是防治水污染的基本依据，规划的修订须经原批准机关批准。县级以上地方人民政府应当根据依法批准的江河、湖泊的流域水污染防治规划，组织制定本行政区域的水污染防治规划。

4. 重点水污染物排放总量控制制度

省级人民政府可以根据本行政区域水环境质量状况和水污染防治工作的需要，确定本行政区域实施总量削减和控制的重点水污染物。然后按照国务院的规定削减和控制本行政区域的重点水污染物排放总量，并将重点水污染物排放总量控制指标分解落实到市、县人民政府。市、县人民政府根据本行政区域重点水污染物排放总量控制指标的要求，将重点水污染物排放总量控制指标分解落实到排污单位。

对超过重点水污染物排放总量控制指标的地区，有关人民政府环保部门应当暂停审批新增重点水污染物排放总量的建设项目的环境影响评价文件。

国务院生态环境部门对未按照要求完成重点水污染物排放总量控制指标的省、自治区、直辖市予以公布。省级人民政府生态环境部门对未按照要求完成重点水污染物排放总量控制指标的市、县予以公布。县级以上人民政府生态环境部门对违反本法规定、严重污染水环境的企业予以公布。

5. 水污染物排污许可制度

直接或者间接向水体排放工业废水和医疗污水以及其他按照规定应当取得排污许可证方可排放的废水、污水的企业事业单位，应当取得排污许可证。城镇污水集中处理设施的运营单位，也应当取得排污许可证。

向水体排放污染物的企业事业单位和个体工商户，应当按照法律、行政法规和国务院环保部门的规定设置排污口；在江河、湖泊设置排污口的，还应当遵守国务院水行政主管部门的规定。

禁止企业事业单位无排污许可证或者违反排污许可证的规定向水体排放前款规定的废水、污水。禁止私设暗管或者采取其他规避监管的方式排放水污染物。

6. 排污监测制度

排放工业废水的企业，应当对其所排放的工业废水进行监测，并保存原始监测记录；重点排污单位应当安装水污染物排放自动监测设备，与环保部门的监控设备联网，并保证监测设备正常运行。对违反者，处 1 万元以上 10 万元以下的罚款重点排污单位名录，由设区的市级以上地方人民政府环保部门根据本行政区域的环境容量，重点水污染物排放总量控制指标的要求以及排污单位排放水污染物的种类、数量和浓度等因素，协商有关部门确定。

(三) 城镇污水集中处理制度

城镇污水集中处理设施的运营单位按照国家规定向排污者提供污水处理的有偿服务，收取污水处理费用，保证污水集中处理设施的正常运行。

向城镇污水集中处理设施排放污水、缴纳污水处理费用的，不再缴纳排污费。收取的污水处理费用应当用于城镇污水集中处理设施的建设和运行，不得挪作他用。

向城镇污水集中处理设施排放水污染物，应当符合国家或者地方规定的水污物排标准。城镇污水集中处理设施的出水水质达到国家或者地方规定的水污染物排放标准的，可以按照国家有关规定免缴排污费。

城镇污水集中处理设施的运营单位，应当对城镇污水集中处理设施的出水水质负责。环保部门应当对城镇污水集中处理设施的出水水质和水量进行监督检查。

（四）饮用水源保护区制度

饮用水水源保护区的划定，由有关市、县人民政府提出划定方案，报省级人民政府批准；跨区域饮用水水源保护区的划定，由有关人民政府协商提出划定方案，报共同的上一级人民政府批准；协商不成的，上级人民政府环保部门会同同级水行政、国土资源、卫生、建设等部门提出划定方案，征求同级有关部门的意见后，报该人民政府批准。

国务院和省级人民政府可以根据保护饮用水水源的实际需要，调整饮用水水源保护区的范围，确保饮用水安全。有关地方人民政府应当在饮用水水源保护区的边界设立明确的地理界标和明显的警示标志。

饮用水水源保护区分为一级保护区和二级保护区；必要时，可以在饮用水水源保护区外圈划定一定的区域作为准保护区。

在饮用水水源保护区内，禁止设置排污口。对违反者，责令限期拆除，处10万元以上50万元以下的罚款；逾期不拆除的，强制拆除，所需费用由违法者承担，处50万元以上100万元以下的罚款，并责令停产整顿。

禁止在饮用水水源一级保护区内新建、改建、扩建与供水设施和保护水源无关的建设项目；禁止在饮用水水源二级保护区内新建、改建、扩建排放污染物的建设项目；禁止在饮用水水源准保护区内新建、扩建对水体污染严重的建设项目，改建建设项目不得增加排污量。对违反者，处10万元以上50万元以下罚款，并报经有批准权的人民政府批准，责令拆除或者关闭。

【案例4.3】

2012年1月，A市为了改善市区供电状况，批准电力公司在引水渠一级保护区100米内新建数十座高压线铁塔。许多居民对此提出了反对意见。

A市《引水渠环境保护条》规定：引水果一级保护区为非建设区和非旅游区，禁止在引水渠两侧各水平外100米以内地区新建、改建、扩建除水利或者引水工程以外的工程项目。A市人民政府依照条例的授权对该条进行了解释：该条例规定的禁止建设的工程项目不包括对水质不产生污染或污染威胁的市政基础设施建设项目。

讨论：你是否认同A市人民政府的解释？

提示：根据《中华人民共和国立法法》关于法律效力等级和《中华人民共和国水污染防治法》关于饮用水水源保护区的规定进行分析。

禁止在饮用水水源一级保护区内从事网箱养殖、旅游、游泳、垂钓或者其他可能污染饮用水水体的活动。对违反者，处2万元以上10万元以下罚款，个人违反的可处500元以下的罚款。

县级以上地方人民政府应当根据保护饮用水水源的实际需要，在准保护区内采取工程措施或者建造湿地、水源涵养林等生态保护措施，防止水污染物直接排入饮用水水体，确保饮用水安全。

（五）防治农村和农业水污染

使用农药应当符合国家有关农药安全使用的规定和标准。运输、存贮农药和处置过期失效农药，应当加强管理，防止造成水污染。县级以上地方人民政府农业主管部门和其他有关部门，应当采取措施，指导农业生产者科学、合理地施用化肥和农药，控制化肥和农药的过量使用，防止造成水污染。

畜禽养殖场、养殖小区应当保证其畜禽粪便、废水的综合利用或者无害化处理设施正常运转，保证污水达标排放，防止污染水环境。

从事水产养殖应当保护水域生态环境，科学确定养殖密度，合理投饵和使用药物，防止污染本环境。

向农田灌溉渠道排放工业废水和城镇污水，应当保证其下游最近的灌溉取水点的水质符合农田灌溉水质标准。利用工业废水和城镇污水进行灌溉，应当防止污染土壤、地下水和农产品。

（六）防治船舶水污染

船舶排放含油污水、生活污水，应当符合船舶污染物排放标准。从事海洋航运的船舶进入内河和港口的，应当遵守内河的船舶污染物排放标准。船舶的残油、废油应当回收，禁止排入水体。禁止向水体倾倒船舶垃圾。船舶装载运输油类或者有毒货物，应当采取防止溢流和渗漏的措施，防止货物落水造成水污染。

船舶应当按照国家有关规定配置相应的防污设备和器材，并持有合法有效地防止水城环境污染的证书与文书。对违反者，处 2 000 元以上 2 万元以下的罚款；逾期不改正的，责令船舶临时停航。船舶进行涉及污染物排放的作业，应当严格遵守操作规程，并在相应的记录上如实记载。对违反者，处 2 000 元以上 2 万元以下的罚款。

港口、码头，装卸站和船舶修造厂应当备有足够的船舶污染物、废弃物的接收设施。从事船舶污染物、废弃物接收作业，或者从事装载油类、污染危害性货物船舱清洗作业的单位，应当具备与其运营规模相适应的接收处理能力。

（七）水污染事故应急处理

可能发生水污染事故的企业事业单位，应当制定有关水污染事故的应急方案，做好应急准备，并定期进行演练。对违反者，责令改正；情节严重的，处 2 万元以上 10 万元以下的罚款。

生产、储存危险化学品的企业事业单位，应当采取措施，防止在处理安全生产事故过程中产生的可能严重污染水体的消防废水、废液直接排入水体。

企业事业单位发生事故或者其他突发性事件，造成或者可能造成水污染事故的，应当立即启动本单位的应急方案，采取应急措施，并向事故发生地的县级以上地方人民政府或者环保部门报告，环保部门接到报告后，应当及时向本级人民政府报告，并抄送有关部门。

造成渔业污染事故或者渔业船舶造成水污染事故的，应当向事故发生地的渔业主管部门报告，接受调查处理。其他船舶造成水污染事故的，应当向事故发生地的海事管理机构报告，接受调查处理；给渔业造成损害的，海事管理机构应当通知渔业主管部门参与调查处理。

企业事业单位造成水污染事故的，处以罚款，责令限期采取治理措施，消除污染；对造成重大或者特大水污染事故的，可以报经有批准权的人民政府批准，责令关闭；对直接负责的主管人员和其他直接责任人员可以处上一年度从本单位取得的收入50%以下的罚款。对造成一般或者较大水污染事故的，按照水污染事故造成的直接损失的20%计算罚款；对造成重大或者特大水污染事故的，按照水污染事故造成的直接损失的30%计算罚款。

造成渔业污染事故或者渔业船舶造成水污染事故的，由渔业主管部门进行处罚；其他船舶造成水污染事故的，由海事管理机构进行处罚。

【案例4.4】

A公司一直向小清河排污。2012年10月8日，A公司接到一笔大订单，要求必须在10月底之前交货：A公司遂开足马力加班加点生产，恰在此时，A公司的污染物处理设施发生故障，无法使用。A公司董事长B得知，要完全修好该污染物处理设施至少需要3天时间。为了尽快完成订单，B决定不停工，将含有有毒物质的污水直接排入小清河，结果造成重大水污染事故，导致直接经济损失达1 200万元。

讨论：A公司及其董事长B应当承担何种法律责任?

提示：根据《中华人民共和国水污染防治法》关于成水污染事故的法律责任以及第三百三十八条污染环境罪的规定进行分析。

三、海洋污染防治法

(一)概述

我国的海洋污染防治立法始于20世纪70年代。1974年，国务院批准发布了

《防止沿海水域污染暂行规定》，对沿海水域的污染防治做了较详细的规定。

1982 年，我国颁布实施了《中华人民共和国海洋环境保护法》，这是我国第一部以海洋环境污染防治为主要内容的专门法律。此后我国又陆续调布了《防止船舶污染海域管理条例》(1983 年，已失效)、《海洋石油勘探开发环境保护管理条例》(1983 年)、《海洋倾废管理条例》(1985 年)、《防止拆船污染环境管理条例》(1988)、《防治陆源污染物污染损害海洋环境管理条例》(1990 年)、《防治海岸工程建设项目污染损害海洋环境管理条例》(1990 年)等行政法规。

1999 年，我国对《海洋环境保护法》进行了大幅修改，增加了重点海域污染物总量控制制度、海洋污染事故应急制度、船舶油污损害民事赔偿制度、船舶油污保险制度和海洋环境污染民事损害赔偿制度等内容。同时，也配套制定了《防治海洋工程建设项目污染损害海洋环境管理条例》(2006 年)、《防治船舶污染海洋环境管理条例》(2009 年)，并于 2007 年修改了《防治海岸工程建设项目污染损害海洋环境管理条例》。

《中华人民共和国海洋环境保护法》适用于中华人民共和国内水、领海、毗连区、专属经济区、大陆架以及中华人民共和国管辖的其他海域。在中华人民共和国管辖海域以外，造成中华人民共和国管辖海域污染的，也适用该法。

【案例 4.5】

2011 年 3 月，“威廉姆斯”号油轮与达文波特号货轮在公海发生碰撞，致使大量原油泄漏，这些原油由于洋流作用流入我国海域，致使我国海域的生环境遭受重大污染，一些养殖户也遭受了重大损失。

讨论：该案是否可以适用我国《中华人民共和国海洋环境保护法》。

(二)一般规定

1. 海洋污染防治的监督管理体制

国务院环保部门主管全国海洋环境的保护工作；沿海省、自治区、直辖市环保部门负责组织协调，监督检查本行政区内的海洋环境保护工作，并主管防止海岸工程和陆源污染物污染损害海洋环境的环境保护工作。

国家海洋行政主管部门负责海洋环境的监督管理，组织海洋环境的调查、监测，监视、评价和科学研究，负责全国防治海洋工程建设项目和海洋倾倒废弃物对海洋污染损害的环境保护工作。

国家海事行政主管部门负责所辖港区水域内非军事船舶和港区水域外非渔业、非军事船舶污染海洋环境的监督管理，并负责污染事故的调查处理；对在中华人民共和国管辖海域航行、停泊和作业的外国籍船舶造成的污染事故登轮检查处理。船舶污染事故给渔业造成损害的，应当通知渔业行政主管部门参与调查处理。

国家渔业行政主管部门负责渔港水域内非军事船舶和渔港水域外渔业船舶污染海洋环境的监督管理，负责保护渔业水域生态环境工作，并调查处理前款规定的污染事故以外的渔业污染事故。军队环境保护部门负责军事船舶污染海洋环境的监督管理及污染事故的调查处理。

2. 海洋环境标准制度

《中华人民共和国海洋环境保护法》授权国务院根据海洋环境质量状况和国家经济、技术条件，制定国家海洋环境质量标准。1997 年，我国发布了《海水水质标准》，对 35 类海洋污染物的限制做了具体规定，并按照海域的不同使用功能和保护目标将海水水质功能区分为四类：第一类适用于海洋渔业水域、海上自然保护区和珍稀濒危海洋生物保护区；第二类适用于水产养殖区、海水浴场、人体直接接触海水的海上运动或娱乐区，以及与人类食用直接有关的工业用水区；第三类适用于一般工业用水区、滨海风景旅游区；第四类适用于海洋港口水域、海洋开发作业区。

由于我国海洋污染物主要来源于陆地排放，因此《中华人民共和国海洋环境保护法》规定，国家和地方水污染物排放标准的制定，应当将国家和地方海洋环境质量标准作为重要依据之一。

在国家建立并实施排污总量控制制度的重点海域，水污染物排放标准的制定，应当将主要污染物排海总量控制指标作为重要依据。目前专门针对海洋污染的排放标准主要有《海洋石油开发工业含油污水排放标准》和《污水海洋处置工程污染控制标准》等。

3. 海洋功能区制度

海洋功能区既包括开发利用区，也包括治理保护区、自然保护区、特殊功能区和保留区。国家海洋行政主管部门会同国务院有关部门和沿海省、自治区、直辖市人民政府拟定全国海洋功能区划，报国务院批准。沿海地方各级人民政府应当根据全国和地方海洋功能区划，科学合理地使用海域。

海洋功能区划实行分级审批。全国海洋功能区划，报国务院批准。沿海省、自治区、直辖市海洋功能区划，经该省级人民政府审核同意后，报国务院批准。沿海市、县海洋功能区划，经该市、县人民政府审核同意后，报所在地的省级市人民政府批准，报国务院海洋行政主管部门备案。海洋功能区划的修改，由原编制机关会同同级有关部门提出修改方案，报原批准机关批准；未经批准，不得改变海洋功能区划确定的海域功能。

养殖、盐业、交通、旅游等行业规划涉及海域使用的，应当符合海洋功能区划。沿海土地利用总体规划、城市规划、港口规划涉及海域使用的，应当与海洋功能区划相衔接。国家根据海洋功能区划制定全国海洋环境保护规划和重点海域区域性海洋环境保护规划。

(三)防治陆源污染

设置入海排污口应当根据海洋功能区划、海水动力条件和有关规定，经科学论证后，报设区的市级以上人民政府环保部门审查批准。对违反者，责令其关闭，并处2万元以上10万元以下的罚款。

环保部门在批准设置入海排污口之前，必须征求海洋、海事、渔业行政主管部门和军队环境保护部门的意见。在海洋自然保护区、重要渔业水域、海滨风景名胜区和其他需要特别保护的区域，不得新建排污口。在有条件的地区，应当根据海洋功能区划、海水动力条件和海底工程设施的具体情况，将排污口深海设置，实行离岸排放。

陆源污染物排放的禁止性措施主要包括：禁止向海域排放油类、酸液、碱液、剧毒废液和高、中水平放射性废水；禁止经中华人民共和国内水、领海转移危险废物。

陆源污染物排放的限制性措施主要包括：严格限制向海域排放低水平放射性废水，确需排放的必须严格执行国家辐射防护规定；严格控制向海域排放含有不易降解的有机物和重金属的废水；含病原体的医疗污水、生活污水和工业废水必须经过处理，符合国家有关排放标准后，方能排入海域；含有机物和营养物质的工业废水、生活污水，应当严格控制向海湾、半封闭海及其他自净能力较差的海域排放；向海域排放含热废水，必须采取有效措施，保证邻近渔业水域的水温符合国家海洋环境质量标准，避免热污染对水产资源的危害；沿海农田、林场施用化学农药，必须执行国家农药安全使用的规定和标准；沿海农田、林场应当合理使用化肥和植物生长调节剂。

对违反上述规定者，除由政府有关部门责令限期改正外，可根据情节并处2万元至20万元的罚款。

(四)防治海岸工程污染

海岸工程①必须在建设项目可行性研究阶段，对海洋环境进行科学调查，根据自然条件和社会条件，合理选址，编报环境影响报告书，经海洋行政主管部门提出审核意见后，报环境保护行政主管部门审查批准。对违反者，责令停止违法行为和采取补救措施，并处5万元以上20万元以下的罚款；或者责令限期拆除。

海岸工程建设项目的环境保护设施，必须与主体工程同时设计、同时施工、同时投产使用，对违反者，责令停止生产或者使用，并处2万元以上10万元以

① 海岸工程建设项目，是指位于海岸或者与海岸连接，为控制海水或者利用海洋完成部分或者全部功能，并对环境有影响的基本建设项目、技术改造项目和区域开发工程建设项目。

下的罚款。

在依法划定的海洋自然保护区、海滨风景名胜区、重要渔业水域及其他需要特别保护的区域，不得从事污染环境、破坏景观的海岸工程项目建设或者其他活动。禁止在沿海陆域内新建不具备有效治理措施的化学制浆造纸、化工、印染、制革、电镀、酿造、炼油、岸边冲滩拆船以及其他严重污染海洋环境的工业生产项目。严格限制在海岸采挖砂石、露天开采海滨砂矿和从岸上打井开采海底矿产资源，必须采取有效措施，防止污染海洋环境。

此外，建造海岸工程必须采取保护国家和地方重点保护的野生动植物及其生存环境和海洋水产资源措施。新建、改建、扩建海岸工程建设项目，必须把防治污染所需资金纳入建设项目投资计划。

（五）防治海洋工程污染

海洋工程建设项目①必须符合海洋功能区划、海洋环境保护规划和国家有关环境保护标准。在可行性研究阶段，编报海洋环境影响报告书，由海洋行政主管部门核准，并报环境保护行政主管部门备案，接受环境保护行政主管部门监督。海洋行政主管部门在核准海洋环境影响报告书之前，必须征求海事、渔业行政主管部门和军队环境保护部门的意见。

海洋工程建设项目的环境保护设施，必须与主体工程同时设计、同时施工、同时投产使用。拆除或者闲置环境保护设施，必须事先征得海洋行政主管部门的同意。对违反者，责令停止施工或者生产，使用，并处 5 万元以上 20 万元以下的罚款。

海洋工程建设项目，不得使用含超标准放射性物质或者易溶出有毒有害物质的材料对违反者，处 5 万元以下的罚款，并责令停止该建设项目的运行，直到消除污染危害海洋石油钻井船、钻井平台和采油平台的含油污水和油性混合物，必须经过处理达标后排放；残油、废油必须予以回收，不得排放入海；经回收处理后排放的，其含油量不得超过国家规定的标准；钻井所使用的油基泥浆和其他有毒复合泥浆不得排放入海；水基泥浆和无毒复合泥浆及钻屑的排放，必须符合国家有关规定；海洋石油钻井船、钻井平台和采油平台及其有关海上设施，不得向海处置含油的工业垃圾；处置其他工业垃圾，不得造成海洋环境污染。海上试油时，应当确保油气充分燃烧，油和油性混合物不得排放入海；勘探开发海洋石油，必须按有关规定编制溢油应急计划，报国家海洋行政主管部门审查批准。对违反上述规定进行海洋石油勘探开发活动，造成海洋环境污染的，予以警告，并处 2 万元以上 20 万元以下的罚款。

---

① 海洋工程建设是指在海岸线以下施工兴建的各类海洋工程建设项目。

（六）防治海洋倾废污染海洋环境

需要进行海洋倾废[1]的单位，必须向国家海洋行政主管部门提出书面申请，经国家海洋行政主管部门审查批准，发给许可证后，方可向海洋倾倒废弃物，按照废弃物的类别和数量实行分级管理。根据废弃物的毒性、有害物质含量和对海洋环境的影响等因素，我国将向海洋倾倒的废弃物及其相应的倾废许可证分为三类：第一类是禁止倾倒的废弃物，主要是指毒性大或长期不能分解及严重妨害海上航行、渔业等活动的物质；当出现紧急情况，在陆地上处置这类物质会严重危及人民健康时，经国家海洋局批准，获得紧急许可证，可到指定的区域按规定的方法倾倒。第二类是需要获得特别许可证才能倾倒的废弃物，主要是指对海洋生物没有剧毒性，但能通过生物富集污染水产品或危害航行、渔业等活动的物质；第三类是事先获得普通许可证即可倾倒的废弃物，主要是指前两类物质之外的其他低毒性或无毒的废弃物。

可以向海洋倾倒的废弃物名录，由国家海洋行政主管部门拟定，经国务院环境保护行政主管部门提出审核意见后，报国务院批准。

海洋倾倒区分为一、二、三类倾倒区，试验倾倒区和临时倾倒区。一、二、三类倾倒区是为处置一、二、三类废弃物而相应确定的，其中一类倾倒区是为紧急处置一类废弃物而确定的；试验倾倒区是为倾倒试验而确定的（使用期不超过两年）；临时倾倒区是因工程需要等特殊原因而划定的一次性专用倾倒区。

国家海洋行政主管部门按照科学、合理、经济、安全的原则选划海洋倾倒区，经国务院环境保护行政主管部门提出审核意见后，报国务院批准。临时性海洋倾倒区由国家海洋行政主管部门批准，并报国务院环保部门备案。

国家海洋行政主管部门监督管理倾倒区的使用，组织倾倒区的环境监测。对经确认不宜继续使用的倾倒区，国家海洋行政主管部门应当予以封闭，终止在该倾倒区的一切倾倒活动，并报国务院备案。

获准倾倒废弃物的单位，必须按照许可证注明的期限及条件，到指定的区域进行倾倒；详细记录倾倒的情况，并在倾倒后向批准部门作出书面报告。对违反者，予以警告，并处3万元以上20万元以下的罚款；对情节严重的，可以暂扣或者吊销许可证。

禁止在海上焚烧废弃物；禁止在海上处置放射性废弃物或者其他放射性物质，废弃物中的放射性物质的豁免浓度由国务院制定。

---

① 海洋倾废是指通过船舶、航空器、平台或者其他载运工具，向海洋处置废弃物和其他有害物质的行为，包括船舶、航空器、平台及其辅助设施和其他浮动工具的行为。

（七）防治船舶污染海洋环境

任何船舶及相关作业不得违法向海洋排放污染物、废弃物和压载水、船舶垃圾及其他有害物质。船舶必须按照有关规定持有防止海洋环境污染的证书与文书，在进行涉及污染物排放及操作时，应当如实记录。载运具有污染危害性货物进出港口的船舶，其承运人、货物所有人或者代理人，必须事先向海事行政主管部门申报；需要船舶装运污染危害性不明的货物，应当按照有关规定事先进行评估，经批准后，方可进出港口，过境停留或者装卸作业；交付船舶装运污染危害性货物的单证、包装、标志、数量限制等，必须符合对所装货物的有关规定；装卸油类及有毒有害货物的作业，船岸双方必须遵守安全防污操作规程。对违反者，予以警告，或者处以 2 万元以上 20 万元以下罚款。

船舶发生海难事故，造成或者可能造成海洋环境重大污染损害的，国家海事行政主管部门有权强制采取避免或者减少污染损害的措施。对在公海上因发生海难事故，造成中华人民共和国管辖海域重大污染损害后果或者具有污染威胁的船舶、海上设施，国家海事行政主管部门有权采取与实际的或者可能发生的损害相称的必要措施。

所有船舶均有监视海上污染的义务，在发现海上污染事故或者违反本法规定的行为时，必须立即向就近的依照本法规定行使海洋环境监督管理权的部门报告。民用航空器发现海上排污或者污染事件，必须及时向就近的民用航空空中交通管制单位报告。接到报告的单位，应当立即向依照本法规定行使海洋环境监督管理权的部门通报。

此外，为有效补偿和赔偿油污损害，根据《中华人民共和国海洋环境保护法》的规定，我国按照船舶油污损害赔偿责任由船东和货主共同承担风险的原则，建立船舶油污保险、油污损害赔偿基金制度。

四、固体废物污染环境防治法

（一）概述

固体废物是指在生产、生活和其他活动中产生的丧失原有利用价值或者虽未丧失利用价值但被抛弃或者放弃的固态、半固态和置于容器中的气态的物品、物质，以及法律、行政法规规定纳入固体废物管理的物品、物质。

从 20 世纪 70 年代开始，我国全面开展了有关固体废物的综合利用和管理工作，但是在固体废物管理方面并没有统一的法律规范。1982 年，我国颁布了《城市市容环境卫生管理条例（试行）》对市容环境卫生和城市生活垃圾的管理做出了规定；1985 年我国制定了《海洋倾废管理条例》对向海洋倾废行为及其方法作出了规定；1989 年我国制定了《中华人民共和国传染病防治法》对传染病病原体污染的垃圾等的卫生处理做出了规定。但上述规定远不能满足我国防治固体废物污染环境的实际需要。为此，1995 年我国专门颁布实施了《中华人民共和国固体废物污染环境防治法》。

进入 21 世纪以来，为适应国家环境和产业政策的发展、加强对固体废物的再生利用、维护生态安全、促进经济社会可持续发展，我国于 2004 年对《固体废物污染环境防治法》进行了修订。根据该法的规定，固体废物污染海洋环境的防治和放射性固体废物污染环境的防治分别适用《中华人民共和国海洋环境保护法》和《中华人民共和国放射性污染防治法》的规定。液态废物的污染防治，适用《中华人民共和国固体废物污染环境防治法》，但是排入水体的废水的污染防治适用《中华人民共和国水污染防治法》的规定。

（二）一般规定

1. 固体废物管理的原则

（1）“三化”管理原则。

对固体废物管理所实行的减少固体废物的产生量和危害性、充分合理利用固体废物和无害化处置固体废物的原则，被简称为“三化”管理原则，即减量化、资源化和无害化。

减量化是指在对资源能源的利用过程中，要最大限度地利用资源或能源，以尽可能地减少固体废物的产生量和排放量。资源化是指对已经成为固体废物的各种物质采取措施，进行回收、加工使其转化成为二次原料或能源予以再利用的过程。无害化是指对于那些不能再利用，或依靠当前技术水平无法予以再利用的固体废物进行妥善的贮存或处置，使其不对环境以及人身、财产的安全造成危害。

（2）全过程管理原则。

固体废物的全过程管理是指，对固体废物从产生、收集、贮存、运输、利用直到最终处置的全部过程实行一体化的管理。产生固体废物的单位和个人，应当采取措施，防止或者减少固体废物对环境的污染。收集、贮存、运输、利用、处置固体废物的单位和个人，必须采取防扬散、防流失、防渗滤或者其他防止污染环境的措施。对于可能成为固体废物的产品的管理，规定应当采用易回收利用、易处置或者在环境中易消纳的包装物。

（3）分类管理原则。

《中华人民共和国固体废物污染环境防治法》将固体废物分为工业固体废物、生活垃圾以及危险废物三类，其中对危险废物采取更为严格的管理措施。

2. 固体废物污染环境防治的监督管理体制

固体废物管理实施统一监督管理与分部门监督管理相结合的管理体制。各级生态环境部门对固体废物污染环境的防治工作实施统一监督管理，其他有关部门在各自的职责范围内负责固体废物污染环境防治的监督管理工作。

国务院建设行政主管部门和县级以上地方人民政府环境卫生行政主管部门负责生活垃圾清扫、收集、贮存、运输和处置的监督管理工作。

3. 固体废物转移及进出口管制

固体废物转移是指将固体废物从某一地域搬运到另一地域的过程，但不包括在同一固体废物产生源内部的转移。由于固体废物转移会导致污染转移，并可能导致新的环境污染发生，因此受到严格的管制。

转移固体废物出省级行政区域贮存、处置的，应当向固体废物移出地的省级人民政府环保部门提出申请；移出地的省级人民政府环保部门应当商经接受地的省级人民政府环境保护行政主管部门同意后，方可批准转移该固体废物出省级行政区域。未经批准的，不得转移。对违反者，处 1 万元以上 10 万元以下的罚款。

禁止进口不能用作原料或者不能以无害化方式利用的固体废物；对可以用作原料的固体废物实行限制进口和自动许可进口的分类管理。国务院环保部门会同有关部门制定，调整并公布禁止进口、限制进口和自动许可进口的固体废物目录。禁止进口列入禁止进口目录的固体废物；进口列入限制进口目录的固体废物，应当经国务院环保部门会同对外贸易主管部门审查许可；进口列入自动许可进口目录的固体废物，应当依法办理自动许可手续。对违反者，由海关责令退运该固体废物，可以并处 10 万元以上 100 万元以下的罚款。

（三）工业固体废物管理

企业事业单位应当合理选择和利用原材料、能源和其他资源，采用先进的生产工艺和设备，以达到减少工业固体废物产生量的目的。

产生工业固体废物的单位必须按照国务院环保部门的规定，向本地县级以上地方人民政府环保部门提供工业固体废物的种类、产生量、流向、贮存、处置等有关资料。对违反者，处 5 000 元以上 5 万元以下的罚款。

禁止擅自关闭、闲置或者拆除工业固体废物污染环境防治设施，场所；确有必要关闭、闲置或者拆除的，必须经所在地县级以上地方人民政府环保部门核准，并采取措施，防止污染环境，企业事业单位应当根据经济、技术条件对其产生的工业固体废物加以利用；对时不利用或者不能利用的，必须按照国务院环保部门的规定建设贮存设施、场所，安全分类存放，或者采取无害化处置措施。对违反者，处 1 万元以上 10 万元以下的罚款。

产生工业固体废物的单位需要终止的，应当事先对工业固体废物的贮存、处置的设施、场所采取污染防治措施，并对未处置的工业固体废物作出妥善处置，防止污染环境。

产生工业固体废物的单位发生变更的，变更后的单位应当按照国家有关环境保护的规定对未处置的工业固体废物及其贮存、处置的设施、场所进行安全处置或者采取措施，保证该设施、场所安全运行。变更前当事人对工业固体物及其贮存、处置的设施、场所的污染防治责任另有约定的，从其约定；但是，不得免除当事人的污染防治义务。

对《中华人民共和国固体废物污染环境防治法》施行前已经终止的单位未处置的工业固体废物及其贮存、处置的设施、场所进行安全处置的费用，由有关人民政府承担；但是，该单位享有的土地使用权依法转让的，应当由土地使用权受让人承担处置费用。当事人另有约定的，从其约定；但是，不得免除当事人的污染防治义务。

（四）生活垃圾管理

城市生活垃圾应当在指定地点放置，不得随意倾倒、抛撒或者堆放。县级以上地方人民政府环境卫生行政主管部门应当组织对城市生活垃圾进行清扫、收集、运输和处置，其可以通过招标等方式选择具备条件的单位从事生活垃圾的清扫、收集、运输和处置。对违反者，处5 000元以上5万元以下的罚款。

建设生活垃圾处置的设施、场所，必须符合国务院环保部门和国务院建设行政主管部门规定的环境保护和环境卫生标准。禁止擅自关闭、闲置或者拆除生活垃圾处置的设施、场所；确有必要关闭、闲置或者拆除的，必须经所在地县级以上地方人民政府环境卫生行政主管部门和环保部门核准，并采取措施，防止污染环境。对违反者，处1万元以上10万元以下的罚款。

城市人民政府有关部门应当统筹规划，合理安排收购网点，促进生活垃圾的回收利用工作。从生活垃圾中回收的物质必须按照国家规定的用途或者标准使用，不得用于生产可能危害人体健康的产品。

农村生活垃圾污染环境防治的具体办法，由地方性法规规定。

（五）危险废物管理

危险废物，是指列入国家危险废物名录或者根据国家规定的危险废物鉴别标准和鉴别方法认定的具有危险特性的废物。基于危险废物的危害，危险废物的管理比一般固体废物更为严格。

国家实行危险废物名录和标识制度。国家危险废物名录由国务院环保部门会同国务院有关部门制定。危险废物的容器和包装物以及收集、贮存、运输、处置危险废物的设施、场所，必须设置危险废物识别标志。危险废物识别标志上除了要标注明显具有警告性、针对性的通用图案外，还应当简要记载危险废物的名称、种类及其危险特性的文字说明。对违反者，处1万元以上10万元以下的罚款。

产生危险废物的单位必须按照国家有关规定制定危险废物管理计划，并向所在地县级以上地方人民政府环保部门申报危险废物的种类、产生量、流向、贮存、处置等有关资料。对违反者，处1万元以上10万元以下的罚款。

从事收集、贮存、处置危险废物经营活动的单位，必须向县级以上人民政府环保部门申请领取经营许可证；从事利用危险废物经营活动的单位，必须向国务院环保部门或者省、自治区、直辖市人民政府环保部门申请领取经营许可证。禁止无经营许可证或者不按照经营许可证规定从事危险废物收集、贮存、利用、处置的经营活动。对违反者没收违法所得，可以并处违法所得3倍以下的罚款，还可以吊销经营许可证。禁止将危险废物提供或者委托给无经营许可证的单位从事收集、贮存、利用、处置的经营活动。对违反者，处2万元以上20万元以下的罚款。

【案例4.6】

A公司在生产过程中产生大量铬，在2010年5月之前，A公司一直将铬渣委托给专业处置企业进行无害化处置。2010年6月，由于市场不景气，A公司无力继续支付高额的处置费用，将大量铬渣偷偷委托给没有任何资质的B公司进行处理。B则将铬渣堆放在C村的一块荒地上。

讨论：环保部门应当如何处罚A公司和B公司？

产生危险废物的单位，必须按照国家有关规定处置危险废物，不得擅自倾倒、堆放；不处置的，由所在地县级以上地方人民政府环保部门责令限期改正；逾期不处置或者处置不符合国家有关规定的，由所在地县级以上地方人民政府环保部门指定单位按照国家有关规定代为处置，处置费用由产生危险废物的单位承担，并可处代为处置费用1倍以上3倍以下的罚款。

以填埋方式处置危险废物不符合国务院环境保护行政主管部门规定的，应当缴纳危险废物排污费。对违反者，责令限期缴纳，逾期不缴纳的，处应缴纳危险废物排污费金额1倍以上3倍以下的罚款。

转移危险废物的，必须按照国家规定填写危险废物转移联单，并向危险废物移出地设区的市级以上环保部门提出申请。移出地设区的市级以上环保部门应当商经接受地设区的市级以上环保部门同意后，方可批准转移该危险废物。未经批准的不得转移。对违反者，处2万元以上20万元以下的罚款。转移危险废物途经移出地、接受地以外行政区域的，危险废物移出地设区的市级以上环保部门应当及时通知沿途经过的设区的市级以上环保部门。

禁止经中华人民共和国过境转移危险废物。对违反者，由海关责令退运该危险废物，可以并处5万元以上50万元以下的罚款。

产生、收集、贮存、运输、利用、处置危险废物的单位，应当制定意外事故的防范措施和应急预案，并向所在地县级以上地方人民政府环保部门备案。因发生事故或者其他突发性事件，造成危险废物严重污染环境的单位，必须立即采取措施消除或者减轻对环境的污染危害，及时通报可能受到污染危害的单位和居民，并向所在地县级以上地方人民政府环境保护行政主管部门和有关部门报告，接受调查处理。

在发生或者有证据证明可能发生危险废物严重污染环境、威胁居民生命财产安全时，县级以上环保部门或者其他固体废物污染环境防治工作的监管部门必须立即向本级人民政府和上一级人民政府有关行政主管部门报告，由人民政府采取防止或者减轻危害的有效措施。有关人民政府可以根据需要责令停止导致或者可能导致环境污染事故的作业。

造成固体废物污染环境事故的，处 2 万元以上 20 万元以下的罚款；造成重大损失的，按照直接损失的 30%计算罚款，但是最高不超过 100 万元；造成固体废物污染环境重大事故的，由县级以上人民政府按照国务院规定的权限决定停业或者关闭。

五、化学物质污染环境防治法

(一)概述

随着人类对化学物质危害性认识的提高，20 世纪中后期对化学物质的环境管理开始出现。过去我国主要是从生产和使用安全的角度考虑对化学物质实施管理的。1987 年我国制定了《化学危险物品安全管理条例》，2002 年修改为《危险化学品安全管理条例》，并于 2011 年进行了修订；1997 年我国还制定了《农药管理条例》，并于 2001 年进行了修订。

在化学物质的环境管理方面，1994 年我国制定了《化学品首次进口及有毒化学品进出口环境管理规定》；2003 年我国制定了《新化学物质环境管理办法》，并于 2009 年进行了修订。

(二)危险化学品的安全管理

《危险化学品安全管理条例》主要对生产，储存、使用、经营、运输危险化学品[①]的行为进行了严格管制，同时还规定了危险化学品登记与事故应急救援制度。

在对危险化学品进行监督管理的过程中，各个部门的职责分工具体如下。

---

① 该条例所谓的危险化学品，是指具有毒害、腐蚀、爆炸、燃烧、助燃等性质，对人体、设施、环境具有危害的剧毒化学品和其他化学品。危险化学品目录，由国务院安全生产监督管理部门会同国务院工业和信息化、公安、环境保护、卫生、质量监督检疫、交通运输、铁路、民用航空、农业主管部门，根据化学品危险特性的鉴别和分类标准确定、公布，并适时调整。

安全生产监督管理部门负责危险化学品安全监督管理综合工作，组织确定、公布、调整危险化学品目录，对新建、改建、扩建生产、储存危险化学品(包括使用长输管道输送危险化学品)的建设项目进行安全条件审查，核发危险化学品安全生产许可证、危险化学品安全使用许可证和危险化学品经营许可证，并负责危险化学品登记工作。

公安机关负责危险化学品的公共安全管理，核发剧毒化学品购买许可证、剧毒化学品道路运输通行证，并负责危险化学品运输车辆的道路交通安全管理质量监督。检验检疫部门负责核发危险化学品及其包装物、容器(不包括储存危险化学品的固定式大型储罐)生产企业的工业产品生产许可证，并依法对其产品质量实施监督，负责对进出口危险化学品及其包装实施检验。

环境保护主管部门负责废弃危险化学品处置的监督管理，组织危险化学品的环境危害性鉴定和环境风险程度评估，确定实施重点环境管理的危险化学品，负责危险化学品环境管理登记和新化学物质环境管理登记；依照职责分工调查相关危险化学品环境污染事故和生态破坏事件，负责危险化学品事故现场的应急环境监测。

交通运输主管部门负责危险化学品道路运输、水路运输的许可以及运输工具的安全管理，对危险化学品水路运输安全实施监督，负责危险化学品道路运输企业水路运输企业驾驶人员、船员、装卸管理人员、押运人员、申报人员、集装箱装箱现场检查员的资格认定。铁路主管部门负责危险化学品铁路运输的安全管理，负责危险化学品铁路运输承运人、托运人的资质审批及其运输工具的安全管理。民用航空主管部门负责危险化学品航空运输以及航空运输企业及其运输工具的安全管理。

卫生主管部门负责危险化学品毒性鉴定的管理，负责组织、协调危险化学品事故受伤人员的医疗卫生救援工作。

工商行政管理部门依据有关部门的许可证件，核发危险化学品生产、储存、经营、运输企业营业执照，查处危险化学品经营企业违法采购危险化学品的行为。

邮政管理部门负责依法查处寄递危险化学品的行为。

在以上分工负责的基础上，同时规定：县级以上人民政府应当建立危险化学品安全监督管理工作协调机制，支持、督促负有危险化学品安全监督管理职责的部门依法履行职责，协调、解决危险化学品安全监督管理工作中的重大问题。负有危险化学品安全监督管理职责的部门应当相互配合、密切协作，依法加强对危险化学品的安全监督管理。

在管制原则上，《危险化学品安全管理条例》坚持“安全第一，预防为主、综合治理”的方针。在管制措施上，主要通过一系列的禁限措施和行政许可制度，对危险化学品的登记、生产、储存、使用、经营、运输以及发生事故后的应急救援做了详细的规定。

(三)化学品首次进口及有毒化学品进出口的环境管理

化学品首次进口是指外商或其代理人向中国出口其未曾在中国登记过的化学品，即使同种化学品已有其他外商或其代理人在中国进行了登记，仍被视为化学品首次进口。有毒化学品，是指进入环境后通过环境蓄积、生物累积、生物转化或化学反应等方式损害健康和环境，或者通过接触对人体具有严重危害和具有潜在危险的化学品。

国务院生态环境部门对化学品首次进口和有毒化学品进出口实施统一的环境监督管理。对经国务院环保部门审查，认为我国不适于进口的化学品不予登记发证，并通知申请人；对经审查，认为需经进一步试验和较长时间观察方能确定其危险性的首次进口化学品，可给予临时登记并发给临时登记证。对未取得化学品进口环境管理登记证和临时登记证的化学品，一律不得进口。

因包装损坏或者不符合要求而造成或者可能造成口岸污染的，口岸主管部门应立即采取措施，防止和消除污染，并及时通知当地环保部门，进行调查处理。防止和消除其污染的费用由有关责任人承担。

(四)新化学物质的环境管理

所谓新化学物质，是指未列入《中国现有化学物质名录》的化学物质。我国对新化学物质实行风险分类管理、申报登记和跟踪控制制度。

新化学物质的生产者或者进口者，必须在生产前或者进口前进行申报，领取新化学物质环境管理登记证。未取得登记证的新化学物质，禁止生产、进口和加工使用。未取得登记证或者未备案申报的新化学物质，不得用于科学研究。

新化学物质申报，分为常规申报、简易申报和科学研究备案申报。新化学物质年生产量或者进口量1吨以上的，应当在生产或者进口前向生态环境部化学品登记中心提交新化学物质申报报告、办理新规申报。新化学物质年生产量或者进口量不满1吨的，应当在生产或者进口前，向登记中心办理简易申报。以科学研究为目的，新化学物质年生产量或者进口量不满0.1吨的或者为了在中国境内用中国的供试生物进行新化学物质生态毒理学特性测试而进口新化学物质测试样品的，应当在生产或者进口前，向登记中心提交新化学物质科学研究备案表，办理科学研究备案申报。

环保部门应当将新化学物质登记，作为审批生产或者加工使用该新化学物质建设项目环境影响评价文件的条件。常规中登记证持有人，不得将获准登记的新化学物质转让给没有能力采取风险控制措施的加工使用者。

常规申报的登记证持有人，应当在首次生产活动30日内，或者在首次进口并已向加工使用者转移30日内，向登记中心报送新化学物质首次活动情况报告表。重点环境管理危险类新化学物质①的登记证持有人，还应当在每次向不同加工使用者转移重点环境管理危险类新化学物质之日起30日内，向登记中心报告新化学物质流向信息。

登记证持有人未进行生产、进口活动或者停止生产、进口活动的，可以向登记中心递交注销申请，说明情况，并交回登记证。生态环境部在确认没有生产、进口活动发生或者没有环境危害影响时，给予注销，并公告注销新化学物质登记的信息。

一般类新化学物质自登记证持有人首次生产或者进口活动之日起满5年，由生态环境部公告列入《中国现有化学物质名录》。

危险类新化学物质登记证持有人应当自首次生产或者进口活动之日起满5年的6个月前，向登记中心提交实际活动情况报告。生态环境部组织评审委员会专家对实际活动情况报告进行回顾性评估，依据评估结果将危险类新化学物质公告列入《中国现有化学物质名录》。简易申报登记和科学研究备案的新化学物质不列入《中国现有化学物质名录》。

第三节 能量污染防治法

一、环境噪声污染防治法

(一)概述

环境噪声是指在工业生产、建筑施工、交通运输和社会生活中所产生的干扰周围生活环境的声音。环境噪声是一种令人感觉不愉快的声音，因此也被称为感觉性公害。

1973年，在国务院发布的《关于保护和改善环境的若干规定(试行草案)》中专门对工业和交通噪声的控制作出了规定。1979年，《中华人民共和国环境保护法(试行)》对噪声控制作出了原则性规定。1989年，我国又专门制定了《环境噪声污染防治条例》，为全面开展防治环境噪声污染的行政管理提供了行政法规的依据。1996年，在全面总结环境噪声污染防治工作经验的基础上，我国制定了《中华人民共和国环境噪声污染防治法》。

由于人类对环境噪声的感觉因人而异，所以对各种环境噪声应当在何种程度上进行行政管制就需要有一个明确的标准数值。为此，《中华人民共和国环境噪

① 根据化学品危害特性鉴别、分类标准，新化学物质分为一般类新化学物质与危险类新化学物质。

声污染防治法》明确区分了“环境噪声”与“环境噪声污染”这两个概念，只有所产生的环境噪声超过国家规定的环境噪声排放标准，并干扰他人正常生活、工作和学习时才构成环境噪声污染。

区分环境噪声与环境噪声污染的意义在于，对构成环境噪声污染的行为，环保部门或者其他行政主管部门可以依据《中华人民共和国环境噪声污染防治法》的规定进行查处。对环境噪声排放并未超标，但事实上又影响他人正常生活、工作和学习的，应当分不同情况由环保部门或者其他主管机关做出相应的处理，以维护邻里之间良好的相邻关系。

【案例 4.7】

A 的住宅下面有一家 KTV 歌厅，每天从早上九点开始一直营业到凌晨两点为止，严重干扰了 A 的正常学习和休息。A 向法院起诉，要求 KTV 厅停止侵害，赔偿损失。法院委托生态环境部门对 KTV 歌厅的噪声进行监测，监测得出的结果是：噪声最高值为 48 分贝。法院认为，A 的住宅地处二类区域，该 KTV 歌厅的噪声没有超标，逆驳回 A 的诉讼请求。

讨论：法院的判决是否正确？

提示：从环境噪声污染的概念、相邻关系等角度进行分析。

（二）一般规定

1. 噪声污染防治的监督管理体制

噪声污染防治实施统一监督管理与分部门监督管理相结合的管理体制。各级生态环境部门对环境噪声污染防治实施统一监督管理，各级公安、交通、铁路、民航等主管部门和港务监督机构根据各自的职责对交通运输和社会生活噪声污染防治实施监督管理。

2. 声环境标准制度

我国的《声环境质量标准》将声环境功能区分为五类，分别适用不同的声环境质量标准。0 类声环境功能区，指康复疗养区等特别需要安静的区域。1 类声环境功能区，指以居民住宅、医疗卫生、文化教育、科研设计、行政办公为主要功能，需要保持安静的区域。2 类声环境功能区，指以商业金融、集市贸易为主要功能，或者居住、商业、工业混杂，需要维护住宅安静的区域。3 类声环境功能区，指以工业生产、仓储物流为主要功能，需要防止工业噪声对周围环境产生严重影响的区域。4 类声环境功能区，指交通干线两侧一定距离之内，需要防止交通噪声对周围环境产生严重影响的区域，包括 4a 类和 4b 类两种类型：4a 类为高速公路、一级公路、二级公路、城市快速路、城市主干路、城市次干路、城市轨口道交通(地面段)、内河航道两侧区域，4b类为铁路干线两侧区域。

除此之外，我国还制定有《城市港口及江河两岸区域环境噪声标准》《机场周围飞机噪声环境标准》等特殊区域的声环境质量标准。声环境质量标准是衡量区域环境是否受到环境噪声污染的客观判断标准，也是制定环境噪声排放标准的主要依据。同时，声环境质量标准还是城市规划部门划定建筑物与交通干线防噪声距离的法定标准之一。

目前我国声污染物排放标准主要包括《建筑施工场界环境噪声排放标准》《工业企业厂界环境噪声排放标准》《社会生活环境噪声排放标准》等。

3. 噪声污染的限期治理制度

在噪声敏感建筑物集中区域内造成严重环境噪声污染的企业事业单位，应当限期治理。

限期治理由县级以上人民政府按照国务院规定的权限决定。对小型企业事业单位的限期治理，可以由县级以上人民政府在国务院规定的权限内授权其环保部门决定。

所谓的“噪声敏感建筑物”是指医院、学校、机关、科研单位、住宅等需要保持安静的建筑物。所谓“噪声敏感建筑物集中区域”，是指医疗区、文教科研区和以机关或者居民住宅为主的区域。

4. 偶发性噪声排放控制

在城市范围内从事生产活动确需排放偶发性强烈噪声的，必须事先向当地公安机关提出申请，经批准后方可进行。当地公安机关应当向社会公告。对违反者，由公安机关根据不同情节给予警告或者处以罚款。

(三)工业噪声控制

在城市范围内向周围生活环境排放工业噪声①的，应当符合国家规定的工业企业厂界环境噪声排放标准，即《工业企业厂界噪声标准》的规定。

在工业生产中因使用固定的设备造成环境噪声污染者，必须向所在地环境保护部门申报拥有的造成环境噪声污染的设备的种类、数量以及正常作业条件下所发出的噪声值和防治环境噪声污染的设施情况，并提供防治噪声污染的技术资料。当造成环境噪声污染的设备的种类、数量、噪声值和防治设施有重大改变时，也必须及时申报，并采取应有的防治措施。对违反者，根据不同情节给予警告或者罚款。

对可能产生环境噪声污染的工业设备，国家有关主管部门应当根据声环境保护的要求和国家的经济、技术条件，逐步在依法制定的产品的国家标准、行业标

① 工业噪声是指在工业生产活动中使用固定的设备时产生的干扰周围生活环境的声音。

准中规定噪声限值。

(四)建筑施工噪声控制

在城市市区范围内向周围生活环境排放建筑施工噪声[①]的，应当符合国家规定的建筑施工厂界环境噪声排放标准，即《建筑施工厂界噪声限值》的规定

在城市市区范围内，当建筑施工过程中使用的机械设备可能产生环境噪声污染时，施工单位必须在工程开工以前15日之内，向工程所在地县级以上地方环境保护部门申报该工程的项目名称、施工场所和期限、可能产生的环境噪声值以及所采取的环境噪声污染防治措施的情况。

非为抢修、抢险作业和因生产工艺上要求或者特殊需要必须连续作业者，禁止夜间[②]在城市市区噪声敏感建筑物集中区域内进行产生环境噪声污染的建筑施工作业。对违反者，责令改正，可以并处罚款。

对于“因特殊需要”而必须连续作业的工程，施工单位必须向环境保护部门出具县级以上人民政府或者其有关主管部门的证明。某种建筑施工作业是否属于生产工艺要求必须夜间连续作业，应由施工单位提出，报环保部门认定。某项建筑施工是否用于必须夜间连续作业的“特殊需要”，以县级以上人民政府或者其有关主管部门出具的证明作为判断依据。

(五)交通运楠噪声控制

禁止制造、销售或者进口超过规定的噪声限值的汽车。在城市市场范围内行驶的机动车辆所使用的消声器和喇叭，也必须符合国家规定的要求。

机动车辆在城市市区范围内行驶、机动船舶在城市市区的内河航道航行、铁路机车驶经或者进入城市市区、疗养区时，必须按照规定使用声响装置。对违反者，根据不同情节给予警告或者处以罚款。

警车、消防车、工程抢险车、救护车等机动车辆安装、使用警报器，必须符合国务院公安部门的规定；在执行非紧急任务时，禁止使用警报器。城市人民政府公安机关可以根据本地城市市区区域声环境保护的需要，划定禁止机动车辆行驶和禁止其使用声响装置的路段和时间，并向社会公告。

对于建设途经已有噪声敏感建筑物集中区域的高速公路、城市高架或者轻轨道路，有可能造成环境噪声污染的，道路建设方规定应当设置声屏障或者采取其他有效的控制环境噪声污染的措施。对于在已有的城市交通干线的两侧建设噪声敏感建筑物的，建设单位应当按照国家规定间隔一定电离，并采取减轻、避免交通噪声影响的措施。

---

① 建筑施工噪声是指在建筑施工过程中产生的干扰周围生活环境的声音。

② 根据《中华人民共和国环境噪声污染防治法》的规定，夜间是指晚二十二点至晨六点之间的期间。

除起飞、降落或者依法规定的情形以外，民用航空器不得飞越城市市区上空。城市人民政府应当在航空器起飞、降落的净空周围划定限制建设噪声敏感建筑物的区域；在该区域内建设噪声敏感建筑物的，建设单位应当采取减轻、避免航空器运行时产生的噪声影响的措施。

（六）社会生活噪声控制

新建营业性文化娱乐场所的边界噪声必须符合国家规定的环境噪声排放标准；不符合国家规定的环境噪声排放标准的，文化行政主管部门不得核发文化经营许可证，工商行政管理部门不得核发营业执照。经营中的文化娱乐场所，其经营管理者必须采取有效措施，使其边界噪声不超过国家规定的环境噪声排放标准。

禁止在商业经营活动中使用高音广播喇叭或者采用其他发出高噪声的方法招揽制客。在商业经营活动中使用空调器、冷却塔等可能产生环境噪声污染的设备、设施的，其经营管理者应当采取措施，使其边界噪声不超过国家规定的环境噪声排放标准。使用家用电器、乐器或者进行其他家庭室内娱乐活动时，应当控制音量或者采取其他有效措施，避免对周围居民造成环境噪声污染。在已竣工交付使用的住宅楼进行室内装修活动，应当限制作业时间，并采取其他有效措施，以减轻、避免对周围居民造成环境噪声污染。对违反者，由公安机关给予警告，可以并处罚款。

二、放射性污染防治法

（一）概述

为了控制放射性物质及相关活动，我国于 1986 年制定了《民用核设熊安全监督管理条例》、1987 年制定了《核材料管理条例》与《城市放射性废物管理办法》、1989 年制定了《放射性同位素与射线装置放射防护条例》、2005 年 9 月修改为《放射性同位素与射线装置安全和防护条例》、1990 年制定了《中华人民共和国放射环境管理办法》（2007 年被废止）、1993 年制定了《核电厂核事故应急管理条例》。

为了防治放射性污染，保护环境，保障人体健康，促进核能、核技术的开发与和平利用，2003 年我国专门制定了《放射性污染防治法》，对核设施、核技术利用、（钍）矿和伴生放射性矿开发利用以及放射性废物的管理作出了规定。

此后，2009 年我国制定了《放射性物品运输安全管理条例》、2011 年我国制定了《成射性废物安全管理条例》，进一步完善了放射性污染防治的法律体系。

(二)一般规定

1. 放射性污染防治的监督管理体制

放射性污染防治实行统一监督管理与分部门监督管理相结合的管理体制。国务院生态环境部门对全国放射性污染防治工作依法实施统一监督管理。国务院卫生行政部门和其他有关部门依据国务院规定的职责，对有关的放射性污染防治工作依法实施监督管理。

2. 放射性环境标准制度

国家放射性污染防治标准由国务院环保部门根据环境安全要求、国家经济技术条件制定。

目前，我国主要制定有《核动力厂环境辐射防护规定》《核电厂放射性液态流出物排放技术要求》《放射性废物的分类》《核热电厂辐射防护规定》《放射性废物管理规定》《辐射防护规定》《核设施流出物监测的一股规定》《核辐射环境质量评价一般规定》等标准。其中，涉及放射工作、辐射应用、放射性废物的综合性标准主要是《辐射防护规定》。

3. 放射性标识与警示说明义务

放射性物质和射线装置①应当设置明显的放射性标识和中文警示说明。生产、销售，使用、贮存、处置放射性物质和射线装置的场所，以及运输放射性物质和含放射源的射线装置的工具，应当设置明显的放射性标志。对违反者，责令限期改正；逾期不改正的，责令停产停业，并处 2 万元以上 10 万元以下罚款。

(三)核设施管理

核设施②选址应当进行科学论证，并按照国家有关规定办理审批手续。核设施营运单位在进行核设施建造、装料、运行、退役等活动前，必须按照国务院有关核设施安全监督管理的规定，申请领取核设施建造、运行许可证和办理装料、退役等审批手续。对违反者，处 20 万元以上 50 万元以下罚款。办理上述许可或审批手续前，应当编制环境影响报告书，报国务院环境保护行政主管部门审查批准；未经批准，有关部门不得颁发许可证和办理批准文件。

进口核设施，应当符合国家放射性污染防治标准；没有相应的国家放射性污染防治标准的，采用国务院环境保护行政主管部门指定的国外有关标准，核设施营运单位应当对核设施周围环境中所含的放射性核素的种类、浓度以及核设施流

---

① 依照《放射性污染防治法》的规定，射线装置是指 X 线机、加速器、中子发生器以及含放射源的装置。

② 核技术利用，是指密封放射源、非密封放射源和射线装置在医疗、工业、农业、地质调查、科学研究和教学等领域中的使用。核技术利用主要表现为放射性同位素和射线装置使用与放射源使用管理两个方面。

出物中的放射性核素总量实施监测，并定期向国务院环境保护行政主管部门和所在地省级人民政府环境保护行政主管部门报告监测结果。国务院环境保护行政主管部门负责对核动力厂等重要核设施实施监督性监测，并根据需要对其他核设施的流出物实施监测。

核设施主管部门、环境保护行政主管部门、卫生行政部门、公安部门及其他有关部门，在本级人民政府的组织领导下，按照各自的职责依法做好核事故应急工作。中国人民解放军和中国人民武装警察部队按照国务院、中央军事委员会的有关规定在核事故应急中实施有效的支援。

核设施营运单位应当制订核设施退役计划。核设施的退投费用和放射性废物处置费用应当预提，列入投资概算或者生产成本。

（四）核技术利用管理

生产、销售、使用放射性同位素和射线装置的单位，应当申请领取许可证，办理登记手续。转让、进口放射性同位素和射线装置的单位以及装备有放射性同位素的仪表的单位，应当按照国务院有关放射性同位素与射线装置放射防护的规定办理有关手续。对违反者，责令停止违法行为，限期改正；逾期不改正的，责令停产停业或者吊销许可证；有违法所得的，没收违法所得；违法所得 10 万元以上的，并处违法所得 1 倍以上 5 倍以下罚款；没有违法所得或者违法所得不足 10 万元的，并处 1 万元以上 10 万元以下罚款。

生产、销售、使用放射性同位素和加速器、中子发生器以及含放射源的射线装置的单位，应当在申请领取许可证前编制环境影响评价文件，报省级人民政府环境保护行政主管部门审查批准；未经批准，有关部门不得发许可证。

放射性同位素应当单独存放，不得与易燃、易爆、腐蚀性物品等一起存放，其贮存场所应当采取有效的防火、防盗、防射线泄漏的安全防护措施，并指定专人负责保管。贮存、领取、使用、归还放射性同位素时，应当进行登记、检查，做到账物相符。

生产、使用放射性同位素和射线装置的单位，应当按照国务院环境保护行政主管部门的规定对其产生的放射性废物进行收集、包装、贮存。

生产放射源的单位，应当按照国务院环境保护行政主管部门的规定回收和利用废旧放射源；使用放射源的单位，应当按照国务院环境保护行政主管部门的规定将废旧放射源交回生产放射源的单位或者送交专门从事放射性固体废物贮存、处置的单位。

生产、销售、使用、贮存放射源的单位，应当建立健全安全保卫制度，指定专人负责，落实安全责任制，制定必要的事故应急措施。发生放射源丢失、被盗和放射性污染事故时，有关单位和个人必须立即采取应急措施，并向公安部门、卫生行政部门和环境保护行政主管部门报告。公安部门、卫生行政部门和环境保护行政主管部门接到放射源丢失、被盗和放射性污染事故报告后，应当报告本级人民政府，并按照各自的职责立即组织采取有效措施，防止放射性污染蔓延，减少事故损失。当地人民政府应当及时将有关情况告知公众，并做好事故的调查、处理工作。

(五)铀(钍)矿和伴生放射性矿①开发利用的管理

开发利用或者关闭铀(钍)矿的单位，应当在申请领取采矿许可证或者办理退役审批手续前编制环境影响报告书，报国务院环保部门审查批准。

开发利用伴生放射性矿的单位，应当在申请领取采矿许可证前编制环境影响报告书，报省级以上人民政府环保部门审查批准。

铀(钍)矿开发利用单位应当对铀(钍)矿的流出物和周围的环境实施监测，并定期向国务院环保部门和所在地省、自治区、直辖市人民政府环保部门报告监测结果。

对铀(钍)矿和伴生放射性矿开发利用过程中产生的尾矿，应当建造尾矿库进行贮存、处置；建造的尾矿库应当符合放射性污染防治的要求。

铀(钍)矿开发利用单位应当制定铀(钍)矿退役计划。铀矿退役费用由国家财政预算安排。

(六)放射性废物②的管理

核设施营运单位、核技术利用单位、铀(钍)矿和伴生放射性矿开发利用单位，应当合理选择和利用原材料，采用先进的生产工艺和设备，尽量减少放射性废物的产生量。

产生放射性废气、废液的单位向环境排放放射性废气、废液，必须符合国家放射性污染防治标准，并向审批环境影响评价文件的环境保护行政主管部门申请放射性核素排放量，定期报告排放计量结果。

产生放射性废液的单位，必须按照国家放射性污染防治标准的要求，对不得向环境排放的放射性废液进行处理或者贮存；向环境排放符合国家放射性污染防治标准的放射性废液，必须采用符合国务院环境保护行政主管部门规定的排放方式。禁止利用渗井、渗坑、天然裂隙、溶洞或者国家禁止的其他方式排放放射性废液。

低、中水平放射性固体废物在符合国家规定的区域实行近地表处置。高水平

---

① 伴生放射性矿是指含有较高水平天然放射性核素浓度的非铀矿(如稀土矿和磷酸盐矿等)。

② 放射性废物，是指含有放射性核素或者被放射性核素污染，其浓度或者比活度大于国家审管部门规定的清洁解控水平，并且预期不再利用的物质。

放射性固体废物实行集中的深地质处置。禁止在内河水域和海洋上处置放射性固体废物。

国务院核设施主管部门会同国务院环保部门根据地质条件和放射性固体废物处置的需要，在环境影响评价的基础上编制放射性固体废物处置场所选址规划，报国务院批准后实施。有关地方人民政府应当根据放射性固体废物处置场所选址规划，提供放射性固体废物处置场所的建设用地，并采取有效措施支持放射性固体废物的处置。

产生放射性固体废物的单位，应当按照国务院环境保护行政主管部门的规定，对其产生的放射性固体废物进行处理后，送交放射性固体废物处置单位处置，并承担处置费用。设立专门从事放射性固体废物贮存，处置的单位，必须经国务院环境保护行政主管部门审批准，取得许可证。禁止未经许可或者不按照许可的有关规定从事贮存和处置放射性固体废物的活动。禁止将放射性固体废物提供或者委托给无许可证的单位贮存和处置。对违反者，责令停产停业或者吊销许可证；有违法所得的，没收违法所得；违法所得 10 万元以上的，并处违法所得 1 倍以上 5 倍以下罚款；没有违法所得或者违法所得不足 10 万元的，并处 5 万元以上 10 万元以下罚款。

禁止将放射性废物和被放射性污染的物品输入中华人民共和国境内或者经中华人民共和国境内转移。

【案例 4.8】

2010 年年底，A 有色金属研究院植白和某村党支部书记 B 签订协议：由 B 负责提供 5 吨高放射性固体废物永久存放地点并负责运输，A 付给 B 10 万元人民币。随后，B 组织 3 辆卡车将放射性废物拉走，填入本村西南的枯井内。井下未采取任何防渗措施，上面也只用 3 袋水泥和砂浆草草覆盖。后据有关部门测定，散落在现场的废物中放射性物质含量高出当地自然本底数百倍，已造成严重的放射性污染。

讨论：A 和 B 应当承担何种法律责任?

提示：根据《中华人民共和国放射性污染防治法》关于放射性废物处置的规定进行分析。

三、其他能量污染防治法

(一)振动控制

振动是指具有主观性质的，以对心理和感觉上造成影响，局部多发且不发生

二次污染的能量污染现象

目前，我国尚未制定专门的振动控制法律。在振动控制方面，主要执行的是《城市区域环境振动标准》(GB 10070—1988)。该标准主要对城市区域环境振动的标准值及其适用地带范围和监测方法作出了规定。

(二)电磁辐射控制

电磁辐射是指以电磁波形式通过空间传播的能量流，且限于非电离辐射，包括信息传递中的电磁波发射，工业、科学、医疗应用中的电磁辐射，高压送变电中产生的电磁辐射。1997年，我国制定了《电磁辐射环境保护管理办法》。

根据该办法的规定，电磁辐射建设项目或者设备执行环境保护申报登记和环境影响评价制度、“三同时”制度，并接受环保部门的审批以及竣工验收。从事电磁辐射活动的单位和个人必须定期检查电磁辐射设备及其环境保护设施的性能，及时发现隐患并采取补救措施。在集中使用大型电磁辐射发射设施或商业设备的周围，按环境保护和城市规划要求划定的规划限内，不得修建居民住房和幼儿园等敏感建筑。

在电磁辐射建设项目的发射设备管理方面，目前主要执行国家无线电管理委员会批准的频率范围和额定功率的标准；对于工业、科学和医疗中应用的电磁辐射设备，执行《无线电干扰限值》的标准要求。

此外，1988年原国家环境保护局批准实施了具有排放标准性质的《电磁辐射防护规定》(GB8702—1988)，对产生电磁辐射的行为确立了“可合理达到尽量低”的原则，并且将该规定的防护限值确立为可以接受的防护水平的上限(包括各种可能的电磁辐射污染的总量值)，其范围是100 kHz~300 GHz。

1988年卫生部也制定了适用于一切人群经常居住和活动场所环境电磁辐射的《环境电磁波卫生标准》(GB9175—1988)。该标准以电磁波辐射强度及其频段特性对人体可能引起潜在性不良影响的下值为界，将环境电磁波容许辐射强度标准分为二级。一级标准为安全区，即在该环境电磁波强度下长期居住、工作、生活的一切人群(包括婴儿、孕妇和老弱病残者)，均不会受到任何有害影响的区域。二级标准为中间区，指在该环境电波强度下长期居住、工作和生活的一切人群(包括婴儿、孕妇和老弱病残者)可能引起潜在性不良反应的区域。在中间区内可建造工厂和机关，但不得建造居民住宅、学校、医院和疗养院等，已建造的必须采取适当的防护措施。

(三)光污染防治

光污染也称光照妨害，是指人为原因导致高强度光亮直接或间接照射到环境和受体，使原有的光照强度增强或者温度升高，从而干扰他人生活、学习或工作的现象。

国际上一般将光污染分成白亮污染、人工白昼污染和彩光污染等三类。白亮污染主要来源于建筑物的玻璃幕墙、釉砖墙、磨光大理石和各种涂料等装饰反射光线；人工白昼主要来源于夜幕降临后的广告灯、霓虹灯等；彩光污染则存在于舞厅，夜总会安装的黑光灯、旋转灯、荧光灯以及闪烁的彩色光源等条件下。其中，白亮污染和人工白昼污染是目前光照妨害的主要来源和需要控制的对象。

从预防的角度看，主要应当针对建筑物安装玻璃幕墙等可能产生光照妨害的设施进行控制。具体措施是通过建筑材料有关产品标准确定幕墙玻璃的反射率，要求建筑物安装使用的玻璃幕墙必须符合标准规定的要求。

第四节 清洁生产与循环经济促进法

一、清洁生产促进法

（一）概述

清洁生产是国际社会在总结了传统生产方式高投入、高浪费、高污染和低产出的经验教训后，提出的新型生产理念和污染控制战略。实施清洁生产不仅可以避免重蹈发达国家“先污染，后治理”的覆辙，而且实现了经济效益与环境效益的有机结合，能够调动企业防治污染的积极性，是实现经济和社会可持续发展的最佳途径。

2002 年，我国制定了《中华人民共和国清洁生产促进法》，并于 2012 年进行了修订，我国法律上的清洁生产是指不断采取改进设计、使用清洁的能源和原料，采用先进的工艺技术与设备，改善管理、综合利用等措施，从源头上减少污染，提高资源利用效率，减少或者避免生产、服务和产品使用过程中污染物的产生和排放，以减轻或者消除污染对人类健康和环境的危害。

（二）清洁生产促进的法律制度

1. 清洁生产促进的管理体制

我回的清洁生产促进工作实行统一管理与分部门管理相结合的管理体制。各级清洁生产综合协调部门负责组织、协调清洁生产促进工作，各级环保、工业、科学技术、财政和其他有关部门按照各自的职责负责有关的清洁生产促进工作。

2. 政府及其主管部门促进清洁生产的职责

政府及其主管部门是支持、促进清汁生产的行政管理者主体，依照法律规定，其主要职权包括：制定有利于清洁生产的政策和清洁生产推行规划；建立清洁生产表彰奖励制度；制定有利于实施清洁生产的财政税收政策；定期制定和发布清洁生产技术，工艺、设备、产品导向目录和指南；批准设立节能、节水、废物再生利用等环境与资源保护方面的产品标志，并按照国家规定制定相应标准；组织和支持建立清洁生产信息系统和技术咨询服务体系；向社会提供有关清洁生产方法和技术、可再生利用的废物供求以及清洁生产政策等方面的信息和服务；组织清洁生产技术研究开发和示范，组织开展清洁生产教育和宣传；组织编制有关行业或者地区的清洁生产指南和技术手册，指导实施清洁生产；优先采购节能、节水、废物再生利用等有利于环境与资源保护的产品；定期公布污染严重企业名单。

3. 生产经营者的清洁生产义务

《中华人民共和国清洁生产促进法》规定了对生产经营者实施清洁生产的要求，这些要求可以分为指导性规范、自愿性规范和强制性规范三种。

指导性规范，即不附带消极法律后果(无须承担法律责任)的选择性行为模式。包括有关建设和设计活动应当优先考虑清洁生产、企业进行技术改造应当采取清洁生产施、一般企业开展清洁生产审核等。

自愿性规范，即不附带任何法律义务且具有积极法律后果(以政府奖励、表彰等形式表现)的选择性行为模式，主要目的在于鼓励企业自愿实施清洁生产、改善企业及产品形象，同时可以相应地依照有关规定得到奖励和享受政策优惠。如除了应当实施强制性清洁生产审核的企业以外的企业，可以自愿与清洁生产综合协调部门和环境保护部门签订进一步节约资源、削减污染物排放量的协议。该清洁生产综合协调部门和环境保护部门应当在本地区主要媒体上公布该企业的名称以及节约资源、防治污染的成果。此外，企业还可以自愿申请环境管理体系认证。

强制性规范，即附带消极法律后果(违反将受到法律制裁)的行为模式。强制性规范要求生产经营者必须履行下列义务：对产品进行合理包装，包装的材质、结构和成本应当与内装产品的质量、规格和成本相适应，减少包装性废物的产生，不得进行过度包装。对污染物排放超过国家和地方规定的排放标准，或者超过经有关地方人民政府核定的污染物排放总量控制指标、超过单位产品能源消耗限额标准构成高耗能，使用有毒有害原料进行生产或者在生产中排放有毒有害物质的企业，应当实施强制性清洁生产审核；实施强制性清洁生产审核的企业，应当将审核结果向所在地县级以上地方人民政府负责清洁生产综合协调的部门、环境保护部门报告，并在本地区主要媒体上公布，接受公众监督，但涉及商业秘密的除外；县级以上地方人民政府有关部门应当对企业实施强制性清洁生产审核的情况进行监督，必要时可以组织对企业实施清洁生产的效果进行评估验收，所需费用纳入同级政府预算。承担评估验收工作的部门或者单位不得向被评估验收企业收取费用；对违反者，责令限期改正，拒不改正的，处以5万元以上50万元以下的罚款。

《中华人民共和国清洁生产促进法》还规定了信息通报与公众监督机制。一方面，省级人民政府负责清洁生产综合协调的部门、环保部门，根据促进清洁生产工作的需要，在本地区主要媒体上公布未达到能源消耗控制指标、重点污染物排放控制指标的企业名单，为公众监督企业实施清洁生产提供依据；另一方面，上述企业应当按照国务院清洁生产综合协调部门、环保部门的规定公布能源消耗或者重点污染物产生、排放情况，接受公众监贤。对违反者，责令公布，可以处10万元以下的罚款。

二、循环经济促进法

（一）概述

发展循环经济是转变经济增长方式的突破口，是贯彻科学发展观、构建资源节约型和环境友好型社会的重要举措，是推进可持续发展战略的重要途径。循环经济强调以循环发展模式替代传统的线性增长模式，表现为以“资源—产品—再生资源”和“生产—消费—再循环”的模式有效地利用资源和保护环境，最终达到以较小发展成本获取较大的经济效益、社会效益和环境效益。

为了进一步促进循环经济的发展，我国于2008年颁布了《中华人民共和国循环经济促进法》。该法所谓的循环经济是指在生产、流通和消费等过程中进行的减量化、再利用、资源化活动的总称。减量化，是指在生产、流通和消费等过程中减少资源消耗和废物产生；再利用，是指将废物直接作为产品或者经修复、翻新、再制造后继续作为产品使用，或者将废物的全部、部分作为其他产品的部件予以使用；而资源化，是指将废物直接作为原料进行利用或者对废物进行再生利用。

（二）循环经济促进的法律制度

1. 一般规定

循环经济发展综合管理部门会同环保等有关部门编制循环经济发展规划，循环经济发展规划应当包括规划目标、适用范围、主要内容、重点任务和保障措施等，并规定资源产出率、废物再利用和资源化率等指标。

循环经济发展综合管理部门会同统计、环保等有关部门建立和完善循环经济评价指标体系，上级人民政府将主要评价指标完成情况作为对地方人民政府及其负责人考核评价的内容。

国家加强资源消耗、综合利用和废物产生的统计管理，并将主要统计指标定期向社会公布。标准化主管部门会同循环经济发展综合管理和环保等有关部门建立健全循环经济标准体系，制定和完善节能、节水、节材和废物再利用、资源化等标准。建立健全能源效率标识等产品资源消耗标识制度。

国家对钢铁、有色金属、煤炭、电力、石油加工、化工、建材、建筑、造纸、印染等行业年综合能源消费量、用水量超过国家规定总量的重点企业，实行能耗、水耗的重点监督管理制度。

2. 减量化的法律规定

从事工艺、设备、产品及包装物设计，应当按照减少资源消耗和废物产生的要求，优先选择采用易回收、易拆解、易降解、无毒无害或者低毒低害的材料和设计方案，并应当符合有关国家标准的强制性要求。

对在拆解和处置过程中可能造成环境污染的电器电子等产品，不得设计使用国家禁止使用的有毒有害物质。禁止在电器电子等产品中使用的有毒有害物质名录，由国务院循环经济发展综合管理部门会同国务院环保等有关主管部门制定。对违反者，责令限期改正；逾期不改正的，处 2 万元以上 20 万元以下的罚款；情节严重的，依法吊销营业执照。

工业企业应当采用先进或者适用的节水技术工艺和设备，制订并实施节水计划，加强节水管理，对生产用水进行全过程控制。工业企业应当加强用水计量管理，配备和使用合格的用水计量器具，建立水耗统计和用水状况分析制度。

电力、石油加工、化工、钢铁、有色金属和建材等企业，必须在国家规定的范围和期限内，以洁净煤、石油焦、天然气等清洁能源替代燃料油，停止使用不符合国家规定的燃油发电机组和燃油锅炉。对违反者，责令限期改正；逾期不改正的，责令拆除该燃油发电机组或者燃油锅炉，并处 5 万元以上 50 万元以下的罚款。

开采矿产资源，应当统筹规划，制定合理的开发利用方案，采用合理的开采顺序、方法和选矿工艺。采矿许可证发机关应当对申请人提交的开发利用方案中的开采回采率、采矿贫化率、选矿回收率、矿山水循环利用率和土地复垦率等指标依法进行审查；审查不合格的，不予发采矿许可证。矿山企业未达到经依法审查确定的开采回采率、采矿贫化率、选矿回收率、矿山水循环利用率和土地复垦率等指标的，责令限期改正，处 5 万元以上 50 万元以下的罚款；逾期不改正的，由采矿许可证发机关依法吊销采矿许可证。

国家机关及使用财政性资金的其他组织应当厉行节约、杜绝浪费，带头使用节能、节水、节地、节材和有利于保护环境的产品、设备和设施，节约使用办公用品。国务院和县级以上地方人民政府管理机关事务工作的机构会同本级人民政府有关部门制定本级国家机关等机构的用能、用水定额指标，财政部门根据该定额指标制定支出标准。

国家鼓励和支持使用再生水。在有条件使用再生水的地区，限制或者禁止将自来水作为城市道路清扫、城市绿化和景观用水使用。

国家在保障产品安全和卫生的前提下，限制一次性消费品的生产和销售。具体名录由国务院循环经济发展综合管理部门会同国务院财政、环境保护等有关主管部门制定。

3. 再利用和资源化的法律规定

各类产业园区应当组织区内企业进行资源综合利用，促进循环经济发展。国家鼓励各类产业园区的企业进行废物交换利用、能量梯级利用、土地集约利用、水的分类利用和循环使用，共同使用基础设施和其他有关设施。

建设利用余热、余压、煤层气以及煤矸石、煤泥、垃圾等低热值燃料的并网发电项目，应当依照法律和国务院的规定取得行政许可或者报送备案。电网企业应当按照国家规定，与综合利用资源发电的企业签订并网协议，提供上网服务，并全额收购并网发电项目的上网电量。对违反者，责令限期改正；造成企业损失的，依法承担赔偿责任。

建设单位应当对工程施工中产生的建筑废物进行综合利用；不具备综合利用条件的，应当委托具备条件的生产经营者进行综合利用或者无害化处置。

国家支持生产经营者建立产业废物交换信息系统，促进企业交流产业废物信息。企业对生产过程中产生的废物不具备综合利用条件的，应当提供给具备条件的生产经营者进行综合利用。

回收的电器电子产品，经过修复后销售的，必须符合再利用产品标准，并在显著位置标识为再利用产品。回收的电器电子产品，需要拆解和再生利用的，应当交售给具备条件的拆解企业。国家支持企业开展机动车零部件、工程机械、机床等产品的再制造和轮胎翻新。销售的再制造产品和翻新产品的质量必须符合国家规定的标准，并在显著位置标识为再制造产品或者翻新产品。对违反者，责令限期改正，可以处 5 000 元以上 5 万元以下的罚款；逾期不改正的，依法吊销营业执照；造成损失的，依法承担赔偿责任。

4. 促进循环经济发展的激励措施

国务院和省级人民政府设立发展循环经济的有关专项资金、支持循环经济的科技研究开发、循环经济技术和产品的示范与推广、重大循环经济项目的实施、发展循环经济的信息服务等。

国家对促进循环经济发展的产业活动给予税收优惠，并运用税收等措施鼓励进口先进的节能、节水、节材等技术、设备和产品，限制在生产过程中耗能高、污染重的产品的出口。企业使用或者生产列入国家清洁生产、资源综合利用等鼓励名录的技术、工艺、设备或者产品的，按照国家有关规定享受税收优惠。

县级以上人民政府循环经济发展综合管理部门在制订和实施投资计划时，应当将节能、节水、节地、节材、资源综合利用等项目列为重点投资领域。对符合国家产业政策的节能、节水、节地、节材、资源综合利用等项目，金融机构应当给予优先贷款等信贷支持，并积极提供配套金融服务。对生产、进口、销售或者使用列入淘汰名录的技术、工艺、设备、材料或者产品的企业，金融机构不得提供任何形式的授信支持。

国务院和省级人民政府的价格主管部门应当按照国家产业政策，对资源高消耗行业中的限制类项目实行限制性的价格政策。对利用余热、余压、煤层气以及煤矸石、煤泥、垃圾等低热值燃料的并网发电项目，价格主管部门按照有利于资源综合利用的原则确定其上网电价。

省级人民政府可以根据本行政区域经济社会发展状况，实行垃圾排放收费制度。收取的费用专项用于垃圾分类、收集、运输、贮存、利用和处置，不得挪作他用。

国家实行有利于循环经济发展的政府采购政策。使用财政性资金进行采购的，应当优先采购节能、节水、节材和有利于保护环境的产品及再生产品。

本章小结

我国环境污染防治法的体系主要由大气污染防治、水污染防治、海洋污染防治、固体废物污染环境防治、环境噪声污染防治、放射性污染防治、化学物质环境管理以及清洁生产、循环经济等方面的法律法规、规章所组成。从控制对象、目标与方法看，我国的环境污染防治法体系由物质污染防治法、施量污染防治法、污染的源头及全过程管理法三部分构成。物质污染防治的立法主要包括大气污染、水污染、海洋污染防治的法律法规或规章，能量污染防治的立法主要包括环境噪声污染、射性污染以及电磁辐射等法律法规或规章，污染的源头及全过程管理的立法包括清洁生产与循环经济促进的法律法规或规章。

我国现行的《中华人民共和国大气污染防治法》主要对大气污染防治的基本制度以及对防治燃煤污染、机动车船排放污染和废气、粉尘和恶臭污染等作出了专门的规定。我国现行的《中华人民共和国水污染防治法》主要对水污染防治的基本制度、防治工业、城镇、农业和农村、船舶水污染、饮用水水源和其他殊水体保护、水污染事故处置等作出了专门的规定。我国现行的《中华人民共和国海洋环境保护法》主要对防治海岸工程对海洋环境的污染损害、防治海洋石油勘探开发对海洋环境的污染损害、防治陆源污染物对海洋环境的污染损害、防治船舶对海洋环境的污染损害、防治倾倒废弃物对海洋环境的污染损害等方面做了规定。我国现行的《中华人民共和国固体废物污染环境防治法》主要对防治工业固体废物、生活垃圾以及危险废物污染环境做了规定。我国对化学物质管理的相关法规主要有《危险化学品安全管理条例》《监控化学品管理条例》《化学品首次进口及有毒化学品进出口环境管理规定》《新化学物质环境管理办法》《农药管理条例》等。

我国现行的《中华人民共和国环境噪声污染防治法》主要对防治噪声污染的综合性法律制度、工业噪声污染防治、建筑施工噪声控制、交通运输噪声控制和社会生活噪声控制作出了规定。我国现行《中华人民共和国放射性污染防治法》主要对放射性污染防治的综合管理措施、核设施管理、核技术利用管理、（钍）矿和伴生放射性矿开发利用的管理、放射性成物的管理作出了规定。目前，我国尚未制定专门的振动控制法律。在振动控制方面，主要执行的是《城市区域环境振动标准》。在电磁辐射环境安全管理方面，我国仅有《电磁射环境保护管理办法》。此外，主要执行的还有《电磁辐射防护规定》《环境电磁波卫生标准》等标准。

我国现行的《中华人民共和国清洁生产促进法》主要对清洁生产促进的管理体制、政府及其主管部门促进清洁生产的职责以及企业实施清洁生产的义务进行了规定。我国现行的《中华人民共和国循环经济促进法》主要对促进减量化、再利用、资源化的措施进行了规定。

思考题

1. 我国环境污染防治法律体系的内容是什么？
2. 我国防治大气污染的主要法律规定有哪些？
3. 我国防治水污染的主要法律规定有哪些？
4. 我国防治海洋污染的主要法律规定有哪些？
5. 我国防治固体废物污染的主要法律规定有哪些？
6. 我国防治化学物质污染的主要法律规定有哪些？
7. 我国防治噪声污染的主要法律规定有哪些？
8. 我国防治放射性污染的主要法律规定有哪些？
9. 我国促进清洁生产的主要法律规定有哪些？
10. 我国促进循环经济的主要法律规定有哪些？

第五章　自然保护与资源保护法

【学习目标】

通过本章学习，学生应了解自然保护与资源保护的基本概念及立法概况，掌握《中华人民共和国野生动物保护法》《中华人民共和国自然保护区条例》《中华人民共和国土地管理法》《中华人民共和国水法》《中华人民共和国森林法》《中华人民共和国草原法》《中华人民共和国渔业法》《中华人民共和国矿产资源法》《中华人民共和国可再生能源法》等主要自然保护与资源保护法律法规的立法沿革及主要内容。

第一节　自然保护与资源保护法概述

自然保护与资源保护法，是指以保护生态系统平衡或防止生物多样性破坏为目的，对利用自然环境和资源的行为实行控制而制定的法律规范的总称。自然保护与资源保护法包括自然保护法和自然资源保护法两大部分。

自然保护法是指以保护生态系统平衡或防止生物多样性破坏为目的，对一定的自然地域(含区域与流域)、野生生物及其栖息地实行特殊保护并禁止或限制环境利用行为而制定的法律规范的总称。

自然资源法是指调整人们在自然资源的开发、利用、保护和管理过程中所发生的各种社会关系的法律规范的总称。自然资源法早在西方各国大量制定环境保护立法前就已经存在；自然资源作为环境要素的物质载体或空间体现，是生态系统的组成部分。在人类开发利用、转化、处置自然资源的各个过程中都会涉及对自然环境和资源的破坏。因此，自然资源法的立法意图不应仅限于确定自然资源的权属关系以及合理开发利用自然资源，还应包括对环境生态利益的保护和自然资源的可持续利用，因此也被称为自然资源保护法。

自然资源保护法与自然保护法的保护对象存在一部分重合，如土地、水、森林、草原、野生动植物、矿产、海洋等。但其各自仍保留有一部分特有的对象，如冰川遗迹、地貌特征等属于自然保护法所特有的保护对象，不受自然资源保护法的调整；而各种能量，如风能、地热能、太阳能、潮汐能等，有可能是自然资源保护法的保护对象，却不一定是自然保护法的保护对象。

自然保护法在保护各种环境要素时侧重的是它们的环境效能；当自然资源保护法在涉及作为资源的环境要素时，主要侧重于对自然资源的开发、分配、储备和利用，以便最大限度地发挥其经济效能。

自然保护法侧重于对各种环境要素的环境效能的保护，其保护的方法多采取划定保护区、严格限制开发利用、减少人为干扰、绝对避免数量减少和灭失等隔离式的举措。自然资源保护法的立法目的主要在于发挥各种自然资源的经济效能，其保护举措更具针对性与实用性，对于不可再生的自然资源的保护一般强调综合开发与利用，对于可再生资源则通常强调保证永续利用。

尽管自然资源保护法侧重于对自然资源的直接保护和对生态环境的间接保护。但是，自然资源保护和自然保护在终极目标上是一致的，都是为了实现人类的可持续发展。近年来，自然资源保护的重心也不再局限于对自然资源经济价值的保护，而更侧重于对自然环境和生态平衡的保护。当自然资源的经济价值与环境价值发生冲突时，人们更侧重于对自然资源的环境价值的保护。

在自然保护法方面，我国制定了《中华人民共和国野生动物保护法》《中华人民共和国野生植物保护条例》《陆生野生动物保护条例》《中华人民共和国水生野生动物保护条例》《中华人民共和国自然保护区条例》《中华人民共和国风景名胜区条例》等法律法规。另外，在《中华人民共和国文物保护法》《中华人民共和国城市规划法》《中华人民共和国农业法》以及单项自然资源法等法律中也有自然保护的相关规定。

在自然资源保护法方面，合理开发、利用、保护和管理自然资源，不仅有利于人类对自然资源的永续利用，而且还会由于合理开发、利用而促使对自然资源和能源的开发维持在保持生态系统平衡的基础上，从而减少环境污染物的产生。因此自然资源法对防止生态破坏、防止环境污染也具有非常重要的意义。目前中国主要制定的这类法律主要有《中华人民共和国森林法》《中华人民共和国土地管理法》《中华人民共和国水法》《中华人民共和国水土保持法》《中华人民共和国草原法》《中华人民共和国渔业法》《中华人民共和国矿产资源法》《中华人民共和国煤炭法》《中华人民共和国海域使用管理法》《中华人民共和国可再生能源法》《中华人民共和国节约能源法》等，国务院及其有关主管部门也制定了一些关于自然资源保护的行政法规或部门规章。

第二节　自然保护法

一、野生生物保护法

(一)野生动物保护法

1. 概述

在一般意义上，野生动物是指非人工驯养，在自然状态下生存的各种动物，包括哺乳类动物、鸟类、爬行动物、两栖动物、鱼类、软体动物、昆虫、肛肠动物以及其他动物。野生动物是人类不可缺少的资源，具有保持生物多样性和维持生态系统平衡的重要生态价值。

为了拯救珍贵、濒危野生动物，保护和合理利用野生动物资源、维护生态平衡，1988 年我国颁布实施了《中华人民共和国野生动物保护法》，并于 2004 年进行了修订，根据《中华人民共和国野生动物保护法》第二条的规定，该法所保护的野生动物是指珍贵、濒危的陆生、水生野生动物和有益的或者有重要经济、科学研究价值的陆生野生动物。经国务院批准，1992 年林业部发布了《陆生野生动物保护实施条例》，1993 年农业农村部发布了《水生野生动物保护实施条例》。此外，在《中华人民共和国环境保护法》《中华人民共和国海洋环境保护法》《中华人民共和国森林法》《中华人民共和国草原法》《中华人民共和国渔业法》等法律中也有关于野生动物保护的规定。

2. 一般规定

(1)野生动物的权属规定。根据《中华人民共和国野生动物保护法》的规定，野生动物资源属于国家所有。国家保护依法开发利用野生动物资源的单位和个人的合法权益。野生动物国家所有权的法律意义在于为国家从总体上支配、保护、拯救、管理野生动物提供权力基础。[①]公民有保护野生动物资源的义务，对侵占或者破坏野生动物资源的行为有权检举和控告。

(2)野生动物的保护方针。《中华人民共和国野生动物保护法》规定国家对野生动物保护实行加强资源保护、科学驯养繁殖、合理开发利用的方针，鼓励开展野生动物科学研究。各级政府应当加强对野生动物资源的管理，制定保护、发展和合理利用野生动物资源的规划和措施。

3. 野生动物保护的法律规定

(1)分类保护。《中华人民共和国野生动物保护法》将法律所保护的野生动物

---

① 肖乾刚. 自然资源法[M]. 法律出版社，1992.

分为两类：一是珍贵、濒危的陆生、水生野生动物，比如金丝猴、大熊猫、中华鲟等，规定国家对珍贵、濒危的野生动物实行重点保护：二是有益的或者有重要经济、科学研究价值的陆生野生动物，如林蛙、蟾蜍、松鼠、果子理、鹿等。珍贵、濒危的水生野生动物以外的其他水生野生动物的保护则适用《中华人民共和国渔业法》的规定。

《中华人民共和国野生动物保护法》按保护程度的不同，将动物分为国家重点保护野生动物、地方重点保护野生动物和非重点保护野生动物。国家重点保护野生动物是指被列入国家重点保护野生动物名录而被加以特殊保护的动物，分为一级保护野生动物和二级保护野生动物。这类野生动物通常是珍贵、濒危或者有重要经济、科学研究价值的野生动物。地方重点保护野生动物是指原国家重点保护野生动物以外，由省、自治区、直辖市列入地方重点保护野生动物保护名录的动物。这类野生动物通常是在一个省、自治区、直辖市的行政区划内具有珍贵、濒危特性或者有重要经济、科学研究价值的动物。国家和地方重点保护野生动物以外的野生动物为非重点保护野生动物。

1989 年 1 月 14 日，经国务院批准，林业部、农业农村部发布《国家重点保护野生动物名录》。该名录于 2003 年 2 月 21 日经国务院批准，进行了调整。2000 年 8 月 1 日，国家林业和草原局发布了《国家保护的有益的或者有重要经济、科学研究价值的陆生野生动物名录》。

(2)保护野生动物的生存环境。根据《中华人民共和国野生动物保护法》的规定，国务院野生动物主管部门和省、自治区、直辖市政府，在国家和地方重点保护野生动物的主要生息繁衍的地区和水域，划定自然保护区，加强对国家和地方重点保护野生动物及其生存环境的保护管理。

各级野生动物主管部门应当监视、监测环境对野生动物的影响。由于环境影响而对野生动物造成危害时，野生动物主管部门应当会同有关部门进行调查处理。

建设项目对国家或者地方重点保护野生动物的生存环境产生不利影响的，建设单位应当提交环境影响报告书；环境保护部门在审批时，应当征求同级野生动物主管部门的意见。

各级人民政府野生动物主管部门应当组织社会各方面力量，采取生物技术措施和工程技术措施，维护和改善野生动物生存环境，保护和发展野生动物资源。

(3)野生动物救助及致害补偿制度。根据《中华人民共和国野生动物保护法》的规定，国家和地方重点保护野生动物受到自然灾害威胁时，当地政府应当及时采取拯措施；因保护国家和地方重点保护野生动物，造成农作物或者其他损失的，由当地政府给予补偿。补偿办法由省、自治区、直辖市政府制定。任何单位和个人发现受伤、病弱、饥饿、受困、迷途的国家和地方重点保护野生动物时，应当及时报告当地野生动物主管部门，由其采取救护措施，也可以就近送具备救护条件的单位救护。

【案例 5.1】

1997 年 6 月，某金丝猴《国家重点保护野生动物》保护区发生森林火灾，猴群外逃至紧临保护区的某村觅食，毁坏了大片的农作物。该村委会决定组织人力驱赶金丝猴，有几个村民被金丝猴抓伤。村民要求乡政府赔偿损失，乡政府以没有法律规定为由予以拒绝。

讨论：村民的损失应当如何补偿？

提示：根据野生动物资源国家所有权和《中华人民共和国野生动物保护法》有关野生动物政府补偿的相关规定进行分析。

4. 野生动物资源管理的法律规定

(1)野生动物保护实行分部门和分级监督管理的体制。根据《中华人民共和国野生动物保护法》第七条的规定，国务院林业、渔业主管部门分别主管全国陆生、水生野生动物管理工作。省、自治区、直辖市政府林业主管部门主管本行政区域内陆生野生动物管理工作。自治州、县和市政府陆生野生动物管理工作的主管部门，由省、自治区、直辖市政府确定。县级以上地方政府渔业主管部门主管本行政区域内水生野生动物管理工作。

(2)建立野生动物资源档案制度。根据《中华人民共和国野生动物保护法》的规定，野生动物主管部门，应当定期组织野生动物资源调查、建立资源档案，为制定野生动物资源保护发展方案、制定和调整国家和地方重点保护野生动物名录提供依据。野生动物资源普查每十年进行一次。

(3)实施猎捕许可及禁限制度。根据《中华人民共和国野生动物保护法》的规定，禁止猎捕、杀害国家重点保护野生动物。因科学研究、驯养繁殖、展览或者其他特殊情况，需要捕捉、捕捞国家一级保护野生动物的，必须向国务院野生动物主管部门申请特许猎捕证；猎捕国家二级保护野生动物的，必须向省、自治区、直辖市政府野生动物主管部门申请特许猎捕证。非法捕杀国家重点保护野生动物的，依照《中华人民共和国刑法》的规定追究刑事责任。

根据《中华人民共和国野生动物保护法》的规定，猎捕非国家重点保护野生动物的，必须取得狩猎证，并且服从猎捕量限额管理。持枪猎捕的，必须取得县、市公安机关核发的持枪证。猎捕者应当按照特许猎捕证、狩猎证规定的种类、数量、地点和期限进行猎捕。违反者，由野生动物主管部门没收猎获物和违法所得，处以罚款，并可以没收猎捕工具，吊销狩猎证。未取得持枪证持枪猎捕野生动物的，由公安机关按照治安管理处罚条例的规定处罚。

在自然保护区、禁猎区和禁猎期内，禁止猎捕和其他妨碍野生动物生息繁衍的活动。违反者，由野生动物主管部门责令停止破坏行为，限期恢复原状，处以罚款。

禁止使用军用武器、毒药、炸药进行猎捕。根据《陆生野生动物保护实施条例》的规定，禁止使用军用武器、气枪、毒药、爆炸物、地枪、排铳、非人为直接操作并危害人畜安全的狩猎装置、夜间照明行猎、歼灭性围猎、火攻、烟熏，以及县级以上各级人民政府或者其野生动物主管部门规定禁止使用的其他狩猎工具和方法狩猎。违反者，由野生动物主管部门没收猎获物、猎捕工具和违法所得，处以罚款；情节严重、构成犯罪的，依照《中华人民共和国刑法》的规定追究刑事责任。

(4)野生动物经营利用行为的管制。

第一，关于驯养繁殖野生动物的规定。《中华人民共和国野生动物保护法》第十七条规定，国家鼓励驯养繁殖野生动物。驯养繁殖国家重点保护野生动物的，应当持有许可证。驯养繁殖国家重点保护野生动物的单位和个人可以凭驯养繁殖许可证向政府指定的收购单位，按照规定出售国家重点保护野生动物或者其产品。

第二，关于出售、收购、运输、携带野生动物或者其产品的规定。根据《中华人民共和国野生动物保护法》的规定，禁止出售、收购国家重点保护野生动物或者其产品。因科学研究、驯养繁殖、展览等特殊情况，需要出售、收购、利用国家一级(或者国家二级)保护野生动物或者其产品的，必须经国务院(或省、自治区、直辖市政府)的野生动物主管部门或者其授权的单位批准。工商行政管理部门对进入市场的野生动物或者其产品，应当进行监督管理。运输、携带国家重点保护野生动物或者其产品出县境的，必须经省、自治区、直辖市政府野生动物主管部门或者其授权的单位批准。违反者，由工商行政管理部门没收实物和违法所得，可以并处罚款。

第三，关于进出口野生动物或者其产品的规定。《中华人民共和国野生动物保护法》第二十四条规定，出口国家重点保护野生动物或者其产品的，进出口中国参加的国际公约所限制进出口的野生动物或者其产品的，必须经国务院野生动物主管部门或者国务院批准，并取得国家濒危物种进出口管理机构核发的允许进出口证明书。海关凭允许进出口证明书查验放行。涉及科学技术保密的野生动物物种的出口，按照国务院有关规定办理。禁止伪造、倒卖，转让允许进出口证明书。

第四，关于野生动物资源保护管理费的规定。根据《中华人民共和国野生动物保护法》第二十七条规定，经营利用野生动物或者其产品的，应当缴纳野生动物资源保护管理费。1992 年 12 月，经国务院批准，林业部、财政部、国家物价局发布《陆生野生动物资源保护管理费收费办法》，规定捕捉、猎捕、出售、收购、科研等利用野生动物或对其产品的出售、收购、加工、出口都属于经营利用的范围。

(5)外国人从事涉及野生动物行为的规定。根据《中华人民共和国野生动物保护法》第二十六条规定，外国人在中国境内对国家重点保护野生动物进行野外考察或者在野外拍摄电影、录像，必须经国务院野生动物主管部门或者其授权的单位批准。建立对外国人开放的猎捕场所，应当报国务院野生动物主管部门备案。根据《陆生野生动物资源保护管理费收费办法》的规定，外国人依法在中国对国家重点保护野生动物进行野外考察研究、拍摄电影、录像或者从事狩猎，由林业部参照国际惯例制定具体收费办法。

(二)野生植物保护法

1. 概述

野生植物是指在自然状态下生长且无法证明为人工栽培的植物，可分为藻类、菌类、地衣、苔藓、蕨类和种子等植物。我国是世界上野生植物资源种类较为丰富的国家之一。为了保护、发展和合理利用野生植物资源，1996 年 9 月国务院颁布了《中华人民共和国野生植物保护条例》。2002 年 9 月，农业局(现为农业农村部)发布《农业野生植物保护办法》(2004 年 7 月修订)。上述法规和规章是我国合理利用和保护野生植物的重要法律依据。此外，《中华人民共和国森林法》《中华人民共和国草原法》等法律也对保护野生植物进行了原则性规定。

2. 一般规定

(1)受保护的野生植物。

根据《中华人民共和国野生植物保护条例》的规定，受我国法律法规保护的野生植物，是指原生地天然生长的珍贵植物和原生地天然生长并具有重要经济、科学研究、文化价值的濒危、稀有植物，包括药用野生植物和城市园林、自然保护区、风景名胜区内的野生植物。

我国对野生植物资源实行加强保护、积极发展、合理利用的方针。国家鼓励和支持野生植物科学研究、野生植物的就地保护和迁地保护。

(2)保护野生植物的管理体制。

根据《中华人民共和国野生植物保护条例》第八条的规定，国务院林业主管部门主管全国林区内野生植物和林区外珍贵野生树木的监督管理工作，国务院农业主管部门主管全国其他野生植物的监督管理工作。国务院建设行政部门负责城市园林、风景名胜区内野生植物的监督管理工作。国务院环境保护部门负责对全国野生植物环境保护工作的协调和监督。国务院其他有关部门依照职责分工负责有关的野生植物保护工作。县级以上地方人民政府负责野生植物管理工作的部门及其职责，由省、自治区、直辖市人民政府根据当地具体情况规定。

3. 野生植物保护的法律规定

(1)分级保护及名录制度。

野生植物分为国家重点保护野生植物和地方重点保护野生植物。

根据《中华人民共和国野生植物保护条例》的规定，国家重点保护野生植物分为国家一级保护野生植物和国家二级保护野生植物。国家重点保护野生植物名录，由国务院林业主管部门、农业主管部门(以下合称国务院野生植物主管部门)和国务院环境保护、建设等有关部门制定，报国务院批准公布。1999 年 9 月，农业局(现为农业农村部)、国家林业和草原局经国务院批准发布《国家重点保护野生植物名录(第一批)》(2001 年修正)。

地方重点保护野生植物，是指国家重点保护野生植物以外，由省、自治区、直辖市人民政府保护的重要野生植物。地方重点保护野生植物名录，由省、自治区、直辖市人民政府制定并公布，报国务院备案。

(2)保护野生植物生长环境的规定。

国家保护野生植物及其生长环境。禁止任何单位和个人非法采集野生植物或者破坏其生长环境。

第一，设立自然保护区，保护点或保护标志。根据《中华人民共和国野生植物保护条例》第十一条的规定，在国家重点保护野生植物物种和地方重点保护野生植物物种的天然集中分布区域，应当依照有关法律、行政法规的规定，建立自然保护区；在其他区域，县级以上地方人民政府野生植物主管部门和其他有关部门可以根据实际情况建立国家重点保护野生植物和地方重点保护野生植物的保护点，或者设立保护标志。

第二，监测制度。根据《中华人民共和国野生植物保护条例》第十二条的规定，野生植物主管部门及其他有关部门应当监视、监测环境对国家重点保护野生植物生长和地方重点保护野生植物生长的影响，并采取措施，维护和改善国家重点保护野生植物和地方重点保护野生植物的生长条件。

第三，环境影响评价制度。根据《中华人民共和国野生植物保护条例》第十三条的规定，建设项目对国家重点保护野生植物和地方重点保护野生植物的生长环境产生不利影响的，建设单位提交的环境影响报告书中必须对此作出评价；环境保护部门在审批环境影响报告书时，应当征求野生植物主管部门的意见。

第四，及时采取握救措施。根据《中华人民共和国野生植物保护条例》第十四条的规定，野生植物主管部门和有关单位对生长受到威胁的国家重点保护野生植物和地方重点保护野生植物应当采取拯救措施，保护或者恢复其生长环境，必要时应当建立繁育基地、种质资源库或者采取迁地保护措施。由于环境影响对国家重点保护野生植物和地方重点保护野生植物的生长造成危害的，野生植物主管部门应当会同其他有关部门调查并依法处理。

4. 野生植物管理的法律规定

(1)野生植物资源档案制度。

野生植物资源档案是记载野生植物种类数量、质量、地区分布、利用和保护状况等资料的文书，是管理、保护、发展和合理开发利用野生植物资源的依据。

野生植物主管部门应当定期组织国家重点保护野生植物和地方重点保护野生植物资源调查，建立资源档案。

(2)野生植物采集证管理制度。

为控制珍稀危野生植物的采集量，避免野生植物及生长环境被破坏，我国采取了采集证管理制度。

因科学研究、人工培育、文化交流等特殊需要，采集国家一级保护野生植物的，必须经采集地的省、自治区、直辖市人民政府野生植物主管部门签署意见后，向国务院野生植物主管部门或者其授权的机构申请采集证。

采集国家二级保护野生植物的，必须经采集地的县级人民政府野生植物主管部门签署意见后，向省、自治区、直辖市人民政府野生植物主管部门或者其授权的机构申请此类采集证。

采集城市园林或者风景名胜区内的国家一级或者二级保护野生植物的，须先征得城市园林或者风景名胜区管理机构同意，分别依照前两款的规定申请采集证。

采集珍贵野生树木或者林区内、草原上的野生植物的，依照《中华人民共和国森林法》《中华人民共和国草原法》的规定办理采集证。

未取得采集证或者未按照采集证的规定采集国家重点保护野生植物的，由野生植物主管部门没收所采集的野生植物和违法所得，可以并处违法所得 10 倍以下的罚款；有采集证的，可以吊销采集证。

【案例 5.2】

A 在 2008 年的一次旅行结束后，A 发现他所采集的一种植物样本并未收示在《中国植物辞典》中。A 速通过网络求助相关信息，几日后一位美国的植学家发邮件告诉此为一种极为罕见的植物品种，并愿意出高价购买。A 为利所动，遂在收到预付款后将该植物邮寄给该美国人，但邮件在出境检验时被中国海关查获。

讨论：A 采集和出售此植物样本的行为应当受到何种处罚？

提示：根据野生植物采集和进出口相关规定进行分析。

(3)野生植物贸易限制规定。

第一，对出售、收购野生植物的管制。禁止出售、收购国家一级保护野生植物。出售、收购国家二级保护野生植物的，必须经省、自治区、直辖市人民政府野生植物主管部门或者其授权的机构批准。野生植物主管部门应当对经营利用国家二级保护野生植物的活动进行监督检查。违反者，由工商行政管理部门或者野生植物主管部门按照职责分工没收野生植物和违法所得，可以并处违法所得10倍以下的罚款。

第二，野生植物进出口许可制度。进出口国家重点保护野生植物或者进出口中国参加的国际公约所限制进出口的野生植物的，必须经进出口者所在地的省、自治区、直辖市人民政府野生植物主管部门审核，报国务院野生植物主管部门批准，并取得国家濒危物种进出口管理机构核发的允许进出口证明书或者标签。海关凭允许进出口证明书或者标签查验放行。国务院野生植物主管部门应当将有关野生植物进出口的资料抄送国务院环境保护部门、禁止出口未定名的或者新发现并有重要价值的野生植物。违反者，由海关依据《中华人民共和国海关法》的规定处罚。

(4)外国人从事与野生植物有关活动的管理规定

外国人不得在中国境内采集或者收购国家重点保护野生植物。外国人在中国境内对国家重点保护野生植物进行野外考察的，必须向国家重点保护野生植物所在地的省、自治区、直辖市人民政府野生植物主管部门提出申请，经其审核后，报国务院野生植物主管部门或者其授权的机构批准；直接向国务院野生植物主管部门提出申请的，国务院野生植物主管部门在批准前，应当征求有关省、自治区、直辖市人民政府野生植物主管部门的意见。

违反者，由野生植物主管部门没收所采集、收购的野生植物和考察资料，可以并处5万元以下的罚款。

(三)外来物种入侵的法律控制

1. 概述

按照世界自然保护同盟的定义，所谓外来物种是指那些出现在其过去或现在的自然分布范围及扩散潜力以外(即在没有直接或间接的人类引进或人类照顾之下而不能分布)的物种、亚种或以下的分类单元，包括其所有可能存活、继而繁殖的部分、配子或繁殖体。外来入侵物种则是指在当地的自然或半自然生态系统或栖地中形成了自我再生能力，建立种群并影响和威胁到当地的生物多样性的一种外来物种。

外来入侵物种的引入方式包括有意引进、无意引进和自然入侵三种。有意引进是指由人类故意进行的引进，涉及将物种有目的地移出其自然分布范围或有潜力的扩散范围，比如用于养殖、种植、生物防治、绿化、水土保持等目的的人为地引进。无意引进是指无目的的引进，指一种物种使用人体或人工运输系统作为携带体扩散至它的自然分布范围之外，比如随运输工具、压舱水、进出口货物和包装材料的引入、旅客无意引入等。自然入侵是指物种随风媒、虫媒和鸟媒等媒介自然传播。

随着全球化进程的加快和各国经济的发展，外来物种入侵的危害也日益严重。国际上已通过国际条约、各国也制定了相关国内立法等对此进行法律控制。

2. 我国控制外来物种入侵的政策与法律规定

近年来，互花米草、水葫芦、紫茎泽兰、薇甘菊、湿地松粉蚧等重大外来入侵物种已对我国生物多样性和生态环境造成了严重危害，并造成巨大的经济损失。为了防止外来入侵物种，保护我国生物多样性和生态环境，也为了更好地履行《生物多样性公约》，我国已在相关政策及立法中对控制外来物种入侵作出了规定。

(1)政策性规定。

2000 年 12 月，国务院发布了《全国生态环境保护纲要》，提出生物物种资源的开发应在保护物种多样性和确保生物安全的前提下进行；加强生物安全管理建立转基因生物活体及其产品的进出口管理制度和风险评估制度；对引进外来物种必须进行风险评估，加强进口检疫工作，防止国外有害物种进入国内。

(2)种质资源引进方面的法律规定。

《中华人民共和国农业法》规定，从境外引进生物物种资源成当依法进行登记或者审批，并采取相应安全控制措施《中华人民共和国草原法》规定，新草品种必须经全国草品种审定委员会审定，由国务院草原主管部门公告后方可推广。从境外引进草种必须依法进行审批。

《种子法》对从境外引进种质资源、农作物、林木种子和转基因植物品种的活动进行了规定，并对违法从境外引进种质资源等活动按照情节规定没收违法所得、行政罚款和追究刑事责任等法律责任。

《中华人民共和国渔业法》《中华人民共和国海洋环境保护法》分别对引进水产新品种和海洋动植物进行了规定，以减少和避免对水域生态系统造成危害。

(3)在检疫防疫方面的法律规定。

《中华人民共和国畜牧法》要求对从境外引进畜禽遗传资源的活动进行审批，经批准引进的应依照《进出境动植物检疫法》的规定办理相关手续并实施检疫。而根据《中华人民共和国进出境动植物检疫法》的规定，从境外引进的畜禽遗传资源被发现对境内畜禽遗传资源、生态环境有危害或者可能产生危害的，国家有关部门应当采取相应的安全控制措施。2007 年 5 月，农业局(现为农业农村部)与国家质监总局共同制定了《进境植物检疫性有害生物名录》。

二、自然区域保护法

(一)自然保护区的法律规定

1. 概述

自然保护区是指对有代表性的自然生态系统、珍稀危野生动植物物种的天然集中分布区、有特殊意义的自然遨迹等保护对象所在的陆地、陆地水体或者海域，依法划定一定面积予以特殊保护和管理的区域。

自然保护区是组成整体环境一种特殊环境要素，也是保护自然环境的一种最严格有效的形式。自然保护区能为人类保存完整的生态系统的天然“本底”，是保存动植物物种的天然贮存库和进行科学研究的天然实验室，也是普及自然科学知识的自然博物馆。我国十分重视自然保护区的法治建设，制定和颁布了相应的行政法律法规和规章，其中合性法规是国务院于 1994 年发布的《中华人民共和国自然保护区条例》；部门规章包括 1985 年经国务院批准林业部发布的《森林和野生动物类型自然保护区管理办法》和 1997 年农业局(现为农业农村部)发布的《水生动植物自然保护区管理办法》。除此之外，在《中华人民共和国环境保护法》《中华人民共和国森林法》《中华人民共和国野生动物保护法》等法律中也有关于自然保护区的规定。

2. 一般规定

(1)自然保护区规划。

根据《中华人民共和国自然保护区条例》的规定，国务院环境保护主管部门应当会同国务院有关自然保护区主管部门，在对全国自然环境和自然资源状况进行调查和评价的基础上，拟订国家自然保护区发展规划，经国务院计划部门综合平衡后，报国务院批准实施。

国家采取有利于发展自然保护区的经济、技术政策和措施，将自然保护区的发展规划纳入国民经济和社会发展计划。

(2)自然保护区的管理体制和管理机构。

我国对自然保护区实行综合管理与分部门管理相结合的管理体制。

国务院环境保护主管部门负责全国自然保护区的综合管理。国务院林业、农业、地质、矿产、水利、海洋等有关主管部门在各自的职责范围内，主管有关的自然保护区。县级以上地方人民政府负责自然保护区管理的部门的设置，由省、自治区、直辖市人民政府根据当地具体情况确定。

3. 自然保护区建设的法律规定

(1)自然保护区的设立。

根据《中华人民共和国自然保护区条例》第十条的规定，凡具有下列条件之一的，应当建立自然保护区：典型的自然地理区域、有代表性的自然生态系统区域以及已经遭受破坏但经保护能够恢复的同类自然生态系统区域；珍稀、濒危野生动植物物种的天然集中分布区域；具有特殊保护价值的海域、海岸、岛屿、湿地、内陆水域，森林、草原和荒漠；具有重大科学文化价值的地质构造、著名溶洞、化石分布区、冰川、火山、温泉等自然遗迹；经国务院或者省、自治区、直辖市人民政府批准，需要予以特殊保护的其他自然区域。

自然保护区分为国家级自然保护区和地方级自然保护区。在国内外有典型意义、在科学上有重大国际影响或者有特殊科学研究价值的自然保护区，列为国家级自然保护区；其他具有典型意义或者重要科学研究价值的自然保护区被列为地方级自然保护区。地方级自然保护区可以由不同级别的地方主管部门进行管理。

根据《中华人民共和国自然保护区条例》第十二条的规定，国家级自然保护区的建立，由自然保护区所在的省、自治区、直辖市人民政府或者国务院有关自然保护区主管部门提出申请，经国家级自然保护区评审委员会评审后，由国务院环境保护主管部门进行协调并提出审批建议，报国务院批准。

地方级自然保护区的建立，由自然保护区所在的县、自治县、市、自治州人民政府或者省、自治区、直辖市人民政府有关自然保护区主管部门提出申请，经地方级自然保护区评审委员会评审后，由省、自治区、直辖市人民政府环境保护主管部门进行协调并提出审批建议，报省、自治区、直辖市人民政府批准，并报国务院环境保护主管部门和国务院有关自然保护区主管部门备案。

跨两个以上行政区域的自然保护区的建立，由有关行政区域的人民政府协商一致后提出申请，并按照前两款规定的程序审批。建立海上自然保护区，须经国务院批准。

(2)自然保护区的分区。

根据《中华人民共和国自然保护区条例》第十八条的规定，自然保护区可以分为核心区、缓冲区和实验区。

自然保护区内保存完好的天然状态的生态系统以及珍稀、濒危动植物的集中分布地，应当划为核心区，禁止任何单位和个人进入；除依法经批准外，也不允许进入从事科学研究活动。核心区所占面积不得低于该自然保护区总面积的1/3。核心区外围可以划定一定面积的缓冲区，只准进入从事科学研究观测活动。缓冲区外围划为实验区，可以进入从事科学试验、教学实习、参观考察、旅游以及驯化、繁殖珍稀、濒危野生动植物等活动。实验区所占面积不得超过该自然保护区总面积的1/3原批准建立自然保护区的人民政府认为必要时，可以在自然保护区的外围划定一定面积的外围保护地带。确定自然保护区的范围和界线，应当兼顾保护对象的完整性和适度性，以及当地经济建设和居民生产、生活的需要。

自然保护区的撤销及其性质、范围、界线的调整或者改变，应当经原批准建立自然保护区的人民政府批准。任何单位和个人，不得擅自移动自然保护区的界标。违反者，由自然保护区管理机构责令其改正，并可以根据不同情节处100元以上5 000元以下的罚款。

4. 自然保护区管理的法律规定

(1)管理机构。

国家级自然保护区，由其所在地的省、自治区、直辖市人民政府有关自然保护区主管部门或者国务院有关自然保护区主管部门管理。地方级自然保护区，由其所在地的县级以上地方人民政府有关自然保护区主管部门管理

有关自然保护区主管部门应当在自然保护区内设立专门的管理机构，配备专业技术人员，负责自然保护区的具体管理工作。

(2)自然保护区的资金机制。

自然保护区的资金来源主要由自然保护区所在地的县级以上地方人民政府的财政安排，国家对国家级自然保护区的管理，给予适当的资金补助。

(3)防止破坏自然保护区的规定。

根据《中华人民共和国自然保护区条例》的规定，一切单位和个人都有保护自然保护区内自然环境和自然资源的义务，并有权对破坏、侵占自然保护区的单位和个人进行检举、控告。在自然保护区内的单位，居民和经批准进入自然保护区的人员，必须遵守自然保护区的各项管理制度，接受自然保护区管理机构的管理。

禁止在自然保护区内进行砍伐、放牧、猎，捕捞、采药、开基，烧荒，开矿、采石、挖沙等活动。违反者，除可以依照有关法律、行政法规规定给予处罚的以外，由县级以上人民政府有关自然保护区主管部门或者其授权的自然保护区管理机构没收走法所得，令停止违法行为，限期恢复原状或者采取其他补救措施；对自然保护区造成破坏的，可以处以300元以上1万元以下的罚款。

禁止任何人进入自然保护区的核心区，因科学研究的需要必须进入核心区从事科学研究观测、调查活动的，应当事先向自然保护区管理机构提交申请和活动计划，并经省级以上人民政府有关自然保护区主管部门批准；其中，进入国家级自然保护区核心区的，必须经国务院有关自然保护区主管部门批准。违反者，由自然保护区管理机构责令其改正，并可以根据不同情节处以100元以上5 000元以下的罚款。

【案例5.3】

A、B、C、D四人是探险爱好者。某日，他们听说某国家级自然保护区内有一块无人知晓的区域别有洞天，堪称“人间仙境”，决定冒险进入。途中，他们看见一块告示牌，上面写明此处已是自然保护区的核心区，未经准任何人不得进

入。但他们对此置之不理，继续前进。在从核心区出来的途中，他们被自然保护区管理部门执法人员发现。经查，他们并未给自然保护区造成任何害。

讨论：A、B、C、D 的行为是否违法？该受到何种处罚？

外国人进入地方级自然保护区的，接待单位应当事先报经省、自治区、直辖市人民政府有关自然保护区主管部门批准；进入国家级自然保护区的，接待单位应当报经国务院有关自然保护区主管部门批准。

还有禁在自然保护区的缓冲区开展旅游和生产经营活动；因教学科研的目的，需要进入自然保护区的缓冲区从事非破坏性的科学研究、教学实习和标本采集活动的，应当事先向自然保护区管理机构提交申请和活动计划，经自然保护区管理机构批准，并将其活动成果的副本提交自然保护区管理机构。违反者，由自然保护区管理机构责令其改正，并可以根据不同情节处 100 元以上 5 000 元以下的罚款。

在自然保护区的核心区和缓冲区内，不得建设任何生产设施。在自然保护区的实验区内，不得建设污染环境、破坏资源或者景观的生产设施；建设其他项目，其污染物排放不得超过国家和地方规定的污染物排放标准。在自然保护区的外围保护地带建设的项目，不得损害自然保护区内的环境质量；已造成损害的，应当限期治理。

因发生事故或者其他突然性事件，造成或者可能造成自然保护区污染或者破坏的单位和个人，必须立即采取措施处理，及时通报可能受到危害的单位和居民，并向自然保护区管理机构和当地主管部门报告。

违反《中华人民共和国自然保护区条例》的规定，给自然保护区造成损失的，由县级以上人民政府有关自然保护区主管部门责令赔偿损失；造成自然保护区重大污染或者破坏事故，导致公私财产重大损失或者人身伤亡的严重后果，构成犯罪的，对直接负责的主管人员和其他直接责任人员依法追究刑事责任。

(二)风景名胜区、城市景观与文化遗迹地保护的法律规定

1. 风景名胜区保护的法律规定

(1)概述。

风景名胜区是指具有观赏、文化或者科学价值，自然景观、人文景观比较集中，环境优美，可供人们游览或者进行科学、文化活动的区域。

我国现行有效的关于风景名胜区保护的专门规章和行政法规包括 2006 年国务院发布的《中华人民共和国风景名胜区条例》、1993 年住建部发布的《风景名胜区建设管理规定》、2008 年国务院发布的《历史文化名城名镇名村保护条例》。同时，在《中华人民共和国环境保护法》《中华人民共和国城乡规划法》《中华人民共

和国矿产资源法》等法律中也有风景名胜区保护的相关规定。

(2)风景名胜区的管理原则、管理体制和管理机构。

根据《中华人民共和国风景名胜区条例》的规定，国家对风景名胜区实行科学规划、统一管理、严格保护、永续利用的原则。

风景名胜区的管理实行统一监督管理和分工负责相结合的体制。国务院建设主管部门负责全国风景名胜区的监督管理工作。国务院其他有关部门按照国务院规定的职责分工，负责风景名胜区的有关监督管理工作。省、自治区人民政府建设主管部门和直辖市人民政府风景名胜区主管部门，负责本行政区域内风景名胜区的监督管理工作；省、自治区、直辖市人民政府其他有关部门按照规定的职责分工，负责风景名胜区的有关监督管理工作。

风景名胜区由其所在地县级以上地方人民政府设立风景名胜区管理机构，负责风景名胜区的保护、利用和统一管理工作。

(3)风景名胜区的设立。

按景物的观赏、文化、科学价值和环境价值、规模大小、游览条件等，风景名胜区可划分为国家级风景名胜区和省级风景名胜区，自然景观和人文景观能够反映重要自然变化过程和重大历史文化发展过程，基本处于自然状态或者保持历史原貌；具有国家代表性的，可以申请设立国家级风景名胜区；具有区域代表性的，可以申请设立省级风景名胜区。

不同级别的风景名胜区的设立应当遵照不同的审批程序。

根据《中华人民共和国风景名胜区条例》第七条的规定，新设立的风景名胜区与自然保护区不得重合或者交叉；已设立的风景名胜区与自然保护区重合或者交叉的，风景名胜区规划与自然保护区规划应当相协调。风景名胜区内的土地、森林等自然资源和房屋等财产的所有权人、使用权人的合法权益受法律保护。申请设立风景名胜区的人民政府应当在报请审批前，与风景名胜区内的土地、森林等自然资源和房屋等财产的所有权人、使用权人充分协商。因设立风景名胜区对风景名胜区内的土地、森林等自然资源和房屋等财产的所有权人、使用权人造成损失的，应当依法给予补偿。

(4)风景名胜区规划。

风景名胜区规划分为总体规划和详细规划。国家级风景名胜区规划由省自治区人民政府建设主管部门或者直辖市人民政府风景名胜区主管部门组织编制。省级风景名胜区规划由县级人民政府组织编制。

风景名胜区总体规划应当体现人与自然和谐相处、区域协调发展和经济社会全面进步的要求，坚持保护优先、开发服从保护的原则，突出风景名胜资源的自然特性、文化内涵和地方特色。风景名胜区总体规划应当包括下列内容：风景资源评价；生态资源保护措施、重大建设项目布局、开发利用强度；风景名胜区的功能结构和空间布局；禁止开发和限制开发的范围；风景名胜区的游客容量；有关专项规划。风景名胜区应当自设立之日起2年内编制完成总体规划。总体规划的规划期一般为20年。

风景名胜区详细规划应当符合风景名胜区总体规划，根据核心景区和其他景区的不同要求编制，确定基础设施、旅游设施、文化设施等建设项目的选址、布局与规模，并明确建设用地范围和规划设计条件。

编制风景名胜区规划应当广泛征求有关部门、公众和专家的意见，必要时，应当进行听证。风景名胜区规划报送审批的材料应当包括社会各界的意见以及意见采纳的情况和未予采纳的理由。

风景名胜区规划未经批准的，不得在风景名胜区内进行各类建设活动。经批准的风景名胜区规划不得擅自修改。确需修改的，应当报原审批机关备案或者批准。

(5)风景名胜区保护的法律规定。

根据《中华人民共和国风景名胜区条例》的规定，在风名胜区内，禁止进行开山、采石、开矿、开荒、修坟立碑等破坏景观、植被和地形地貌的活动；禁止修建储存爆炸性、易燃性、放射性、毒害性、腐蚀性物品的设施。违反者，由风景名胜区管理机构责令停止违法行为，恢复原状或者限期拆除，没收违法所得，并处50万元以上100万元以下的罚款。个人在风景名胜区内进行开荒、修坟立碑等破坏景观、植被、地形地貌的活动的，由风景名胜区管理机构责令停止违法行为、限期恢复原状或者采取其他补教措施，没收违法所得，并处1 000元以上1万元以下的罚款。

禁止在景物或者设施上刻画、涂污，乱扔垃圾。违反者，由风景名胜区管理机构责令恢复原状或者采取其他补救措施，处50元的罚款。

在风景名胜区内设置、张贴商业广告、举办大型游乐等活动或者从事改变水资源、水环境自然状态的活动和其他影响生态和景观的活动，应当经风景名胜区管理机构审核后依法报有关主管部门批准。违反者，由风景名胜区管理机构责令停止违法行为，限期恢复原状或者采取其他补救措施，没收违法所得，并处5万元以上10万元以下的到款；情节严重的，并处10万元以上20万元以下的罚款。

禁止违反风景名胜区规划，在风景名胜区内设立各类开发区和在核心景区内建设宾馆、招待所、培训中心、疗养院以及与风景名胜资源保护无关的其他建筑物；已经建设的，应当按照风景名胜区规划，逐步迁出。违反者，由风景名胜区管理机构责令停止违法行为，恢复原状或者限期拆除，没收违法所得，并处50万元以上100万元以下的词款。

在风景名胜区内从事禁止范围以外的建设活动，未经风景名胜区管理机构审核的，由风景名胜区管理机构责令停止建设、限期拆除，对个人处2万元以上5

万元以下的罚款，对单位处20万元以上50万元以下的罚款。

在国家级风景名胜区内修建缆车、索道等重大建设工程，项目的选址方案应当经国务院建设主管部门核准。未经国务院建设主管部门核准，县级以上地方人民政府有关部门核发选址意见书的，对直接负责的主管人员和其他直接责任人员依法给予处分；构成犯罪的，依法追究刑事责任。

风景名胜区内的建设项目应当符合风景名胜区规划，并与景观相协调，不得破坏景观、污染环境、妨碍游览。在风景名胜区内进行建设活动的，建设单位、施工单位应当制定污染防治和水土保持方案，并采取有效措施，保护好周围景物、水体、林草植被、野生动物资源和地形地貌。违反者，由风景名胜区管理机构责令停止违法行为、限期恢复原状或者取其他补救措施，并处2万元以上10万元以下的罚款；逾期未恢复原状或者采取有效措施的，由风景名胜区管理机构责令停止施工。

2. 自然遗产与文化遗迹地保护的法律规定

(1)概述。

根据联合国《保护世界文化和自然遗产公约》第二条的规定，自然遗产包括从审美或科学角度看具有突出的普遍价值的由物质和生物结构或这类结构群组成的自然面貌，如石林、溶洞等。从科学或保护角度看具有突出的普遍价值的地质和自然地理结构以及明确划为受威胁的动物和植物生境区，如冰川遗迹、古生物化石遗迹、大熊猫生长繁殖地等。从科学、保护或自然美角度看具有突出的普遍价值的天然名胜或明确划分的自然区域，如名树、名山等。

文化遗迹地，是指前人所创造的可以用来表明特定历史时期文化特征的旧迹。与文化遗迹地非常相近的概念是联合国《保护世界文化和自然遗产公约》中的"文化遗产"，其中包括文物、建筑群和遗址。文物，是指从历史、艺术或科学角度看具有突出的普遍价值的建筑物、雕刻和绘画，具有考古性质成分或结构、铭文、洞穴以及各类文物的综合体；建筑群，是指从历史、艺术或科学角度看，在建筑式样、分布均匀或与环境景色结合方面，具有突出的普遍价值的单立或连接的建筑群；遗址，是指从历史、审美、人种学或人类学角度看具有突出的普遍价值的人类工程或自然与人联合工程以及考古地址等地方，文化遗产的外延比文化遗迹地要广，文化遗迹地更侧重于人文景观与地貌的附着性和耦合性。

我国于1985年11月参加联合国教科文组织《保护世界文化和自然遗产公约》，并于1991年10月当选为世界遗产委员会成员。但是截至目前，我国还没有制定专门保护自然遗产、文化遗产的法律法规，只是在《中华人民共和国宪法》和相关法律法规中有自然遗产和文化遗产保护的相关规定。

(2)有关自然遗产和文化遗迹的保护的法律规定。

《中华人民共和国宪法》第二十二条第二款规定："国家保护名胜古迹、珍贵文物和其他重要历史文化遗产。"《中华人民共和国环境保护法》把自然遗迹和人文遗纳入"环境"的客体范畴而明确予以保护，并要求各级人民政府对具有重大科学文化价值的地质构造、著名溶洞和化石分布区、冰川、火山、温泉等自然遗迹，以及人文遗迹、古树名木，应当采取措施加以保护，严禁破坏。《中华人民共和国自然保护区条例》关于自然保护区保护对象的规定就包含了对自然遗产的保护，明确"具有重大科学文化价值的地质构造，著名溶洞、化石分布区、冰川、火山、温泉等自然遗迹，应当建立自然保护区"。

《中华人民共和国城乡规划法》《中华人民共和国文物保护法》《文物保护法实施条例》《历史文化名城名镇名村保护条例》等法律法规则为文化遗迹的保护提供了比较全面的法律保护。《中华人民共和国文物保护法》将古文化遗址、古墓葬、古建筑、石窟寺、石刻、壁画、近代现代重要史迹和代表性建筑等不可移动文物，根据它们的历史、艺术、科学价值，通过建立文物保护单位的制度进行保护。《中华人民共和国文物保护法》规定，对核定为文物保护单位的革命遗址、纪念建筑物、古文化遗址、古墓、古建筑、石窟寺和石刻等(包括建筑物的附属物)，在进行修缮、保养、迁移时，必须遵守不改变文物原状的原则。根据保护文物的实际需要，经省、自治区、直辖市人民政府批准，可以在文物保护单位的周围划出一定的建设控制地带，并予以公布。

《中华人民共和国城乡规划法》将水源地和水系、基本农田和绿化用地、环境保护、自然与历史文化遗产保护以及防灾减灾等内容作为强制性内容纳入城市总体规划、镇总体规划和乡规划、村庄规划，并采取措施进行实际保护。

《历史文化名城名镇名村保护条例》对符合如下条件的历史文化名城名镇和名村进行重点保护：保存文物特别丰富；历史建筑集中成片；保留着传统格局和历史风貌；历史上曾经作为政治、经济、文化、交通中心或者军事要地，或者发生过重要历史事件，或者其传统产业、历史上建设的重大工程对本地区的发展产生过重要影响，或者能够集中反映本地区建筑的文化特色、民族特色。

(三)海洋生态与海岛保护的法律规定

1. 海洋生态保护

(1)概述。

我国既是陆地大国，又是海洋大国。保护好海洋生态，关系到我国未来一个历史时期国家兴盛的大局。鉴于海洋生态与海洋环境密不可分的关系，我国将海洋生态保护、海洋资源保护与海洋污染控制进行综合调整，统一反映在《中华人民共和国海洋环境保护法》中。此外，涉及海洋生态保护的规章还包括《近岸海域环境功能区管理办法》《海洋自然保护区管理办法》《海洋特别保护区管理办法》等。

(2)一般规定。

第一，海洋功能区与海洋功能区划制度。

根据《中华人民共和国海洋环境保护法》的规定，海洋功能区，是指根据海洋的自然资源条件、环境状况和地理位置，并考虑到海洋开发利用现状和社会经济发展需求所划定的，具有特定主导功能，有利于资源的合理开发利用，能够发挥最佳效益的区域。

海洋功能区划，是指依据海洋的自然属性和社会属性，以及自然资源和环境特定条件，界定海洋利用的主导功能和使用范畴。海洋功能区划是结合海洋开发利用现状和社会经济发展需要，划分出具有特定主导功能，适应不同开发方式，并能取得最佳综合效益区域的一项基础性工作是海洋环境管理的基础。海洋功能区划的范围包括我国享有主权和管辖权的全部海域、岛屿和必要依托的陆域。国务院和地方人民政府负责全国和地方海洋功能区划，并负责区划的执行，在使用海域时，必须严格遵守海洋功能区划的规定。

国家根据海洋功能区划制定全国海洋环境保护规划和重点海城区域性海洋环境保护规划。毗邻重点海域的有关沿海省、自治区、直辖市人民政府及行使海洋环境监督管理权的部门，可以建立海洋环境保护区域合作组织，负责实施重点海域区域性海洋环境保护规划、海洋环境污染的防治和海洋生态保护工作。

第二，近岸海城环境功能区制度。

为保护和改善近岸海域生态环境，实现海岸水质达到《海水水质标准》，规范近岸海域环境功能区的划定工作，加强对近岸海域环境功能区的管理，国家环境保护总局于1999年制定并通过《近岸海域环境功能区管理办法》。

近岸海域环境功能区，是指为适应近岸海域环境保护工作的需要，依据近岸海域的自然属性和社会属性以及海洋自然资源开发利用现状，结合本行政区国民经济、社会发展计划与规划，按照本办法规定的程序，对近岸海域按照不同的使用功能和保护目标而划定的海洋区域。

近岸海域环境功能区划分为四种类型：一类近岸海域环境功能区包括海洋渔业水域、海上自然保护区、珍稀濒危海洋生物保护区等；二类近岸海域环境功能区包括水产养殖区、海水浴场、人体直接接触海水的海上运动或娱乐区、与人类食用直接有关的工业用水区等；三类近岸海域环境功能区包括一般工业用水区、海滨风景旅游区等；四类近岸海域环境功能区包括海洋港口水域、海洋开发作业区等。各类近岸海城环境功能区执行相应类别的海水水质标准。

第三，政府保护海洋生态的责任。

根据《中华人民共和国海洋环境保护法》的规定，国务院和沿海地方各级人民政府保护海洋生态的责任包括采取有效措施，保护红树林、珊瑚融、滨海湿地①，海岛、海湾、入海河口、重要渔业本域②等具有典型性、代表性的海洋生态系统，珍稀、濒危海洋生物的天然集中分布区、具有重要经济价值的海洋生物生存区域及有重大科学文化价值的海洋自然历史迹和自然景观。采取有效措施对具有重要经济、社会价值的已遭到破坏的海洋生态，应当进行整治和恢复。结合当地自然环境的特点，建设海岸防护设施、沿海防护林、沿海城镇园林和绿地，对海岸侵蚀和海水入侵地区进行综合治理。禁止毁坏海岸防护设施、沿海防护林、沿海城镇园林和绿地。

违反《中华人民共和国海洋环境保护法》的规定，造成珊瑚礁、红树林等海洋生态系统及海洋水产资源、海洋保护区破坏的，由依照本法规定行使海洋环境监督管理权的部门责令限期改正和采取补救措施，并处 1 万元以上 10 万元以下的罚款；有违法所得的，没收其违法所得。对破坏海洋生态、海洋水产资源、海洋保护区，给国家造成重大损失的，由依照本法规定行使海洋环境监督管理权的部门代表国家对责任者提出损害赔偿要求。

第四，开发，利用海洋资源中的保护措施。

开发利用海洋资源，应当根据海洋功能区划合理布局，不得造成海洋生态环境破坏。开发海岛及周围海域的资源，应当采取严格的生态保护措施，不得造成海岛地形、岸滩、植被以及海岛周围海城生态环境的破坏。国家鼓励发展生态渔业建设，推广多种生态渔业生产方式，改善海洋生态状况。新建、改建、扩建海水养殖场，应当进行环境影响评价。海水养殖应当科学确定养殖密度，并应当合理投饵、施肥，正确使用药物，防止造成海洋环境的污染。

(3)海洋保护区的法律规定。

第一，海洋自然保护区。

海洋自然保护区是指以保护海洋自然环境和自然资源为目的，在海域依法对具有特殊经济、科研或社会价值的保护对象划出一定的面积予以特殊保护和管理的区域。

根据《中华人民共和国海洋环境保护法》第二十二条的规定，凡具有下列条件之一的，应当建立海洋自然保护区：典型的海洋自然地理区域、有代表性的自然生态区域，以及遭受破坏但经保护能恢复的海洋自然生态区域；海洋生物物种高度丰富的区域，或者珍稀、濒危海洋生物物种的天然集中分布区域；具有特殊保护价值的海域、海岸、岛屿、滨海湿地、入海河口和海涛等；具有重大科学文

① 根据《中华人民共和国海洋环境保护法》第九十五条第三项的规定，滨海湿地，是指低潮时水深于 6 米的水域及其沿岸浸湿地带，包括水深不超过 6 米的永久性水城、潮间带(或洪泛地带)和沿海低地等。

② 根据《海评环境保护法》第九十五条第五项的规定，渔业水域，是指鱼虾类的产卵场、索饵场、越冬场、洄游通道和鱼虾贝藻类的养殖场。

化价值的海洋自然遗迹所在区域；其他需要予以特殊保护的区域。[①] 国家级海洋自然保护区的建立，须经国务院批准。

海洋自然保护区可根据自然环境、自然资源状况和保护需要划为核心区、缓冲区、实验区，或者根据不同保护对象规定绝对保护期和相对保护期。海洋自然保护区内的单位、居民和进入该保护区的外来人员及船只，必须遵守海洋自然保护区的各项规章制度，接受海洋自然保护区管理机构的管理。在海洋自然保护区内禁止擅自移动、搬迁或破坏界碑、标志物及保护设施；禁止非法捕捞、采集海洋生物，非法采石、挖沙、开采矿藏及其他任何有损保护对象及自然环境和资源的行为。

第二，海洋特别保护区。

海洋特别保护区的宗旨是，在积极推进海洋资源、环境和空间开发的同时，维持海洋自然景观和资源再生产能力，维护海区的良性生态平衡不被破坏并能得到改善，海洋特别保护区与海洋自然保护区的建设目的和管理方式均不相同，海洋特别保护区内的保护，不是单纯保护某一种资源或维护自然生态系统的原始性或现有状态，而是提供科学依据，对所有资源积极地采取综合保护措施，协调各开发利用单位之间及其与某一资源或多项资源的关系，以保证最佳的开发利用秩序和效果。

根据《中华人民共和国海洋环境保护法》第二十三条的规定，凡具有特殊地理条件、生态系统、生物与非生物资源及海洋开发利用特殊需要的区域，可以建立海洋特别保护区，采取有效的保护措施和科学的开发方式进行特殊管理。

在海洋特别保护区内，允许适度开展下列活动：生态养殖业；人工繁育海洋生物物种；生态旅游业；休闲渔业；无害化科学试验；海洋教育宣传活动；其他经依法批准的开发利用活动。具体而言，在从事养殖业时，应当按照养殖容量从事海水养殖业，合理控制养殖规模，推广健康的养殖技术，合理投饵、施肥，养殖用药应当符合国家和地方有关农药、兽药安全使用的规定和标准，防止养殖自身污染。在从事海洋生态旅游时，应当科学确定旅游区的游客容量，合理控制游客流量，加强自然景观和旅游景点的保护。禁止超过允许容量接纳游客和在没有安全保障的区域开展游览活动。

2. 海岛保护

(1) 概述。

海岛是指四面环海水并在高潮时高于水面的自然形成的陆地区域，包括有居民海岛和无居民海岛。我国是海洋大国，海域辽阔，海岛众多，在我国300万平

① 根据全国人大常委会《中华人民共和国海洋环境保护法》第二十二条条文释义，“其他需要予以特殊保护的区域”包括：受人类活动影响、损害较小，或者基本上没有遭到干扰的原始海洋环境和区域；具有代表性的自然景观和自然古迹；文化景观；历史和考古区域。

方千米的海域中，面积为500平方米以上的海岛有6 900多个，小于500平方米的海岛有上万个，还有诸多低潮高地。①

为了保护海岛及其周边海城生态系统，合理开发利用海岛自然资源，维护国家海洋权益，促进经济社会可持续发展，2009年12月，我国制定了《中华人民共和国海岛保护法》。此外，海岛的开发，海岛土地的利用、岛上矿产资源的开发利用，岛上生物资源的采捕，海岛周田海域的渔业资源及水生生物资源的开发，淡水资源的利用与保护、海岛周田海域的使用，海岛生态环境的保护等内容，分别适用《中华人民共和国城乡规划法》《中华人民共和国土地管理法》《中华人民共和国矿产资源法》《中华人民共和国野生动物保护法》《中华人民共和国渔业法》《中华人民共和国水法》《中华人民共和国海域使用管理法》《中华人民共和国海洋环境保护法》等相关法律。

(2)一般规定。

根据《中华人民共和国海岛保护法》的规定，国家对海岛实行科学规划、保护优先、合理开发、永续利用的原则。国务院和沿海地方各级人民政府有责任采取有效措施保护海岛，包括保护海岛的自然资源、自然景观以及历史、人文遗迹。

国家采取的保护海岛的具体措施包括开展海岛物种登记，保护和管理海岛生物物种；保护海岛植被，促进海岛淡水资源的涵养；支持有居民海岛淡水储存、海水淡化和岛外淡水引入工程设施的建设；安排海岛保护专项资金，用于海岛的保护、生态修复和科学研究活动；支持利用海岛开展科学研究活动，但不得造成海岛及其周边海域生态系统破坏；支持在海岛建立可再生能源开发利用、生态建设等实验基地。

(3)有居民海岛的生态系统保护。

第一，规范海岛开发行为

有居民海岛的开发、建设应当对海岛土地资源、水资源及能源状况进行调查评估。海岛的开发、建设应当依法进行环境影响评价。海岛的开发、建设不得超出海岛的环境容量。新建、改建、扩建建设项目，必须符合海岛主要污染物排放建设用地和用水总量控制指标的要求。有居民海岛的开发、建设应当优先采用风能、海洋能、太阳能等可再生能源和雨水积蓄海水淡化、污水再生利用等技术。有居民海岛及其周边海域应当划定禁止开发、限制开发区域，并采取措施保护海岛生物栖息地，防止海岛植被退化和生物多样性降低。

---

① 全国人民代表大会环境与资源保护委员会《关于<中华人民共和国海岛保护法(草案)>的说明》于2009年6月22日发布，根据《中华人民共和国海岛保护法》第五十七条第三项的规定，低潮高地是指在低潮时四面环海水并高于水面但在高潮时没入水中的自然形成的陆地区域。根据该法第五十六条的规定，低潮高地的保护及相关管理活动，比照《中华人民共和国海岛保护法》有关规定执行。

第二，规范海岛工程建设与生态保护。

在有居民海岛进行工程建设，应当坚持先规划后建设，生态保护设施优先建设或者与工程项目同步建设的限期。进行工程建设造成生态破坏的，应当负责修复；无力修复的，由县级以上人民政府责令停止建设，并可以指定有关部门组织修复，修复费用由造成生态破坏的单位、个人承担。

严格限制在有居民海岛沙滩建造建筑物或者设施；确需建造的，应当依照有关城乡规划、土地管理、环境保护等法律法规的规定执行。未经依法批准在有居民海岛沙滩建造的建筑物或者设施，对海岛及其周边海域生态系统造成严重破坏的，应当依法拆除。严格限制在有居民海岛沙滩采挖海砂；确需采挖的，应当依照有关海域使用管理、矿产资源的法律法规的规定执行。

严格限制填海、围海等改变有居民海岛海岸线的行为，严格限制通过填海造地等方式将海岛与陆地或者海岛与海岛连接起来的填海连岛工程建设；确需进行此类活动的，要依法申请和审批。

(4)无居民海岛的保护。

根据《中华人民共和国海岛保护法》第五十七条第二项的规定，无居民海岛，是指不属于居民户籍管理的住址登记地的海岛。

第一，无居民海岛的自然资源保护。

无居民海岛面积小，生态系统结构简单、脆弱。目前绝大多数无居民海岛不具备开发利用的条件。对于未经批准利用的海岛应当以保护为主，不得改变海岛自然原始状态，减少人类活动的干扰和影响。违反《中华人民共和国海岛保护法》的规定，进行严重改变无居民海岛自然地形、地貌的活动的，由县级以上人民政府海洋主管部门责令停止违法行为，处5万元以上50万元以下的罚款。

禁止在无居民海岛采石、挖海砂、采伐林木以及进行生产、建设、旅游等活动。严格限制在无居民海岛采集生物和非生物样本；因教学、科学研究确需采集的，应当报经海岛所在县级以上地方人民政府海洋主管部门批准。违反《中华人民共和国海岛保护法》的规定，在无居民海岛采石、挖海砂、伐林木或者采集生物、非生物样本的，由县级以上人民政府海洋主管部门责令停止违法行为，没收违法所得，可以并处2万元以下的罚款。在无居民海岛进行生产、建设活动或者组织开展旅游活动的，由县级以上人民政府海洋主管部门责令停止违法行为，没收违法所得，并处2万元以上20万元以下的罚款。

第二，可利用无居民海岛的开发。

从事全国海岛保护规划确定的可利用无居民海岛的开发利用活动，应当遵守可利用无居民海岛保护和利用规划，采取严格的生态保护施，避免造成海岛及其周边海域生态系统破坏。

开发利用全国海岛保护规划确定的可利用无居民海岛，应当实行申请和审批程序，申请和审批程序在省，自治区、直辖市级人民政府开展。无居民海岛的开发利用涉及利用特殊用途海岛的，由国务院审批，经批准开发利用无居民海岛的，应当依法缴纳使用金。但是，因国防、公务、教学、防灾减灾、非经营性公用基础设施建设和基础测绘、气象观测等公益事业使用无居民海岛的除外。

经批准在可利用无居民海岛建造建筑物或者设施，应当按照可利用无居民海岛保护和利用规划限制建筑物、设施的建设总量、高度以及与海岸线的距离，使其与周围植被和景观相协调。

因公务、教学、科学调查、救灾、避险等需要而短期登临，停靠无居民海岛进行临时性利用的，不得采用钢、水泥、砖、木、石及其他耐久性建筑材料在所利用的海岛进行构筑，使用期限超过临时性利用需要的永久性建筑物或者设施。在依法确定为开展旅游活动的可利用无居民海岛及其周边海域，不得建造居民定居场所，不得从事生产性养殖活动。已经存在生产性养殖活动的，应当在编制可利用无居民海岛保护和利用规划中确定相应的污染防治措施。在临时性利用的无居民海岛建造永久性建筑物或者设施，或者在依法确定为开展旅游活动的可利用无居民海岛建造居民定居场所的，由县级以上人民政府海洋主管部门责令停止违法行为，处 2 万元以上 20 万元以下的罚款。

无居民海岛利用过程中产生的废水，应当按照规定进行处理和排放。无居民海岛利用过程中产生的固体废物，应当按照规定进行无害化处理、处置，禁止在无居民海岛弃置或者向其周边海域倾倒，在海岛及其周边海域违法排放污染物的，依照有关环境保护法律的规定处罚。

(5)特殊用途海岛的保护。

国家对领海基点所在海岛、国防用途海岛、海洋自然保护区内的海岛等具有特殊用途或者特殊保护价值的海岛，实行特别保护。

领海基点所在的海岛，应当由海岛所在省、自治区、直辖市人民政府划定保护范围，报国务院海洋主管部门备案。领海基点及其保护范围周边应当设置明显标志。

禁止在领海基点保护范围内进行工程建设以及其他可能改变该地域地形地貌的活动，违反者，由县级以上人民政府海洋主管部门责令停止违法行为，处 2 万元以上 20 万元以下的罚款。损毁或者擅自移动领海基点标志的，依法给予治安管理处罚。

国防用途海岛，是指用于维护国防安全目的的岛屿。《中华人民共和国海岛保护法》第三十八条规定：禁止破坏国防用途无居民海岛的自然地形、地貌和有居民海岛国防用途区域及其周边的地形、地貌，禁止将国防用途无居民海岛用于与国防无关的目的。国防用途终止时，经军事机关批准后，应当将海岛及其有关生态保护的资料等一并移交该海岛所在省、自治区、直辖市人民政府。破坏、危害设置在海岛的军事设施，或者损毁、擅自移动设置在海岛的助航导航、测量、气象观测、海洋监测和地震监测等公益设施的，依照有关法律、行政法规的规定处罚。

国务院有关部门和沿海省、自治区、直辖市人民政府，根据海岛自然资源、自然景观以及历史、人文遗迹保护的需要，对具有特殊保护价值的海岛及其周边海域，依法批准设立海洋自然保护区或者海洋特别保护区。

第三节 自然资源保护法

一、土地利用与保护的法律规定

(一)土地利用与保护

1. 概述

土地是人类以生存和发展的物质基础和环境条件，也为各种动物提供栖息、生长和繁衍场所，具有重要的作用。为加强土地管理，维护土地的社会主义公有制，保护、开发土地资源，合理利用土地，切实保护耕地，促进社会经济的可持续发展，我国于1986年6月25日通过了《中华人民共和国土地管理法》，并于1988年、1998年和2004年进行了三次修订。

我国有关保护和管理土地资源的法律法规还包括《中华人民共和国防沙治沙法》《中华人民共和国水土保持法》《中华人民共和国农村土地承包法》《中华人民共和国水土保持法实施条例》《中华人民共和国土地管理法实施条例》《基本农田保护条例》《土地复垦条例》及《自然保护区土地管理办法》等。此外，在《中华人民共和国宪法》《中华人民共和国农业法》《中华人民共和国环境保护法》《中华人民共和国矿产资源法》等相关法律中也有一些保护土地资源的规定。

2. 一般规定

(1)土地利用的基本国策和基本原则。

“十分珍惜、合理利用土地和切实保护耕地”是我国的基本国策之一。我国实行土地的社会主义公有制，即全民所有制和劳动群众集体所有制。国务院土地主管部门统一负责全国土地的管理和监督工作。

(2)土地用途管制制度和土地利用总体规划制度。

我国实行土地用途管制制度。按照用途，土地分为农用地、建设用地和未利用地。严格限制农用地转为建设用地，控制建设用地总量，对耕地实行特殊保护。使用土地的单位和个人必须严格按照土地利用总体规划确定的用途使用土地。各级人民政府应当依据国民经济和社会发展规划、国土整治和资源环境保护的要求、土地供给能力以及各项建设对土地的需求、组织编制土地利用总体规划。城市总体规划、村庄和集镇规划，以及有关江河、湖泊综合治理和开发利用规划等，都应当与土地利用总体规划相衔接。

3. 耕地保护的法律规定

(1)耕地占补制度。

国家保护耕地，严格控制耕地转为非地。非农业建设经批准占用耕地的，按照“占多少，垦多少”的原则，由占用耕地的单位负责开垦与所占用耕地的数量和质量相当的耕地；没有条件开垦或者开垦的耕地不符合要求的，应当按照省、自治区、直辖市的规定缴纳耕地开垦费，专款用于开垦新的耕地。

(2)耕地总量动态平衡制度。

省、自治区、直辖市人民政府应当严格执行土地利用总体规划和土地利用年度计划，采取措施，确保本行政区域内耕地总量不减少；耕地总量减少的，由国务院责令在规定期限内组织开垦与所减少耕地的数量与质量相当的耕地。

(3)基本农田保护制度。

基本农田，是指按照一定时期人口和社会经济发展对农产品的需求，依据土地利用总体规划确定的不得占用的耕地，根据《中华人民共和国土地管理法》第三十四条的规定，应当根据土地利用总体规划划入基本农田保护区的耕地包括：经国务院有关主管部门或者县级以上地方人民政府批准确定的粮、棉、油、蔬菜生产基地内的耕地；有良好的水利与水土保持设施的耕地，正在实施改造计划以及可以改造的中、低产田；蔬菜生产基地；农业科研、教学试验田以及国务院规定应当划入基本农田保护区的其他耕地。

基本农田保护区以乡(镇)为单位进行划区定界，由县级人民政府土地主管部门会同同级农业主管部门组织实施各省、自治区、直辖市划定的基本农田应当占本行政区域内耕地的80%以上。禁止占用基本农田发展林果业和挖塘养鱼。

(4)耕地使用管制。

非农业建设必须节约使用土地，可以利用荒地的，不得占用耕地；可以利用劣地的，不得占用好地。禁止占用耕地建窑、建坟或者擅自在耕地上建房、挖砂、采石、采矿、取土等。

违反者，由县级以上人民政府土地主管部门责令限期改正或者治理，可以并处罚款。禁止任何单位和个人闲置、荒芜耕地。

【案例5.4】

A在某村开办了一个砖厂，但一直未取得经营许可证。砖厂所用的泥土全部取自附近的耕地，A给这些地的承包人每人一万元的补偿。几年来，该村已经有数十亩耕地的泥土被用于制砖，基本上丧失了耕地的功能。

讨论：对于A的行为应当如何处理？

提示：根据《中华人民共和国土地管理法》有关耕地使用管理的规定进行分析。

(5)开发未利用土地及三荒土地管理。

国家鼓励单位和个人按照土地利用总体规划，在保护和改善生态环境、防止水土流失和土地荒漠化的前提下，开发未利用的土地；适宜开发为农用地的，应当优先开发成农用地。禁止毁坏森林、草原开展耕地，禁止围湖造田和侵占江河滩地。对破坏生态环境开垦、围垦的土地，有计划有步骤地退耕还林、还牧、还潮。

开发未确定使用权的国有荒山、荒地、荒滩从事种植业、林业、畜牧业、渔业生产的，经县级以上人民政府依法批准，可以确定给开发单位或者个人长期使用。

(6)鼓励土地整理、提高耕地质量。

国家鼓励土地整理。县、乡(镇)人民政府应当组织农村集体经济组织，按照土地利用总体规划，对田、水、路、林、村综合整治，提高耕地质量，增加有效耕地面积，改善农业生产条件和生态环境。

地方各级人民政府应当采取措施，改造中、低产田，整治闲散地和废弃地。各级人民政府应当采取措施，维护排灌工程设施，改良土壤，提高地力，防止土地荒漠化、盐渍化、水土流失和污染土地。

(7)土地复垦制度。

土地复显，是指对生产建设活动和自然灾害损毁的土地，采取整治措施，使其达到可供利用状态的活动。

因挖损、塌陷、压占等造成土地破坏，用地单位和个人应当按照国家有关规定负责复垦；没有条件复垦或者复垦不符合要求的，应当缴纳土地复费，专项用于土地复垦。复垦的土地应当优先用于农业。历史遗留损毁土地和自然灾害损毁的土地，由县级以上人民政府负责组织复垦。

拒不履行土地复垦义务的，由县级以上人民政府土地主管部门责令限期改正；逾期不改正的，责令缴纳复垦费，专项用于土地复垦，可以处以罚款。

4. 控制建设用地的法律规定

(1)建设用地征收管理。

根据《中华人民共和国土地管理法》第四十五条的规定，征收基本农田，基本农田以外的耕地超过35公顷的和其他土地超过70公顷的，由国务院批准。征收其他土地的，由省、自治区、直辖市人民政府批准，并报国务院备案。征收农用地的，应当依法先行办理农用地转用审批。

对违反土地利用总体规划擅自将农用地改为建设用地的，限期拆除在非法转让的土地上新建的建筑物和其他设施，恢复土地原状，对符合土地利用总体规划的，没收在非法转让的土地上新建的建筑物和其他设施；可以并处罚款。

(2)国有土地有偿使用制度。

除国家机关用地、军事用地等依法以划拨方式取得外，建设单位使用国有土地，应当以出让等有使用方式取得。买卖或者以其他形式非法转让土地的，由县级以上人民政府土地主管部门没收违法所得。

建设单位缴纳土地使用权出让金等土地有偿使用费和其他费用后，方可使用土地。土地有偿使用费，30%上缴中央财政，70%留给有关地方人民政府，都专项用于耕地开发。

(3)控制乡(镇)建设用地。

乡(镇)建设用地，应当符合乡(镇)土地利用总体规划和土地利用年度计划，依法办理审批手续。乡镇企业等农村集体经济组织及乡(镇)村公共设施、公益事业建设需要使用土地的，应当向县级以上地方人民政府土地主管部门提出申请，按照省、自治区、直辖市规定的批准权限，由县级以上地方人民政府批准。

农村村民一户只能拥有一处宅基地，其宅基地的面积不得超过省、自治区、直辖市规定的标准。农村村民未经批准或者采取欺骗手段骗取批准，非法占用土地建住宅的，由县级以上人民政府土地主管部门责令退还非法占用的土地，限期拆除在非法占用的土地上新建的房屋。

(二)水土保持

1. 概述

水土保持是针对水土流失现象而提出的，是指对自然因素和人为活动造成水土流失所采取的预防和治理措施。为了预防治理水土流失，保护和合理利用水土资源，减轻水、旱、风沙灾害，1991 年我国制定了《中华人民共和国水土保持法》，并于 2010 年进行了修订。1993 年国务院发布了《中华人民共和国水土保持法实施条例》。此外，在《中华人民共和国环境保护法》《中华人民共和国土地管理法》《中华人民共和国农业法》《中华人民共和国水法》《中华人民共和国草原法》《中华人民共和国森林法》等法律中也有防治水土流失的规定。

2. 一般规定

(1)水土保持的方针。

根据《中华人民共和国水土保持法》的规定，水土保持工作实行预防为主、保护优先、全面规划、综合治理、因地制宜、突出重点、科学管理、注重效益的方针。

(2)水土保持管理体制。

国务院水行政部门主管全国的水土保持工作。国务院水行政部门在国家确定的重要江河、湖泊设立的流域管理机构，在所管辖范围内依法承担水土保持监督管理职责。县级以上地方人民政府水行政部门主管本行政区域的水土保持工作。

县级以上人民政府林业、农业、国土资源等有关部门按照各自职责，做好有关的水土流失预防和治理工作。

(3)水土流失调查及水土保持规划。

国务院水行政部门应当定期组织全国水土流失调查并公告调查结果。

县级以上人民政府应当依据水土流失调查结果划定并公告水土流失重点预防区和重点治理区。对水土流失潜在危险较大的区域，应当划定为水土流失重点预防区；对水土流失严重的区域，应当划定为水土流失重点治理区。国家在水土流失重点预防区和重点治理区，实行地方各级人民政府水土保持目标责任制和考核奖惩制度。

县级以上人民政府水行政部门会同同级人民政府有关部门编制水土保持规划，报本级人民政府或者其授权的部门批准后，由水行政部门组织实施。水土保持规划应当在水土流失调查结果及水土流失重点预防区和重点治理区划定的基础上，遵循统筹协调、分类指导的原则编制。

3. 水土流失预防的法律规定

(1)防范性措施。

地方各级人民政府应当按照水土保持规划，采取封育保护、自然修复等措施，组织单位和个人植树种草，扩大林草覆盖面积，涵养水源，预防和减轻水土流失。加强对取土、挖砂、采石等活动的管理，预防和减轻水土流失。

(2)禁止性措施。第一，禁止在崩塌滑坡危险区和泥石流易发区从事取土、挖砂、采石等可能造成水土流失的活动，违反者，由县级以上地方人民政府水行政部门责令停止违法行为，没收违法所得，对个人处 1 000 元以上 1 万元以下的罚款，对单位处 2 万元以上 20 万元以下的罚款。

第二，水土流失严重、生态脆弱的地区，应当限制或者禁止可能造成水土流失的生产建设活动，严格保护植物、沙壳、结皮、地衣。在侵蚀沟的沟坡和沟岸、河的两岸以及湖泊和水库的周边，土地所有权人、使用权人或者有关管理单位应当营造植物保护带。禁止开展、开发植物保护带。

第三，禁止在 25 度以上陡坡地开垦种植农作物。省、自治区、直辖市根据本行政区域的实际情况，可以规定小于 25 度的禁止开垦皱度。在违反者，由县级以上地方人民政府水行政部门责令停止违法行为，采取退群、恢复植被等补救措施；按照开垦或者开发面积，可以对个人处每平方米 2 元以下的罚款，对单位处每平方米 10 元以下的罚款。

第四，禁止采集发菜。禁止在水土流失重点预防区和重点治理区铲草皮、挖树兜或者挖虫草、甘草、麻黄等，违反者，由县级以上地方人民政府水行政部门责令停止违法行为，采取补教措施，没收违法所得，并处违法所得1倍以上5倍以下的罚款；没有违法所得的，可以处5万元以下的罚款。违法毁林、毁草开地的，依照《中华人民共和国森林法》《中华人民共和国草原法》的有关规定处罚。

(3)控制性措施。

第一，林木采伐应当采用合理方式，严格控制皆伐；对水源涵养林等只能进行抚育和更新性质的采伐。在林区采伐林木不依法采取防止水土流失措施的，由县级以上地方人民政府林业主管部门、水行政部门责令限期改正，采取补救措施；造成水土流失的，由水行政部门按照造成水土流失的面积处每平方米2元以上10元以下的罚款。

第二，在25度以上陡坡地种植经济林的，应当科学选择树种，合理确定规模，采取水土保持措施，防止造成水土流失。在5度以上坡地植树造林、抚育幼林、种植中药材等，应当采取水土保持措施。在禁止开垦坡度以下5度以上的荒坡地开垦种植农作物，应当采取水土保持措施。

(4)生产建设项目中的预防措施。

第一，生产建设项目选址、选线应当避让水土流失重点预防区和重点治理区。无法避让的，应当提高防治标准，优化施工工艺，减少地表扰动和植被损坏范围，有效控制可能造成的水土流失。

第二，水土保持方案编制、审批与实施。在山区、丘陵区、风沙区以及水土保持规划确定的容易发生水土流失的其他区域开办可能造成水土流失的生产建设项目，生产建设单位应当编制水土保持方案，报县级以上人民政府水行政部门审批，并按照经批准的水土保持方案，采取水土流失预防和治理措施。

水土保持方案经批准后，生产建设项目的地点、规模发生重大变化的，应当补充或者修改水土保持方案并报康审批机关批准：水土保持方案实雄过程中，水土保持措施需要作出重大变更的，应当经原审批机关批准。违反者，由县级以上人民政府水行政部门责令停止违法行为，限期补办手续；逾期不补办手续的，处5万元以上50万元以下的罚款；对生产建设单位直接负责的主管人员和其他直接责任人员依法给予处分。

依法应当编制水土保持方案的生产建设项目，生产建设单位未编制水土保持方案或者水土保持方案未经水行政部门批准的，生产建设项目不得开工建设。违反者，由县级以上人民政府水行政部门责令停止违法行为，限期补办手续；逾期不补办手续的，处5万元以上50万元以下的罚款；对生产建设单位直接负责的主管人员和其他直接责任人员依法给予处分。

依法应当编制水土保持方案的生产建设项目中的水土保持设施，应当与主体工程同时设计、同时施工、同时投产使用；生产建设项目竣工验收，应当验收水土保持设施；水土保持设施未经验收或者验收不合格的，生产建设项目不得投产使用。违反者，由县级以上人民政府水行政部门责令停止生产或者使用，直至验收合格，并处5万元以上50万元以下的罚款。

依法应当编制水土保持方案的生产建设项目，其生产建设活动中排弃的砂、石、土、矸石、尾矿、废渣等应当综合利用；不能综合利用，确需废弃的，应当堆放在水土保持方案确定的专门存放地，并采取措施保证不产生新的危害。

在水土保持方案确定的专门存放地以外的区域倾倒砂、石、土、矸石、尾矿、废渣等的，由县级以上地方人民政府水行政部门责令停止违法行为，限期清理，按照倾倒数量处每立方米10元以上20元以下罚款；逾期仍不清理的，县级以上地方人民政府水行政部门可以指定有清理能力的单位代为清理，所需费用由违法行为人承担。

4. 水土流失治理的法律规定

(1)水土保持重点工程建设及管护制度。

国家加强水土流失重点预防区和重点治理区的坡耕地改梯田、地坝等水土保持重点工程建设，加大生态修复力度。县级以上人民政府水行政部门应当加强对水土保持重点工程的建设管理，建立和完善运行管护制度。

(2)水土保持生态效益补偿制度。

国家加强江河源头区、饮用水水源保护区和水源涵养区水土流失的预防和治理工作，多渠道筹集资金，将水土保持生态效益补偿纳入国家建立的生态效益补偿制度。

(3)生产建设者的治理责任。

生产建设活动造成水土流失的，应当进行治理。不进行治理的，由县级以上人民政府水行政部门责令限期治理；逾期仍不治理的，县级以上人民政府水行政部门可以指定有治理能力的单位代为治理，所需费用由违法行为人承担。

生产建设活动，损坏水土保持设施、地貌植被，不能恢复原有水土保持功能的，应当缴纳水土保持补偿费，专项用于水土流失预防和治理。专项水土流失预防和治理由水行政部门负责组织实施，拒不缴纳水土保持补偿费的，由县级以上人民政府水行政部门责令限期缴纳；逾期不缴纳的，自滞纳之日起按日加收滞纳部分万分之五的滞纳金，可以处应缴水土保持补偿费3倍以下的罚款。

(4)鼓励社会力量参与治理。

国家鼓励单位和个人按照水土保持规划参与水土流失治理，并在资金、技术、税收等方面予以扶持。

国家鼓励和支持承包治理荒山、水沟、荒丘、荒滩，防治水土流失，依法保护土地承包合同当事人的合法权益；承包合同中应当包括预防和治理水土流失责任的内容。国家鼓励和支持在山区、丘陵区、风沙区以及容易发生水土流失的其他区域，采取封禁抚育、发展生物能源、生态移民等有利于水土保持的措施。

(三)防沙治沙

1. 概述

我国是世界上土地沙化最严重的国家之一。为预防土地沙化，治理沙化土地，我国2001年8月制定颁布了《中华人民共和国防沙治沙法》。

该法所称土地沙化，是指主要因人类不合理活动所导致的天然沙漠扩张和沙质土壤上植被及覆盖物被破坏，形成流沙及沙土裸露的过程。该法所称沙化土地，包括已经沙化的土地和具有明显沙化趋势的土地。具体范围，由国务院批准的全国防沙治沙规划确定。

2. 一般规定

(1)防沙治沙的工作原则。

根据《中华人民共和国防沙治沙法》的规定，防沙治沙工作应当遵循以下原则：统一规划，因地制宜，分步实施，坚持区域防治与重点防治相结合；预防为主，防治结合，综合治理；保护和恢复植被与合理利用自然资源相结合；遵循生态规律，依靠科技进步；改善生态环境与帮助农民脱贫致富相结合；国家支持与地方自力更生相结合，政府组织与社会各界参与相结合，鼓励单位，个人承包防治；以及保障防沙治沙者的合法权益。

(2)防沙治沙监督管理体制。

国务院林业主管部门主管全国的防沙治沙工作，对防沙治沙工作进行组织协调和指导。国务院有关部门按照法律规定的职责各负其责，相互配合，共同进行防沙治沙工作。

县级以上地方人民政府组织及其所属有关部门，按照职责分工，各负其责，密切配合，共同做好本行政区域的防沙治沙工作。

(3)防沙治沙规划制度。

防沙治沙实行统一规划。从事防沙治沙活动，以及在沙化土地范围内从事开发利用活动，必须遵循防沙治沙规划。

防沙治沙规划分为国家、省(自治区、直辖市)和市、县三个等级进行编制和审批。防沙治沙规划的修改，须经原批准机关批准。编制防沙治沙规划，应当对沙化土地实行分类保护，综合治理和合理利用，且应当与土地利用总体规划相衔接。

3. 预防土地沙化的法律规定

(1)统计监测及预报、报告制度。

国务院林业主管部门组织其他有关主管部门对全国土地沙化情况进行监测、

统计和分析，并定期公布监测结果。县级以上地方人民政府林业成者其他有关主管部门负责进行监测，并将监测结果向本级人民政府及上一级林业或者其他有关主管部门报告。发现土地发生沙化或者沙化程度加重的，应当及时报告本级人民政府。收到报告的人民政府应当责成有关主管部门制止导致土地沙化的行为，并采取有效措施进行治理。

各级气象主管机构应当组织对气象干旱和沙尘暴天气进行监测、预报，发现气象干旱或者沙尘暴天气征兆时，应当及时报告当地人民政府。收到报告的人民政府应当采取预防措施，必要时公布灾情预报，并组织林业、农(牧)业等有关部门采取应急措施，避免或者减轻风沙危害。

(2)土地沙化的预防措施。

第一，植被营造和管护。沙化土地所在地区的县级以上地方人民政府应当按照防沙治沙规划，划出一定比例的土地，因地制宜地营造防风固沙林网、林带，种植多年生灌木和草本植物，制定植被管护制度，严格保护植被，并根据需要在乡(镇)、村建立植被管护组织，确定管护人员。林业主管部门负责确定植树造林的标准和具体任务并逐片组织实施。

第二，严格控制采伐防风固沙林。除了抚育更新性质的采伐外，林业主管部门不得批准对防风固沙林网、林带进行采伐。对林木更新困难地区已有的防风固沙林网、林带，不得批准采伐。

第三，草原的管理和建设。草原地区的地方各级人民政府，应当加强草原的管理和建设，由农(牧)业主管部门负责指导、组织、推行牲畜圈养和草场轮牧，消灭草原鼠害、虫害，保护草原植被，防止草原退化和沙化。草原实行以产草量确定载畜量的制度。

第四，流域和区域水资源管理。沙化土地所在地区的县级以上地方人民政府水行政部门，应当加强流域和区域水资源的统一调配和管理，在编制流域和区域水资源开发利用规划和供水计划时考虑防止植被破坏和土地沙化的目标。沙化土地所在地区的地方各级人民政府应当节约用水，发展节水型农牧业和其他产业。

第五，退耕还林还草制度。沙化土地所在地区的县级以上地方人民政府，不得批准在沙漠边缘地带和林地、草原开耕地；已经开展并对生态产生不良影响的，应当有计划地组织退耕还林还草。

第六，环境影响评价制度。在沙化土地范围内从事开发建设活动的，必须事先就该项目可能对当地及相关地区生态产生的影响进行环境影响评价，依法提交包括防沙治沙内容的环境影响报告。对不具备水源条件，且有可能造成土地沙化、水土流失等灾害，严重破坏生态环境的开发建设项目，不得批准立项。

(3)沙化土地封禁保护区制度。

在防沙治沙规划期内不具备治理条件的以及因保护生态的需要不宜开发利用

的连片沙化土地，应当规划为沙化土地封禁保护区，实行封禁保护。沙化土地封禁保护区的范围，由全国防沙治沙规划以及省、自治区、直辖市防沙治沙规划确定。

在沙化土地封禁保护区范围内，禁止一切破坏植被的活动。违反者，由县级以上地方人民政府林业、农(牧)业主管部门按照各自的职责，责令停止违法行为；有违法所得的，没收其违法所得；构成犯罪的，依法追究刑事责任。

禁止在沙化土地封禁保护区范围内安置移民。未经国务院或者国务院指定的部门同意，不得在沙化土地封禁保护区范围内进行修建铁路、公路等建设活动。

4. 沙化土地治理的法律规定

(1)政府的治理责任。

沙化土地所在地区的地方各级人民政府，应当按照防沙治沙规划，组织有关部门、单位和个人，因地制宜地采取造林种草等措施，恢复和增加植被，治理已经沙化的土地。

(2)开展公益性治沙活动。

国家鼓励单位和个人在自愿的前提下，捐资或者以其他形式开展公益性的治沙活动。县级以上地方人民政府林业或者其他有关主管部门，应当提供治理地点和无偿技术指导。

(3)对土地所有权人和承包经营权人的管理。

使用已经沙化的国有土地的使用权人和农民集体所有土地的承包经营权人，必须采取治理措施，改善土地质量。沙化土地所在地区的地方各级人民政府及其有关主管部门、技术推广单位，应当为其提供技术指导。未采取防沙治沙措施，造成土地严重沙化的，由县级以上地方人民政府农(牧)业、林业主管部门按照各自的职责，责令限期治理；造成国有土地严重沙化的，县级以上人民政府可以收回国有土地使用权。

(4)对营利性治沙活动的管理。

从事营利性治沙活动的单位和个人，应当先依法取得土地使用权。根据《中华人民共和国防沙治沙法》的规定，使用已经沙化的国有土地从事治沙活动的，经县级以上人民政府依法批准，可以享有不超过70年的土地使用权。且在治理活动开始之前，向治理项目所在地的县级以上地方人民政府林业或相关部门提出治理申请，并附具符合防沙治沙规划的治理方案。

在治理者取得合法土地权属的治理范围内，未经治理者同意，其他任何单位和个人不得从事治理或者开发利用活动。违反者，由县级以上地方人民政府负责受理营利性治沙申请的主管部门责令停止违法行为。给治理者造成损失的，应当赔偿损失。

治沙必须按照治理方案进行治理。治理者完成治理任务后，应当向县级以上地方人民政府受理治理申请的主管部门提出验收申请。经验收合格的取得治理合格证明文件；经验收不合格的，治理者应当继续治理。违反者，由县级以上地方人民政府负责受理营利性治沙申请的主管部门责令停止违法行为，限期改正，可以并处相当于治理费用1倍以上3倍以下的罚款。

进行营利性治沙活动，造成土地沙化加重的，由县级以上地方人民政府负责受理营利性治沙申请的主管部门责令停止违法行为，可以并处每公顷5千元以上5万元以下的罚款。

(5)单位治理责任制。

已经沙化的土地范围内的铁路、公路、河流和水渠两侧、城镇、村庄、厂矿和水库周围，实行单位治理责任制，由县级以上地方人民政府下达治理责任书，由责任单位负责组织造林种草或者采取其他治理措施。

(6)沙化土地集中治理。

沙化土地所在地区的地方各级人民政府，可以组织当地农村集体经济组织及其成员在自愿的前提下，对已经沙化的土地进行集中治理。农村集体经济组织及其成员投入的资金和劳力，可以折算为治理项目的股份、资本金，也可以采取其他形式给予补偿。

5. 保障措施

国务院和沙化土地所在地区的地方各级人民政府应当在本级财政预算中按照防沙治沙规划通过项目预算安排资金，用于本级人民政府确定的防沙治沙工程。在安排扶贫、农业、水利、道路、矿产、能源、农业综合开发等项目时，应当根据具体情况，设立若干防沙治沙子项目。

县级以上地方人民政府应当按照国家有关规定，根据防沙治沙的面积和难易程度，给予从事防沙治沙活动的单位和个人资金补助、财政贴息以及税费减免等政策优惠。

单位和个人投资进行防沙治沙的，在投资阶段免征各种税收；取得一定收益后，可以免征或者减征有关税收。

因保护生态的特殊要求，将治理后的土地批准划为自然保护区或者沙化土地封禁保护区的，批准机关应当给予治理者合理的经济补偿。

【案例5.5】

自1998年起A承包了200亩沙化土地从事治沙活动。经过十多年的努力，200亩沙地全部种上了树，且成活库达到了90%。A也为此负债近百万元。正当A准备采伐一些成材林进行出售时，其所承包的200亩沙地却被当地政府划为沙化土地封禁保护区，禁止一切采伐活动。A认为，这些树是自己的，政府不让采伐就应当按照市场价收购。

讨论：A的主张是否成立？

提示：从林权以及《中华人民共和国防沙治沙法》有关沙化土地治理保障措施的规定两个方面选行分析。

国家根据防沙治沙的需要，组织设立防沙治沙重点科研项目和示范、推广项目，并对防沙治沙、沙区能源、沙区经济作物、节水灌溉、防止草原退化、沙地旱作农业等方面的科学研究与技术推广给予资金补助、税费减免等政策优惠。

二、森林利用与保护的法律规定

(一)概述

森林是陆地生态系统的主体，是人类的摇篮和资源的宝库。由于森林资源对人类的极端重要性，世界各国都十分重视森林资源保护。

目前，我国已基本形成了相对完善的森林法律体系，主要包括1984年9月制定、1998年4月修正的《中华人民共和国森林法》、2000年《中华人民共和国森林法实施条例》、1989年《中华人民共和国森林病虫害防治条例》、2003年《退耕还林条例》，2008年《森林防火条例》等行政法规、1987年《森林采伐更新管理办法》、2000年《林木和林地权属登记管理办法》、2001年《占用征用林地审核审批管理办法》等行政规章。此外，《中华人民共和国野生动物保护法》《中华人民共和国野生植物保护条例》《中华人民共和国自然保护区条例》等法律法规中也有对森林保护的相关规定。

(二)一般规定

1. 森林利用与保护的行政管理和监督

根据《中华人民共和国森林法》的规定，国务院林业主管部门主管全国林业工作。县级以上地方人民政府林业主管部门，主管本地区的林业工作。乡级人民政府设专职或者兼职人员负责林业工作。

有关人民政府在林区可以设立森林公安机关，负责维护辖区社会治安秩序、保护辖区内的森林资源，并代行法定的行政处罚权。武装森林警察部队执行国家赋予的预防和扑救森林火灾的任务。

国务院林业主管部门可以向重点林区派驻森林资源监督机构，负责对重点林区内森林资源保护管理的监督检查。

2. 森林资源权属

森林资源权属，是指森林、林木和林地的所有权和使用权。森林、林木、林地的所有权是指所有人依法对森林、林木、林地的占有、使用、收益和处分的权利。使用权是所有权权能的一种，可以由所有人行使，也可以由非所有人行使国家所有权，森林资源主要属于国家所有，国家享有占有、使用、收益和处分国有森林、林木、林地等森林资源的权利。国家所有权的各项职能通常由国家授权给林业主管部门、国有林场、采育场等企事业单位或行政单位行使。其经营使用权受国家保护。

集体所有权。根据《中华人民共和国宪法》《中华人民共和国森林法》的规定，法律规定属于集体所有的森林、林木、林地，属于集体所有。集体所有的森林资源受国家法律保护，任何单位和个人都不得侵占或者无偿占有。森林资源集体所有权各项内容由集体经济组织统一行使，但是根据生产和经营的需要，集体经济组织也可以将其享有的各项权利授权他人行使。

个人林木所有权和林地使用权。《中华人民共和国森林法》规定，农村居民在房前屋后、自留地、自留山种植的林木，归个人所有。城镇居民和职工在自有房屋的庭院内种植的林木，归个人所有。集体或者个人承包全民所有和集体所有的宜林荒山荒地造林的，承包后种植的林木归承包的集体或者个人所有；承包合同另有规定的，按照承包合同的规定执行。值得注意的是，公民个人不享有森林和林地的所有权，公民只能是林木的所有人和林地的使用人。

我国主要通过森林、林木、林地的所有权和使用权证书(俗称林权证)来实现对森林资源权属的确认和管理。因此林权证是证明所有人和经营者的合法权益的法定证书。根据《中华人民共和国森林法》的规定，国家所有的和集体所有的森林、林木和林地，个人所有的林木和使用的林地，由县级以上地方人民政府登记造册，发放证书，确认所有权或者使用权。国务院可以授权国务院林业主管部门，对国务院确定的国家所有的重点林区的森林、林木和林地登记造册，发放证书，并通知有关地方人民政府。国家林业和草原局发布的《林木和林地权属登记管理办法》对使用国有的森林、林木和林地，集体所有的森林、林木和林地，以及单位和个人所有或者使用的森林、林木和林地的登记发证程序作了明确规定。

3. 森林资源转让

森林资源转让，是指在法律允许的范围内，森林资源所有权或使用权的全部或部分转让。根据《中华人民共和国森林法》第十五条的规定，可以转让的森林资源包括用材林、经济林和薪炭林；用材林、经济林、薪炭林的林地使用权；用材林、经济林、薪炭林的采伐迹地、火烧迹地的林地使用权；国务院规定的其他森林、林木和其他林地使用权。森林资源依法转让的，已经取得的林木采伐许可证，可以同时转让。转让的标的包括林木(活立木)的所有权和林地使用权。

对森林、林木、林地使用权的有偿流转，《中华人民共和国森林法》第十五条规定了两种限制条件，一是用途限制，即转让森林、林木、林地使用权后不得改变林地的用途，不得将林地改为非林地，防止森林资源因转让而流失；二是经营限制，即转让双方都必须遵守关于森林、林木采伐和更新造林的规定，防止在转让过程中森林资源受到破坏。

(三)森林经营管理的法律规定

1. 林业分类经营管理制度

《中华人民共和国森林法》把森林分为五类：防护林，即以防护为主要目的的森林、林木和灌木丛，包括水源涵养林，水土保持林，防风固沙林，农田、牧场防护林，护岸林，护路林；用材林，即以生产木材为主要目的的森林和林木，包括以生产竹材为主要目的的竹林；经济林，即以生产果品，食用油料、饮料、调料，工业原料和药材等为主要目的的林木；薪炭林，即以生产燃料为主要目的的林木；特种用途林，即以国防、环境保护、科学实验等为主要目的的森林和林木，包括国防林、实验林、母树林、环境保护林、风景林、名胜古迹和革命纪念地的林木、自然保护区的森林。

上述五类森林相应地可以划分为生态公益林和商品林两大类，分别按照各自的特点和规律，从林业经营管理体制、运行机制、经济政策、管理手段、经营措施和组织结构形式等方面采取不同的措施和手段进行经营和管理。

2. 森林资源清查和森林资源档案制度

森林资源清查是指在一定时期内对某一地区的各类森林资源的分布、质量等因子的现状和变化情况进行调查和核查。森林资源清查的目的在于为编制林业区划、规划、计划和编制森林采伐限额提供基础资料和依据。森林资源清查实行统一标准、分类调查的制度。森林资源调查分为三类，即全国森林资源调查(一类调查)、规划设计调查(二类调查)、作业设计调查(三类调查)。

森林资源档案制度，是指将森林资源清查所得到的关于各个时期森林资源变化状况和森林生态环境年度状况的资料、成果按照一定的方法进行汇集、整理，并给以妥善保存的制度。各级林业主管部门对森林资源档案工作应当进行检查指导，加强管理。

森林资源清查和森林资源档案制度是科学管理森林资源的基础性手段，是人民政府森林资源管理的职责所在。

3. 林业长远规划和森林经营方案

林业长远规划是指一个地区、一个部门或一个单位在某一较长时期内的林业生产、建设和发展的纲领性计划，由各级人民政府负责编制和实施。

森林经营方案是以国有林业局、国有林场、牧场、自然保护区、工矿企业、农村集体经济组织、个人林业经营者等为单位，根据林业长远规划或在林业长远规划指导下编制的科学经营森林，进行作业设计的具体方案。

4. 占用或征用林地与森林植被恢复费

国有企业事业单位、机关、团体、部队等单位因进行勘察、开采矿藏和各项建设工程的需要，依法使用林地，在林地所有权不发生改变的情况下使用林地为占用林地；在改变集体林地所有权性质的情况下使用林地，为征用林地。

占用或征用林地的，用地单位应缴纳森林植被恢复费。森林植被恢复费必须专款专用，由林业主管部门依照有关规定统一安排植树造林，恢复森林植被。植造林面积不得少于因占用、征用林地面减少的森林植被面积。

5. 森林采伐管理

第一，实行森林采伐限额。国家所有的森林和林木，按照法定的程序和方法，经科学测算编制，经有关地方人民政府审核，报经国务院批准的年采伐消耗森林蓄积的最大限量。全民所有的森林和林木以国营林业企业事业单位，农场、厂矿为单位，集体所有的森林和林木以县为单位，制定年采伐限额，由省、自治区、直辖市林业主管部门汇总，经同级人民政府审核后，报国务院批准。经国务院批准的年森林采伐限额是具有法律约束力的年采伐消耗森林蓄积的最大限量，非经法定程序批准，不得突破。国务院批准的年森林采伐限额每五年核定一次。

第二，年度木材生产计划。森林、林木作为商品销售进行采伐时，必须纳入国家制订统一的年度木材生产计划；年度木材生产计划不得超过批准的年采伐限额。但是农村居民采伐自留山上个人所有的薪炭林和自留地、房前屋后个人所有的零星林木除外。

第三，森林、林木的采伐方式。《中华人民共和国森林法》对各类森林和林木的采伐方式作了规定，允许对成熟的用材林采取择伐和渐伐的方式，应严格控制皆伐，并在采伐的当年或者次年内完成更新造林；对防护林和特种用途林中的国防林、母树林、环境保护林、风景林，只准进行抚育和更新性质的采伐；对特种用途林中的名胜古迹和革命纪念地的林木、自然保护区的森林，严禁采伐。

第四，林木采伐许可证制度。林木采伐许可证是指由法定国家机关依据森林年采伐限额和年度木材生产计划核发给森林经营单位和个人进行采伐作业的证明文件。除采伐不是以生产竹材为主要目的的竹林以及农村居民采伐自留地和房前屋后个人所有的零星林木外，采伐林木必须申请采伐许可证。

采伐林木的单位或者个人，必须按照采伐许可证规定的面积、株数、树种、期限完成更新造林任务，更新造林的面积和株数必须大于采伐的面积和株数。违反者，发放采伐许可证的部门有权不再发给采伐许可证，直到完成更新造林任务为止。情节严重的，可以由林业主管部门处以罚款，对直接责任人员由所在单位或者上级主管机关给予行政处分。

盗伐森林或者其他林木的，依法赔偿损失，由林业主管部门责令补种盗伐株数 10 倍的树木，没收盗伐的林木或者变卖所得，并处盗伐林木价值 3 倍以上 10

倍以下的罚款。

滥伐森林或者其他林木，由林业主管部门责令补种滥伐株数5倍的树木，并处滥伐林木价值2倍以上5倍以下的罚款。拒不补种树木或者补种不符合国家有关规定的，由林业主管部门代为补种，所需费用由违法者支付。

(四)森林保护的法律规定

1. 森林防火

森林防火是指对森林林木火灾的预防和扑救。森林防火工作实行各级人民政府行政领导负责制，工作范围包括规定森林防火期和森林防火戒严期；在林区设置防火设施；组织当地军民和有关部门扑救火灾；对扑救森林火灾负伤、致残、牺牲的职工给予医疗、抚恤。

此外，《森林防火条例》对森林火灾的预防、扑救、灾后处置和法律责任作出了详细规定。

2. 森林病虫害防治

各级林业主管部门负责组织森林病虫害防治工作。林业主管部门负责规定林木种苗的检疫对象，划定疫区和保护区，对林木种苗进行检疫。《森林病虫害防治条例》(1989年)是森林病虫害防治的专门性行政法规。

三、草原利用与保护的法律规定

(一)概述

草原作为一个特殊的生态系统，对保持水土、防风固沙、保护和养育草原动物与植物、保持生物多样性、维持生态平衡都有着十分重要的作用。目前，我国已基本形成了相对完善的草原法律体系，主要包括《中华人民共和国草原法》(1985年制定，2002年修订)、《草原防火条例》《草畜平衡管理办法》《草种管理办法》《草原占用审核审批管理办法》等。根据《中华人民共和国草原法》第二条的规定，该法所称的草原是指天然草原和人工草地。

(二)一般规定

1. 草原资源权属

根据《中华人民共和国草原法》的规定，草原属于国家所有，但由法律规定属于集体所有的除外。因此，草原所有权分为国家所有权和集体所有权。国家所有的草原，由国务院代表国家行使所有权。集体所有的草原，由县级人民政府登记，核发所有权证，确认草原所有权。

草原使用权是指将国家所有的草原，依法确定给全民所有制单位、集体经济组织等使用，由县级以上人民政府登记，核发使用权证；未经确定使用权的国家所有的草原，由县级以上人民政府登记造册，并负责保护管理。

集体经济组织在拥有草原所有权或享有国有草原使用权的前提下，通过家庭和联户承包关系将一定面积的草原的使用权转移到本集体成员手中，发包方与承包方依照法律和承包合同的规定享有相应的权利，履行相应的义务。草原承包人负有合理利用和保护草原的义务。买卖或者以其他形式非法转让草原，由县级以上人民政府草原主管部门依据职权责令限期改正，没收违法所得，并处违法所得1倍以上5倍以下的罚款。

2. 草原监督管理体制

国务院草原主管部门和县级以上地方人民政府草原主管部门是草原监督管理主管机关。国务院草原主管部门和草原面积较大的省、自治区的县级以上地方人民政府草原主管部门设立草原监督管理机构，负责草原法律法规执行情况的监督检查，对违反草原法律法规的行为进行查处。

此外，乡(镇)人民政府应当加强对本行政区域内草原保护、建设和利用情况的监督检查，根据需要可以设专职或者兼职人员负责具体监督检查工作。

(三)草原利用管理的法律规定

1. 草原规划制度

国家对草原保护、建设、利用实行统一规划制度。

国务院和各级人民政府的草原主管部门会同国务院和其所属的有关部门编制全国和各地的草原保护、建设、利用规划，报国务院和同级人民政府批准后实施。

编制草原保护、建设、利用规划，应当依据国民经济和社会发展规划并遵循改善生态环境、维护生物多样性、促进草原的可持续利用；以现有草原为基础，因地制宜，统筹规划，分类指导；保护为主、加强建设，分批改良、合理利用；生态效益、经济效益、社会效益相结合的原则。

未经批准，擅自改变草原保护、建设、利用规划的，由县级以上人民政府责令限期改正；对直接负责的主管人员和其他直接责任人员，依法给予行政处分。

2. 草畜平衡管理

草平衡管理是以核定草原的产草量为基础，以草定畜，增草增畜，达到科学合理的载畜量，实现草与畜之间的动态平衡。农业农村部制定的《草畜平衡管理办法》，对单位和个人利用草原从事畜牧业生产经营的活动做了详细规定。

3. 草原牧业利用方式的管理

针对草原牧业利用过程中出现的过度放牧、利用失衡、生产方式不合理等问题，《中华人民共和国草原法》还规定了合理进行草原牧野利用的方式，包括划区轮牧、牲畜圈养、轮船轮采等制度。

4. 草原征占用地管理

进行样开采和工程建设，应当不占或少占草原。签用和使用草原必须经省级以上草原主管部门审核同意。征用使用草原必须依法办理审批手续。未经批准或者取骗手段骗取批准，非法使用草原的，由县级以上人民政府草原主管部门依据职权责令退还非法使用的草原，对违反草原保护、建设、利用规划自将草原改为建设用地的，限期拆除在非法使用的草原上新建的建筑物和其他设施，恢复草原植被，并处草原被非法使用前三年平均产值6倍以上12倍以下的罚款。

因建设征用、使用草原应缴纳草原植被恢复费。草原植被恢复费用于异地建设草原和对现有低产、退化草原的治理改良，以弥补草原被征占用造成的资源损失。草原植被恢复费必须由草原主管部门按照规定专款专用，任何单位和个人不得截留、挪用。

临时占用草原的，应当经县级以上地方人民政府草原行政主管部门审核同意。临时占用草原的期限不得超过2年，并不得在临时占用的草原上修建永久性建筑物、构筑物；占用期满，用地单位必须恢复草原植被并及时退还。在临时占用的草原上修建永久性建筑物、构筑物的，由县级以上地方人民政府草原主管部门依据职权责令限期拆除；逾期不拆除的，依法强制拆除，所需费用由违法者承担。临时占用草原，占用期届满，用地单位不予恢复草原植被的，由县级以上地方人民政府草原主管部门依据职权责令限期恢复；逾期不恢复的，由县级以上地方人民政府草原主管部门代为恢复，所需费用由违法者承担。

在草原上开展经营性旅游活动，应当符合有关草原保护、建设、利用规划，并事先征得县级以上地方人民政府草原行政主管部门的同意，方可办理有关手续。在草原上开展经营性旅游活动，不得侵犯草原所有者、使用者和承包经营者的合法权益，不得被坏草原植被。违反者，由县级以上地方人民政府草原主管部门依据职权责令停止违法行为，限期恢复植被，没收违法所得，可以并处违法所得1倍以上2倍以下的罚款；没有违法所得的，可以并处草原被破坏前三年平均产值6倍以上12倍以下的罚款；给草原所有者或者使用者造成损失的，依法承担赔偿责任。

(四)草原保护的法律规定

1. 基本草原保护制度

根据《中华人民共和国草原法》第四十二条的规定，国家实行基本草原保护制度，对基本草原实能严格管理。

基本草原的范围包括了我国草原的主体部分，具体包括：重要放牧场；割草地；用于牧业生产的人工草地，退耕还草地，改良草地，草种基地；对调节气候、涵养水源、保持水土、防风固沙具有特殊作用的草原；作为国家重点保护野生动植物生存环境的草原；草原科研、教学试验基地；以及国务院规定应当划为基本草原的其他草原。

2. 草原自然保护区制度

根据《中华人民共和国草原法》第四十三条规定，国务院草原主管部门或者省、自治区、直辖市人民政府可以按照自然保护区管理的有关规定在具有代表性的草原类型、珍稀濒危野生动植物分布区以及具有重要生态功能和经济科研价值的草原等地区建立草原自然保护区，给予特殊保护和管理的区域。

3. 禁止开垦草原、退耕还草、禁牧休牧的规定

根据《中华人民共和国草原法》的规定，禁止开垦草原。违反者，由县级以上人民政府草原主管部门依据职权责令停止违法行为，限期恢复植被，没收非法财物和违法所得，并处违法所得 1 倍以上 5 倍以下的罚款；没有违法所得的，并处 5 万元以下的罚款；给草原所有者或者使用者造成损失的，依法承担赔偿责任。

禁止在荒漠、半荒漠和严重退化、沙化、盐碱化、石漠化、水土流失的草原以及生态脆弱区的草原上采挖植物和从事破坏草原植被的其他活动。违反者，由县级以上地方人民政府草原主管部门依据权责令停止违法行为，没收非法财物和违法所得，可以并处违法所得 1 倍以上 5 倍以下的罚款；没有违法所得的，可以并处 5 万元以下的罚款；给草原所有者或者使用者造成损失的，依法承担赔偿责任。

在草原上从事采土、采砂、采石等作业活动，应当报县级人民政府草原主管部门批准；开采矿产资源的，并应当依法办理有关手续。违反者，由县级人民政府草原主管部门责令停止违法行为，限期恢复植被，没收非法财物和违法所得，可以并处违法所得 1 倍以上 2 倍以下的罚款；没有违法所得的，可以并处 2 万元以下的罚款；给草原所有者或者使用者造成损失的，依法承担赔偿责任。

对水土流失严重、有沙化趋势、需要改善生态环境的已层草原，应当有计划、有步骤地退耕还草；已造成沙化、盐化、石漠化的、应当限期治理。对严重退化、沙化、盐化，石漠化的草原和生态脆弱区的草原，实行禁牧、休牧制度。对在国务院批准规划范围内实施退耕还草的农牧民，按照国家规定给予粮食、现金、草种费补助。退耕还草完成后，由县级以上人民政府草原主管部门核实登记，依法履行土地用途变更手续，发放草原权属证书。

此外，在草原保护方面，《中华人民共和国草原法》第五十五条还规定：除抢险救灾和牧民搬迁的机动车辆外，禁止机动车辆离开道路在草原上行驶，破坏草原植被；因从事地质勘探、科学考察等活动确需离开道路在草原上行驶的，应当向县级人民政府草原主管部门提交行驶区域和行驶路线方案，经确认后执行。

违反者，由县级人民政府草原主管部门责令停止违法行为，限期恢复植被，可以并处草原被破坏前三年平均产值3倍以上9倍以下的罚款；给草原所有者或者使用者造成损失的，依法承担赔偿责任。

4. 草原防火的规定

根据《中华人民共和国草原法》第五十三条的规定，草原防火工作贯彻预防为主、防消结合的方针。各级人民政府应当建立草原防火责任制，规定草原防火期，制定草原防火扑火预案，做好草原火灾的预防和扑救工作。

据此，国务院于1993年制定了《草原防火条例》，并于2008年进行了修订。该条例规定了草原防火的具体措施包括草原防火责任制度、防火工作联防制度、草原防火期制度、划定草原防火管制区制度、草原火险监测制度、草原火灾报告制度、草原火灾扑救制度、奖惩制度等。同时还要求重点草原防火区的有关人民政府根据当地实际情况，组织有关单位有计划地进行草原防火设施建设，并对草原火灾后的善后工作作出了具体规定。

5. 草原生物灾害防治制度

鼠害、病虫害和毒害草是我国草原最为严重的生物灾害，危害程度重，对草原生态环境的破坏作用很大，制约着草原畜牧业的可持续发展。

根据《中华人民共和国草原法》第五十四条的规定，县级以上地方人民政府应当做好草原鼠害、病虫害和毒害草防治的组织管理工作。县级以上地方人民政府草原主管部门应当采取措施，加强草原鼠害；病虫害和毒害草监测预警、调查以及防治工作，组织研究和推广综合防治的办法。

四、水资源利用与保护的法律规定

（一）概述

水是地球环境的基本组成要素之一，是一切生命的源泉，是人类生存和发展所不可或缺的自然资源。从20世纪80年代开始，我国逐步加强了对水资源管理的法治建设，颁布了一系列法律法规。目前，我国的水资源保护法律法规主要有《中华人民共和国水法》（1988年制定，2002年修订）《河道管理条例》《城市节约用水管理规定》《城市供水条例》和一些水污染防治的法律法规等。

根据《中华人民共和国水法》的规定，该法所称的水资源是指淡水资源，包括地表水和地下水。其中，地表水是指河流、冰川、湖泊、沼泽等水体中的水；地下水则仅仅指地下含水层的动态含水量，静态的土壤含水则不包括在内。海水和海洋的开发、利用、保护和管理，另行规定。

（二）一般规定

1. 水资源权属

根据《中华人民共和国水法》第三条的规定：水资源属于国家所有。水资源的所有权由国务院代表国家行使。农村集体经济组织的水塘和由农村集体经济组织修建管理的水库中的水，归各该农村集体经济组织使用。

国家对水资源依法实行取水许可制度和水资源有偿使用制度。直接从江河、湖泊或者地下取用水资源的单位和个人，应当按照国家取水许可制度和水资源有偿使用制度的规定，向水行政部门或者流域管理机构申请领取取水许可证，并缴纳水资源费，取得取水权。

2. 水资源管理体制

我国的水资源管理实行流域管理与区域管理相结合的原则。区域管理是指由国务院、县级以上地方人民政府的水行政部门按照行政区域进行水资源的统一管理。流域管理是指国务院水行政部门在国家确定的重要江河、湖泊设立流域管理机构（以下简称流域管理机构），在所管辖的范围内行使法律、行政法规规定的和国务院水行政部门授予的水资源管理和监督职责。

3. 水事纠纷处理

水事纠纷是指在水资源开发利用过程中，不同用水主体之间就水资源的分配和使用发生的争议。

根据《中华人民共和国水法》的规定，不同行政区域之间发生水事纠纷的，应当协商处理；协商不成的，由上一级人民政府解决，有关各方必须遵照执行。在水事纠纷解决前，未经各方达成协议或者共同的上一级人民政府批准，在行政区域交界线两侧一定范围内，任何一方不得修建排水、阻水、取水和载（蓄）水工程，不得单方面改变水的现状。

单位之间、个人之间、单位与个人之间发生的水事纠纷，应当协商解决；当事人不愿协商或者协商不成的，可以申请县级以上地方人民政府或者其授权的部门调解，也可以直接向人民法院提起民事诉讼。县级以上地方人民政府或者其授权的部门调解不成的，当事人可以向人民法院提起民事诉讼。在水事纠纷解决前，当事人不得单方面改变现状。

县级以上人民政府或者其授权的部门在处理水事纠纷时，有权采取临时处置措施，有关各方或者当事人必须服从。

【案例 5.6】

A、B 两个村子分别位于龙潭溪上下游，A 村通过引水管将龙潭溪水引入村里，解决了吃水问题。但是，龙潭溪水量本来就不大，A 村的饮水行为直接导致处在下游的B村人的吃水受到影响。为此，两个村子多次发生摩擦，甚至酿成械斗。

讨论：该水事纠纷应当如何解决？

提示：根据《中华人民共和国水法》有关水事纠纷处理的规定进行分析。

（三）水资源利用的法律规定

1. 水资源规划制度

国家通过制定全国水资源战略规划进行水资源管理。全国水资源战略规划分为流域规划和区域规划。

流域规划包括流域综合规划和流域专业规划；区域规划包括区域综合规划和区域专业规划。所谓综合规划，是指根据经济社会发展需要和水资源开发利用现状编制的开发、利用、节约、保护水资源和防治水害的总体部署。所谓专业规划，是指防洪、治涝、灌溉、航运、供水、水力发电、竹木流放、渔业、水资源保护、水土保持、防沙治沙、节约用水等规划。

水资源战略规划之间的关系是，流域范围内的区域规划应当服从流域规划，专业规划应当服从综合规划。水资源战略规划与其他资源规划的关系是，水资源流域综合规划和区域综合规划以及与土地利用关系密切的专业规划，应当与国民经济和社会发展规划以及土地利用总体规划、城市总体规划和环境保护规划相协调，兼顾各地区、各行业的需要。

水资源战略规划是建设水工程的法律依据。建设水工程，必须符合流域综合规划。

2. 水资源利用的管理规定

（1）开发利用水资源的基本原则。

根据《中华人民共和国水法》的规定，开发利用水资源应当遵循三个基本原则：第一，坚持兴利与除害相结合，兼顾上下游、左右岸和有关地区之间的利益，充分发挥水资源的综合效益，并服从防洪的总体安排。第二，首先满足城乡居民生活用水，并兼顾农业、工业、生态环境用水以及航运等需要。在干旱和半干旱地区开发、利用水资源，应当充分考虑生态环境用水需要。第三，地表水与地下水统一调度开发、开源与节流相结合、节流优先和污水处理再利用。

（2）水资源开发进行科学论证的要求。

跨流域调水应当全面规划和科学论证，统筹兼顾调出和调入流域的用水需要，防止对生态环境造成破坏。

国民经济和社会发展规划以及城市总体规划的编制，重大建设项目的布局，应当与当地水资源条件和防洪要求相适应，进行科学论证。在水资源不足的地区，应当对城市规模和建设耗水量大的工业、农业和服务业项目加以限制。

(3)鼓励开发，利用水能资源。

在水能丰富的河流，应当有计划地进行多目标梯级开发。建设水力发电站，应当保护生态环境，兼顾防洪、供水、灌溉、航运、竹木流放和渔业等方面的需要。

(4)水资源开发利用中加强对公民权益的保护。

任何单位和个人引水、截(蓄)水、排水，不得损害公共利益和他人的合法权益。违反《中华人民共和国水法》规定取水、截水、阻水、排水，给他人造成妨碍或者损失的，应当停止侵害，排除妨碍，赔偿损失。

国家对水工程建设移民实行开发性移民的方针，按照前期补偿、补助与后期扶持相结合的原则，妥善安排移民的生产和生活，保护移民的合法权益。移民安置应当与工程建设同步进行。建设单位应当根据安置地区的环境容量和可持续发展的原则，因地制宜，编制移民安置规划，经依法批准后，由有关地方人民政府组织实施。所需移民经费列入工程建设投资计划。

(四)水资源保护的法律规定

1. 保护水量及生态用水

在制定水资源开发利用规划和调度水资源时，应当注意维持江河的合理流量和湖泊、水库以及地下水的合理水位，维护水体的自然净化能力。从事水资源开发、利用、节约、保护和防治水害等水事活动，应当遵守经批准的规划；因违反规划造成江河和湖泊水域使用功能降低、地下水超采、地面沉降、水体污染的，应当承担治理责任。

开采矿藏或者建设地下工程，因疏于排水导致地下水水位下降、水源枯竭或者地面陷，采矿单位或者建设单位应当采取补救措施；对他人生活和生产造成损失的，依法给予补偿。

2. 水功能区划制度

水功能区划就是通过在流域范围内按照水资源可持续发展的要求，根据国民经济发展规划和流域综合规划，划定各水域的主导功能和功能顺序，确定水域功能不遭破坏的水资源保护目标，以利于水资源的合理开发利用和保护，能够发挥最佳效益的区域。水功能区划制度是水功能区实行有效管理和保证水功能区水质目标的重要手段。

3. 饮用水源保护区制度

国家建立饮用水水源保护区制度。省、自治区、直辖市人民政府应当划定饮用水水源保护区，并采取施，防止水源枯竭和水体污染，保证城乡居民饮用水安全。

禁止在饮用水水源保护区内设置排污口。违反者，由县级以上地方人民政府责令限期拆除，恢复原状；逾期不拆除、不恢复原状的，强行拆除、恢复原状，并处5万元以上10万元以下的罚款。

4. 地下水禁限制度

在地下水超采地区，县级以上地方人民政府应当采取措施，严格控制开采地下水。在地下水严重超采地区，经省、自治区、直辖市人民政府批准，可以划定地下水禁止开采或者限制开采区。在沿海地区开采地下水，应当经过科学论证，并采取措施，防止地面沉降和海水入侵。

五、渔业资源利用与保护的法律规定

（一）概述

总体上说，渔业资源是一种可再生的生物资源。它既是重要的自然资源，又是自然环境要素的重要组成部分，对社会经济的发展、满足和改善人们的物质生活、维护水生生态平衡都具有十分重要的意义。

目前，我国的渔业资源保护法律主要是1986年制定的《中华人民共和国渔业法》（2000年、2004年修正）。此外，《中华人民共和国环境保护法》《中华人民共和国野生动物保护法》《中华人民共和国海洋环境保护法》等法律中也对渔业资源的保护与管理作出了相关规定。根据《中华人民共和国渔业法》的规定，该法所称渔业资源，是指在我国管辖的内水、滩涂、领海以及其他海域内可以养殖、采捕的野生动植物。

（二）一般规定

1.《中华人民共和国渔业法》适用的范围

《中华人民共和国渔业法》适用于在中华人民共和国的内水、滩涂、领海、专属经济区以及中华人民共和国管辖的一切其他海域从事养殖和捕捞水生动物、水生植物等渔业生产活动。

外国人、外国渔业船舶进入中华人民共和国管辖水域，从事渔业生产或者渔业资源调查活动，必须经国务院有关主管部门批准，并遵守本法和中华人民共和国其他有关法律、法规的规定；同中华人民共和国订有条约、协定的，按照条约、协定办理。

2. 渔业生产的基本方针

国家对渔业生产实行以养殖为主，养殖、捕捞、加工并举，因地制宜、各有侧重的方针。

3. 渔业监管体制

国家对渔业实行统一领导和分级管理的体制。国务院渔业主管部门主管全国的渔业工作，县级以上地方人民政府渔业主管部门主管本行政区域内的渔业工作。

海洋渔业，除国务院划定由国务院渔业主管部门及其所属的渔政监督管理机构监督管理的海域和特定渔业资源场外，由毗邻海域的省、自治区、直辖市人民政府渔业主管部门监督管理。

江河、湖泊等水域的渔业，按照行政区划由有关县级以上人民政府渔业主管部门监督管理；跨行政区域的，由有关县级以上地方人民政府协商制定管理办法，或者由上一级人民政府渔业主管部门及其所属的渔政监督管理机构监督管理。

(三)渔业养殖与捕捞管理的法律规定

1. 养殖水域规划制度

国家对水域利用进行统一规划，确定可以用于养殖业的水域和滩涂。全民所有的水面、滩涂中的鱼、虾、蟹、贝、藻类的自然产卵场、繁殖场、索饵场及重要的洄游通道必须予以保护，不得划作养殖场所。

2. 养殖权的取得与终止

养殖单位和个人使用国家规划确定用于养殖业的全民所有的水域、滩涂的，使用者应当向县级以上地方人民政府渔业主管部门提出申请，由本级人民政府核发养殖证，许可其使用该水域、滩涂从事养殖生产。集体所有的或者全民所有由农业集体经济组织使用的水域、滩涂，可以由个人或者集体承包，从事养殖生产。未依法取得养殖证擅自在全民所有的水域从事养殖生产的，责令改正、补办养殖证或者限期拆除养殖设施。未依法取得养殖证或者超越养殖证许可范围在全民所有的水域从事养殖生产，妨碍航运、行洪的，责令限期拆除养殖设施，可以并处 1 万元以下的罚款。

使用全民所有的水域、滩涂从事养殖生产，无正当理由使水域、滩涂荒芜满一年的，由发放养殖证的机关责令限期开发利用；逾期未开发利用的，吊销养殖证，可以并处 1 万元以下的罚款。

3. 养殖水域的环境保护

县级以上地方人民政府应当采取措施，加强对商品鱼生产基地和城市郊区重要养殖水域的保护。从事养殖生产不得使用含有毒有害物质的饵料、饲料。从事养殖生产应当保护水域生态环境，科学确定养殖密度，合理投饵、施肥、使用药物，不得造成水域的环境污染。

4. 捕捞许可证制度

不同类型的捕捞许可证有不同的取得方式。海洋大型拖网、围网作业以及到中华人民共和国与有关国家缔结的协定确定的共同管理的渔区或者公海从事捕捞作业的捕捞许可证，由国务院渔业主管部门批准发放。但是，批准发放海洋作业的捕捞许可证不得超过国家下达的船网工具控制指标。

内陆水域的捕捞许可证，由县级以上地方人民政府渔业主管部门批准发放；到他国管辖海域从事捕捞作业的，应当经国务院渔业主管部门批准，并遵守中华人民共和国缔结的或者参加的有关条约、协定和有关国家的法律。违反者，没收渔获物和违法所得，并处10万元以下的罚款；情节严重的，并可以没收渔具和渔船。

从事捕捞作业的单位和个人，必须按照捕捞许可证关于作业类型、场所、时限、渔具数量和捕捞限额的规定进行作业，并遵守国家有关保护渔业资源的规定，大中型渔船应当填写渔捞日志。违反者，没收渔获物和违法所得，可以并处5万元以下的罚款；情节严重的，并可以没收渔具，吊销捕捞许可证。

捕捞许可证不得买卖、出租和以其他形式转让，不得涂改、伪造、变造。违反者，没收违法所得，吊销捕捞许可证，可以并处1万元以下的罚款；伪造、变造、买卖捕捞许可证，构成犯罪的，依法追究刑事责任。

外国人、外国渔船擅自进入中华人民共和国管辖水域从事渔业生产和渔业资源调查活动的，责令其离开或者将其驱逐，可以没收渔获物、渔具，并处50万元以下的罚款；情节严重的，可以没收渔船。

5. 捕捞限制制度

国家根据捕捞量低于渔业资源增长量的原则，确定渔业资源的总可捕捞量，实行捕捞限额制度。

国务院渔业主管部门负责组织渔业资源的调查和评估，为实行捕捞限额制度提供科学依据。中华人民共和国内海、领海、专属经济区和其他管辖海域的捕捞限额总量由国务院渔业主管部门确定，报国务院批准后逐级分解下达；国家确定的重要江河、湖泊的捕捞限额总量由有关省、自治区、直辖市人民政府确定或者协商确定，逐级分解下达。

捕捞限额总量的分配应当体现公平、公正的原则，分配办法和分配结果必须向社会公开，并接受监督。国务院渔业主管部门和省、自治区、直辖市人民政府渔业主管部门应当加强对捕捞限额制度实施情况的监督检查，对超过上级下达的捕捞限额指标的，应当在其次年捕捞限额指标中予以核减。县级以上地方人民政府渔业主管部门批准发放的捕捞许可证，应当与上级人民政府渔业主管部门下达的捕捞限额指标相适应。

（四）渔业资源增殖与保护的法律规定

1. 征收渔业资源增殖保护费

县级以上人民政府渔业主管部门应当对其管理的渔业水域统一规划，采取措施，增殖渔业资源。县级以上人民政府渔业主管部门可以向受益的单位和个人征收渔业资源增殖保护费，专门用于增殖和保护渔业资源。1988 年 10 月，国务院批准发布了《渔业资源增殖保护费征收使用办法》。

2. 水产种质资源保护

国家保护水产种质资源及其生存环境，并在具有较高经济价值和遗传育种价值的水产种质资源的主要生长繁育区域建立水产种质资源保护区。

未经国务院渔业主管部门批准，任何单位或者个人不得在水产种质资源保护区内从事捕捞活动。违反者，责令立即停止捕捞，没收渔获物和渔具，可以并处 1 万元以下的罚款。

3. 禁止破坏性捕捞作业

禁止使用炸鱼、毒鱼、电鱼等破坏渔业资源的方法进行捕捞。禁止在禁渔区、禁渔期进行捕捞。禁止使用小于最小网目尺寸的网具进行捕捞。捕捞的渔获物中幼鱼不得超过规定的比例。违反者，没收渔获物和违法所得，处 5 万元以下的罚款；情节严重的，没收渔具，吊销捕捞许可证；情节特别严重的，可以没收渔船。在禁渔区或者禁渔期内销售非法捕捞的渔获物的，县级以上地方人民政府渔业行政主管部门应当及时进行调查处理。

禁止制造、销售、使用禁用的渔具。违反者，没收非法制造、销售的渔具和违法所得，并处 1 万元以下的罚款。

【案例 5.7】

江苏省某渔业部门确定每年的 7、8、9 三个月为黄海渔场的休渔期，在此期间禁止任何单位和个人在黄海渔场从事捕捞活动。1998 年 8 月，A 渔业公司私自组织 5 艘船在黄海渔场进行捕捞活动，被渔政监督部门查获。渔政监督部门经过调查确认，A 渔业公司在 1998 年休渔期内总计出动 22 船次进行捕捞活动，获利 367 万元。

讨论：对 A 公司的违法行为应当如何处罚？

禁止捕捞有重要经济价值的水生动物苗种。因养殖或者其他特殊需要，捕捞有重要经济价值的苗种或者禁捕的怀卵亲体的，必须经国务院渔业主管部门或者省、自治区、直辖市人民政府渔业主管部门批准，在指定的区域和时间内，按照限额捕捞。在水生动物苗种重点产区引水用水时，应当采取措施，保护苗种。

4. 保护和改善渔业生态环境

在鱼、虾、蟹洄游通道建闸、筑坝，对渔业资源有严重影响的，建设单位应当建造过鱼设施或者采取其他补救措施。用于渔业并兼有调蓄、灌溉等功能的水体，有关主管部门应当确定渔业生产所需的最低水位线。禁止围湖造田。沿海滩涂未经县级以上人民政府批准，不得围垦；重要的苗种基地和养殖场所不得围垦。

进行水下爆破、勘探、施工作业，对渔业资源有严重影响的，作业单位应当事先同有关县级以上人民政府业主管部门协商，采取措施，防止或者减少对渔业资源的损害；造成渔业资源损失的，由有关县级以上人民政府责令赔偿。

造成渔业水域生态环境破坏或者渔业污染事故的，依照《中华人民共和国海洋环境保护法》和《中华人民共和国水污染防治法》的规定追究法律责任。

六、海域利用与保护的法律规定

(一)概述

为了加强海域使用管理，维护国家海域所有权和海域使用权人的合法权益，促进海域的合理开发和可持续利用，我国于 2001 年颁布了《中华人民共和国海域使用管理法》。

《中华人民共和国海域使用管理法》中所称的海域，是指中华人民共和国内水、领海的水面、水体、海床和底土。

(二)一般规定

1. 海域权属制度

根据《中华人民共和国海域使用管理法》的规定，海域属于国家所有，国务院代表国家行使海域所有权。任何单位或者个人不得侵占、买卖或者以其他形式非法转让海域。单位和个人使用海域，必须依法取得海域使用权。

海域使用权，是从海域国家所有权上派生出来的一种权利，是海域使用权主体享有的对特定海域的使用价值进行开发、利用，并依法取得收益的权利。

海域使用权取得的主要方式是国家出让取得。出让的方式有申请取得和其他特别方式取得。经出让取得的海域使用权可以依法转让或者依法继承。

申请取得是指申请人向县级以上人民政府海洋主管部门提出申请，并经有批准权的人民政府的审查、批准，并由该人民政府对海域使用权进行登记造册，向海域使用申请人颁发海域使用权证书。海域使用申请人方取得海城使用权。

特别取得是指通过公开招标或者拍卖的方式取得。招标或者拍卖方案由海洋主管部门制订，报有审批权的人民政府批准后组织实施。海洋主管部门制订招标或者拍卖方案，应当征求同级有关部门的意见。招标或者拍卖工作完成后，依法向中标人或者买受人颁发海域使用权证书。中标人或者买受人自领取海域使用权证书之日起，取得海域使用权。

未经批准或者骗取批准，非法占用海域的，责令退还非法占用的海域，恢复海域原状，没收违法所得，并处非法占用海域期间内该海域面积应缴纳的海域使用金 5 倍以上 15 倍以下的罚款；对未经批准或者骗取批准，进行围海、填海活动的，并处非法占用海域期间内该海域面积应缴纳的海域使用金 10 倍以上 20 倍以下的罚款。

海域使用权的最高期限，按照用途分别确定为：养殖用海 15 年；拆船用海 20 年；旅游、娱乐用海 25 年；盐业、矿业用海 30 年；公益事业用海 40 年；港口、修造船厂等建设工程用海 50 年。海域使用权期满，未办理有关手续仍继续使用海域的，责令限期办理，可以并处 1 万元以下的罚款；拒不办理的，以非法占用海域论处。海域使用权人依法使用海城并获得收益的权利受法律保护，任何单位和个人不得侵犯。海域使用权人有依法保护和合理使用海域的义务；海域使用权人对不妨害其依法使用海域的非排他性用海活动，不得阻挠。阻挠、妨害海域使用权人依法使用海域的，海域使用权人可以请求海洋行政主管部门排除妨害，也可以依法向人民法院提起诉讼；造成损失的，可以依法请求损害赔偿。

因海域使用权发生争议，当事人协商解决不成的，由县级以上人民政府海洋主管部门协调；当事人也可以直接向人民法院提起诉讼。在海域使用权争议解决前，任何一方不得改变海域使用现状。

2. 海域管理体制

根据《中华人民共和国海域使用管理法》第七条的规定，国务院海洋主管部门负责全国海域使用的监督管理。沿海县级以上地方人民政府海洋主管部门根据授权，负责本行政区毗邻海域使用的监督管理。

渔业主管部门依照《中华人民共和国渔业法》，对海洋渔业实施监督管理。海事管理机构依照《中华人民共和国海上交通安全法》，对海上交通安全实施整督管理。

（三）海洋功能区划

鉴于海洋资源立体分布，生态环境特殊，开发和保护海洋以及海域使用管理均具有很强的科学性，《中华人民共和国海域使用管理法》对海洋功能区划制度作了详尽的规定。①

海域使用必须符合海洋功能区规划：国家严格管理填海、围海等改变海洋自然属性的用海活动。

2012 年 3 月国务院批准的《全国海洋功能区划（2011—2020 年）》将我国管辖

① 《中华人民共和国海域使用管理法》与《中华人民共和国海洋环境法》是海洋功能区划制度的两大法律法规，但侧重点不同同，《中华人民共和国海洋环境保护法》主要是从海洋功能区划的环保功能考虑，结合海洋环境保护制度来规定；《中华人民共和国海域使用管理法》则侧重于从促进海洋利用的角度，将其作为海域使用的法定依据和前提。二者在基本内容上不存在说冲突的地方。但《中华人民共和国海域使用管理法》对海洋功能区划的内容作出了进一步细化，使其具有了切实可操作性，这些原则性的规定对于《中华人民共和国海洋环境保护法》中规定的海洋环境保护制度同样适用。

海域划分为渤海、黄海、东海、南海和台湾以东海域共 5 大海区 29 个重点海域，并根据海域的区位、自然资源、环境条件和开发利用的要求，按照海洋功能标准，将海域划分为农渔业区、港口航运区工业与城镇用海区、矿产与能源区、旅游休闲娱乐区、海洋保护区、特殊利用区和保留区等 8 种海洋功能分区。

根据《中华人民共和国海域使用管理法》的规定，海域使用权人不得擅自改变经批准的海域用途；确需改变的，应当在符合海洋功能区划的前提下，报原批准用海的人民政府批准。擅自改变海域用途的，责令限期改正，没收违法所得，并处非法改变海域用途的期间内该海域面积应缴纳的海域使用金 5 倍以上 15 倍以下的罚款；对拒不改正的，由颁发海域使用权证书的人民政府注销海域使用权证书，收回海域使用权。

(四)海域使用金

国家作为海域所有者享有出让海域使用权的收益权，海域使用者因此需向国家支付一定的海域使用金作为使用海域资源的代价。海域使用金是国家贯彻海域有偿使用的具体措施，即单位和个人使用海域，应当按照国务院的规定缴纳海域使用金，收缴的海域使用金应当按照国务院的规定上缴财政。

根据《中华人民共和国海域使用管理法》的规定，军事用海、公务船舶专用码头用海、非经营性的航道、锚地等交通基础设施用海，教学、科研、防灾减灾、海难搜救打捞等非经营性公益事业用海免缴海域使用金。公用设施用海、国家重大建设项目用海和养殖用海，按照国务院财政部门和国务院海洋主管部门的规定，经有批准权的人民政府财政部门和海洋主管部门审查批准，可以减缴或者免缴海域使用金。

根据不同的用海性质或者情形，海域使用金可以按照规定一次缴纳或者按年度逐年缴纳。按年度逐年缴纳海域使用金的海域使用权人不按期缴纳海域使用金的，限期缴纳；在限期内仍拒不缴纳的，由发海域使用权证书的人民政府注销海域使用权证书，收回海域使用权。

七、矿产资源与能源利用和保护的法律规定

(一)概述

矿产资源是指由地质作用形成的，具有利用价值的，呈固态、液态、气态的自然资源。为促进矿产资源合理开发利用及矿业的可持续发展，我国先后制定了《中华人民共和国矿产资源法》(1986 年制定，1996 年修正)和《中华人民共和国煤炭法》(1996 年制定，2011 年修正)。此外，国务院还制定了《矿产资源法实施细则》(1994 年)等行政法规。

但是，单靠对矿产资源进行合理利用并不能完全解决其开采和使用对环境的影响，目前我国能源消费结构中煤炭比例偏高，二氧化碳排放增长较快，对气候变化影响较大。再加上我国人口众多，能源需求增长压力大，能源供应与经济发展的矛盾十分突出。为了从根本上解决我国的能源问题，不断满足经济和社会发展的需要，加快开发利用可再生能源是重要的战略选择。为此，我国于 2005 年制定了《中华人民共和国可再生能源法》(2009 年修正)。

在不可再生能源仍是当今人类消费的主要能源，可再生能源和新能源利用技术仍不成熟的情况下，节约能源成为人类实现全面协调可持续发展的必然选择。为了推动全社会节约能源，提高能源利用效率，保护和改善环境，促进经济社会全面协调可持续发展，我国于 1997 年制定了《中华人民共和国节约能源法》(2007 年修正)。

(二) 开发矿产资源的环境保护管理规定

1. 一般规定

(1) 矿产资源国家所有及监管体制。

根据《中华人民共和国矿产资源法》的规定，矿藏资源属于国家所有，由国务院代表国家行使。

国家对矿产资源的勘查、开发实行统一规划、合理布局、综合勘查、合理开采和综合利用的方针。国务院地质矿产主管部门主管全国矿产资源勘查、开采的监督管理工作。

(2) 勘查、开采登记许可制度。

勘查、开采矿产资源，必须依法分别申请，经批准取得探矿权、采矿权，并办理登记。从事矿产资源勘查和开采的，必须符合规定的资质条件。

国家对矿产资源勘查实行统一的区块登记管理制度。凡在中华人民共和国领域及其管辖海域内从事 1∶20 万和大于 1∶20 万比例尺的区域地质调查，金属矿产、非金属矿产、能源矿产的普查和勘探，地下水、地热、矿泉水资源的勘查，矿产的地球物理、地球化学的勘查、航空遥感地质调查工作的，都必须申请登记，取得探矿权。矿产资源勘查登记工作由国务院地质矿产主管部门负责，特定矿种的矿产资源勘查登记工作可以由国务院授权有关主管部门负责。根据《矿产资源勘查区块登记管理办法》第十条的规定，勘查许可证有效期最长为 3 年；但是，石油、天然气勘查许可证有效期最长为 7 年。勘查单位因故要求撤销项目或者已经完成勘查项目任务的，应当向登记管理机关报告项目撤销原因或者填报项目完成报告，办理注销登记手续。

根据《中华人民共和国矿产资源法》第六条的规定，探矿权人有权在划定的勘查作业区内进行规定的勘查作业，有权优先取得勘查作业区内矿产资源的采矿权。探矿权人在完成规定的最低勘查投入后，经依法批准，可以将探矿权转让他人。已取得采矿权的矿山企业，因企业合并、分立，与他人合资、合作经营，或者因企业资产出售以及有其他变更企业资产产权的情形而需要变更采矿权主体的，经依法批准可以将采矿权转让他人采矿。非法买卖、出租或者以其他形式转让矿产资源的，没收违法所得，处以罚款。违反关于转让探矿权、采矿权的规定将探矿权、采矿权倒卖牟利的，吊销勘查许可证、采矿许可证，没收违法所得，处以罚款。

国家规划矿区和对国民经济具有重要价值的矿区内的矿产资源，国家规划矿区和对国民经济具有重要价值的矿区以外可供开采的矿产储量规模在大型以上的矿产资源，国家规定实行保护性开采的特定矿种，领海及中国管辖的其他海域的矿产资源和国务院规定的其他矿产资源的开采，由国务院地质矿产主管部门审批，并颁发采矿许可证；开采石油、天然气矿产的，经国务院指定的机关审查同意后，由国务院地质矿产主管部门登记，颁发采矿许可证；开采由国务院地质矿产主管部门和国务院授权的有关主管部门审批发证的矿产资源之外的矿产资源，其可供开采的矿产储量规模为中型的，由省、自治区、直辖市人民政府地质矿产主管部门审批和通发采矿许可证。

根据《中华人民共和国矿产资源法》的规定，未取得采矿许可证擅自采矿的，擅自进入国家规划矿区、对国民经济具有重要价值的矿区范围采矿的，擅自开采国家规定实行保护性开采的特定矿种的，责令停止开采、赔偿损失，没收采出的矿产品和违法所得，可以并处罚款。超越批准的矿区范围采矿的，责令退回本矿区范围内开采、赔偿损失，没收越界开采的矿产品和违法所得，可以并处罚款；拒不退回本矿区范围内开采，造成矿产资源破坏的，吊销采矿许可证。

(3)矿产资源有偿取得制度。

国家实行探矿权、采矿权有偿取得的制度。开采矿产资源，必须按照国家有关规定缴纳资源税和资源补偿费。

在中华人民共和国境内开采国家规定的矿产品的或者生产盐的单位和个人应当缴纳资源税，国家规定的矿产品包括原油、天然气、煤炭、其他非金属矿原矿、黑色金属矿原矿、有色金属矿原矿；盐包括固体盐和液体盐。资源税采取从量定额征收的办法征收，即资源税的应纳税频按照应税产品的课税数量和规定的税额计算。应纳税额计算公式为：应纳税额=课税数量×税额。

矿产资源补偿费是采矿权人为补偿国家矿产资源的消耗而向国家缴纳的一定费用。凡在中华人民共和国领域和其他管辖海域开采矿产资源的采矿权人，都应当按规定缴纳矿产资源补偿费。矿产资源补偿费按照矿产品销售收入的一定比例计征，其计算方式为：征收矿产资源补偿费金额=矿产品销售收入×补偿费费率×开采回采率系数。补偿费费率由国家统一规定，最高为4%，最低为0.5%。矿产资源补偿费由地质矿产主管部门会同财政部门征收。征收的矿产资源补偿费纳入国家预算，实行专项管理，主要用于矿产资源勘查。

2. 矿产资源开发利用中有关环境保护的法律规定

(1)制定矿山生态环境保护专项规划

矿产资源规划是法定部门按照规定程序编制的国家对一定时期矿产资源勘查和开发利用整体安排的书面文件。

全国矿产资源规划在国务院计划主管部门指导下，由国务院地质矿产主管部门根据国民经济和社会发展中长期规划，组织国务院有关主管部门和省、自治区、直辖市人民政府编制，报国务院批准后实施。按其内容，可分为矿产资源勘查规划和矿产资源开发规划。

矿产资源勘查规划是由法定机构按规定程序编制的国家对矿产资源勘查所作整体安排的书面文件。按照规定，全国矿产资源中，长期勘查规划，在国务院计划主管部门指导下由国务院地质矿产主管部门根据国民经济和社会发展中、长期勘查规划，在国务院有关主管部门勘查规划的基础上组织编制。

矿产资源开发规划是由有关机构编制的对矿区的开发建设布局进行整体安排的书面文件，可分为行业开发规划和地区开发规划。行业开发规划由国务院有关主管部门根据全国矿产资源规划中分配给本部门的矿产资源编制实施。地区开发规划由省、自治区、直辖市人民政府根据全国矿产资源规划中分配给本省、自治区、直辖市的矿产资源编制实施。矿产资源行业开发规划和地区开发规划应当报送国务院计划主管部门、地质矿产主管部门备案。

(2)矿山企业准入与退出中的环境保护措施。

设立矿山企业，必须符合国家规定的资质条件，并依照法律和国家有关规定，由审批机关对其矿区范围、矿山设计或者开采方案、生产技术条件、安全措施和环境保护措施等进行审查；审查合格的，方予批准。

关闭矿山，必须提出矿山闭坑报告及有关采掘工程、安全隐患、土地复垦利用、环境保护的资料，并按照国家规定报请审查批准。

(3)普查、勘探、开采中的环境保护措施

普查、勘探易损坏的特种非金属矿产、流体矿产、易燃易爆易溶矿产和含有放射性元素的矿产，必须采用省级以上人民政府有关主管部门规定的普查、勘探方法，并有必要的技术装备和安全措施。开采矿产资源，必须遵守有关环境保护的法律规定，防止污染环境。

在国家划定的自然保护区、重要风景区、国家重点保护的不能移动的历史文物和名胜古迹所在地，未经国务院授权的有关主管部门同意，不得开采矿产资源；勘查、开采矿产资源时，发现具有重大科学文化价值的罕见地质现象以及文化古迹，应当加以保护并及时报告有关部门；耕地、草原、林地因采矿受到破坏的，矿山企业应当因地制宜地采取复垦利用、植树种草或者其他利用措施。

（三）促进可再生能源开发利用的法律规定

1. 一般规定

《中华人民共和国可再生能源法》中所称可再生能源，是指风能、太阳能、水能、生物质能、地热能、海洋能等非化石能源。水力发电对本法的适用，由国务院能源主管部门规定，报国务院批准。通过低效率炉灶直接燃烧方式利用黏秆、薪柴、粪便等，不适用《中华人民共和国可再生能源法》。

2. 可再生能源利用总量目标

为使我国可再生能源获得较大规模的商业化发展，需要国家制定具有权威性的可再生能源发展目标和规划，依法明确各类主体在可再生能源开发利用中的权利和义务，稳定有利于可再生能源发展的经济政策，以增强开发利用者的市场信心，有效扩大可再生能源的市场需求。

国家将可再生能源的开发利用列为能源发展的优先领域，通过制定可再生能源开发利用总量目标和采取相应措施，推动可再生能源市场的建立和发展。

国务院能源主管部门根据全国能源需求与可再生能源资源实际状况，制定全国可再生能源开发利用中长期总量目标，报国务院批准后执行，并予公布。国务院能源主管部门根据前款规定的总量目标和省、自治区、直辖市经济发展与可再生能源资源实际状况，会同省、自治区、直辖市人民政府确定各行政区域可再生能源开发利用中长期目标，并予公布。

3. 可再生能源并网发电与全额收购的法律规定

国家鼓励和支持可再生能源并网发电。建设可再生能源并网发电项目，应当依照法律和国务院的规定取得行政许可或者报送备案。建设应当取得行政许可的可再生能源并网发电项目，有多人申请同一项目许可的，应当依法通过招标确定被许可人。

国家实行可再生能源发电全额保障性收购制度：国务院能源主管部门会同国家电力监管机构和国务院财政部门，按照全国可再生能源开发利用规划，确定在规划期内应当达到的可再生能源发电量占全部发电量的比重，制定电网企业优先调度和全额收购可再生能源发电的具体办法①，并由国务院能源主管部门会同国家电力监管机构在年度中督促落实。

电网企业应当与按照可再生能源开发利用规划建设，依法取得行政许可或者报送备案的可再生能源发电企业签订并网协议，全额收购其电网覆盖范围内符合并网技术标准的可再生能源并网发电项目的上网电量。发电企业有义务配合电网

---

① 2006年1月5日，国家发展改革委发布《可再生能源发电有关管理规定》；2007年7月25日，国家电力监管委员会发布《电网企业全额收购可再生能源电量监管办法》。

企业保障电网安全。

电网企业未全额收购可再生能源电量，造成可再生能源发电企业经济损失的，应当承担赔偿责任，并由国家电力监管机构责令限期改正；拒不改正的，处以可再生能源发电企业经济损失额1倍以下的罚款。

电网企业应当加强电网建设，扩大可再生能源电力配置范围，发展和应用智能电网、储能等技术，完善电网运行管理，提高吸纳可再生能源电力的能力，为可再生能源发电提供上网服务。

4. 可再生能源电价与费用分摊的法律规定

可再生能源发电项目的上网电价，由国务院价格主管部门根据不同类型可再生能源发电的特点和不同地区的情况，按照有利于促进可再生能源开发利用和经济合理的原则确定，并根据可再生能源开发利用技术的发展适时调整。上网电价应当公布。实行招标的可再生能源发电项目的上网电价，按照中标确定的价格执行。但是，不得高于依照前款规定确定的同类可再生能源发电项目的上网电价水平。

电网企业依照确定的上网电价收购可再生能源电量所发生的费用，高于按照常规能源发电平均上网电价计算所发生费用之间的差额，由在全国范围对销售电量征收可再生能源电价附加补偿。电网企业为收购可再生能源电量而支付的合理的接网费用以及其他合理的相关费用，可以计入电网企业箱电成本，并从销售电价中回收。国家投资或者补贴建设的公共可再生能源独立电力系统的销售电价，执行同一地区分类销售电价，其合理的运行和管理费用超出销售电价的部分依本补偿。

(四)节约能源的法律规定

1. 一般规定

节约资源是我国的基本国策，国家实施节约与开发并举、把节约放在首位的能源发展战略。

国务院和县级以上地方各级人民政府应当将节能工作纳入国民经济和社会发展规划、年度计划，并组织编制和实施节能中长期专项规划、年度节能计划。国务院和县级以上地方各级政府每年向本级人民代表大会或者其常务委员会报告节能工作。

国家实行节能目标责任制和节能考核评价制度，将节能目标完成情况作为对地方人民政府及其负责人考核评价的内容。省、自治区、直辖市人民政府每年向国务院报告节能目标责任的履行情况。

2. 节能管理的法律规定

(1)节能标准及能效标识制度。

第一，节能标准制度。国务院标准化主管部门和国务院有关部门依法组织制定并适时修订有关节能的国家标准、行业标准，建立健全节能标准体系。国务院标准化主管部门会同国务院管理节能工作的部门和国务院有关部门制定强制性的用能产品、设备能源效率标准和生产过程中耗能高的产品的单位产品能耗限额标准。国家鼓励企业制定严于国家标准、行业标准的企业节能标准。

第二，能效标识强制标注制度。国家对家用电器等使用面广、耗能量大的用能产品，实行能源效率标识管理。生产者和进口商应当对列入国家能源效率标识管理产品目录的用能产品标注能源效率标识，在产品包装物上或者说明书中予以说明，并按照规定报国务院产品质量监督部门和国务院管理节能工作的部门共同授权的机构备案应当标注能源效率标识而未标注的，由产品质量监督部门责令改正，处 3 万元以上 5 万元以下罚款。未办理能源效率标识备案，或者使用的能源效率标识不符合规定的，由产品质量监督部门责令限期改正；逾期不改正的，处 1 万元以上 3 万元以下罚款。伪造、冒用能源效率标识或者利用能源效率标识进行虚假宣传的，由产品质量监督部门责令改正，处 5 万元以上 10 万元以下罚款；情节严重的，由工商行政管理部门吊销营业执照。

第三，节能产品自愿认证制度。用能产品的生产者、销售者，可以根据自愿原则，按照国家有关节能产品认证的规定，向经国务院认证认可监督管理部门认可的从事节能产品认证的机构提出节能产品认证申请；经认证合格后，取得节能产品认证证书，可以在用能产品或者其包装物上使用节能产品认证标志。使用伪造的节能产品认证标志或者冒用节能产品认证标志的，依照《中华人民共和国产品质量法》第五十三条的规定，责令改正，没收违法生产、销售的产品，并处违法生产销售产品货值金额等值以下的罚款；有违法所得的，并处没收违法所得；情节严重的，吊销营业执照。

(2)固定资产投资项目节能评估和审查制度。

国家实行固定资产投资项目节评估和审查制度。不符合强制性节能标准的项目，依法负责项目审批或者核准的机关不得批准或者核准建设；建设单位不得开工建设；已经建成的，不得投入生产使用。

(3)针对产品、设备、工艺的节能管理制度。

国家对落后的耗能过高的用能产品、设备和生产工艺实行淘汰制度。禁止生产，进口、销售国家明令淘汰的用能产品、设备，违反者，依照《中华人民共和国产品质量法》第五十一条的规定，责令停止生产、销售，没收违法生产、销售的产品，并处违法生产、销售产品货值金额等值以下的罚款；有违法所得的，并处没收违法所得；情节严重的，吊销营业执照。

使用国家明令淘汰的用能设备或者生产工艺的，由管理节能工作的部门责令停止使用，没收国家明令淘汰的用能设备；情节严重的，可以由管理节能工作的部门提出意见，报请本级人民政府按照国务院规定的权限责令停业整顿或者关闭。

生产过程中耗能高的产品的生产单位，应当执行单位产品能耗限额标准，对超过单位产品能耗限标准用能的生产单位，由管理节能工作的部门按照国务院规定的权限责令限期治理。生产单位超过单位产品能耗限额标准用能，情节严重，经限期治理逾期不治理或者没有达到治理要求的，可以由管理节能工作的部门提出意见，报请本级人民政府按照国务院规定的权限责令停业整顿或者关闭。

对高耗能的特种设备①，按照国务院的规定实行节能审查和监管，禁止生产、进口、销售不符合强制性能源效率标准的用能产品、设备。违反者，由产品质量监督部门责令停止生产、进口、销售，没收违法生产、进口、销售的用能产品、设备和违法所得，并处违法所得 1 倍以上 5 倍以下罚款；情节严重的，由工商行政管理部门吊销营业执照。

(4)重点用能单位节能管理制度。

所谓“重点用能单位”是指年综合能源消费总量 1 万吨标准煤以上的用能单位。国务院有关部门或者省、自治区、直辖市人民政府管理节能工作的部门指定的年综合能源消费总量 5 000 吨以上不满 1 万吨标准煤的用能单位。

重点用能单位应当每年向管理节能工作的部门报送上年度的能源利用状况报告。未按规定报送能源利用状况报告或者报告内容不实的，由管理节能工作的部门责令限期改正；逾期不改正的，处 1 万元以上 5 万元以下罚款。

管理节能工作的部门应当对重点用能单位报送的能源利用状况报告进行审查。对节能管理制度不健全、节能措施不落实、能源利用效率低的重点用能单位，管理节能工作的部门应当开展现场调查，组织实施用能设备能源效率检测，责令实施能源审计，并提出书面整改要求，限期整改。无正当理由拒不落实整改要求或者整改没有达到要求的，由管理节能工作的部门处 10 万元以上 30 万元以下罚款。

重点用能单位应当设立能源管理岗位，在具有节能专业知识、实际经验以及中级以上技术职称的人员中聘任能源管理负责人，并报管理节能工作的部门和有关部门备案。违反者，由管理节能工作的部门责令改正；拒不改正的，处 1 万元以上 3 万元以下罚款。

3. 鼓励节能的措

《中华人民共和国节约能源法》还专门规定了节能技术进步促进制度及财政、税收、金融、价格等激励措施，如电力需求方管理、合同能源管理、节能自愿协议等。

这些以市场机制为基础的节能新机制往往需要节能服务机构、行业协会等第

---

① 根据国家工商管理局(现为国家市场监督管理总局)2009 年 7 月 3 日公布的《高耗能特种设备节能监督管理办法》第二条的规定，高耗能特种设备，是指在使用过程中能源消耗量或者转换量大，并具有较大节能空间的锅炉、换热压力容器、电梯等特种设备。

三方的参与。因此,《中华人民共和国节约能源法》第二十二条、二十三条规定:国家鼓励节能服务机构的发展,支持节能服务机构开展节能咨询、设计、评估、检测、审计、认证等服务。国家支持节能服务机构开展节能知识宣传和节能技术培训,提供节能信息、节能示范和其他公益性节能服务。国家鼓励行业协会在行业节能规划、节能标准的制定和实施、节能技术推广、能源消费统计、节能宣传培训和信息咨询等方面发挥作用。

本章小结

自然保护与资源保护法,是指以保护生态系统平衡或防止生物多样性破坏为目的,对利用自然环境和资源的行为实行控制而制定的法律规范的总称。自然保护与资源保护法包括自然保护法和自然资源保护法两大部分。

自然保护法主要包括野生生物保护与自然区域保护两部分内容。在野生生物保护方面,我国制定了《中华人民共和国野生动物保护法》《中华人民共和国野生植物保护条例》《中华人民共和国陆生野生动物保护条例》《中华人民共和国水生野生动物保护实施条例》等法律法规,对野生生物保护的管理体制、重点保护目录、栖息地保护、野生生物猎捕或采集控制、野生生物及其制品经营利用或进出口控制等内容进行了规定。在自然区域保护方面,我国制定了《中华人民共和国自然保护区条例》《中华人民共和国风景名胜区条例》等法律法规,内容主要涉及自然保护区、自然遗产和风景名胜区、城市景观与绿地等三方面。

在自然资源保护法方面,我国主要针对土地、森林、草原、水、渔业、海域、矿产等自然资源的利用与保护进行了规定。《中华人民共和国土地管理法》主要对耕地保护、建设用地控制进行规定;《中华人民共和国水土保持法》主要对水土流失的预防、治理进行了规定;《中华人民共和国防沙治沙法》主要对土地沙化预防、沙化土地治理等进行了规定;《中华人民共和国森林法》主要对森林烃验管理、森林保护等进行了规定;《中华人民共和国草原法》主要对草原利用、草原保护进行了规定;《中华人民共和国水法》主要对水资源利用,水资源保护进行了规定;《中华人民共和国草原法》主要对渔业养殖与捕捞管理、渔业增殖与保护等进行了规定;《中华人民共和国海域使用管理法》主要对海域功能区划、海域使用权属等进行了规定;《中华人民共和国矿产资源法》主要对矿产资源权属、勘察、开发以及开发利用过程中的环境保护措施进行了规定;《中华人民共和国可再生能源法》主要对可再生能源利用总量目标、可再生能源并网发电、收购等进行了规定;《中华人民共和国节约能源法》主要对节能管理的相关措施进行了规定。

思考题

1. 我国野生生物保护的主要法律规定有哪些？
2. 我国自然区域保护的主要法律规定有哪些？
3. 我国海洋生态保护的主要法律规定有哪些？
4. 我国土地资源利用与保护的主要法律规定有哪些？
5. 我国森林资源利用与保护的主要法律规定有哪些？
6. 我国草原资源利用与保护的主要法律规定有哪些？
7. 我国水资源利用与保护的主要法律规定有哪些？
8. 我国渔业资源利用与保护的主要法律规定有哪些？
9. 我国海域资源利用与保护的主要法律规定有哪些？
10. 我国矿产资源利用与保护的主要法律规定有哪些？

第六章　环境与资源保护法的法律责任

【学习目标】

通过本章学习，学生应了解环境与资源保护法的法律责任的含义和种类；理解环境与资源保护法的行政责任的含义、行政处罚、行政处分的种类与适用程序；理解破坏环境资源保护罪及其刑事责任的含义，主要罪名及其罪犯构成要件和具体的刑罚适用规则，适用破坏环境资源保护罪的程序；理解环境侵权的含义和分类，环境侵权的归责原则、构成要件、免责事由、损害赔偿和诉讼时效、环境侵权纠纷的证据规则和行政处理程序。

第一节　环境与资源保护法的法律责任概述

法律责任是指违法者对其违法行为所应当承担的负面或不利法律后果。国家追究法律责任的目的，在于维护法律所确认的社会关系和社会秩序。承担法律责任，意味着违法者接受国家对其违法行为的评价、谴责和否定。

环境与资源保护法的法律责任是法律责任制度在环境与资源保护法中的具体体现，是指因实施了违反环境与资源保护法的行为、造成生态破坏或环境污染的主体。依据环境与资源保护法的规定，应当承担的法律责任环境与资源保护法的法律责任包括环境与资源保护的行政责任、刑事责任和民事责任。

环境与资源保护法的行政责任是指公民、法人或其他组织实施违反环境与资源保护行政法律规范的行为，而应承担的行政方面的不利法律后果。环境与资源保护法的刑事责任是指个人或者单位实施破坏环境资源保护的犯罪行为，而应承担的刑事方面的不利法律后果。环境与资源保护法的民事责任主要是侵权责任，即公民、法人或其他组织实施环境侵权行为，而应承担的民事方面的法律后果。实践中，环境与资源保护法的行政责任是针对环境与资源保护法律的违法行为者适用率最高的一种法律责任形式。

环境与资源保护法的民事、行政及刑事责任之间存在一种互补且层层递进的关系，从而构成一个严密的责任网络。民事责任以“损害赔偿”为主，侧重对受害人的救济，关乎最基本的公平和正义。行政责任侧重对违法者本身的处罚，旨在通过剥夺违法者的违法收益，督促企业守法，是环境与资源保护实践中运用最多的一种法律责任形式。刑事责任是最严厉的法律责任，只适用于最严重的环境违法行为，既注重对违法者本身的处罚，又注重对潜在违法者的威慑。

如果环境与资源保护法的民事、行政、刑事责任立法比较完善且在实践中能得以严格执行，不但能在事后最大限度地保障受害人获得应有的救济并使违法者得到应有的惩罚，而且还能在事先迫使理性的潜在违法者遵纪守法，从而大大减少环境与资源保护违法行为的发生。正因如此，“党的十八大”报告明确提出要“加强环境监管，健全生态环境保护责任，追究制度和环境损害赔偿制度”。

法律责任是违法者承担的某种不利法律后果，意味着对违法者某种利益的剥夺。因此，法律责任的追究必须通过中立的、权威的司法审判程序来实现。在我国，司法审判通常按照诉讼的性质分为行政审判、刑事审判与民事审判三大类。与之相对应，法院也设有行政审判庭、刑事审判庭与民事审判庭。

近年来，在环境形势日益严峻以及环境纠纷解决难的大背景下，为加大对环境与资源保护法律责任追究的力度，我国部分省市法院开始设立专门的环境保护审判庭，采取了民事、刑事与行政审判“三合一”或者民事、刑事、行政审判与执行“四合一”的职能配置模式，实现了环境与资源保护案件的专业化审判。除了环境保护审判庭外，部分省市还尝试通过环境保护法庭、环境保护合议庭、环境保护巡回庭等方式实现了一定程度的环境案件专业化审判。

从实践效果看，以贵阳、无锡和昆明三地法院为代表的环境与资源保护案件的专业化审判，有力地促进了当地环境与资源保护案件的解决，加大了对环境与资源保护违法者的制裁力度，极大地威慑了潜在的违法者，取得了良好的社会效果与法律效果。

第二节 违反环境与资源保护法的行政责任

环境与资源保护行政违法，是指违反环境与资源保护法律规范、侵害行政管理关系、造成环境污染或生态破坏，但是尚未构成犯罪的行为。

环境与资源保护行政违法行为的实施者既包括环境与资源保护行政机关及其工作人员，也包括环境与资源保护行政相对人；环境与资源保护行政违法行为的本质内容是对环境与资源保护法律规范所规定的法定义务的违法，既包括违反禁止性或限制性法律规范的违法作为，也包括不履行法定义务的违法不作为；环境与资源保护违法行为的危害程度尚未达到犯罪的程度，不适用刑法的相关规定；环境与资源保护违法行为的必然后果是行为者要承担行政责任。

环境与资源保护法的行政责任，是指环境与资源保护法律关系主体在违反环境与资源保护行政法律规范时应当承担的不利法律后果。

根据违法行为主体的不同类型，环境与资源保护法的行政责任可以分为环境与资源保护行政处分与行政处罚两大类；前者是环境与资源保护行政机关工作人员与国有企事业单位主要负责人员违法的不利后果，后者是环境与资源保护行政相对人违法的不利法律后果。两者在制裁方式、适用对象、实施主体、适用程序、救济措施等方面存在较大差异，以下将分别进行介绍。

一、环境与资源保护行政处罚

(一)环境与资源保护行政处罚的概念与种类

环境与资源保护行政处罚是指由法律授权的环保部门和其他行使环境与资源保护监督管理权的机关，按照国家有关行政处罚法律规定的程序，对违反规定但又未构成犯罪的行为人给予的行政制裁。实施行政处罚的主要法律依据是环境与资源保护法律法规、规章的规定以及《中华人民共和国行政处罚法》的规定。

环境与资源保护行政处罚的种类一般包括警告、罚款、责令停产整顿、责令停产、停业、关闭、暂扣、吊销许可证或者其他具有许可性质的证件，没收违法所得、没收非法财物、行政拘留七种。根据违法行为的性质与后果，可以分别适用上述七种处罚形式中的一种或同时适用两种或两种以上的处罚形式。罚款是环境与资源保护行政处罚中最常用的处罚方式。

(二)环境与资源保护行政处罚的实施

1. 实施主体

责令停产、停业、关闭的处罚只能由各级人民政府作出，行政拘留的处罚只能由公安机关作出，其他的行政处罚由环境与资源保护行政机关根据各自的权限范围具体实施。具体而言，实施行政处罚的机关，除了对环保工作实施统一监督管理的各级环保部门以外，还包括依照法律规定对环境污染防治实施监督管理的海洋部门、港务监督、渔政渔港监督，军队环保部门和各级公安、交通、铁道、民航等管理部门，还有依法对资源保护实施监督管理土地、矿产、林业，农业、水利等主管部门。

环境与资源保护行政主管部门在实施处罚时，应当在法定的处罚种类和幅度范围内，综合考虑以下情节：违法行为所造成的环境污染、生态破坏程度及社会影响；当事人的过错程度；违法行为的具体方式或者手段；违法行为危害的具体对象；当事人是初犯还是再犯；当事人改正违法行为的态度和所采取的改正措施及效果。

根据《中华人民共和国行政处罚法》第二十四条的规定，对当事人的同一个违法行为，不得给予两次以上罚款的行政处罚。[①] 而在环境与资源保护实践中，许多违法行为属于连续走法行为，为了便于环保部门区分是否属于“同一违法行为”，环境保护部2010年修正的《环境行政处司办法》规定：“环境保护主管部门实跑行政处罚时，应当及时作出责令当事人改正或者限期改正违法行为的行政命令。责令改正期限届满，当事人未按要求改正，违法行为仍处于继续或者连续状态的，可以认定为新的环境违法行为。”

2. 实施程序

环境与资源保护行政处罚的程序包括简易程序、一般程序和听证程序三种。

简易程序适用于违法事实确凿、情节轻微并有法定依据，对公民处50元以下、对法人或者其他组织处1 000元以下罚款或者警告，可以当场作出行政处罚决定的场合；一般程序适用于简易程序以外的其他行政处罚场合；听证程序适用于责令停产、停业、关闭、暂扣或吊销许可证或者较大数额的罚款或没收[②]等重大行政处罚决定的场合。

在适用一般程序的场合，实施行政处罚前，环境与资源保护行政机关必须对行政违法行为进行全面、客观、公正的调查，收集有关证据。环境与资源保护行政机关在作出行政处罚决定之前，应告知当事人行政处罚的事实、理由和依据，当事人有陈述和申辩权利，且不得因当事人申辩而加重处罚。调查终结后，环境与资源保护行政机关应当根据不同情况作出行政处罚决定，或不得给予行政处罚，不手行政处罚或移送司法机关的决定。决定给予行政处罚的，应制作行政处罚决定书，载明违法行为的事实和证据、行政处罚的种类和依据、履行方式和期限、不服行政处罚决定、申请复议或提起行政诉讼的途径和期限等。

当事人逾期不申请复议，也不向人民法院起诉，且又不履行处罚决定的，环境与资源保护行政机关可以采取下列措施：到期不缴罚款的，每天按罚款数额的3%加处罚款；有行政强制执行权的机关，可根据法律规定，将查封、扣押的财产拍卖或将冻结的存款划拨抵缴罚款；没有强制执行权的申请人民法院强制执行。

3. 责令改正的行政命令

《中华人民共和国行政处罚法》第二十三条的规定，行政机关实行行政处罚时，应当责令当事人改正或者限期改正违法行为。在环境与资源保护法律中，责令改

---

① 根据国家环保总局《关于对同一行为违反不同法规实施行政处罚时适用法规问题的复函》(环函[2002]166号)的规定：行为人的一个行为同时违反两种以上法律规定的，生态环境部门对违反行为人可依照两种法律规定中处罚较重的规定，定性处罚。

② “较大数额的罚款或没收”各部门及各省、自治区、直辖市的规定并不一致，例如生态环境部规定的“较大数额”是指对公民是指人民币(或者等值物品价值)5 000元以上，对法人或者其他组织是指人民币(或者等值物品价值)50 000元以上，而农业农村部规定的“较大数额”是指对公民罚款3 000元以上，对法人或其他组织罚款30 000万元以上。

正具体表现为责令停止建设、责令停止试生产、责令停止生产或者使用、责令限期建设配套设座、责令重新安装使用、责令限期拆除、责令停止违法行为、责令限期治理、责令限期采取治理措施等形式。责令改正的目的在于使违法行为恢复到合法状态，其并未对行为人带来额外的负担，因此通常认为不属于行政处罚，而属于一般的行政命令。

我国的环境与资源保护法律对于违反责令改正命令的违法行为并未规定相应的行政责任，也未赋予环境与资源保护行政机关行政强制执行权。然而，在环境与资源保护领域，如果不能及时停止违法行为或进行环境修复，往往会造成不可逆转的损害后果。为此，2011 年制定的《中华人民共和国行政强制法》规定了代履行的行政强制执行方式。

根据《中华人民共和国行政强制法》的规定，环境与资源保护行政机关依法作出要求当事人履行排除妨碍、恢复原状等义务的行政决定，当事人逾期不履行，经催告仍不履行，其后果已经或者将造成环境污染或者破坏自然资源的，作出该行政决定的环境与资源保护行政机关可以代履行，或者委托没有利害关系的第三人代履行。履行的费用按照成本合理确定，由当事人承担。

需要立即清除道路、河道、航道或者公共场所的污染物，当事人不能清除的，行政机关可以决定立即实施代履行；当事人不在场的，行政机关应当在事后立即通知当事人，并依法作出处理。为了加强责令改正命令的执行保障，环境保护部 2010 年修正的《环境行政处罚办法》规定："环境保护主管部门实施行政处罚时，应当及时作出责令当事人改正或者限期改正违法行为的行政命令。责令改正期限届满，当事人未按要求改正，违法行为仍处于继续或者连续状态的，可以认定为新的环境违法行为。"

【案例 6.1】

环保部门在实施现场检查时发现 A 企业不运行污水处理设备，将未经处理的污水法直接偷排入河流，遂令 A 改正违法行为并给予了罚款。三天后，环保部门在复查时发现 A 依然不运行污水处理设施，再次对 A 进行了罚款。但是 A 认为，按照一事不再罚原则，自己只从事了一个违法行为，不应被再次罚款。

讨论：A 的主张是否成立？对于诸如 A 这样的持续性违法行为，应当如何设定法律责任？

提示：从执行罚与秩序罚两个角度进行分析。

此外，我国重庆市和深圳市也分别通过地方性环境与资源保护法规建立了执行处罚性质的按日计罚制度，加大了对持续性环境违法行为的制裁，进一步保障了责令停止或改正命令的执行力度。

根据《重庆市环境保护条例》第一百一十一条的规定，违法排污拒不改正的，环境保护行政主管部门可按条例规定的罰款额度按日累加处罚。而根据《深圳特区环境保护条例》第六十九、七十条的规定，违法排污或违反环评以及“三同时”管理制度，经环保部门处罚后，不停止违法行为或者逾期不改的，环保部门应当对该违法行为实施按日计罚。按日计罚的每日罚款额度为1万元，计罚期间自环保部门作出责令停止违法行为决定之日或者责令限期改正的期限届满之日起至环保部门查验之日止。当事人申请查验的，环保部门应当自受理申请之日起3个工作日内实施查验；当事人未申请查验的，环保部门应当自作出责令停止违法行为决定之日或者责令限期改正的期限届满之日起30日内完成查验。

（三）不服行政处罚的救济措施

环境与资源保护行政相对人对行政机关实施的行政处罚不服的，可以通过行政复议与行政诉讼两种途径寻求救济。

1. 行政复议

行政复议是指行政相对人认为具体行政行为侵犯其合法权益，向行政复议机关提出复查该具体行政行为的申请，行政复议机关对被申请的具体行政行为进行合法性、适当性审查，并作出行政复议决定。

环境与资源保护行政相对人认为针对其行政处罚侵犯其合法权益的，可以自知道该行政处罚之日起60日内，向作出行政处罚决定的环境与资源保护行政主管部门的本级人民政府或向其上一级行政主管部门申请行政复议。

行政复议的具体程序适用《中华人民共和国行政复议法》，《行政复议法实施条例》以及《环境行政复议办法》等法律法规的规定。

经复议，认为环境与资源保护行政主管部门作出的行政处罚决定违法或者显失公正，复议机关可以依法撤销或者变更该决定。

相对人对行政复议决定不服的，可以依照《中华人民共和国行政诉讼法》的规定，在15日内向人民法院提起行政诉讼，但是法律规定行复议决定为最终裁决的除外。法律规定行政复议决定为最终裁决的包括两种情形：一是国务院作出的行政复议决定，二是根据国务院或省级人民政府对行政区划的勘定、调整或者征用土地的决定，省级人民政府确认土地、矿藏、水流、森林，山岭、草原、荒地、滩涂、海域等自然资源的所有权或者使用权的行政复议决定。

2. 行政诉讼

行政诉讼，是指公民、法人或者其他组织认为行政机关的具体行政行为侵犯其合法权益，向人民法院提起诉讼并由人民法院对该具体行政行为的合法性进行审定并作出裁判的活动。因此，环境与资源保护行政相对人如果认为行政机关实庭的行政处罚侵犯了其合法权益，就可以通过行政诉讼的方式寻求司法救济。

对于《中华人民共和国行政复议法》或者其他单项环境与资源保护法律法规未规定行政复议为提起行政诉讼前置程序的，公民、法人或者其他组织既可以提起行政诉讼又可以申请行政复议。但是，申请行政复议或者提起行政诉讼的，不停止行政处罚决定的执行。

依照《中华人民共和国行政复议法》的规定，对国务院部门或者省、自治区、直辖市人民政府作出的行政处罚或行政强制行为不服的，应当先向作出行为的国务院部门或者省、自治区、直辖市人民政府申请行政复议。对行政复议结果不服的，才可以向人民法院提起行政诉讼。也可以向国务院申请裁决，国务院作出的决定为最终裁决。

对行政复议决定不服而提起行政诉讼的，诉讼时效为 15 天。直接向人民法院起诉的，诉讼时效为 3 个月。

行政诉讼的具体程序适用《中华人民共和国行政诉讼法》及最高人民法院相关司法解释的规定。

二、环境与资源保护行政处分

环境与资源保护行政处分是指对违法、违纪的环境与资源保护行政机关工作人员与国有企事业单位主要负责人员给予的行政制裁。实施环境与资源保护行改处分的依据量环境与资源保护方面的法律法规以及《中华人民共和国公务员法》(2006 年)《行政机关公务员处分例》(2007 年)和《环境保护违法违纪行为处分暂行规定》(2006 年)等。

【案例 6.2】

A 公司为了节约生产成本，擅自关闭了与生产设施配套的大气污染防治设施，导致恶臭气体排放超标。附近居民不堪其扰，多次向当地环保局投诉，但负责现场执法的副局长张某认为工作太忙，且恶臭对人体健康危害不大，在收到投诉后并没有及时对 A 公司进行查处。无奈之下，居民只好向媒体反映。媒体曝光之后，此案引起了上级环保部门的重视，指示当地环保局立即查处该案。

讨论：张某应当承担何种行政责任？

行政处分包括六种，即警告、记过、记大过、降级、撤职、开除。警告的处分期间为 6 个月，记过的处分期间为 12 个月，记大过的处分期间为 18 个月，降级、撤职的处分期间为 24 个月。对环境与资源保护行政机关公务员给予处分，由任免机关或者监察机关按照管理权限决定。

公务员违纪的，应当由任免机关或者监察机关决定对公务员违纪的情况进行调查，并将调查认定的事实及拟给予处分的依据告知公务员本人。公务员有权进行陈述和申辩。给予行政机关公务员处分，应当自批准立案之日起6个月内作出决定；案情复杂或者遇有其他特殊情形的，办案期限可以延长，但是最长不得超过12个月。处分决定应当以书面的形式通知公务员本人。任免机关应当按照管理权限，及时将处分决定或者解除处分决定报公务员主管部门备案。处分决定、解除处分决定自作出之日起生效。

受到处分的环境与资源保护行政机关公务员对处分决定不服的，依照《中华人民共和国公务员法》和《中华人民共和国行政监察法》的有关规定，可以申请复核或者申诉。复核、申诉期间不停止处分的执行。环境与资源保护行政机关公务员不因提出复核、申诉而被加重处分。

经复核，有下列情形之一的，受理复核，申诉的机关应当撤销处分决定，重新作出决定或者责令原处分决定机关重新作出决定：处分所依据的违法违纪事实证据不足的，违反法定程序，影响案件公正处理的，作出处分决定超越职权或者滥用职权的。经复核，有下列情形之一的，受理复核、申诉的机关应当变更处分决定，或者责令原处分决定机关变更处分决定：适用法律法规、规章或者国务院决定错误的，对违法违纪行为的情节认定有误的，处分不当的。

环境与资源保护行政机关公务员的处分决定被变更，需要调整该公务员的职务、级别或者工资档次的，应当按照规定予以调整；环境与资源保护行政机关公务员的处分决定被撤销的，应当恢复该公务员的级别、工资档次，按照原职务安排相应的职务，并在适当范围内为其恢复名誉。被撤销处分或者被减轻处分的环境与资源保护行政机关公务员工资福利受到损失的，应当予以补偿。

第三节　破坏环境资源保护罪的刑事责任

一、破坏环境资源保护罪概述

（一）破坏环境资源保护罪的概念

破坏环境资源保护罪是指违反环境与资源保护法律的规定向环境排放污染物或开发利用自然资源造成环境污染或生态破坏，应受刑罚处罚的行为。

确立破坏环境资源保护罪有利于环境与资源保护立法目的的实现。对严重污染或破坏环境的行为人给予刑事处罚，在制裁严重环境违法行为的同时，也对潜在的违法者产生了威慑，从而减少污染和破坏环境行为的产生，有利于实现环境与资源保护立法保护环境、保障人体健康和促进社会主义现代化建设发展的目的。确立破坏环境资源保护犯罪有利于环境与资源保护法的有效实施。在民事责任和行政责任之外，动用刑罚这种最严厉的手段来惩罚破坏环境资源保护的行为，促使排污者与自然资源利用者遵守环境与资源保护法律，并为行政机关的环境与资源保护执法提供了强制力保障，有利于环境与资源保护法的实施。

破坏环境资源保护罪的构成要件具有如下特征。

从我国刑法分则的结构看，破坏环境资源保护罪侵犯的客体主要是社会管理秩序。但是这一立法选择在实践中受到了广泛的质疑。因为，从实际后果看破坏环境资源保护罪的客体应当是复杂客体，其除了侵犯社会管理秩序外，也侵犯了环境利益以及建立在环境利益之上的公共安全。随着环境意识的提高，环境利益及公共安全这一客体的重要性已经超过了社会管理秩序本身，而成为破坏环境资源保护罪侵犯的首要客体。实践中也出现了以投放危险物质危害公共安全对环境污染行为人定罪量刑的案例。

在我国，破坏环境资源保护罪的客观方面主要表现为污染环境和破坏自然资源两类行为，且通常要求以违反环境与资源保护法律的规定为前提。从破坏环境资源保护罪行为的特征分析，我国刑法规定的破坏环境资源保护罪大多数属于结果犯，即要求行为人的违法行为实际造成了环境污染或破坏的实际后果。

破坏环境资源保护罪的主体在我国包括自然人和单位两类。实践中自然人构成的多是破坏自然资源类的犯罪，单位构成的多是污染环境类的犯罪。

破坏环境资源保护罪的主观方面包括故意和过失两种形态。通常来说，破坏环境资源保护罪的行为人对违反环境与资源保护法律的行为在主观上是故意和明知的，但是对违法行为的危害后果在主观上多为过失。破坏自然资源犯罪的行为人主观上多为故意，过失一般不构成此类犯罪。

破坏环境资源保护的刑事责任是指犯罪行为人因实施破坏环境资源保护的犯罪行为而应承受的刑事处罚。《中华人民共和国刑法》针对破坏环境资源保护罪规定的刑罚包括自由刑和财产刑两大类。

针对破坏环境资源保护罪的自由刑包括拘役、管制、有期徒刑，其中适用最广泛的是有期徒刑。破坏环境资源保护罪的财产刑包括罚金和没收财产。《中华人民共和国刑法》第六章第六节“破坏环境资源保护罪”对各类破坏环境资源保护罪均规定了罚金刑，且采取了无限额罚金，即对罚金数额不做任何限制；但是在没收财产方面，《中华人民共和国刑法》仅在非法猎捕、杀害珍贵、濒危野生动物罪和非法收购、运输、出售珍贵、濒危野生动物及其制品罪中，针对情节特别严重的情形规定了没收财产。

自由刑和财产刑的适用关系包括三种类型。第一，复合制，即单处财产刑或自由刑与财产刑并处；第二，必并制，即自由刑与财产刑并处；第三，选处制，即单处自由刑或单处财产刑。《中华人民共和国刑法》规定的破坏环境资源保护罪的刑事责任以复合制为主，必并制和选处制为辅。

若单位构成破坏环境资源保护罪，则采取双罚制，即对单位判处罚金，并对其直接负责的主管人员和其他直接责任人员，依照各条的规定处罚。

《中华人民共和国刑法》第六章第六节专门规定了“破坏环境资源保护罪”，此外《中华人民共和国刑法》还在第三章的“破坏社会主义市场经济秩序罪”和第九章的“浅职罪”中规定了一些与破坏环境资源保护罪相关的犯罪。

(二)破坏环境资源保护罪的立法概况

世界各国关于破坏环境资源保护罪及其刑事责任的立法模式大体上有三种，即刑法典模式、附属刑法模式与特别刑法模式。

刑法典模式是指在刑法典中对破坏环境资源保护罪及其刑事责任进行规定的立法模式，这种模式在成文法国家较为普遍。附属刑法模式是指在环境与资源保护立法中对破坏环境资源保护罪及其刑事责任进行规定的立法模式，这种模式以英美法系国家为代表。特别刑法模式是指制定专门的法律对破坏环境资源保护罪及其刑事责任进行规定的立法模式，这种模式以日本的《公害罪法》为典型代表。还有许多国家采取了混合型立法模式，即同时采用上述三种立法模式中的两种或三种模式。

我国的破坏环境资源保护罪及其刑事责任立法模式经历了从“刑法典+附属刑法+特别刑法”的混合型立法模式到刑法典模式的发展历程。

1979 年 7 月制定的《中华人民共和国刑法》中，未对破坏环境资源保护罪作出专门规定，有关条款分散在刑法典的“危害公共安全犯罪”“破坏社会主义经济秩序罪”“渎职罪”等章节中。然而，随着环境问题的日益突出，刑法典关于破坏环境资源保护罪的规定不能适应惩治和预防破坏环境资源保护罪的实际需要。为此，在刑法典修改之前我国制定了一些附属刑法和特别刑法，以弥补刑法典的滞后性和局限性。

在特别刑法方面，全国人大常委会于 1988 年布了《关于惩治捕杀国家重点保护的珍贵、濒危野生动物的补充规定》，将非法猎捕杀害国家重点保护的珍贵、濒危野生动物的行为从非法捕捞水产品罪和非法狩猎罪中分离出来，成为一种独立的称。名在附属刑法方面，1979 年的《中华人民共和国环境保护法(试行)》、1982 年的《中华人民共和国海洋环境保护法》、1984 年的《中华人民共和国森林法》与《中华人民共和国水污染防治法》、1986 年的《中华人民共和国渔业法》与《中华人民共和国矿产资源法》、1987 年的《中华人民共和国大气污染防治法》、1988 年的《中华人民共和国野生动物保护法》、1989 年的《中华人民共和国环境保护法》、1995 年的《中华人民共和国固体废物污染环境防治法》和修订后的《中华人民共和国大气污染防治法》、1996 年修订后的《中华人民共和国水污染防治法》等环境与资源保护法律均对破坏环境资源保护罪进行了规定。除了《中华人民共和国固体废物污染环境防治法》《中华人民共和国大气污染防治法》和《中华人民共和国水污染防治法》明确规定“比照《中华人民共和国刑法》第一百一十五条或者第一百八十七条的规定追究刑事责任”外，其他环境与资源保护法律均没有直接规定罪名和刑罚，也没有指明具体应适用的刑法条文，而仅是原则性地规定“依法追究刑事责任”或“依照刑法追究刑事责任”。

1997年《中华人民共和国刑法》在对原刑法典中有关破坏环境资源保护罪的规定、特别环境刑法与附属环境刑法进行补充、修改、整合的基础上，在第六章“妨碍社会管理秩序罪”中专设一节“破坏环境资源保护罪”，对破坏环境资源保护罪进行了系统规定。

1997年《中华人民共和国刑法》实施之后，我国又根据环境与资源保护的实际需要通过刑法修正案的方式对破坏环境资源保护罪进行了补充和调整。

2001年的《中华人民共和国刑法修正案(二)》对第三百四十二条进行了修改，将犯罪对象由“耕地”扩展为“耕地、林地等农用地”。

2002年的《中华人民共和国刑法修正案(四)》对第三百三十九条第三款进行了修改，将犯罪对象由固体废物扩展为固体废物，液态废物和气态废物；对第三百四十四条进行了修改，将犯罪对象由“珍贵树木”扩展为“珍贵树木或者国家重点保护的其他植物及其制品”；对第三百四十五条第三款进行了修改，取消了“以牟利为目的”和“在林区”的限制，增加了“非法运输”这一行为方式。

2011年的《中华人民共和国刑法修正案(八)》对第三百三十八条进行了修改，取消了“土地、水体、大气”的限制条件，将“其他危险废物”修改为“其他有害物质”，将“造成重大环境污染事故，致使公私财产遭受重大损失或者人身伤亡的严重后果的”修改为“严重污染环境的”；对第三百四十三条进行了修改，将“经责令停止开采后拒不停止开采，造成矿产资源破坏”改为“情节严重”。

目前，《中华人民共和国刑法》第六章第六节“破坏环境资源保护罪”及相应的修正案共设立了15个破坏环境资源保护罪的罪名，包括3个污染环境类犯罪：污染环境非、非法处置进口的固体废物罪和擅自进口固体废物罪；12个破坏自然资源类犯罪：非法捕捞水产品罪，非法猎捕、杀害珍贵、濒危野生动物罪，非法收购、运输，出售珍贵、濒危野生动物、珍贵、濒危野生动物制品罪，非法猎罪，非法占用农用地罪，非法采矿罪，破坏性采矿罪，非法采伐、毁坏国家重点保护植物罪，非法收购，运输、加工、出售国家重点保护植物、国家重点保护植物制品罪，盗伐林木罪，滥伐林木罪，非法收购、运输盗伐、滥伐的林木罪。除了第六章第六节规定的“破坏环境资源保护罪”外，《中华人民共和国刑法》还在第三章“破坏社会主义市场经济秩序罪”和第九章的“渎职罪中规定了相关的犯罪”。

二、《中华人民共和国刑法》关于破坏环境资源保护罪的规定

(一)污染环境类犯罪

1. 污染环境罪

《中华人民共和国刑法》第三百三十八条规定[①]，违反国家规定，排放、倾倒或者处置有放射性的废物、含传染病病原体的废物、有毒物质或者其他有害物质，严重污染环境的，处3年以下有期徒刑或者拘役，并处或者单处罚金；后果特别严重的，处3年以上7年以下有期徒刑，并处罚金。

【案例6.3】

2012年2月，某化工有限公司董事长A，在明知该公司污染物处理设施存在故障、不能正常运转的情况下，仍然指使生产车间正常生产，将大量废水直接排入公司北侧的五支河内，任其流进市区水源蟒蛇河，污染了市区两个自来水厂的取水口，导致市区20多万居民用水停止长达66小时40分钟，造成了巨大的经济损失。

讨论：A是否构成犯罪？构成何种犯罪？为什么？

我国立法并未对污染环境罪的主观方面作出明确规定，但通常认为本罪的主观方面只能是过失，这种过失表现为行为人对严重污染环境这一危害后果持有疏忽大意或过于自信的心理状态，但是行为人对违反国家规定排放、倾倒或者处置有害物质的行为通常是故意的。如果确证行为人对严重污染环境这一危害后果持有故意的心态，则应按照危害公共安全类犯罪进行定罪量刑，司法实践中已经出现了此类判决本罪的客观方面，表现为行为人违反国家规定，排放、倾倒或者处置有放射性的废物、含传染病病原体的废物、有毒物质或者其他有害物质，导效环境受到严重污染。“违反国家规定”是指违反国家有关防治环境污染的法律法规、规章的规定。“排放、倾倒或者处置”的场所包括但不限于土地、水体、海洋、大气。“排放、倾倒或者处置”的对象，包括放射性的废物、含传染病病原体的废物、有毒物质或者其他有害物质。放射性废物是指含有放射性核素或者被放射性核素污染，其放射性核素浓度或者比活度大于国家确定的清洁解控水平，

① 2011年的《中华人民共和国刑法修正案(八)》对第三百三十八条的内容进行了重大修改，修改的条文为“违反国家规定，向土地、水体、大气排放、倾倒或者处置有放射性的废物、含传染病病原体的废物、有毒物质或者其他危险废物，造成重大环境污染事故，致使公私财产遭受重大损失或者人身伤亡的严重后果的，处3年以下有期徒刑或者拘役，并处或者单处罚金；后果特别严重的，处3年以上7以下有期徒刑，并处罚金”。

预期不再使用的废弃物；“含传染病病原体的废物、有毒物质或者其他有害物质”目前尚无明确立法或司法解释，但列入《国家危险废物目录》中的危险废物都属于“有害物质”。

本罪属于结果犯，只有造成了“严重污染环境”后果的，才能构成本罪。何谓“严重污染环境”目前尚无立法或司法解释。

构成本罪的，处3年以下有期徒刑或者拘役，并处或者单处罚金；后果特别严重的，处3年以上7年以下有期徒刑，并处罚金。2006年最高人民法院颁布的《关于审理环境污染刑事案件具体应用法律若干问题的解释》规定了重大环境污染事故罪中的“公私财产道受重大损失”“人身伤亡的严重后果”“后果特别严重”的认定标准。在新的立法或司法解释颁布前，该解释可以作为认定是否构成污染环境罪中的“严重污染环境”或“后果特别严重”的参考标准。

2. 非法处置进口的固体废物罪

《中华人民共和国刑法》第三百三十九条第一款规定，违反国家规定，将境外的固体废物进境倾倒、堆放、处置的，处5年以下有期徒刑或者拘役，并处罚金；造成重大环境污染事故，致使公私财产遭受重大损失或者严重危害人体健康的，处5年以上10年以下有期徒刑，并处罚金；后果特别严重的，处10年以上有期徒刑，并处罚金。

“违法国家规定”主要是指违反《中华人民共和国固体废物污染环境防治法》及其配套法规中关于进口固体废物的管理规定。“固体废物”是指在生产、生活和其他活动中产生的丧失原有利用价值或者虽未丧失利用价值但被抛弃或者放弃的固态、半固态和置于容器中的气态的物品，物质以及法律、行政法规规定纳入固体废物管理的物品、物质，在本罪中特指从境外进口的固体废物。若非法处置的对象是境内的固体废物，则不构成本罪，而可能构成污染环境罪。

本罪属于行为犯，只要实施了非法处置固体废物的行为即构成犯罪。与之相适应，本罪的主观方面是故意，即明知是境外的固体废物，仍然违反国家规定，将其进境倾倒、堆放、处置。

构成本罪的，处5年以下有期徒刑或者拘役，并处罚金；造成重大环境污染事故，致使公私财产遭受重大损失或者严重危害人体健康的，处5年以上10年以下有期徒刑，并处罚金；后果特别严重的，处10年以上有期徒刑，并处罚金。

最高人民法院颁布的《关于审理环境污染刑事案件具体应用法律若干问题的解释》（法释[2006]4号）规定了“公私财产遭受重大损失”“严重危害人体健康”“后果特别严重”的认定标准。

有下列情形之一的，属于“公私财产遭受重大损失”：致使公私财产损失[①] 30

① “公私财产损失”包括污环境行为直接造成的财产损毁、减少的实际价值，为防止污染扩大以及消除污染而采取的必要的、合理的措施而发生的费用。

万元以上的；致使基本农田、防护林地、特种用途林地五亩以上，其他农用地10亩以上，其他土地20亩以上基本功能丧失或者遭受永久性破坏的；致使森林或者其他林木死亡50立方米以上，或者幼树死亡2 500株以上的。

有下列情形之一的，属于“严重危害人体健康”：致使1人以上死亡，3人以上重伤、10人以上轻伤，或者1人以上重伤并且5人以上轻伤的；致使传染病发生、流行或者人员中毒达到《国家突发公共卫生事件应急预案》中突发公共卫生事件分级Ⅲ级情形，严重危害人体健康的。

有下列情形之一的，属于“后果特别严重”：致使公私财产损失100万元以上的；致使水源污染、人员疏散转移达到《国家突发环境事件应急预案》中突发环境事件分级Ⅱ级以上情形的；致使基本农田、防护林地、特种用途林地15亩以上，其他农用地30亩以上，其他土地60亩以上基本功能丧失或者遭受永久性破坏的；致使森林或者其他林木死亡150立方米以上，或者幼树死亡7 500株以上的；致使3人以上死亡、10人以上重伤，30人以上轻伤，或者3人以上重伤、10人以上轻伤的；致使传染病发生、流行达到《国家突发公共卫生事件应急预案》中突发公共卫生事件分级Ⅱ级以上情形的。

3. 擅自进口固体废物罪

《中华人民共和国刑法》第三百三十九条第二款规定，未经国务院有关主管部门许可，擅自进口固体废物用作原料，造成重大环境污事故，致使公私财产遭受重大损失或者严重危害人体健康的，处5年以下有期徒刑或者拘役，并处罚金；后果特别严重的，处5年以上10年以下有期徒刑，并处罚金。

“未经国务院有关主管部门许可”，是指未经国务院环境保护主管部门审查许可。“进口固体废物用作原料”是指进口列入《国家限制进口的可用作原料的固体废物目录》中的固体废物，并将其作为原料从事生产和经营活动。如果进口列入目录中的固体废物进境后仅仅进行非法倾倒、堆放或处置的，也不构成本罪，而构成非法处置进口的固体废物罪。

本罪是结果犯，只有造成了重大环境污染事故，致使公私财产遭受重大损失或者严重危害人体健康的(认定标准同非法处置进口的固体废物罪)，才构成本罪。从主观方面看，行为人对未经许可本擅自进口固体废物是故意，但对由此造成的危害后果通常是过失。

构成本罪的处5年以下有期徒刑或者拘役，并处罚金；后果特别严重的(认定标准同非法处置进口的固体废物罪)，处5年以上10年以下有期徒刑，并处罚金。

以原料利用为名，进口不能用作原料的固体废物、液态废物和气态废物的，依照本法第一百五十二条第二款、第三款的规定的走私罪定罪处罚。①

(二)破坏自然资源类犯罪

1. 非法捕捞水产品罪

《中华人民共和国刑法》第三百四十条规定，违反保护水产资源法规，在禁渔区、禁渔期或者使用禁用的工具、方法捕捞水产品，情节严重的，处3年以下有期徒刑、拘役、管制或者罚金。

“违反保护水产资源法规”是指违反《中华人民共和国渔业法》等保护水产资源的法律法规。“水产品”是指除珍贵、濒危的野生动植物外，各种具有一定经济价值的野生水生动植物。“禁渔区”“禁渔期”“禁用的工具、方法”根据《中华人民共和国渔业法》等保护水产资源的法律法规的规定进行认定。

“情节严重”尚无明确的立法或司法解释，通常有下列情形之一的可以认定为“情节严重”：非法捕捞数额较大的；为首组织非法捕捞的；非法捕捞屡教不改的；使用危险非法捕捞造成水产资源严重损害的等。

构成本罪的，处3年以下有期徒刑、拘役、管制或者罚金。

2. 非法猎捕、杀害珍贵、濒危野生动物罪

《中华人民共和国刑法》第三百四十一条第一款规定，非法猎捕、杀害国家重点保护的珍贵、濒危野生动物的，处5年以下有期徒刑或者拘役，并处罚金；情节严重的，处5年以上10年以下有期徒刑，并处罚金；情节特别严重的，处10年以上有期徒刑，并处罚金或者没收财产。

【案例6.4】

A为了验证狗熊到底笨不笨，A携带浓硫酸到北京动物园熊山旁，借给熊喂食之机，将浓硫酸倒入熊口，先后导致五只国家二级保护动物棕熊和马熊被严重烧伤。动物园为了医治受伤的熊总共支付了三十多万元医药费，但仍然有三只熊留下了永久性的残疾。

讨论：A是否构成非法猎捕，杀害珍贵、濒危野生动物罪？

提示：从野生动物资源国家所有权及《中华人民共和国刑法》有关非法猎捕、杀害珍贵、濒危野生动物罪的客观方面两个角度进行分析。

“珍贵、濒危野生动物”包括列入国家重点保护野生动物名录的国家一、二

① 《中华人民共和国刑法》第一百五十二条第二款规定了走私废物罪：“逃避海关监管将境外固体废物、液态废物和气态废物运输进境，情节严重的，处5年以下有期徒刑，并处或者单处罚金；情节特别严重的，处5年以上有期徒刑，并处罚金。”

级保护野生动物、列入《濒危野生动植物种国际贸易公约》附录一、附录二的野生动物以及驯养繁殖的上述物种。

“非法猎捕”是指未经许可或违法许可证的规定捕珍贵、濒危野生动物的行为；“杀害”是指采用各种方法致使珍贵濒危野生动物死亡的行为。行为人只要实施了非法猎捕或者杀害珍贵、濒危野生动物其中一种行为的，就构成本罪；实施了两种行为的，仍为一罪，不实施并罚。在具体案件中，应根据具体情况，分别定为非法猎捕或者杀害珍贵或濒危野生动物罪。

本罪是行为犯，只要实施了非法猎捕杀害的行为即构成本罪，情节严重或数量较大只是量刑中的加重情节。

本罪的主观方面是故意，过失不构成本罪。如果行为人没有杀害的故意，而仅仅具有伤害的故意，则不构成本罪，而可能构成故意毁坏财物罪。

构成本罪的，处5年以下有期徒刑或者拘役，并处罚金；情节严重的，处5年以上10年以下有期徒刑，并处罚金；情节特别严重的，处10年以上有期徒刑，并处罚金或者没收财产。

最高人民法院颁布的《关于审理破坏野生动物资源刑事案件具体应用法律若干问题的解释》规定了“情节严重”和“情节特别严重”的认定标准。

有下列情形之一的，应当认定为“情节严重”：达到本解释附表所列相应数量标准的；非法猎捕、杀害、收购、运输、出售不同种类的珍贵、濒危野生动物，其中两种以上分别达到附表所列“情节严重”数量标准一半以上的。

有下列情形之一的，应当认定为“情节特别严重”：达到本解释附表所列相应数量标准的；非法猫捕、杀害、收购、运输、出售不同种类的珍贵、濒危野生动物，其中两种以上分别达到附表所列“情节特别严重”数量标准一半以上的。

有下列情形之一的，可以认定为“情节严重”：犯罪集团的首要分子；严重影响对野生动物的科研、养殖等工作顺利进行的；以武装掩护方法实施犯罪的；使用特种车、军用车等交通工具实施犯罪的；造成其他重大损失的。有上列情形之一，并有应当认定为“情节严重”的情形之一的，可以认定为“情节特别严重”。

3. 非法收购、运输、出售珍贵、濒危野生动物和珍贵、濒危野生动物制品罪

《中华人民共和国刑法》第三百四十一条第一款规定，非法收购、运输、出售国家重点保护的珍贵、濒危野生动物及其制品的，处5年以下有期徒刑或者拘役，并处罚金；情节严重的，处5年以上10年以下有期徒刑，并处罚金；情节特别严重的，处10年以上有期徒刑，并处罚金或者没收财产。

“珍贵、濒危野生动物制品”是指对捕杀的野生动物的皮、毛、角、骨、肉等进行加工，制作成成品或者半成品的物品。“非法”是指未经许可或违反许可证的规定从事收购，运输、出售、珍贵、濒危野生动物和珍贵、濒危野生动物制品的行为。

本罪为选择性罪名。“收购”，包括以营利、自用等为目的的购买行为；“运输”，包括采用携带、邮寄、利用他人、使用交通工具等方法进行运送的行为；“出售”，包括出卖和以营利为目的的加工利用行为。

本罪为行为犯，只要实施了收购、运输、出售珍贵、濒危野生动物和珍贵、濒危野生动物制品的行为即构成犯罪，不要求情节严重或数量较大。

构成本罪的，处5年以下有期徒刑或者拘役，并处罚金；情节严重的，处5年以上10年以下有期徒刑，并处罚金；情节特别严重的，处10年以上有期徒刑，并处罚金或者没收财产。

非法收购、运输、出售珍贵、濒危野生动物制品价值在10万元以上的或非法获利5万元以上的①，属于“情节严重”；价值在20万元以上的或非法获利10万元以上的，属于“情节特别严重”。

4. 非法狩猎罪

《中华人民共和国刑法》第三百四十一条第二款规定，违反狩猎法规，在禁猎区、禁猎期或者使用禁用的工具、方法进行狩猎，破坏野生动物资源，情节严重的，处3年以下有期徒刑、拘役、管制或者罚金。

“违反狩猎法规”是指违反《中华人民共和国野生动物保护法》《陆生野生动物保护条例》等法律法规的规定。“禁渔区、禁渔期”“禁用的工具、方法”根据《中华人民共和国野生动物保护法》《陆生野生动物保护条例》等法律法规的规定进行认定。本罪的对象是除珍贵、濒危野生动物之外的其他陆生野生动物。如果非法猎捕的是珍贵、濒危野生动物之外的水生野生动物，则可能构成非法捕捞水产品罪。

有下列情形之一的属于“情节严重”：非法狩猎野生动物20只以上的；违反狩猎法规，在禁猎区或者禁猎期使用禁用的工具、方法狩猎的。

构成本罪的，处3年以下有期徒刑、拘役、管制或者罚金。

5. 非法占用农用地罪

《中华人民共和国刑法》第三百四十二条规定，违反土地管理法规，非法占用耕地、林地等农用地，改变被占用土地用途，数量较大，造成耕地、林地等农用地大量毁坏的，处5年以下有期徒刑或者拘役，并处或者单处罚金。

“违反土地管理法规”是指违反《中华人民共和国土地管理法》《中华人民共和国森林法》《中华人民共和国草原法》等法律以及有关行政法规中关于土地管理的规定。“非法占用”是指违反土地利用总体规划或者计划，未经批准或者骗取批准，擅自将耕地、林地等农用地改为建设用地或者改作其他用途。根据《中华人民共和国土地管理法》第四条的规定，“农用地”是指直接用于农业生产的土地，

① 非法收购、运输、出售珍贵、濒危野生动物的“情节严重”和“情节特别严重”认定标准与非法猎捕、杀害珍贵、濒危野生动物罪相同。

包括耕地、林地、草地、农田水利用地、养殖水面等。本罪是结果犯，要求具备“数量较大”“造成耕地、林地等农用地大量毁坏”的后果。

根据最高人民法院颁布的《关于审理破坏土地资源刑事案件具体应用法律若干问题的解释》的规定，非法占用耕地“数量较大”是指非法占用基本农田 5 亩以上或者非法占用基本农田以外的耕地 10 亩以上。“造成耕地大量毁坏”是指造成基本农田 5 亩以上或者基本农田以外的耕地 10 亩以上种植条件严重毁坏或者严重污染。

根据最高人民法院布的《关于审理破坏林地资源刑事案件具体应用法律若干问题的解释》的规定，有下列情形之一的，属于非法占用林地“数量较大，造成林地大量毁坏”：非法占用并毁坏防护林地、特种用途林地，数量分别或者合计达到 5 亩以上；非法占用并毁坏其他林地数量达到 10 亩以上；非法占用并毁坏本条第一项：第二项规定的林地，数量分别达到相应规定的数量标准的 50%以上；非法占用并毁坏本条第一项、第二项规定的林地，其中一项数量达到相应规定的数量标准的 50%以上，且两项数量合计达到该项规定的数量标准。

构成本罪的，处 5 年以下有期徒刑或者拘役，并处或者单处罚金。

6. 非法采矿罪

《中华人民共和国刑法》第三百四十三条第一款①规定，违反矿产资源法的规定，未取得采矿许可证擅自采矿，擅自进入国家规划矿区、对国民经济具有重要价值的矿区和他人矿区范围采矿，或者擅自开采国家规定实行保护性开采的特定矿种，情节严重的，处 3 年以下有期徒刑、拘役或者管制，并处或者单处罚金；情节特别严重的，处 3 年以上 7 年以下有期徒刑，并处罚金。

“未取得采矿许可证擅自采矿”包括无采矿许可证开采矿产资源的，采矿许可证被注销、吊销后继续开采矿产资源的，超越采矿许可证规定的矿区范围开采矿产资源的，未按采矿许可证规定的矿种开采矿产资源的（共生、伴生矿种除外），在采矿许可证被依法暂扣期间擅自开采的。

“国家规划矿区”是指国家根据建设规划和矿产资源规划，为建设大、中型矿山划定的矿产资源分布区域。“对国民经济具有重要价值的矿区”是指国家根据国民经济发展需要划定的，尚未列入国家建设规划的，储量大、质量好，具有开发前景的矿产资源保护区域。“国家规定实行保护性开采的特定矿种”是指国务院根据国民经济建设和高科技发展的需要，以及资源稀缺、贵重程度确定的，

---

① 2011 年的《中华人民共和国刑法修正案（八）》对第三百四十三条第一款进行了修改，修改前的条文为“违反矿产资源法的规定，未取得采矿许可证擅自采矿，擅自进入国家规划矿区，对国民经济具有重要价值的矿区和他人矿范围采矿的，擅自开采国家规定实行保护性开采的特定矿种，经责令停止开采后拒不停止开采，造成矿产资源破坏的，处 3 年以下有期徒刑、拘役或者管制，并处或者单处罚金；造成矿产资源严重破坏的，处 3 年以上 7 年以下有期徒刑，并处罚金”。

由国务院主管部门按照国家计划批准开采的矿种。

本罪是要求非法采矿行为达到情节严重的程度才能构成本罪。最高人民法院颁布的《关于审理非法采矿、破坏性采矿刑事案件具体应用法律若干问题的解释》规定了《中华人民共和国刑法》第三百四十三条第一款中的“造成矿产资源破坏”的认定标准，即非法采矿造成矿产资源破坏的价值，数额在 5 万元以上的。在新的司法解释布之前，此解释可以作为认定“情节严重”的参考标准。

构成本罪的，处 3 年以下有期徒刑、拘役或者管制，并处或者单处罚金；情节特别严重的，根据最高人民法院颁布的《关于审理非法采矿、破坏性采矿刑事案件具体应用法律若干问题的解释》的规定，非法采矿造成矿产资源破坏的价值，数额在 30 万元以上的，属于“情节特别严重”。对于多次非法采矿构成犯罪，依法应当追诉的，或者一年内多次非法采矿未经处理的，造成矿产资源破坏的数额累计计算。

7. 破坏性采矿罪

《中华人民共和国刑法》第三百四十三条第二款规定，违反矿产资源法的规定，采取破坏性的开采方法开采矿产资源，造成矿产资源严重破坏的，处 5 年以下有期徒刑或者拘役，并处罚金。

“采取破坏性的开采方法开采矿产资源”，是指行为人违反地质矿产主管部门审查批准的矿产资源开发利用方案开矿产资源的行为。本罪是结果犯，要求具备“造成矿产资源严重破坏的行为”，即破坏性采矿造成矿产资源破坏的价值，数额在 30 万元以上的。对于多次破坏性采矿构成犯罪，依法应当追诉的，或者一年内多次破坏性采矿未经处理的，造成矿产资源破坏的数额累计计算。

构成本罪的，处 5 年以下有期徒刑或者拘役，并处罚金。

8. 非法采伐、毁坏国家重点保护植物罪

《中华人民共和国刑法》第三百四十四条规定，违反国家规定，非法采伐、毁坏珍贵树木或者国家重点保护的其他植物的，处 3 年以下有期徒刑、拘役或者管制，并处罚金；情节严重的，处 3 年以上 7 年以下有期徒刑，并处罚金。

“违反国家规定”是指违反《中华人民共和国森林法》和《中华人民共和国野生植物保护条例》等法律法规的规定的行为。“珍贵树木”，包括由省级以上林业主管部门或者其他部门确定的具有重大历史纪念意义、科学研究价值或者年代久远的古树名木，国家禁止、限制出口的珍贵树木以及列入国家重点保护野生植物名录的树木。“国家重点保护的其他植物”是指除珍贵树木以外，国家重点保护的野生植物目录中所列的植物。“非法采伐”是指没有取得采伐许可证而进行采伐或者违反许可证规定的面积、株数、树种进行采伐的行为。“毁坏”是指采用剥皮、砍枝、取脂使用等方式，使珍贵树木或者国家重点保护的其他植物死亡或者影响其正常生长的行为。

本罪属于行为犯，只要实施了非法采伐、毁坏的行为即构成犯罪。

构成本罪的，处3年以下有期徒刑、拘或者管制，并处罚金；情节严重的，处3年以上7年以下有期徒刑，并处罚金。

根据最高人民法院颁布的《关于审理破坏森林资源刑事案件具体应用法律若干问题的解释》的规定，有下列情形之一的，属于非法采伐、毁坏珍贵树木“情节严重”的：非法采伐珍贵树木2株以上或者毁坏珍贵树木致使珍贵树木死亡3株以上的；非法采伐珍贵树木2立方米以上的；为首组织、策划、指挥非法采伐或者毁坏珍贵树木的。在新的司法解释颁之前，认定非法采伐，毁坏国家重点保护的其他植物是否构成“情节严重”可以参照上述标准。

9. 非法收购、运输、加工、出售国家重点保护植物、国家重点保护植物制品罪

《中华人民共和国刑法》第三百四十四条规定，违反国家规定，非法收购、运输、加工、出售珍贵树木或者国家重点保护的其他植物及其制品的，处3年以下有期徒刑、拘役或者管制，并处罚金；情节严重的，处3年以上7年以下有期徒刑，并处罚金。

“非法收购、运输、加工、出售”是指违反《中华人民共和国森林法》《中华人民共和国野生植物保护条例》等法律法规的规定，未经许可或违反许可证的规定，从事收购、运输、加工、出售珍贵树木或者国家重点保护的其他植物及其制品的活动。本罪是行为犯，有“非法收购、运输、加工、出售”的行为即构成犯罪。

构成本罪的，处3年以下有期徒刑、拘役或者管制，并处罚金；情节严重的，处3年以上7年以下有期徒刑，并处罚金。

目前尚未有立法或司法解释对“情节严重”进行界定。司法实践中可以从涉案珍贵树木或者国家重点保护的其他植物及其制品的价值、行为人获利数额等方面予以考虑。

10. 盗伐林木罪

《中华人民共和国刑法》第三百四十五条第一款规定，盗伐森林或者其他林木，数量较大的，处3年以下有期徒刑、拘役或者管制，并处或者单处罚金；数量巨大的，处3年以上7年以下有期徒刑，并处罚金；数量特别巨大的，处7年以上有期徒刑，并处罚金。

【案例6.5】

2010年6月，A因为准备盖房子打算砍伐一些自留山上的树，遂向林业部门申请办理了《林木采伐许可证》。后因为盖房预算增加，A就超过了许可证规定的范围多砍了20棵树。运输途中，被林业公安人员查获。经查，A多砍伐的树木总计15立方米。

讨论：A是否构成犯罪？何种犯罪？为什么？

提示：从盗伐林木罪与滥伐林木罪的区别进行分析。

“盗伐”是指未经国家林业行政管理部门批准，采取秘密手段采伐他人所有的森林或林木的行为。具体表现为擅自砍伐国家、集体、他人所有或者他人承包经营管理的森林或者其他林木的；擅自砍伐本单位或者本人承包经营管理的森林或者其他林木的；在林木采伐许可证规定的地点以外采伐国家、集体、他人所有或者他人承包经营管理的森林或者其他林木的。本罪的对象是他人所有的森林或林木，如果砍伐的是行为人自己所有的林木，则不构成本罪，而可能构成滥伐林木罪。

根据最高人民法院颁布的《关于审理破坏森林资源刑事案件具体应用法律若干问题的解释》的规定，“数量较大”以盗伐林木2~5 m^3 或者幼树100~200株为起算点。

构成本罪的，处3年以下有期徒刑、拘役或者管制，并处或者单处罚金；数量巨大的，处3年以上7年以下有期徒刑，并处罚金；数量特别巨大的，处7年以上有期徒刑，并处罚金。盗伐国家级自然保护区内的森林或者其他林木的，从重处罚。

根据最高人民法院《关于审理破坏森林资源刑事案件具体应用法律若干问题的解释》的规定，“数量巨大”以20~50 m^3 或者幼树1 000~2 000株为起点，“数量特别巨大”以100~200 m^3 或者幼树5 000~10 000株为起点。

11. 滥伐林木罪

《中华人民共和国刑法》第三百四十五条第二款规定，违反森林法的规定，滥伐森林或者其他林木，数量较大的，处3年以下有期徒刑、拘役或者管制，并处或者单处罚金；数量巨大的，处3年以上7年以下有期徒刑，并处罚金。

“滥伐”是指未经林业行政主管部门及法律规定的其他主管部门批准并核发林木采伐许可证，或者虽持有林木采伐许可证，但违反林木采伐许可证规定的时间、数量、树种或者方式，任意采伐本单位所有或者本人所有的森林或者其他林木的；或者超过林木采伐许可证规定的数量采伐他人所有的森林或者其他林木的。林木权属争议一方在林木权属确权之前，擅自砍伐森林或者其他林木，数量较大的，以滥伐林木罪论处。

本罪要求滥伐林木的行为必须达到“数量较大”的程度，才能构成本罪。根据最高人民法院颁布的《关于审理破坏森林资源刑事案件具体应用法律若干问题的解释》的规定，滥伐林木“数量较大”以10~20 m^3 或者幼树500~1 000株为起点。

构成本罪的，处3年以下有期徒刑、拘役或者管制，并处或者单处罚金；数量巨大的，处3年以上7年以下有期徒刑，并处罚金。滥伐国家级自然保护区内的森林或者其他林木的，从重处罚。

根据最高人民法院《关于审理破坏森林资源刑事案件具体应用法律若干问题的解释》的规定，伐林木“数量巨大”以50~100 m^3 或者幼树2 500~5 000株为起点。

12. 非法收购、运输盗伐、滥伐的林木罪

《中华人民共和国刑法》第三百四十五条第三款规定，非法收购、运输明知是盗伐、涅伐的林木，情节严重的，处3年以下有期徒刑、拘役或者管制，并处或者单处罚金；情节特别严重的，处3年以上7年以下有期徒刑，并处罚金。

本罪的主观方面是故意，即“明知”是盗伐、滥伐的林木而进行收购、运输。有下列情形之一的，可以视为应当知道，但有证据证明确属被蒙骗的除外：在非法的木材交易场所或者销售单位收购木材的；收购以明显低于市场价格出售的木材的；收购违反规定出售的木材的。

非法收购、运输盗伐、滥伐林木的行为必须达到“情节严重”的程度才能构成犯罪。根据最高人民法院《关于审理破坏森林资源刑事案件具体应用法律若干问题的解释》的规定，具有下列情形之一的，属于“情节严重”：非法收购盗伐、滥伐的林木20 m^3 以上或者幼树1 000株以上的；非法收购盗伐、滥伐的珍贵树木2 m^3 以上或者5株以上的。

构成本罪的，处3年以下有期徒刑、拘役或者管制，并处或者单处罚金；情节特别严重的，处3年以上7年以下有期徒刑，并处罚金。

根据最高人民法院颁布的《关于审理破坏森林资源刑事案件具体应用法律若干问题的解释》的规定，具有下列情形之一的，属于“情节特别严重”：非法收购盗伐、滥伐林木100 m^3 以上或者幼树5 000株以上的；非法收购采伐、滥伐的珍贵树木5 m^3 以上或者10株以上的。

(三)与破坏环境资源保护罪相关的犯罪

《中华人民共和国刑法》中与破坏环境资源保护罪相关的犯罪主要包括环境监管失职罪，走私珍贵动物、珍贵动物制品罪，走私国家禁止进出口的货物、物品罪(原走私珍稀植物、珍稀植物制品罪)等渎职类犯罪和走私类犯罪。

1. 环境监管失职罪

《中华人民共和国刑法》第四百零八条规定，负有环境保护监督管理职责的国家机关工作人员严重不负责任，导致发生重大环境污染事故，致使公私财产遭受重大损失或者造成人身伤亡的严重后果的，处3年以下有期徒刑或者拘役。

本罪的客观方面表现为严重不负责任，未依法履行环境保护监管职责或未认真践行环境保护监管职责，导致发生重大环境污染事故，致使公私财产遭受重大

损失或者造成人身伤亡的严重后果的行为"公私财产受重大损失"及"人身伤亡的严重后果"的认定标准依照最高人民法院《关于审理环境污染刑事案件具体应用法律若干问题的解释》的规定执行。

本罪的犯罪主体为特殊主体，即负有环境保护监督管理职责的国家机关工作人员。本罪的主观方面为过失，即应当预见自己严重不负责任可能导致发生重大环境污染事故，因为疏忽大意而没有预见，或者虽然已经预见而轻信能够避免，以致发生这种结果了是过失犯罪，故意不构成本罪。

构成本罪的，对负有环境保护监督管理职责的国家机关工作人员处 3 年以下有期徒刑或者拘役。

2. 走私珍贵动物、珍贵动物制品罪

《中华人民共和国刑法》第一百五十一条第二款规定，走私国家禁止进出口的珍贵动物及其制品的，处 5 年以上 10 年以下有期徒刑，并处罚金；情节特别严重的，处 10 年以上有期徒刑或者无期徒刑，并处没收财产；情节较轻的，处 5 年以下有期徒刑，并处罚金。

本罪的客观方面表现为违反海关和野生动物保护的法律法规，逃避海关监管，运输、携带、邮寄珍贵动物、珍贵动物制品进出国(边)境的行为。行为人直接向走私人非法收购珍贵动物及其制品，或者在领海、内海、界河、界湖运输、收购、贩卖上述物品的，也应当以走私珍贵动物、珍贵动物制品罪论处。

构成本罪的，处 5 年以上 10 年以下有期徒刑，并处罚金；情节特别严重的，处 10 年以上有期徒刑或者无期徒刑，并处没收财产；情节较轻的，处 5 年以下有期徒刑，并处罚金。

3. 走私珍稀植物、珍稀植物制品罪

《中华人民共和国刑法》第一百五十一条第三款规定，走私珍稀植物及其制品等国家禁止进出口的其他货物、物品的，处 5 年以下有期徒刑或者拘役，并处或者单处罚金；情节严重的，处 5 年以上有期徒刑，并处罚金。

本罪的客观方面表现为违反海关法规和珍稀植物保护法规，逃避海关监管，运输、邮寄、携带珍稀植物、珍稀植物制品进出国(边)境的行为。行为人直接向走私人非法收购珍稀植物及其制品，或者在领海、内海、界河、界湖运输、收购、贩卖上述物品的，也应当以走私珍稀植物、珍稀植物制品罪论处。

构成本罪的，处 5 年以下有期徒刑或者拘役，并处或者单处罚金；情节严重的，处 5 年以上有期徒刑，并处罚金。

三、追实究坏环境资源保护罪刑事责任的程序

根据《中华人民共和国刑事诉讼法》《行政法机关移送涉嫌犯罪案件的规定》以及《国家环境保护总局、公安部、最高人民检察院关于环境保护行政主管部门

移送涉嫌破坏环境资源保护罪案件的若干规定》(环发[2007]78号)的相关规定,追究破坏环境资源保护罪的刑事责任的程序包括以下内容。

第一,移送。县级以上环境保护行政主管部门(或者其他负有环境保护监督管理职权的行政主管部门)在依法查处环境违法行为过程中,发现违法事实涉及的公私财产损失数额、人身伤亡和危害人体健康的后果、走私废物的数量,造成环境破坏的后果及其他违法情节等,涉嫌构成犯罪,依法需要追究刑事责任的,应当依法向公安机关移送。不得以行政处罚代替案件移送。

第二,侦查。公安机关对所移送的案件进行审查后认为应当立案的,应当立案并进行侦查,收集、调取犯罪嫌疑人有罪或者无罪、罪轻或者罪重的证据材料。对犯嫌疑人可以依法先行拘留,对符合逮捕条件的犯罪嫌疑人,应当依法逮捕。

第三,审查起诉。审查终结之后,公安机关应当写出起诉意见书,连同案卷材料、证据一并移送同级人民检察院审查。人民检察院认为犯罪嫌疑人的犯罪事实已经查清,证据确实、充分,依法应当追究刑事责任的,应当作出起诉决定,按照审判管辖的规定,向人民法院提起公诉。

第四,审判。人民检察院提起公诉后,人民法院应当按照《中华人民共和国刑事诉讼法》的规定进行审理。

第四节 环境侵权

一、环境侵权民事责任概述

(一)环境侵权的概念

我国学者多从追究加害人民事责任的角度对环境侵权进行界定,有关表述和界定不尽相同。归纳起来看,环境侵权概念的核心内涵有两个方面:第一,环境侵权的外在表现形式是排放污染物或损害环境,进而侵犯他人权利;第二,环境侵权侵犯的客体主要包括他人的财产权、人身权和环境权等。

基于相关立法并综合相关理论,本书将环境侵权定义为,因产业活动或其他人为原因导致环境污染或生态破坏,并对他人人身权、财产权、环境权益或公共财产造成损害或有造成损害的危险,而应承担民事责任的行为。

(二)环境侵权的分类

实际上,环境侵权是一个集合性名词,包括因环境污染或生态破坏所造成的各式各样的环境侵权现象,如大气污染致人体健康或财产损害、噪声妨害、放射性物质污染致害、有毒化学品致害、突发性环境事故致害、污染物长期累积致害等。

这些环境侵权行为在发生损害的状态、过程等诸方面均有所不同，由此也导致了追究这些环境侵权行为的民事责任规则也有所不同。因此，需要对环境侵权行为进行类型化，进而探讨不同类型的环境侵权行为的责任规则。

从总体上看，所谓的环境侵权是指因为某种人为活动导致了环境质量下降，进而侵害他人权利的行为。在侵害他人权利方面，各类环境侵权并无不同；但是在导致环境质量下降的原因行为方面，各类环境侵权存在较大差异。因此，应当将导致环境质量下降的原因行为作为环境侵权类型化的标准。

根据这个标准，本书将环境侵权分为生态破坏侵权与环境污染侵权两大类。生态破坏侵权是指因开发利用土地、森林、草原、水、矿产、渔业、野生动植物等自然资源而造成生态破坏，进而对他人人身权、财产权、环境权益以及公共财产造成损害的行为。环境污染侵权是指因向环境排放污染物造成环境污染，进而对他人人身权、财产权、环境权益及公共财产造成损害的行为。其中，量多面广影响最大的环境污染侵权又是最重要的一类环境侵权，也是我国环境与资源保护立法中有关环境侵权规定的重点内容。例如，《中华人民共和国侵权责任法》专门规定了第八章“环境污染责任”。

根据我国目前的法律规定，环境污染侵权属于特殊侵权，适用不同于一般侵权的特殊归责原则与规则。而生态破坏侵权属于一般侵权，适用一般侵权的归责原则与规则。

(三)环境侵权的民事责任

环境侵权的民事责任是指公民、法人或其他组织因污染或破坏环境而侵害公共财产或他人人身权、财产权或环境权益构成侵权，而应当承担的民事方面的法律责任。

我国环境侵权民事责任的法律依据主要包括《中华人民共和国民法通则》和《中华人民共和国侵权责任法》的有关规定，《中华人民共和国环境保护法》《中华人民共和国海洋环境保护法》《中华人民共和国大气污染防治法》《中华人民共和国水污染防治法》《中华人民共和国固体废物污染环境防治法》《中华人民共和国环境噪声污染防治法》等污染防治法律的有关规定以及《中华人民共和国森林法》《中华人民共和国草原法》《中华人民共和国渔业法》《中华人民共和国水法》《中华人民共和国土地管理法》《中华人民共和国矿产资源法》《中华人民共和国水土保持法》《中华人民共和国野生动物保护法》等自然资源法律的有关规定。

《中华人民共和国民法通则》第一百二十四条规定：“违反国家保护环境防止污染的规定，污染环境造成他人损害的，应当依法承担民事责任。”这一规定虽然肯定环境污染侵权适用无过错责任原则，但同时规定以“违反国家保护环境防止污染的规定”为加害人承担民事责任的前提。

在有关环境污染防治的专门法律中，1982 年制定的《中华人民共和国海洋环境保护法》第四十二条率先规定了污染侵权的无过错责任原则，即因海洋环境污染受到损害的单位和个人有权要求造成污染损害的一方赔偿损失。此后，各单项污染防治法均有类似规定。归纳起来看，这些规定具有以下特点：第一，均明确了环境污染侵权适用无过错归责原则，且与加害人是否符合公法上环境标准无关；第二，免责事由具有不一致性；第三，缺乏赔偿责任最高限额以及财务保证或担保、责任保险、赔偿或补偿基金等损害赔偿责任保障制度的规定。

《中华人民共和国侵权责任法》第八章针对“环境污染责任”的特殊性问题，作了进一步的修正或者补充。因污染环境造成损害的，污染者即应当承担侵权责任，而不再以“违反国家保护环境防止污染的规定”作为加害人承担民事责任的前提。因污染环境发生纠纷，污染者应当就法律规定的不承担责任或者减轻责任的情形及其行为与损害之间不存在因果关系承担举证责任。两个以上污染者污染环境，污染者承担责任的大小，根据污染物的种类、排放量等因素确定。因第三人的过错污染环境造成损害的，被侵权人可以向污染者请求赔偿，也可以向第三人请求赔偿；污染者赔偿后，有权向第三人追偿。

二、生态破坏侵权的民事责任

（一）生态破坏侵权的归责原则与构成要件

1. 归责原则

《中华人民共和国环境保护法》《中华人民共和国草原法》《中华人民共和国森林法》等环境与资源保护法律对生态破坏侵权民事责任问题作出了指引性规定，如《中华人民共和国环境环保法》第四十四条规定，造成土地、森林、草原、水、矿产，渔业、野生动植物等资源破坏的，依照有关法律规定承担民事责任；《中华人民共和国草原法》第六十九条规定，擅自在草原上开展经营性旅游活动，破坏草原植被，给草原所有者或者使用者造成损失的，依法承担赔偿责任；《中华人民共和国森林法》第四十四条规定，进行开垦、采石、采砂、采土、采种、采脂和其他活动，致使森林、林木受到毁坏的，依法赔偿损失。

从立法目的看，上述规定中的“依照有关法律”或“依法”很显然指的是民事方面的法律。然而，对于生态破坏侵权，《中华人民共和国民法通则》与《中华人民共和国侵权责任法》等民事法律并未进行专门规定。因此，生态破坏授权适用关于一般侵权的规定。

生态破坏侵权属于一般侵权，因此适用过错责任原则，加害人只有主观上具有故意或过失才可能承担授权责任，无过错则无责任。[①]

2. 构成要件

根据一般侵权的基本理论，生态破坏侵权的构成要件有四个，即行为人主观上存在过错、行为的违法性、损害事实的存在、行为与损害后果之间存在因果关系。

生态破坏侵权行为人的主观过错主要表现为，行为人已经预见或者应当预见自己开发利用自然资源的行为会给他人造成损害，但仍然希望或放任这种损害后果发生，或者由于疏忽没有预见或者虽已预见但轻信能够避免的一种主观心态。

生态破坏侵权行为的违法性主要表现为，行为人在开发利用自然资源时违反了法律规定的作为或者不作为义务，侵犯了他人合法的民事权益。例如，超过许可数量取水导致下游干旱、滥伐林木导致国有森林损害、超出矿区范围采矿导致他人房屋地基沉降等。

生态破坏侵权的损害后果主要表现为两类，一类是对国家、集体或他人的自然资源权利的侵害，如超量取水导致沿岸养殖户的损失；另一类是对他人自然资源权利之外的其他财产权、人身权或环境权益的侵犯，如违反相关操作规程在地下采矿导致他人房屋倒塌的。

生态破坏侵权的因果关系是指行为人开发利用自然资源的行为与受害人的损害后果之间存在着因果关系。

(二)生态破坏侵权的免责事由

侵权责任的免责事由，是指免除或者减轻侵权责任的条件。也称抗辩事由，一般认为，侵权责任的免责事由包括正当理由和外来原因。正当理由是指损害确系行为人的行为所致，但行为人的行为具有正当理由，从而阻却了侵害他人权益的违法性，如职务授权行为、正当防卫、紧急避险、受害人同意等。外来原因是指损害表面上是行为人的行为所致，但实际上是由一个外在于行为之外的原因独立造成的，如不可抗力、受害人过错和第三人过错等。

本书重点阐述不可抗力、受害人过错和第三人原因等三种免责事由。

1. 不可抗力

不可抗力是指不能预见、不能避免并且不能克服的客观情况，既包括某些自然现象，如地震、台风等，也包括某些社会现象，如战争等。各国立法均将“不可抗力”作为一般侵权的免责事由。

需要注意的是，作为免责事由，不可抗力必须是损害发生的唯一原因。如果

---

① 然而从理论上分析，环境污染与生态破坏作为环境问题的两个方面，往往是相互影响、具有“复合效应”的。因此，有学者认为生态破坏所致侵权现象也应实行无过错责任原则。参见罗丽：《再论环境侵权民事责任——评<侵权责任法>第65条》，载《清华法治论衡》第14辑，清华大学出版社2011年版。

损害是由于不可抗力和行为人的过错共同导致的，行为人不能免责。在发生了不可抗力之后，行为人必须及时采取合理措施防止损害扩大，否则对于损害扩大的部分，行为人依然应当要承担侵权责任。

2. 受害人过错

受害人过错，是指损害的发生或扩大并非因加害人的过错造成，而是由于受害人本身的故意或过失造成。在因受害人本身的故意或过失使自己遭受损害的情况下，如果仍然由他人承担民事责任，则有悖于公平观念，因此，受害人的过错通常可成为侵权责任的抗辩事由。

实践中，还需要根据受害人过错的大小来决定是彻底免责还是减轻责任。通常来看，受害人故意造成损害的，侵权人可以免责；受害人过失造成损害的，侵权人可以减轻责任；侵权人因故意或者重大过失致人损害，受害人只有一般过失的，不减轻赔偿义务人的赔偿责任。

3. 第三人原因

第三人原因是指受害人损害的发生或扩大事由除受害人和侵权人之外的第三人造成的。根据《中华人民共和国侵权责任法》的规定，损害是因第三人造成的，第三人应当承担侵权责任。

(三)生态破坏侵权责任的承担方式

生态破坏侵权的责任承担方式一般包括损害赔偿与侵害排除两种。

损害赔偿是适用最广泛的一种侵权责任方式，是指行为人因侵权行为给他人造成损害的，应支付一定的金钱或者实物赔偿侵权行为所造成的损失的侵权责任方式。损害赔偿的方法主要包括金钱赔偿和以恢复原状为代表的非金钱救济方式两种。从比较法的角度而言，世界多数国家是以金钱赔偿为原则，以恢复原状为主的非金钱救济为例外损害赔偿，通常只强调对受害人所遭受损害的金钱填补，是一种事后补救措施，因而具有一定局限性。在生态破坏侵权中，如果只片面强调对损害的金钱补偿，则势必会助长对人类生命、健康以及人类环境的恣意侵害，其结果将会导致人类与环境的毁灭。因此，主动采取事前预防性措施，通过侵害排除责任方式，排除已产生的损害，并预防将来可能发生的损害，以及时抑制环境侵权行为，越来越受到关注。

(四)破坏生态致国家或集体自然资源损害的民事责任

根据《中华人民共和国宪法》《中华人民共和国物权法》和相关自然资源法的规定，矿藏、水流、森林、山岭、草原、荒地、滩涂等自然资源属于国家所有或集体所有。如果行为人开发利用自然资源导致属于国家所有或集体所有的土地、森林、草原、水、矿产、渔业、野生动植物等自然资源遭受损害的，应当依法向国家或集体组织承担损害赔偿责任。

但是，在我国的自然资源管理实践中，对开发利用自然资源导致国家或集体自然资源损害的行为，相关行政监督管理部门往往仅对行为人实施行政处罚或追究行为人的刑事责任。但行政机关或集体组织却很少追究行为人的民事责任，要求行为人赔偿损失或者恢复原状、排除侵害。

随着 1999 年《中华人民共和国海洋环境保护法》的修改，这种状况有所改变。该法第九十条规定，对破坏海洋生态、海洋水产资源、海洋保护区，给国家造成重大损失的，由依照本法规定行使海洋环境监督管理权的部门代表国家对责任者提出损害赔偿要求。实践中，也出现了越来越多的国家索赔案件。

三、环境污染侵权的民事责任

(一)环境污染侵权的特征

与一般侵权行为相比，环境污染侵权具有很大的特殊性。也正因此，各国立法基本上都将环境污染侵权规定为一种特殊侵权。

环境污染侵权的特征可以归纳为以下四点。

第一，主体的不平等性和不可互换性。近代民法的基本原则和基本制度，如所有权绝对、私法自治、自己责任或过错责任等，均建立在民事主体具有平等性和互换性这两个基本判断的基础上。20 世纪以来，随着科学技术的发达，权益侵害现象的重心已由传统个人间主观侵害，转移到危险活动之损害事实，环境污染和生态破坏等所致权益侵害极其典型。在环境污染侵权这一新型的现代社会权益侵害现象中，加害人多为经国家注册许可的具有特殊经济、科技、信息实力和法律地位的工商企业或企业集团，而受害人则多为欠缺规避能力和抵抗能力的普通农民、渔民和市民。因此，环境污染侵权的主体(加害人和受害人)，往往具有不平等性、不可互换性，明显不同于其主体具有平等性、互换性的传统侵权行为，因而才会在环境污染侵权民事责任制度中出现行政救济、无过错责任、社会责任等特殊的制度安排。

第二，加害行为在价值判断上的社会妥当性、合法性。传统侵权的加害行为在道德和法律的价值判断上，均属于应予严格禁止并加以制裁的行为。而环境污染侵权的原因行为，往往是必要的经济活动或者是伴随正常的生产、生活活动而生的“副产品”。在价值判断上，属于符合社会生活常规、有价值、有意义的合法行为，甚至是国家鼓励的活动。在生态系统自身可以承受的限度内，各种开发建设和排污等原因行为，并不会造成环境污染和生态破坏，更不会造成权益侵害现象。但是，当原因行为对环境的影响超过生态系统的承受能力而发生环境污染或生态破坏时，就往往会造成环境污染侵权现象。由此可以说，环境污染侵权在性质上属于一种“合法或适法侵权”，是一种在一定限度内可以容许的危险。环境污染侵权救济中的忍受限度论、利益衡量论等，其据以存在的基础即在于此。

第三，侵害状态的间接性、继续性、反复性、广阔性和累积性。环境污染侵权中的加害人通常并不是直接作用于受害人，而是通过排污或开发建设等活动首先作用于周围的环境，然后再通过“环境”这一中介物对生存于其中的自然人及其财产等造成侵害、损害，具有明显的间接性。

环境污染侵权中加害人的生产、生活活动往往具有继续性、反复性，致使加害行为也具有继续性、反复性，从而决定了侵害状态在时间上具有继续性、反复性特点。

由于污染物往往在空气、水、土壤、生物等环境介质中发生复杂的物理、化学或生物化学变化，通过迁移、扩散、接触、吸收、富集等而使人们的身体健康或财产受到损害；生态破坏则通过生态系统的失衡致人损害。因此，环境污染和生态破坏在空间上具有广阔性。

环境污染侵权的损害结果往往要通过广大空间和长久时间，甚至经由多种因素的复合、累积之后，才变得明显。环境侵害的累积性、复合性，决定了损害结果往往具有滞后性、潜伏性。

环境污染侵权的侵害状态的间接性、继续性、反复性、广阔性、累积性，导致了加害原因行为与侵害过程、损害程度、损害内容之间关系的不确定性，进而导致环境污染侵权诉讼时效和因果关系在理论、审判实践和立法中的调整，如实行较长的诉讼时效和因果关系推定等。

第四，环境污染侵权兼有私害性和公害性。环境污染侵权中不仅存在加害人和受害人均不特定的情形，而且在许多场合表现为非特定污染源的复合污染对相当区域不特定的多数人的多种权益的同时侵害。在后一种情形下，对谁是加害人、谁是受害人很难判定或根本无法判定，有时加害人和受害人甚至混为一体。因此，环境污染侵权不仅包括部分私害案型，而且多为危害范围大、程度严重的社会性权益侵害，即“公害”案型，从而兼有“私害性”和“公害性”。例如，某工厂因污水管道破裂造成某农民的农作物死亡，加害人和受害人均不难确定，属于“私害”；而相当多数工厂共同向某条河流排放污水造成河水污染并因而使流域内相当多数人的健康、财产遭受侵害，则加害人、受害人和侵害过程、程度等往往难以确定，属于“公害”。

环境污染侵权兼具私害性和公害性特征决定了，环境污染侵权救济不仅在于提供事后补救性的损害赔偿以及赔偿责任的社会化，而且应注重采取事先预防性的侵害排除手段，尽量做到“防患于未然”。

(二)环境污染侵权的归责原则与构成要件

1. 归责原则

因污染环境造成他人损害的，实行无过错责任原则。在污染者因污染环境给他人造成损害时，不论污染者主观上是否存在过错，都应对其污染所造成的损害承担民事责任的归责原则。《中华人民共和国侵权责任法》第六十五条明确规定："因污染环境造成损害的，污染者应当承担侵权责任。"

无过错责任原则是随着资本主义社会化大生产的发展而出现的，其理论的依据主要有德国的危险说、法国的形成风险说、利益说和影响领域说等。总体看来，目前对无过失责任原则最为有力的理论解释乃是将危险说和利益说综合起来的解释。按照这种解释，特定企业、装置是危险的来源，只有其所有人、持有人能够控制这些危险源，而由获得利益者承担损害赔偿责任，不仅是公平正义的要求，而且企业能够通过商品或劳务的价格机制、责任保险乃至社会安全体制将损失分散到社会中去；其基本思想，不在于对具有"反社会性"行为的制裁，而在于对危险事故所致不幸损害的合理分配。①

2. 构成要件

根据《中华人民共和国侵权责任法》的规定，环境污染侵权的构成要件包括损害后果、污染行为以及两者之间的因果关系。

通常情况下，污染行为表现为向大气排放污染物的行为、向水体排放污染物的行为、排放噪声的行为、排放固体废物的行为、向土壤排放污染物的行为、向海洋排放污染物的行为等。

环境污染侵权的损害后果通常表现为，侵害他人人身权、财产权、环境权益或公共财产权。传统上，各国立法仅将人身损害和财产损害视为环境污染侵权的损害后果。自20世纪90年代以来，生态环境本身所遭受的损害作为一种新型的损害被一些国家的立法或国际条约所承认。② 由于我国实行社会主义公有制，对生态环境本身的损害就是对国家或集体所有的自然资源的损害。然而，生态损害的范围和界定标准较为模糊。从国外立法和司法实践来看，一般将治理生态破坏的费用纳入直接损失处理，而将生态价值的损害作为间接损失处理。由于环境污染导致公众环境权益受到损害的，不属于一般意义上的民事责任，通常是通过公益诉讼来解决的。

由于许多环境污染侵权案件中原因行为的高度科技性，环境损害发生方式的间接性、复合性、累积性，环境损害时间上的缓慢性、滞后性、空间上的广阔性

---

① 参见王泽鉴：《侵权行为法之危机及其发展趋势》，载《民法学说与判例研究(第2册)》，中国政法大学出版社1997年版，第162页。

② 竺效：《论我国生态损害的立法定义模式》，载《浙红学刊》2007年集3期，第166-170页。

等特点，以及加害人可能会以保护商业秘密为由阻止受害人进行调查，受害人对因果关系的严格举证证明极为困难，甚至根本不可能。因此，为实现侵权行为法救济受害人、强化加害人民事责任的目的，世界各国法学理论与司法实践均尝试探索如何减轻环境污染侵权受害人因果关系举证困难的有效途径。综合各国立法与司法实践看，因果关系举证责任倒置、因果关系推定等法律上的技术性方法，得到大量运用和肯定。

（三）环境污染侵权的免责事由

综合相关立法与法实践，环境污染侵权的免责事由包括不可抗力与受害人过错。

《中华人民共和国侵权责任法》第二十九条规定“因不可抗力造成他人损害的，不承担责任。法律另有规定的，依照其规定”。而《中华人民共和国环境保护法》及单项污染防治法对不可抗力问题作了有所不同的规定：《中华人民共和国环境保护法》第四十一条规定“完全由不可抗拒的自然灾害，并经及时采取合理措施，仍然不能避免造成环境污染损害的，免予承担责任”。《中华人民共和国海洋环境保护法》第九十二条规定：“完全属于下列情形之一，经过及时采取合理措施，仍然不能避免对海洋环境造成污染损害的，造成污染损害的有关责任者免予承担责任：（一）战争；（二）不可抗拒的自然灾害。”《中华人民共和国大气污染防治法》第六十三条规定：“完全由于不可抗拒的自然灾害，并经及时采取合理措施，仍然不能避免造成大气污染损失的，免于承担责任”；《中华人民共和国水污染防治法》第八十五条第二款规定：“由于不可抗力造成水污染损害的，排污方不承担赔偿责任；法律另有规定的除外。”

通过对上述法律规定的分析可以得出以下两个结论：第一，不可抗力事由必须是造成害结果发生的唯一原因时，才可以据此免责；第二，在环境污染侵权的场合，不可抗力事由发生后行为人还必须及时采取了合理措施，仍不能避免损害的才予免责。

【案例 6.6】

A 矿业公司在矿山附近堆放了大量尾矿，且未按照法律规定采取防护措施。某日，A 公司所在地降下了百年不遇的大暴雨，巨大的山洪把 A 公司随意堆放的尾矿冲到邻近的水库中，导致严重的污染事故，水库中几百万斤鱼死亡，直接经济损失超过 1 000 万元。养殖户要求 A 公司赔偿损失，A 公司以不可抗力为由予以拒绝。

讨论：A 公司的抗辩是否成立？

在环境污染侵权中，由于实行无过错责任原则，因此不存在过失相抵的问题，仅仅根据受害人的过错大小判断加害人免责还是减轻责任。

通常情况下，损害是由受害人故意造成的，排污方不承担赔偿责任；损害是由受害人重大过失造成的，可以减轻排污方的赔偿责任。

【案例 6.7】

某日，A 发现自己在河里网箱养了 6 个月的鱼大量死亡。经过短暂暗自调查，A 发现死鱼与 B 化工厂违法排污有关。A 为了多获得赔偿，就连夜购买了几十箱鱼散入其养殖区域，几天之后，这些新买的鱼也全部死亡。

讨论：A 可以要求 B 化工厂赔偿何种损失？

一般情况下，如果损害是因第三人造成的，第三人应当承担侵权责任根据。然而，根据《中华人民共和国侵权责任法》第六十八条、《中华人民共和国水污染防治法》第八十五条第四款等法律的规定，因第三人的过错污染环境造成损害的，被侵权人可以向污染者请求赔偿，也可以向第三人请求赔偿；污染者赔偿后，有权向第三人追偿。这种规定尽管要求第三人承担污染损害的最终赔偿责任，但是为了保护受害人，又赋予受害人向污染者索赔的权利。就此而言，环境污染侵权中第三人原因不再是免责事由。

【案例 6.8】

A 化工厂的生产废水收集在废水池中待处理后排放。2010 年 9 月 5 日，B 在受托对 A 的废水池维修时损坏了防渗层，导致大量未经处理的废水渗入地下。数月后，化工厂区周边农作物大面积死亡，牲畜也开始大量死亡。受害人要求 A 承担赔偿责任，但 A 认为损害是由 B 造成的，自己不应承担赔偿责任。

讨论：A 的主张是否成立？

(四) 环境污染侵权责任的承担方式

1. 侵害排除

环境污染侵权的损害赔偿，往往对他人活动的存立并不构成直接威胁，但侵害排除请求权的承认与否，则关系他人活动的存废。由于环境污染行为的社会妥当性、价值性和必要性，是否允许强制排除侵害，牵涉各种产业活动的社会效用和公共利益。如果仅以损害的继续性、反复性和不可恢复性作为侵害排除的要件，必然会导致大量产业活动的废止，阻碍经济、社会的发展甚至会使文明进步失去赖以存在的物质基础。因此，环境污染侵权中侵害排除的适用需综合考虑权利不可侵原则和原因行为的社会妥当性、合法性、有用性、价值性等因素。

环境侵害排除的法律构成要件要比损害赔偿的构成要件更加严格，权利遭受实质性侵害仅是排除环境侵害的必要条件，而非充分条件。除了权利受害外，尚需同时具有侵害的不合理性，始可承认环境侵害的排除请求权。而这种权利侵害是否具有不合理性的判断过程，即是所谓的利益衡量。

利益衡量实质上是经济效率与社会公平正义之间的平衡，需就以下多个因素，斟酌个案情形分别作出判断：受害利益的性质、内容和程度；侵害行为的形态、性质和程度；侵害行为的社会价值评价，即其公共性、公益性、必要性等；加害人是否已经尽其可能采取具有经济技术可行性的最完善的损害防止措施；侵害发生时土地利用的性质、位置是否适当；是否事先经过环境影响评价及其结果如何；是否与当地受害居民协商，受害人回避侵害的可能性等。

由于各种权利在法律价值判断上具有层次性，因此法律对不同权益的保护范围、程度和次序往往也有一定的区别。在各种权益遭受环境侵害时，是否可以适用利益衡量原则考虑侵害排除，如若可以适用利益衡量原则，则适用的程度如何，均须根据不同的权利类型分别加以考察。

环境污染侵权的原因行为直接创造物质财富、公共福利，但其在法律价值判断上较生命权、身体权、健康权为低。因此只要生命权、身体权或健康权受害或有受害之虞，则无论加害人的经济利益如何，公益性、公共性如何，侵害行为的形态、性质和程度如何，地区性如何，是否遵守公法上排放标准或管制要求，是否采取了最完善的防害措施，土地利用先后关系如何，均应认定其超过了忍受限度而准许受害人排除(防止或除去)侵害的请求。

如果因环境污染造成或可能造成单纯的精神痛苦、不舒适或生活上的不方便、不利益，则有利益衡量原则的适用余地。应当就其作用程度大小、地区性、受害人回避害的可能性，土地利用或居住的先后关系、加害人的公益性、公共性、是否遵守公法上义务等多个因素进行平衡比较，确定是否超过忍受限度和准许排除侵害。

环境侵权原因行为在创造财产价值的同时，侵害他人农作物、渔业、房地产等财产利益的，能否排除侵害须适用利益衡量原则。虽然利益衡量的判断因素甚多，要求标准甚高，但因侵害或可能侵害农作物、渔业等而影响受害人生计的，自应认为超过忍受限度而准许排除侵害的请求。其他单纯的财产权益受害或有受害之虞者，可以依据明确而直接的实定法上的依据，例如物权请求权排除侵害。

2. 损害赔偿

财产损害包括因环境污染事故和事件直接造成的财产损毁、减少的实际价值。财产损害又可进一步分为国家财产损害、单位财产损害和个人财产损害，其中国家财产损害主要包括国有耕地、林地、湿地和草地等生产性资产的直接产品损失；单位财产损害主要包括国有和集体单位所有的固定资产和产品、半成品等其他资产的损害；个人财产损害主要包括个人所有的渔产品、农作物、畜禽和房屋等资产的损害。

人身损害包括环境污染受害人因医疗支出的各项费用、因误工减少的收入、受害人伤残所增加的必要费用，因丧失劳动能力的收入损失、残疾赔偿金，残疾者被抚养人生活费、受害人死亡的丧葬费、死亡者被抚养人生活费、死亡补偿费、办理丧葬事宜支出的其他合理费用。

环境污染侵权的损害后果往往具有广泛性，因此损害赔偿的数额也比较巨大。基于环境污染原因行为的正当性，因此完全由污染者承担损害赔偿也有失公正；而且完全由污染者承担赔偿责任，也会因为财政能力问题导致对受害人救济不力。因此，各国纷纷通过财务保证或担保、责任保险、行政补偿等方式，实现了环境侵权损害赔偿责任的社会化。环境侵权损害赔偿责任社会化主要是指将环境侵权行为所发生损害视为社会损害，使侵权损害赔偿制度与责任保险、社会安全体制等密切衔接，通过高度设计的损害填补制度，由社会上多数人承担和消化损害，从而使损害填补不再是单纯的私法救济，既可及时、充分地救助受害人，维持社会稳定，又可避免加害人因赔偿负担过重而破产，保护经济发展。

财务保证或担保主要是指由潜在的环境污染侵权责任人(主要是污染性危险企业)提供一定的资金专门用于对受害人进行及时、有效的辅助，如提存金制度和企业互助基金制度等。提存金制度是指污染性危险企业在开工之前，依照有关法令向提存机关预先提存一定的保证金、担保金，或者在生产经营过程中，依照有关法令按期提存一定金额，以备损害赔偿之用。对拒不履行提存金提存义务的业者，可以依法采取吊销营业执照等行政上的强制措施，以形成强制履行提存义务的机制。

责任保险是指在被保险人依法应对第三人负损害赔偿责任时，由保险人根据保险合同的约定向该第三人支付赔偿金的财产保险类型。性质上乃是基于民事责任的一种分散和防范侵权损害的法律技术。目前，在英、美、德、法、日、瑞士等发达国家，责任保险已经在工业事故、航空器责任、核能事故、交通事故、医疗事故、产品责任、环境事故等危险活动、意外灾害领域得到广泛运用，我国也在开始进行环境污染责任保险试点。

行政补偿制度是指根据有关法律的规定，以行政手段介入环境污染侵权损害的赔偿，由政府以征收环境费(包括排污费、自然资源补偿费等)环境税等特别的费、税作为筹资方式而设立损害补偿基金，并设定相应的救助条件，以该基金补偿环境污染侵权受害人，以保障损害赔偿获得迅速、确实、妥善的实现。与传统的民事损害赔偿不同，行政补偿依赖公权力的强制与监督来征收、管理和运用补偿基金，使“转移”损失的传统损害赔偿在相当程度上转化为“分担损失的损害补偿，行政权力的介入深刻而全面，从而具有一定的福利行政和社会安全给付的意味。”另一方面，行政补偿乃以“污染者付费原则”和民事赔偿责任作为征收、设立和支出补偿基金的基础，虽然行政色彩浓郁，但总体上仍属于对传统民事赔偿理论和制度的调整、修正和补充，是民事损害赔偿的一个特殊环节。

值得指出的是，在共同污染侵权的场合，污染者承担责任的大小，根据污染物的种类、排放量等因素确定。

(五)污染环境致国家或集体自然资源损害的民事责任

传统民法中的环境污染侵权责任，是指污染者对私人受害人的人身和财产损害所承担的民事责任。但环境污染除了会对私人受害人造成损害之外，还会对环境本身造成损害(也称生态损害)。

自20世纪80年代末以来，因污染环境所造成的生态环境本身所遭受的损害作为一种新型的损害而被一些国家立法或国际条约所公认。与传统民法上财产损害的确定性相比，生态环境损害的损害范畴和界定标准较为模糊。因此，对于环境污染造成生态环境本身的损害是否应当全部赔偿以及应当如何赔偿的问题上，目前世界各国有关立法规定与司法实践不尽相同。但是，从美国以及欧盟国家的生态损害赔偿立法与实践看，生态损害主要还是以替代成本为依据进行计算的，费用范围主要包括生态损害中的使用价值与非使用价值损失、过渡期(期间)损失以及评估与方案研究费用等。

依据《中华人民共和国宪法》和相关法律的规定，几乎所有的环境要素或自然资源部属于国家所有或集体所有。因此，环境污染对生态环境本身造成的损害，可以视为对国家或集体财产权的侵害，由国家或集体向污染者主张损害赔偿责任。

《中华人民共和国海洋环境保护法》第九十一条第二款规定：“对破坏海洋生态、海洋水产资源、海洋保护区，给国家造成重大损失的，由依照本法规定行使海洋环境监督管理权的部门代表国家对责任者提出损害赔偿要求。”这是目前我国环境与资源保护立法中唯一一处明确要求污染者对生态损害承担损害赔偿责任的规定。

【案例6.9】

A公司的油田作业区B平台和C平台先后发生两起溢油事故，导致大量原油泄漏在中国海域。附近的海洋部门闻讯后立即组织清除油污。在清除工作结束之后，海洋部门除了要求A公司支付清污费用及其他相关费用之外，还要求它赔偿原油泄漏造成海洋生态破坏和水产资源造成的损失。A公司同意赔偿清除及其他相关费用，但拒绝赔偿油污给海洋生态造成破坏导致的损失，认为并无法律依据。

讨论：海洋部门是否可以要求A公司赔偿其油污造成海洋生态破坏所导致的损失？

此外，最高人民法院在《关于为加快经济发展方式转变提供司法保障和服务的若干意见》(2010年6月)中明确表示将“依法受理环境保护行政部门代表国家提起的环境污染损害赔偿纠纷案件”。这表明，我国最高国家司法机关对行使国家环境保护职能的部门代表国家行使民事索赔权利持认同观点。

关于环境污染致国家生态损害的民事责任的构成要件，目前法律没有明确规定。从《中华人民共和国侵权责任法》第六十五条的规定来看，只是笼统地规定“因污染环境造成损害的，污染者应当承担侵权责任”，并没有对环境污染的受害人进行区别。从一般的理解来看，该条规定意味着，无论是对于一般受害人还是作为受害人的国家，污染者都应当承担侵权责任。因此，我们认为，污染环境致国家生态损害的民事责任与污染环境致一般受害人人身、财产损害的民事责任在构成要件上并无区别。

实践中，包括国家海洋局在内的多个海洋环境监督管理部门已经据此对导致海洋生态损害的污染者提起过生态损害赔偿要求。

近年来，为实现全面追究污染者的环境责任的目的，我国加快了完善环境污染损害鉴定评估工作的步伐。2011年5月25日，环境保护部发布了《关于开展环境污染损害鉴定评估工作的若干意见》(以下简称《意见》)，明确指出：“开展环境污染损害鉴定评估工作，对环境污染损害进行定量化评估，将污染修复与生态恢复费用纳入环境损害赔偿范围，科学、合理确定损害赔偿数额与行政罚款数额，有助于真实体现企业生产的环境成本，强化企业环境责任，增强企业的环境风险意识，从而在根本上有利于解决‘违法成本低，守法成本高’的突出问题，改变以牺牲环境为代价的经济增长方式。”该《意见》还将2011~2012年定为探索试点阶段，并决定在全国重点开展案例研究和试点工作，在国家和试点地区初步形成环境污染损害鉴定评估工作能力。可见，我国的环境行政与司法实践也是将生态破坏修复与生态恢复费用纳入环境损害范围之内的。

四、环境侵权纠纷的解决方式

(一)环境侵权纠纷的行政处理

1. 环境侵权纠纷行政处理的意义

解决侵权纠纷的传统方式包括民事诉讼这一“法律手段”，也包括和解、调解等“非法律手段”以及介于“法律手段”与“非法律手段”之间的仲裁，行政权力原则上不介入当事人之间私法上的权利义务之争。

对于环境纠纷这一现代社会新问题，欧美国家虽有和解、调解等方法，但基本上仍以法律诉讼作为解决方式，并注重发挥环保团体和社会公众的作用，如法国、德国的"团体诉讼"、美国的"公民诉讼"等。而在日本、我国台湾等国家和地区，除了传统的司法诉讼外，最为突出的特点是将行政与司法两个法律领域加以混合，形成了"行政准司法"制度，如日本和我国台湾地区各自的《公害纠纷处理法》所规定的各种处理方法，具有行政法上和解、调解、仲裁和裁决的色彩。此外日本人权保护机关对于"因噪声、烟尘以及其他公害所造成的侵犯人权案件"，也有权作为特别案件加以处理。环境侵权纠纷的行政处理，本质上乃是基于福利国家、给付行政之理想和传统民事责任，通过行政权力的作用，避免诉讼程序的烦琐和迟延，尽早实现损害的赔偿，以收保护受害人之效，从而在相当程度上以行政力量之长克服司法作用之短，尽量避免或减轻传统"私法自治"原则对环境受害人产生的不利影响。

与民事诉讼程序相比，行政处理机制在解决环境侵权纠纷方面具有显著意义：第一，行政处理制度能够正视当事人间因社会的、经济的地位差异性产生的能力差异所造成的实质不平等现象，保障当事人权利的公平性；第二，纠纷行政处理程序所需费用主要由国库负担，减轻了当事人的负担；第三，行政纠纷处理程序通常较为简便，有利于迅速而妥善地解决环境侵权纠纷。

2. 我国关于环境侵权纠纷行政处理的法律规定

当前，在环境侵权纠纷的行政处理方面，我国环境与资源保护法尚未进行专门规定，有关规定分散在《中华人民共和国环境保护法》以及单项环境与资源保护法中。

根据《中华人民共和国环境保护法》第四十一条的规定，环境污染侵权的赔偿责任和赔偿金额的纠纷，可以根据当事人的请求，由环境保护行政主管部门或者其他依照本法律规定行使环境监督管理权的部门处理。但是，该条并未明确"处理"的法律性质，实践中有的理解为调解，有的理解为行政裁决。根据全国人大常委会法工委于 1992 年 1 月 31 日以《关于正确理解和执行<环境保护法>第四十一条第二款的答复》，因环境污染损害引起的赔偿责任和赔偿金额的纠纷属于民事纠纷，根据当事人的请求，对因环境污染损害引起的赔偿责任和赔偿金额的纠纷所作的处理，当事人不服的，可以向人民法院提起民事诉讼，但这是民事纠纷双方当事人之间的民事诉讼，不能以作出处理决定的环境保护行政主管部门为被告提起行政诉讼。

根据这种解释，环保部门通过行政解决机制处理环境损害民事纠纷的作用明显被削弱了。此后，为使环保部门不因以行政裁决的方式处理赔偿纠纷而处于行政诉讼的被告地位，在立法上也出现了"缩小或者限制行政处理环境损害赔偿纠纷的有效方式”“不将行政处理污染民事纠纷作为法定行政职责”等倾向。如1995年通过的《中华人民共和国固体废物污染环境防治法》、1996年通过的《中华人民共和国环境噪声污染防治法》、2000年修订的《中华人民共和国大气污染防治法》、2008年修订的《中华人民共和国水污染防治法》中，均将相关条款的“处理”改为“调解处理”。

【案例6.10】

A果园里的果树由于受到B公司排放的大气污染物的污染大量死亡，按照市价计算，损失超过100万元。B公司申请环保部门调解本案。环保部门经过调解后作出调解决定，要求B公司赔偿A金额80万元。A认为环保部门偏向B公司，速向人民法院提起行政诉讼，要求撤销环保部门的处理决定。

讨论：A对于环保部门的调解决定不服，是否可以提起行政诉讼？

在我国的单项自然资源法中，也有一些关于纠纷行政处理机制的规定，但大多是关于自然资源权属争议的行政处理规定。例如，《中华人民共和国土地管理法》第十六条和《中华人民共和国草原法》第十六条规定了土地与草原所有权、使用权争议的行政处理程序。与环境污染侵权纠纷的行政处理不同，此处的行政处理在法律行政上属于行政裁决，当事人对处理决定不服应当向人民法院提起行政诉讼。

此外，《中华人民共和国水法》第五十七条规定了水事纠纷的行政处理程序，即“单位之间、个人之间、单位与个人之间发生的水事纠纷，应当协商解决；当事人不愿协商或者协商不成的，可以申请县级以上地方人民政府或者其授权的部门调解，也可以直接向人民法院提起民事诉讼。县级以上地方人民政府或者其授权的部门调解不成的，当事人可以向人民法院提起民事诉讼”。

（二）环境侵权诉讼

1. 环境侵权诉讼的一般程序

环境侵权诉讼的程序与一般民事诉讼基本相同。环境侵权受害人认为自己的人身权或财产权受到侵害的，可以以污染者为被告向侵权行为发生地或损害结果地的人民法院提起民事诉讼。在提交起诉状时，应当同时提交相应的证据材料。

人民法院对于符合起诉条件的案件，必须立案受理。立案之日起5日内，人民法院应当将起诉状副本送达被告，被告可以在收到起诉状副本之日起15日内提出答辩状。被告提出答辩状的，人民法院应当在收到之日起5日内将答辩状副本发送原告。被告不提出法院审理后作出判决之前，可以先进行调解。调解达成协议的，人民法院应当制作调解书。调解书应当写明诉讼请求、案件的事实和调解结果。调解书送达双方之后即发生法律效力，当事人不得上诉。调解未达成协议或者调解书送达前一方反悔的，人民法院应当及时判决。一审法院作出判决后，当事人如果不服判决，可以在 15 日内向上级人民法院提起上诉。二审法院判决为终审判决。

2. 环境污染侵权诉讼的特殊规定

环境污染侵权是一种特殊侵权，其特殊性除了表现为构成要件的特殊之外，也体现为适用一些特殊的诉讼程序。

(1) 特别诉讼时效。

诉讼时效是指权利人在法定期间内不行使权利即丧失请求人民法院依法保护其民事权利的法律制度。诉讼时效期间届满，权利人不再享有请求人民法院保护的权利。

根据《中华人民共和国民法通则》的规定，诉讼时效依据其时间长短和适用范围可以划分为普通诉讼时效期间和特别诉讼时效期间。

普通诉讼时效期间是指由民事基本法统一规定的，普遍适用于各种民事法律关系的时效期间。除法律另有特别规定外，所有的民事法律关系均适用普通诉讼时效期间。我国的普通诉讼时效期间为 2 年。

特别诉讼时效期间，是指由民事基本法或特别法就某些民事法律关系规定的短于或长于普通诉讼时效期间的时效期间。特别诉讼时效期间只适用于特殊的民事法律关系。

考虑到环境污染损害赔偿案件中因环境污染侵权行为的间接性、潜伏性、隐蔽性、侵权人与受害人地位的不平等性等特征导致收集证据、判明责任的困难性，《中华人民共和国环境保护法》第四十二条明确规定："因环境污染损害赔偿提起诉讼的时效期间为 3 年，从当事人知道或者应当知道受到污染损害时起计算。"《中华人民共和国海商法》第二百六十五条规定："有关船舶发生油污损害的请求权，时效期间为 3 年，自损害发生之日起计算；但是，在任何情况下时效期间不得超过从造成损害的事故发生之日起 6 年"。

(2) 特殊的证据规则。

根据一般的举证规则分配原则，原告须就其诉讼原因的事实进行举证，被告就其抗辩的事件事实进行举证。按照这个原则，在环境污染侵权诉讼中，原告应当证明被告有污染行为、自身有人身或财产损害、两者之间存在因果关系。

如果按照这一原则分配举证责任，那么环境污染受害人往往会因无法举证因果关系而败诉。一方面，造成环境污染的被告通常是企业，其通常充分地独占资料，并常以企业秘密为借口拒绝向外界提供有关资料，而且他们在技术、资金方面也处于优势地位。另一方面，因果关系的认定具有高度的科学技术性，污染受害人受文化水平、专业知识、证据收集能力等限制，往往不具备这种能力。

为此，世界各国大都在因果关系举证责任方面采取了一些特殊规则减轻受害人的举证负担，如举证责任倒置、因果关系推定、证明标准降低等。

我国最早对环境污染侵权诉讼的举证责任作出特殊规定的是1992年最高人民法院的《关于适用民事诉讼法若干意见》。根据该意见第七十四条的规定，在因环境污染引起的害赔偿诉讼中，对原告提出的侵权事实，被告否认的，由被告负责举证。但是由于该意见并未明确"原告提出的侵权事实"的具体范围，导致了司法实践中的不一致。

为此，2001年最高人民法院的《关于民事诉讼证据的若干规定》第四条作了进一步明确的规定："因环境污染引起的损害赔偿诉讼，由加害人就法律规定的免责事由及其行为与害结果之间不存在因果关系承担举证责任，通常认为，司法解释的这条规定在环境侵权诉讼中确立了因果关系举证责任倒置。"

此后，我国的单项环境与资源保护法均沿用了司法解释的规定。如《中华人民共和国固体废物污染环境防治法》第八十六条规定"因固体废物污环境引起的损害赔偿诉讼，由加害人就法律规定的免责事由及其行为与损害结果之间不存在因果关系承担举证责任"；《中华人民共和国水污染防治法》第八十七条规定"因水污染引起的损害赔偿诉讼，由排污方就法律规定的免责事由及其行为与损害结果之间不存在因果关系承担举证责任"。

我国2009年颁布实施的《中华人民共和国侵权责任法》第六十六条也明确规定"因污染环境发生纠纷污染者应当就法律规定的不承担责任或者减轻责任的情形及其行为与损害之间不存在因果关系承担举证责任"。

【案例6.11】

A工厂的排汽管道直接通往B河。某日B河下游的C养殖场鱼虾大量死亡，C养殖场认为生虾死亡系A工厂排放的水所致，向人民法院提起诉讼，要求A工厂赔偿损失。A工厂否认C养殖场的主张，认为根据"谁主张，谁举证"的原则，应当由C养殖场举证证明养殖场鱼虾是被其排放的污水毒死的，否则就可以不用承担赔偿责任。C养殖场主张应当由A工厂承担举证责任，证明鱼虾不是A工厂排放的污水毒死的。

讨论：本案中的因果关系事项应当由哪一方当事人承担举证责任？

此外，为增强污染受害人在污染行为、损害后果方面的举证能力，我国单项污染防治法还规定了环境监测机构提供监测数据的义务，如《中华人民共和国固体废物污染环境防治法》第八十七条规定"固体废物污染环境的损害赔偿责任和赔偿金额的纠纷，当事人可以委托环境监测机构提供监测数据。环境监测机构应当接受委托，如实提供有关监测数据"，《中华人民共和国水污染防治法》第八十九条规定“因水污染引起的损害赔偿责任和赔偿金额的纠纷，当事人可以委托环境监测机构提供监测数据。环境监测机构应当接受委托，如实提供有关监测数据”。

本章小结

环境与资源保护法的法律责任是法律责任制度在环境与资源保护法中的具体体现，是指因实施了违反环境与资源保护法的行为、造成生态破坏或环境污染，依据环境与资源保护法的规定，应当承担的法律责任。环境与资源保护法的法律责任包括环境与资源保护的行政责任、刑事责任和民事责任。

环境与资源保护行政责任可以分为环境与资源保护行政处分与行政处罚两大类。环境与资源保护行政处罚的种类一般包括警告，罚款，责令停产整顿，责令产、停业、关闭，暂扣、吊销许可证或者其他具有许可性质的证件，没收违法所得、没收非法财物，行政拘留七种。罚款是环境与资源保护行政处罚中最常用的处罚方式。责令停产、停业、关闭的处罚只能由各级人民政府作出，行政拘留的处罚只能由公安机关作出，其他的行政处罚由环境与资源保护行政机关根据各自的权限范围具体实施。环境与资源保护行政处的程序包括简易程序、一般程序和听证程序三种。环境与资源保护行政相对人对行政机关实施的行政处再不服的，可以通过行政复议与行政诉讼两种途径寻求救济。行政处分包括六种，即警告、记过、记大过、降级、撤取、开除。对环境与资源保护行政机关公务员给予处分，由任免机关或者监察机关按照管理权限决定。受到处分的环境与资源保护行政机关公务员对处分决定不服的，可以申请复核或者申诉。

《中华人民共和国刑法》第六章第六节“破坏环境资源保护罪”及相应的修正案共设立了15个破坏环境资源保护罪的罪名，包括3个污染环境类犯罪：污染环境罪、非法处置进口的固体物罪、擅自进口固体废物罪；12个破坏自然资源类犯罪：非法捕捞水产品罪，非法猎捕、杀害珍贵、濒危野生动物罪，非法收购、运输、出售珍贵、濒危野生动物，珍贵、濒危野生动物制品罪，非法狩猎罪，非法占用农用地罪，非法采矿罪，破坏性采矿罪，非法采伐、毁坏国家重点保护植物罪，非法收购、运输、加工、出售国家重点保护植物、国家重点保护植物制品罪，盗伐林木罪，滥伐林木罪，非法收购、运输盗伐、滥伐的林木罪。在我国，破坏环境资源保护罪的客观方面主要表现为污染环境和破坏自然资源两类行为，且通常要求以违反环境与资源保护法律的规定为前提。破坏环境资源保护罪的主体在我国包括自然人和单位两类。实践中自然人构成的多是破坏自然资源类的犯罪，单位构成的多是污染环境类的犯罪。破坏环境自源保护罪的主观方面包括故意和过失两种形态。针对破坏环境资源保护罪的自由刑包括拘役、管制、有期徒刑，其中适用最广泛的是有期徒刑。破坏环境资源保护罪的财产刑包括罚金和没收财产。若单构成破坏环境资源保护罪，则采取双罚制，即对单位、直接负责的主管人员和其他责任人员分别定罪量刑，但对单位只能判处罚金。

环境侵权分为生态破坏侵权与环境污染侵权两大类。环境污染侵权属于特殊侵权，生态破坏侵权属于一般侵权。因污染环境造成他人损害的，实行无过错责任原则。环境污染侵权的构成要件包括损害后果、污染行为以及两者之间的因果关系。环境污染侵权的免责事由包括不可抗力与受害人过错。在我国，环境污染对生态环境本身造成的损害，可以视为对国家财产权的侵害，由国家向污染者主张损害赔偿责任。环境污染侵权的赔偿责任和赔偿金的纠纷的行政处理属于调解，而有关土地与草原所有权、使用权争议的行政处理属于行政裁决。因环境污染害赔偿提起诉讼的时效期间为 3 年，从当事人知道或者应当知道受到污染损害时起计算。因环境污染引起的损害赔偿诉讼，由加害人就法律规定的免责事由及其行为与损害结果之间不存在因果关系承担举证责任。为增强污染受害人在污染行为、损害后果方面的举证能力，我国单项污染防治法还规定了环境监测机构提供监测数据的义务。

思考题

1. 环境与资源保护行政处罚的种类有哪些？其具体实施程序是什么？
2. 什么是破坏环境资源保护罪？其犯罪构成要件有哪些特征？
3. 污染环境类犯罪有哪些？其构成要件及刑罚分别是什么？
4. 环境污染侵权的归责原则和构成要件是什么？
5. 环境污染侵权的免责事由有哪些？
6. 环境纠纷行政处理的性质是什么？
7. 环境侵权诉讼适用哪些特殊的程序规则？

第七章　国际环境法

【学习目标】

通过本章学习，学生应理解国际环境法的定义和特点、渊源和体系、主体和客体，了解国际环境法的历史发展，理解国际环境法的基本原则，了解国际环境法实施的手段、方法和监督措施；理解国际环境损害赔偿及其争端的解决途径，了解大气环境保护、海洋与淡水、废弃物与有毒有害物质、生物多样性、贸易与环境等五个领域中重要国际条约的主要内容。

第一节　国际环境法概述

一、国际环境法的概念

环境问题古而有之，但是与人类活动相关的大范围的环境问题则是近代工业革命之后的事情，随着经济的快速发展，人类对环境作用的深度和广度的加强，产生了大规模的全球环境问题，日益威胁到全人类的生存和发展。保护生态环境，实现可持续发展，已成为世界各国紧迫、艰巨的任务。环境问题不是孤立的，而是与各国经济、社会活动密切联系的。环境问题在各国经济发展中产生，也必须在经济发展中加以解决。

由于环境问题的国际性，解决这些问题，需要世界各国和地区协调一致的努力和开展卓有成效的合作，所以加强国际法和国际环境保护法的研究、制定与实施势在必行。

所谓国际环境法，是指国际法主体(主要是国家)在调整国际社会因开发、利用、保护和改善环境的国际交往中形成的社会关系的法律规范的总称。

国际环境法作为国际法的一个分支，是20世纪60年代中期由于环境问题的发展而兴起的一个国际法部门。国际法所调整的对象是国际关系，而作为国际环境法的调整对象只能是国际法的分支，除了具有传统国际法的一般属性，国际环境法律关系的主体主要是国家；国际环境法的制定者是国家，且法的制定程序须经诸国协商而不是由一国单一立法，国际环境法的阶级性主要表现为各国统治阶级意志的协调；国际环境法的强制实施主要依靠国家本身的行动等，与其他部门法相比，国际环境法具有以下几个特点。

(一)内容既含法律规范且含技术规范，与科学技术联系密切

法律规范是指协定中对国家行为所作的那些要求，或国家在国际社会中所应承担的义务。技术规范则是国家在满足法律要求或履行义务时，其行为所涉及的科学技术问题，像在海洋倾倒中倾倒物质的性能，排放中排放物的浓度等问题。国际环境法在很大程度上涉及自然生态规律和地理、气候、物理、化学、工程、建筑、遗传工程等自然科学技术方面的问题，与科学技术有密切联系，所以它除了规定通常的国家的社会行为的法律规范外，还包括大量的技术规范，这些技术规范如排放标准、污染鉴定、放射性防护、环境容量测算、环境影响评价、监测方法以及对机器、设施、车辆、船舶、飞行器类产品的工艺要求等，都常常通过国家协定的签订而赋予法律效力，国际环境法要完善其法律控制的手段，如环境监测、环境影响评价、产品工艺技术设计及环境资源管理和相应的支持措施的配合，因此，任何协定的签署，无论从课题的提出、目标的确定、标准的制定还是执行措施的采取，都必须以环境科学的研究发展为基础。纵观所有环境保护的协定可以看出，各国是如何遵循自然规律来谋求各国意志的协调，以及如何根据当前各国社会经济、科学技术的发展水平把某些现任法则逐步纳入相应的国际协定，以期达到保护人类环境的目的。凡是有关国际环境资源保护的协定几乎都有相应的科学技术的规定作为附件，这些附件是协定的重要组成部分，满足了协定的技术要求，使协定能产生实际的效果。主要表现在：①国际环境法的制定和实施在相当程度上依赖于环境科学技术；②国际环境法本身包含许多技术性法律规范。

(二)公益性较强

国际环境法的根本目的是保护和改善人类赖以生存的基本物质条件，因此，国际环境法具有较强的公益性，它致力于在国际社会建立一个有利于人类社会和自然持续发展的新的国际法律秩序。这一特点不仅表现为各类环境资源保护协定的动机、目的、内容都直接为保护并改善人类环境，而且在程序方面也反映了公益性的特点，国际环境保护协定中的某些措施和原则，对加害者规定得较为严格而对受害者则较为宽和；在承担责任方面，不仅适用“过失责任”，而且适用“直接责任”甚至“绝对责任”；在举证责任方面，以“实情举证”取代“过失举证”，等等。为防止发生或可能发生环境资源损害事故的蔓延，国际环境法允许国家享有有条件地在其管辖权外的地区采取干预措施的权利。

(三)广泛性

国际环境法的广泛性，是指参与国际环境立法和贯彻实施国际环境法，承担其义务的主体范围相当广泛，国际环境法在制定和实施的过程中，众多国家乃至整个国际社会的参与程度是其他国际法部门所不可比拟的。环境问题既有全球性的共性，也有地域性的个性，就是在一国以内也有着区域的差异。地球这一庞大的生态系统包含着无数个"中""小"生态系统，而地球环境的整体保护依赖于各地区的保护。由于各地区的环境因素的特点并不完全一样，人类活动对其影响又有着深浅之别，则各地区环境资源保护的目标、要求、措施自然迥异不同。分布在同一地区的各国既面临着大致相同的环境问题，则对该地区环境保护措施的采取自然更易于寻求共同语言、协调彼此的意志，于是采取区域性的合作方式签订国际协定便成为重要的途径。区域性协定当然构成国际环境法的重要组成部分，这样的协定往往较全球性的环境保护协定更易于执行。因此，这种区域性问题的存在以及区域性协定的易于执行性，更体现了国际环境法广泛性的特点。

(四)边缘学科的特点突出

作为国际法的一个新领域，国际环境法处于多种学科的交汇点，融汇了多种学科的知识并对多种学科产生影响，具有比较显著的边缘学科的特征。国际环境法既涉及国际法的内容，也是环境法的分支学科，同时又是环境科学的分支学科，具有非常突出的边缘学科的特点。

(五)历史短、发展快

由于国际环境问题被人们真正认识是20世纪30年代以后的事情，国际环境法的历史相对来说很短。从1972年人类环境会议到1992年里约热内卢环境与发展大会，再到2012年里约热内卢可持续发展大会，国际环境法从产生、发展到逐步完善已走过五十余年的历程。国际环境法发展十分迅速，据不完全统计，全世界已缔结了700多个与环境保护有关的条约，其中有250多个是为了环境保护专门订立的。

二、国际环境法的体系

国际环境法的体系指的是有关开发、利用、保护和改善环境的各种法律文件所组成的、具有内在有机联系的整体。国际环境法体系是一个广义的体系，它包括国际法中的"硬法"和"软法"。构成国际环境法体系的法律文件的形式主要有条约(公约、协定、协议书和条约等)、反映国际习惯法的文件、反映有关国际环境保护的一般法律原则的文件、司法判例和国际组织的决议等法律文件。

该体系目前主要包括以下三大部分。

(1)国际环境保护纲领性文件。这类法律文件是以规定全球环境保护的指导思想、基本原则和行动计划为主要内容的国际法文件。如《联合国人类环境宣言》《人类环境行动计划》《里约环境与发展宣言》和《21 世纪议程》等，这些法律文件由于不具有法律强制力，因而又被称为国际法中的“软法”。

(2)针对特定环境保护的国际法律文件。这类法律文件代表着当前国际环境法最为发达的部分，其数量以百计，它主要由以保护特定环境因子为主旨的条约组成，也包括其他形式的国际法文件，目前，这类法律文件所覆盖的范围已相当广泛。如关于保护大气环境的《联合国气候变化框架公约》《保护臭氧层维也纳公约》及其议定书等。

(3)针对其他有关环境问题的国际法律文件。这类国际法文件不是以保护特定的环境或环境因子为主旨，而是针对与环境密切相关的一些问题，像固体废物和危险废物问题、核污染问题、贸易与环境问题、国际环境标准、军备和战争与环境问题等，这类环境问题的特点是牵涉面广，它们往往涉及多个环境的保护和多种国际关系。针对这类环境问题的特点，与之有关的国际法律文件有《控制危险废物越境转移及其处置巴塞尔公约》《核材料实质保护公约》等。

三、国际环境法的渊源

国际环境法的渊源即国际环境法的表现形式。国际环境法的渊源与一般国际法渊源一样，包括国际条约、国际习惯、一般法律原则的辅助方法——司法判例、公法学的学说等方面。值得注意的是，在渊源方面，一方面有丰富的国际环境资源保护条约，另一方面又有丰富的国际环境资源保护实践，尤其是国际环境资源保护的“软法”正迅速发展，并在国际环境资源保护中日益发挥重要的作用。因此，依《国际法院规约》第三十八条的精神及法学界的普遍理解，国际环境法的渊源主要有公约，双边或多边条约，国际会议与国际组织的重要宣言、决议、大纲，国际习惯法，重要的国际环境标准、准则、建议。

(一)公约

公约即由世界上多个国家缔结，并对这些国家具有普遍约束力的国际环境保护条约。国际公约是国际环境法最主要的渊源，国际环境保护条约作为国家之间共同保护环境资源的协议，对缔约国有约束力，因而也成为国际法院判案的主要依据。公约又分为以下两类。

(1)区域性公约。由于环境问题大都具有区域性，因此，在经济水平接近，地理条件相近，环境问题相同的区域，各国往往比较容易达成一致，形成区域公约，并取得良好的执行效果，在区域合作中成功经验成为相关领域全球环境保护条约的基础和样板，推动全球环境条约的发展，如《防止船舶和飞机倾弃废物污染海洋公约(修正本)》(1972年)、《保护波罗的海区域海洋环境公约》(1974年)。

(2)全球性公约。全球性的多边框架公约同样需要多个具体的区域公约来贯彻实施，以海洋环境保护为例，联合国环境规划署以1982年《海洋法公约》为基础，发起了区域海洋保护项目，帮助几个地区制定和发展了区际公约和议定书，使得区域海洋环境保护制度日趋完善。其他有：《保护世界文化和自然遗产公约》，1972年11月16日定于巴黎，1975年12月17日生效；《濒危野生动植物物种国际贸易公约》，1973年3月3日定于华盛顿，1975年7月1日生效；《联合国生物多样性公约》，1992年6月5日定于里约热内卢，1993年12月29日正式生效等。

(二)双边或多边条约

双边或多边条约即由两个国家或两个以上的国家缔结的条约。这类条约只对缔约国具有法律拘束力，如《美国和加拿大关于大湖水质的协议》(1978年)、《中日关于保护候鸟及其栖息环境协定》(1981年)等。这些条约对于解决跨国界污染、区域污染以及生态破坏等问题具有积极意义。

(三)国际会议与国际组织的重要宣言、决议、大纲

很多关于国际环境保护的国际会议和国际组织通过的宣言、决议和大纲，由于其反映或体现着国际环境法的原则、规则和制度而得到了国际社会的普遍承认，成为国际环境法的又一渊源。这一渊源通常又被称为软法，这一渊源主要在人们处理国际社会关系时形成，可以为各国共同接受，是灵活性较大、约束力较弱的国际准则。与传统的国际条约相比，软法没有关于权利和义务的具体规定，是一种非传统的国际法渊源。在国际环境法的发展过程中，软法起到了十分重要的作用，在国际环境法中占有重要地位。软法是国际法与国际政治相结合的产物，因而能较好地解决在重大环境问题上的政治冲突和经济利益的矛盾，使其成为处理国际环境问题的不可缺少的重要组成部分。软法文件提出的许多国际环境法的原则，是对国际环境法理论和实践经验的总结，具有政治和道义上的影响力。多年来，在国际环境法的发展过程中，软法常常是条约形成的前奏。这类宣言、决议和纲领主要有《联合国人类环境宣言》《里约环境与发展宣言》《21世纪议程》《世界自然资源保护大纲》等。

(四)国际习惯法

国际习惯是国际环境法的另一个主要渊源，由于国际环境法是一个新兴的国

际法领域，加上国际习惯的形成需要各国的反复实践以形成通例并由各国接受为法律，因此，国际环境法中的国际习惯法律规范并不多，在过去20多年的时间里，环境条约或司法判例中出现了一些有关环境保护的国际习惯和国际习惯的萌芽。判断一个国际习惯的形成，应以该国际习惯的国际实践为依据，即看它是否已经成为普遍的通例和被普遍地接受为法律。以这个依据判断，在国际环境法的一些原则中，如风险预防原则、共同但有区别原则；在属于程序法的义务中，如国际磋商、提供环境资料和环境影响评价，都已成为国际习惯或反映了国际习惯。目前，从国际环境法的发展状况看，国际环境法的体系仅仅初具雏形，还需要进一步完善。国际习惯法与国际会议和国际组织通过的宣言、决议和大纲由于在国际或国内均不具强制力，因而也被称为“软法”性规范。

(五)重要的国际环境标准、准则、建议

为了进行环境影响评价，或对特定的污染物进行控制，或衡量人体、其他生物应达到的卫生目标，都必须采用某些国际环境标准，或某些准则、建议。这些标准、准则、建议往往是在条约的附件中出现的科学技术规范，但一旦被条约所肯定，则成为法律规范的组成部分，在一定范围内具有约束力。

第二节　国际环境法的主体与客体

一、国际环境法的主体

国际环境法作为国际法的一部分，其主体同国际法的主体是一致的。国际环境法的主体指的是独立参加有关利用、保护和改善环境的国际关系、直接享有国际环境法权利并承担国际环境法义务者。国际环境法主体主要包括国家和国际组织，非政府组织和个人不是国际环境法的主体。

(一)国家

在国际环境关系中，只有国家是完全的权利和义务主体，因为只有国家才是主权的代表。国家的主权属性决定它对内代表最高权力，对外具有国际法上的独立人格，能够独立、平等地享有国际环境法的权利和承担国际环境法的义务。国家通过条约创立有关利用、保护和改善环境的国际组织，国家决定个人和非政府组织参与国际环境事务的资格和地位，国家具有独立进行国际求偿和承担国际责任的能力。

在国际环境法律关系中，国家的地位和作用是决定性的。国家通过缔结条约或形成国际习惯来创立有关利用、保护和改善环境的原则、规则和制度。国家直

接享有国际环境法的权利并承担国际环境法的义务。

（二）国际组织

国际组织指的是国家间和政府间组织。国际组织是一类特殊的国际法主体。它们能够独立地参加国际关系，独立地进行国际交往，直接地享有国际法权利和国际法义务，由于它的权利能力和行为能力不是自身具有的，而是成员国通过协议赋予的，因此，对国际法律关系的参与也是有限的，受其组织章程规定的范围所限。

环境保护的国际组织大体上有两大类：一类是政府间组织，包括联合国及其下属组织；另一类即民间性组织，包括世界绿色和平组织、世界野生动物基金会、国际自然保护同盟等。具体包括：

（1）联合国环境规划署。联合国环境规划署是根据联合国大会 1972 年 12 月 15 日第 2997 号决议于 1973 年 1 月设立的，总部设在肯尼亚首都内罗毕。它是联合国负责协调各国在环境领域活动的机构，也是最重要的国际环境组织和国际环境活动中心。该署的主要任务是负责处理联合国在环境方面的日常事务，其机构包括理事会、秘书处和环境基金会。理事会是环境规划署的实际决策机关；秘书处是该署的常设机关，其主要任务是保证高效率地进行联合国范围内的国际环境保护活动，并兼管环境基金；环境基金会是 1973 年 1 月 1 日正式设立的，其目的是为实施联合国环境规划项目而提供追加资金。

（2）世界环境与发展委员会。世界环境与发展委员会是根据 1983 年第三十八届联合国大会 38/161 号决议成立的一个独立机构。该委员会主席、副主席由联合国秘书长指定，成员由主席、副主席指定。该委员会由各国专家组成，委员会的任务是向联合国大会提出关于环境对策方面的建议。

（3）联合国经济与社会理事会。联合国经济与社会理事会简称经社理事会，是联合国的六个主要机构之一。经社理事会是在联合国权力之下指导和协调成员国经济、社会、人权和文化活动的综合机构。《21 世纪议程》要求经社理事会协助联合国大会监督《21 世纪议程》的执行情况，并在这方面提出建议；《21 世纪议程》还要求经社理事会承担指导联合国系统，将联合国各项政策和方案中的环境与发展方面事务在全系统范围加以协调和综合的任务，并向联合国大会、有关专门机构和会员国提出适当的建议。其主要职权包括：就有关经济、社会、文化、教育、卫生等事项的国际性行动从事研究并提出建议；促进对人权和基本自由的尊重；就其职权范围内的事务召集国际会议，起草提交大会的公约草案，与各专门机构商定确立相互关系的协定，协调其活动；依一定条件为会员国及专门机构提供服务；同与经社理事会处理的事务相关的非政府组织进行磋商。经社理事会的上述职权也包括环境方面的内容，联合国环境规划署通过它向联合国大会报告工作。

(4)联合国人类居住委员会和人类居住中心。这是与联合国环境规划署相类似的机构，主要任务是解决人类居住问题，对居住区的环境保护工作也做了一些工作。

(5)政府间海事协商组织。即国际海事组织，它是在 1948 年 2 月通过的《政府间海事协商组织公约》基础上成立的国际机构，1959 年 1 月正式成立，是联合国在解决海上安全和发展海运技术方面的咨询、顾问性质的组织，总部设在伦敦。该组织的宗旨是：在解决有关航海技术问题上为各国提供合作。它的主要活动是制定和修改有关海运安全、防止海洋受船舶污染、便利海上运输、提高航行效率以及与之有关的海事方面的公约，交流有关经验和情报。自设立以来，该组织倡议并召开了一系列保护海洋的国际会议，起草了许多防止海洋污染的国际公约和协定，在防止海洋污染方面发挥着重要作用。

(6)联合国教育、科学及文化组织。联合国教育、科学及文化组织简称教科文组织。1945 年 11 月 16 日成立于伦敦，总部设在巴黎。该组织从事环境、文化、教育、科学技术、新闻、道德、人的居住条件和社会文化环境、世界文化遗产保护等活动。人与生物圈科学规划是教科文组织最著名的环境保护活动。

(三)环境保护的国际民间组织

(1)国际绿色和平组织。国际绿色和平组织是由加拿大工程师麦克塔格特发起，于 1971 年成立的国际民间组织。总部设在伦敦，有 400 余万名会员分布于美国、加拿大等 100 个国家。该组织的活动由全日制、半日制工作人员和志愿人员开展，经费依靠捐助。该组织在反对核试验、反对捕鲸、反对在南极进行商业活动、支持全球取缔废弃物船运活动、要求用国际公约监视战争期间的环境问题等方面发挥着积极作用。

(2)世界野生动物基金会。世界野生动物基金会是一个国际性非政府组织，成立于 1961 年，总部设在瑞士，成员遍布世界各国。该基金会致力于保护大自然，保护地球上生物生存必不可少的自然环境和生态系统，防止珍稀物种灭绝。这个组织已拨出大批基金资助在 130 多个国家进行 2 000 多个保护自然的研究项目，受到国际社会的普遍欢迎和支持。

(3)国际自然保护同盟。国际自然保护同盟是由各国政府有关机构、非官方机构、科学工作者以及有关自然资源保护专家共同参加而组成的民间性组织。该同盟成立于 1948 年，全世界有 100 多个国家的有关机构及专家参加了该组织，总部设于瑞士。它有六个委员会，即生态学、保护区、濒危灭绝物种、环境规划、环境政策、法规及教育委员会。该同盟的目的是在世界范围内促进对生物资源的保护和持续利用。

二、国际环境法的客体及其法律地位

国际环境法的客体是指国际环境法主体的权利与义务所指向的对象。它包括环境的自然因素和环境的社会因素，前者如大气、土地、水、生物；后者如与各国利用、保护和改善环境有关的影响国外环境权益的行为。

(一)国际环境和资源

国际环境和资源指的是作为国际环境法客体的大气、土地、生物和世界文化遗产等环境组成部分或资源。以国家的管辖为依据，分为国家管辖范围之内的环境和资源、由两个或多个国家共享的环境资源、国家管辖范围之外的环境和资源三种类型。

国家管辖范围之内的环境和资源指的是完全处于国家的主权管辖之下的环境和资源，如领土、领海、领空和其他类型的国家管辖范围内的环境和资源。在这一类型的环境和资源中，有一种环境和资源的法律地位比较特殊，它就是被《保护世界文化和自然遗产公约》列为“世界遗产”的那一部分处于国家主权之下的环境和资源。

由两个或多个国家共享的环境和资源指的是处于两个或多个国家的管辖权之下的环境和资源。1975 年 2 月，联合国环境规划署执行主任在其题为“在有关两个或多个国家共享的环境领域里合作”的报告里，列举了 5 种由两个或多个国家共享的环境和资源。它们是：①国际水系统，包括地面水和地下水；②在有限数额的国家上方的空气分界区或空气团；③封闭的或半封闭的海和毗连的沿海水域；④往来于数个国家的领域水域的迁徙物种；⑤跨越于两个或多个国家之间的特别的生态系统。

在国家管辖范围之外的环境和资源指的是除前两种类型之外的所有的环境和资源，这类环境和资源依法律地位不同而有以下几类：①被看作“人类共同财产”的公海和在公海上方生存和迁徙的鸟类和其他野生动物；②被看作“人类共同遗产”的公海海床、洋底及底土和月球；③法律地位比较特殊的一些环境组成部分，如全球大气层(包括臭氧层)、南极地区和外层空间。

(二)影响国外环境权益的行为

国际环境法的客体还包括各国有关利用、保护和改善环境的行为。这种客体不仅包括以国家和政府名义作出的“公”的行为，如给人类环境带来重大影响的立法或行政行为，还包括处于国家控制之下的“私”的行为，如私有企业或个人污染环境的行为。在这个意义上，国际环境法不能直接调整属于国内法调整的影响环境的行为，但它可以通过国内法对其产生影响。由于人类社会生产力的不断发展，作为国际环境法客体的各国有关利用、保护和改善环境行为的范围将不断扩大。

第三节　国际环境法的基本原则

国际环境法的基本原则，是指为各国公认的，在国际环境法领域里具有普遍指导意义的，体现国际环境法的特点并构成国际环境法的基础的基本准则。作为国际法的分支，国际环境法适用一般国际法的基本原则，同时，在国际环境法发展的过程中，逐渐形成了一些基本原则。这些国际环境法的基本原则体现在国际环境公约的制定和实施，国际环境司法实践和国际环境组织的运行规则中。

构成国际环境法的基本原则需具备以下三个条件。

第一，该原则不是具体的国际环境法规范，而是对具体的国际环境法规范具有指导意义的基本准则。换言之，国际环境法的基本原则必须是构成国际环境法的基础的那些原则。这种原则可以在条约、国际习惯、司法判例、国际“软法”文件和国内法律实践中找到证据。

第二，该原则必须贯穿整个国际环境法领域，而不是某一方面。国际环境法中不论是关于防治污染的法律规范，还是关于保护生存环境和自然资源的法律规范，都遵循并体现国际环境法的基本原则。

第三，这些原则必须得到各国的普遍承认。国际环境法的各种具体法律规范，在一定意义上是国际环境法基本原则的具体化，整个国际环境法的体系建立在这些基本原则的基础上，各国若要建立国际环境保护的统一体系，就必然要求以统一的国际环境法基本原则为指导。

依照上述三个构成要件来衡量，国际环境法的基本原则包括国家环境主权及不损害国外环境责任原则、可持续发展原则、共同但有区别的责任原则、国际环境合作原则、损害预防及风险预防原则。

一、国家环境主权及不损害国外环境责任原则

国家主权原则是国际法的基本原则之一。国际环境法作为国际法的一个分支，自然也必须遵循国家主权的原则。此原则意味着在国际环境关系领域内，各国对其国内环境事务享有独立的最高权力，对国际环境事务享有平等的参与权。国家环境主权原则的内容在《联合国人类环境宣言》的“原则 21”中得到充分体现：“按照《联合国宪章》和国际法原则，各国有按自己的环境政策开发自己资源的主权；并且有责任保证在它们管辖或控制之内的活动，不致损害其他国家的或在国家管辖以外地区的环境。”

1992 年《联合国生物多样性公约》亦明确规定：“确认各国对其自然资源拥有

的主权权利，因而可否取得遗传资源的决定权属于国家政府，并依照国家法律行使。”

国家资源开发主权权利和不损害国外环境责任原则包含互相关联的两个方面，一方面是“各国拥有按照本国的环境与发展政策开发本国自然资源的主权权利”，即国家资源开发主权权利；另一方面是国家“负有确保在其管辖范围以外地区的环境的责任”，即国家不损害国外环境的责任。这项原则的前一方面承认国家关于环境的主权权利，后一方面规定国家关于环境的义务，这项原则是国家在环境方面的权利和义务的结合。

与国家不损害国外环境的责任紧密相连的是有关国家环境赔偿责任和赔偿机制的问题，即它如何通过法律程序得到执行的问题。当前的国际环境法在这个问题上还很不发达。因此，1992 年《里约宣言》要求“各国应迅速并且更坚决地进行合作，进一步制定关于在其管辖或控制范围内的活动对其管辖外的地区造成的环境损害的不利影响的责任和赔偿的国际法律”。

二、可持续发展原则

可持续发展指的是：“既满足当代人的需要，又不对后代人满足其需要的能力构成危害的发展。它包括两个重要的概念：‘需要’的概念，尤其是世界贫穷人民的基本需要，应将此放在特别优先的地位来考虑；‘限制’的概念，技术状况和社会组织对环境满足眼前和将来的需要的能力施加的限制。”可持续发展原则的内容非常丰富，涉及面广。英国著名国际环境法学者菲利普·桑兹提出，可持续发展包含代际公平、代内公平、可持续利用和环境与发展一体化四个要素。

（一）代际公平

国际环境法中的代际公平（Intergenerational Equity）理论由美国国际法学会副会长、乔治·华盛顿大学的爱迪·B. 维丝（Edith Brown Weiss）教授提出。她认为代际公平由三项基本原则组成：其一是“保存选择原则”，即每一代人既应为后代人保存自然的、文化的和资源的多样性（以避免不适当地限制后代人在解决他们的问题和满足他们的价值时可得到的各种选择），又享有拥有可与他们前代人相比较的多样性的权利；其二是“保存质量原则”，即每一代人既应保持行星的质量（指地球的生态环境）以便使它以不必从前代人手里接下来时更坏的状况传递给下一代人，又享有前代人所享有的那种行星的质量的权利；其三是“保存接触和使用原则”，即每一代人应对其成员提供平等地取得和利用前代人的遗产的权利，并为后代人保存这项取得和利用权。她认为这种代际权不是个人的权利，而是集体的权利或代权（Generational Rights）。由于地球处于为后代人的托管之下，当代人有责任保护地球环境以使它能被完好地传给后代人。为保障这种代际权的实现，她提出设立保护后代人权益的调查员、行星权利委员会、行星未来委员会、行星用户费和后代人托管基金。爱迪·B.维丝的代际公平理论引起了国际环境法学者们的广泛关注和评论。有些学者指出该理论的缺陷和不足，并提出弥补的办法和设想。但没有学者否认代际公平这个概念本身。爱迪·B.维丝的代际公平理论是对国际环境法发展的一个贡献。作为可持续发展原则的一部分，代际公平在很多环境条约和其他国际环境法文件中得到反映。其中主要的除前所述1946年的《国际捕鲸公约》等文件外，还有1973年的《濒危野生动植物物种国际贸易公约》、1976年的《南太平洋自然保护公约》、1977年的《禁止为军事或任何其他敌对目的使用改变环境的技术的公约》、1979年的《保护野生动物迁徙物种公约》、1985年的《东南亚国家联盟保护自然和自然资源协定》和1992年的《保护和利用跨界水道和国际湖泊公约》。

应该指出，对于代际公平原则的理解只有在同代内公平概念和共同但有区别的责任原则联系起来时才是全面的和正确的。

(二)代内公平

代内公平(Intra Generational Equity)指的是代内的所有人，不论其国籍、种族、性别、经济发展水平和文化等方面的差异，对于利用自然资源和享受清洁、良好的环境享有平等的权利。代内公平是可持续发展的必要条件。当今世界，发达国家与发展中国家之间在利用自然资源方面的实际权利是极不平等的。在历史上，发达国家的富足是建立在对发展中国家的自然资源的剥削和掠夺的基础上，发达国家的发展是对发展中国家权利的严重侵犯和损害的结果。目前代内公平并不存在，存在的是代内不公平，其集中体现在现行不公平的国际经济秩序上。几百年来，建立在不平等基础上的资本主义经济的发展，不仅造就了发达国家与发展中国家在经济上的巨大差别，而且把人类推到了环境危机的边缘。因此，要实现可持续发展，必须实现代内公平。在国际环境法的领域里，代内公平的思想已在一些重要的法律文件中得到体现。1972年《人类环境宣言》的原则宣布人类享有自由、平等和充足的生活条件的基本权利。它主张"在使用地以合理和平等的方式利用跨国界自然资源"的原则。1971年《设置赔偿油污损害国际基金的国际公约》关于基金执行委员会的规定、1972年《保护世界文化和自然遗产公约》关于世界遗产委员会的规定和1982年《联合国海洋法公约》关于国际海底局的规定都要求发展中国家和发达国家之间在利用自然资源方面的实际权利的平等。

(三)可持续利用

可持续利用指的是以持续的方式利用自然资源。对于可再生资源，可持续利用指的是在保持它的最佳再生能力前提下的利用；对于不可再生资源，可持续利用指的是保存和不以使其耗尽的方式的利用。在国际环境法律文件中，与“可持续利用”含义相近的词语有“合理利用”“明智利用”“适当利用”“慎重利用”等。作为可持续发展原则的一部分，可持续利用的要求在很多国际环境法律文件中得到了体现。1980 年《南极海洋生物资源保护公约》第二条规定：“防止任何捕捞使种群减少到无法保证稳定补充的水平。”1982 年《联合国海洋法公约》第一百一十九条规定：“采取措施……使捕捞的鱼种的数量维持在或恢复到能够生产最高持续产量的水平”和“考虑到与所捕捞鱼种有关联或依该鱼种而生存的鱼种所受的影响，以便使这种有关联或依赖该鱼种而生存的鱼种的数量维持在或恢复到其繁殖不会受到严重威胁的水平以上”。1992 年《生物多样性公约》第二条规定，“持久使用”是指“使用生物多样性组成部分的方式和速度不会导致生物多样性的长期衰落，从而保持其满足今世后代的需要和期望的潜力”。

综上可见，可持续利用的核心是利用的“度”。对自然资源的利用必须有“度”。这个“度”，就是自然资源的再生和永续的能力。无度或过度地利用自然资源，将毁坏它的再生和永续的能力，使它的状况发生不可逆转的恶化。有度地利用自然资源，可既使它发挥最大的效益，又不损害它的再生和永续能力。为了实现可持续利用，各国必须尽快改变现行的生产和消费方式，并推行适当的人口政策。这也是《里约宣言》所宣示的原则和《人类环境宣言》所宣示的原则中关于人口政策和消费方式的要求。首先，生产和消费方式必须改变；其次，各国必须推行适当的人口政策以降低人口增长速度，减轻地球的人口负担。在这方面，亚洲、非洲和拉丁美洲的发展中国家的任务更为艰巨。

（四）环境与发展一体化

环境与发展一体化是指将环境保护与经济、社会、文化的发展有机结合起来，形成一个整体，而不是各自为政。一方面，环境与发展一体化要求在制定经济、社会和文化发展规划和计划时，应考虑环境保护的需要。人类社会的生存与发展必然要以从生态环境中获取资源和能量为前提，从根本上讲，人类所需要的一切都来源于大自然。生态环境是人类生存和发展必不可少的物质基础。因此，人类社会在开发和利用生态环境以满足发展需要的同时必须要保证和维护生态环境的平衡，以可持续的方式利用各种资源。另一方面，环境与发展一体化也要求，保护生态环境，要充分考虑发展的需要。也就是说，环境与发展两个方面要相互结合、协调统一，不能以保护环境否定发展，也不能以实现发展牺牲环境。

三、共同但有区别的责任原则

共同但有区别的责任原则指的是由于地球生态系统的整体性和导致全球环境退化的各种不同因素，各国对保护全球环境负有共同的但是又有区别的责任。共同但有区别的责任原则，包括两个互相关联的内容，即共同的责任和有区别的责任。共同责任指的是各国对保护全球环境负有共同的责任；有区别的责任是就导致全球问题的原因而言，各国在环境保护义务的承担上应当是有所区别的，具体而言就是发达国家应当比发展中国家承担更大的或者主要的责任。解决全球的环境问题，保护和改善全球环境，是世界各国的共同责任。全球环境问题的产生和发展在世界的各个区域的表现是不平衡的，不同国家因其经济发展水平的不同也存在着巨大差异，《人类环境宣言》将环境问题区分为发达国家的发展过度的环境问题和发展中国家的发展不足的环境问题，并提出了解决两类不同性质的环境问题的不同对策和措施。1992 年，联合国环境与发展大会在这一基础上，进一步明确了发达国家与发展中国家在造成全球环境问题方面的差别责任，提出了共同但有区别原则。发达国家和发展中国家对环境问题应负的责任是有区别的，从历史上看，当代环境问题主要是发达国家在其工业化过程中，为了给自己创造大量的财富，向地球排放了大量的污染物，从而积累形成；从现实角度看，发达国家也仍然是主要的污染物的排放者。

共同但有区别责任原则是发展中国家在国际环境资源保护领域提出的一项新的原则。它的提出，充分反映了发展中国家在国际环境资源保护中日益重要的主导作用，解决全球环境问题必须注意维护发展中国家的利益，体现共同但有区别原则。

四、损害预防原则

损害预防原则是指各国应尽早地在环境损害发生之前采取措施，以制止、限制或控制在其管辖范围内或控制下的可能引起环境损害的活动或行为。损害预防原则是人们基于环境问题的特点而提出的一项重要的国际环境法原则，它渊源于很多国家国内环境法的原则和制度，如环境影响评价制度等。

损害预防原则在国际环境法上具有重要的意义，它是针对环境恶化后果发生的滞后性和不可逆转性的特点而提出的，人类环境与资源保护的实践表明，环境问题如果在形成以后再进行治理，在经济上要付出更大的代价，而且很多环境污染和破坏问题一旦发生，即使花费再大的代价，也往往难以清除和恢复，甚至具有不可逆转性。鉴于此，必须以预防的手段尽量避免环境问题的发生。损害预防原则与可持续发展原则实际上是相辅相成、密不可分的，预防环境损害是实现可持续发展目标的必要途径。

五、风险预防原则

风险预防原则是指各国为保护环境，应按照本国的能力，广泛适用预防措施。遇有严重或不可逆转损害的威胁时，不得以缺乏科学、充分、确凿的证据为理由，延迟采取符合成本效益的措施防止环境恶化。风险预防原则是与损害预防原则相关联的一项国际环境法原则，它是国际社会针对某些存在科学不确定性的环境问题而提出的一项战略性原则。不少环境科学研究的成果表明，一些环境问题的危害可能是潜在的，如气候变化、臭氧层破坏等。其后果和长期影响在现有科学技术条件下往往难以预测。针对不确定性对环境决策的困扰，20 世纪 80 年代中期欧洲普遍开始采用一个更为严格的环境保护原则，即风险预防原则。大多数科学家认为气候变化与人类活动的关系仍然存在科学上的不确定性，但随着环境与发展大会上签署的《气候变化框架公约》，以及后来达成的《京都议定书》和近年来相继签署的《生物安全公约》《持久性有机污染物公约》等，都包含了风险预防原则。可以预见，随着人们对环境问题认识的不断深化，风险预防原则也将得到更广泛的应用。

六、国际环境合作原则

国际环境合作原则，是指在解决环境问题方面，国际社会的所有成员应当采取合作而非对抗的方式协调一致的行动，以保护和改善地球环境。当今世界，国际环境问题的特点是全方位、全因子、整体问题与局部问题交叉和互相促进，既有当前症状又有滞后效应等。解决这些环境问题，需要各国通力合作才有可能完成。国际合作原则要求世界各国在信息共享、参与决策、环境评估等方面进行广泛的合作。多年来，国际环境合作在控制臭氧层耗损、防止气候变化、保护海洋资源、生物多样性保护等方面都取得了很大成功。由于目前发达国家和发展中国家存在着明显的经济差别，为了解决全球环境问题，发达国家和发展中国家必须通过平等对话，共同协商，建立公平的全球合作伙伴关系。

发达国家向发展中国家在环境保护方面提供的财政和技术援助不只是一种帮助，而且也是一种为实现国际环境合作应履行的义务。

第四节　国际环境法的实施

一、国际环境法的实施

国际环境法的实施是指国际环境法主体行使国际环境权利、履行国际环境义务的活动。所谓国际环境权利是指由国际环境法赋予或承认的有关利用、保护和改善环境的权利。国际环境义务是指依国际环境法承担的关于利用、保护和改善环境的义务。实施的目的是实现国际环境法的法律规范。因为国家是国际环境法的基本主体，国际组织有时也是国际环境法的主体，所以，实施国际环境法的主体主要是国家，有时也包括国际组织。其中，国家的实施是基本的、直接的、主要的和决定性的相对来说，国际组织的实施是非基本的、间接的、次要的和非决定性的，它的实施最终也要通过国家的实施来实现。

国际环境法的实施与国家责任直接联系在一起，如果国家不履行甚至违反其依国际环境法所承担的义务，那么就得为之承担相应的国家责任。另一方面，国际环境法如果得不到实施，各国没有切实履行其环境义务，各国在利用、保护和改善环境方面的协调意志不能实现，那么，国际环境法就不能起到调整国际环境法律关系的作用，不过是一纸空文。

国际环境法实施的实质和关键，是如何将它的习惯法和条约转化为国内法，并在国内得到实施的问题。一方面，国际环境法的实施由各国根据其主权，通过其国内法来决定，他国无权干涉一国对实施国际环境法方式的选择。另一方面，国家不得以国内法改变国际环境法和破坏各国通过国际环境法所确立的国际环境法律秩序。一般来说，国际环境法的习惯法规则只要不与现行国内法相抵触，各国就直接予以适用。国际环境法中的条约，则一般要由国家通过一定的立法加以认可或转化之后才能在国内适用。

二、国际环境法的实施途径

实施国际环境法的途径包括国内实施和国际执行。

(一)国内实施

国内实施环境条约一般都要求缔约国在其国内采取措施履行条约。环境条约在国内的实施包括两个方面：一是制定有关履行条约的法律法规和其他法律文件；二是执行有关履行条约的法律法规和其他有关的法律文件。前者是履行条约的第一步，如为了实施 1989 年《控制危险废物越境转移及其处置巴塞尔公约》，我国先后制定了《中华人民共和国固体废物污染环境防治法》《废物进口环境保护管理暂行规定》等。这种法律法规和其他法律文件除了确认在国内履行国家依环境条约所承担的义务外，还要根据条约的规定，确定管理条约履行事务的国内政府机关及其职责，国内的履约方，履行的方式、时限，以及不履行所致的法律后果等。国内实施可因两种情况引起，其一是某个国家的环境权益受到他国不当行为的侵害；其二是国际不当行为对国家管辖范围以外的环境造成损害。在第一种情况下，国际法承认受害国依照国际法对加害国提起要求停止侵害和给予赔偿的权利；第二种情况引起一个比较复杂的国际法问题，即认为有权利或资格以全人类的名义对损害国家管辖范围以外的环境的致害方提出权利要求。关于这个问题，国际环境法和国家的实践要求按条约的争端解决条款处理，在不存在条约规定的情况下，一国是否有权以保护人类的名义对损害国家管辖范围以外的环境的国家提出权利要求呢？在 1982 年的加拿大金枪鱼案、1988 年美国加鲱鱼案和

1991年的墨西哥金枪鱼案中，关贸总协定争端解决小组都裁定，美国不能以保护属于人类共同财产的资源为由，依据本国法律单方面地对他国采取贸易限制措施。目前，国际法尚未发展到承认一国享有代表国际社会对损害国家管辖范围以外的环境的国家提起类似于国内法中的集体诉讼的权利的制度。从保护全球环境的角度看，这项权利最终需要得到国际社会的承认。有关履行条约的法律法规和其他有关法律文件的执行主要通过三种途径——行政执法、司法和守法来实现。行政执法是国家行政机关及其工作人员在行使职权过程中，贯彻执行有关履行条约的法律法规和其他有关法律文件的活动，如审批、许可、检查、裁决等。司法是司法机关依照法定职权和程序，运用国内有关履行环境条约的法律规定，处理环境案件的专门活动。守法是国内各组织和公民自觉按照有关履行条约的法律规定的要求规范自己的行为。环境行政执法和司法活动的目的，最终都是为了促进守法。

(二)国际执行

国际执行是指国际环境法的主体通过具有管辖权的国际司法机构或国际组织的裁判程序迫使违反国际环境义务的国家或缔约方履行其国际环境义务或从该国或该缔约方取得赔偿的活动。由国际组织的性质所决定，国际组织在国际环境法的执行方面的权力很有限。国际组织的执行权来自其成员国的授权。由于环境问题往往事关一个国家的战略利益，因此，各国在授予其参加有关国际组织的执行权时往往非常谨慎。有资格提起国际执行程序的是国际环境法的主体，即国家和国际组织，主要是国家。国家的执行是指由国家通过具有管辖权的国际司法机构或国际组织的裁判程序迫使违反国际环境义务的国家或缔约方履行其国际环境义务或从该国或缔约方取得赔偿的活动。国家的执行是纠正国际环境法律关系中的国际不当行为和救济受害方的重要手段。国家的执行可因两种情况引起：其一是某个国家的环境权益受到他国不当行为的侵害。在这种情况下，国际法承认受害国依照国际法对加害国提出要求停止侵害和给予赔偿的权利。其典型案例是1938年和1941年的特雷尔冶炼厂仲裁案。在该案中，美国以其华盛顿州的财产受到损害为由，要求加拿大予以赔偿。其二是国际不当行为对国家管辖范围以外的环境造成损害。

三、国际环境管制手段

国际环境管制手段是指国际社会采用的、由国际环境法规定的、调整国际环境法律关系的各种具体措施。

国际环境管制手段可以大致分为直接管制手段和间接管制手段两大类。在实际生活中，这两类管制手段的应用往往是结合在一起的或同时平行应用的。

(一)直接管制手段

在国际环境法中，直接管制表现为环境条约所规定的对条约成员国全体施行的统一的环境保护规划和标准。直接管制措施往往是命令性的，它规定法律主体必须为一定行为或不为一定行为。直接管制是目前国际环境法的主要实施手段，国际环境法中的直接管制手段主要有环境标准、环境影响评价、关于报告和情报交流的规定和综合污染控制。

国际环境法中的环境标准是指环境条约规定的人类活动对环境的影响和干扰不得突破的限度。它包括环境质量标准、产品和环境标准、排放标准和工序标准。此外，它还包括国际标准组织制定的自愿性的ISO14000系列环境管理标准。

环境影响评价制度要求对立法、计划和建设项目的环境影响事先作出评价，以便决策者对有关行动作出正确的决策，预防对环境的严重不利影响的出现。环境影响评价制度为美国1969年《国家环境政策法》所首创。目前，有不少环境条约将该制度作为一项重要的措施加以规定。第一个以环境影响评价制度为专门内容的国际环境法文件是1985年欧共体理事会《关于环境评价的指令》。

掌握充分、准确、及时的环境信息是有效地实施国际环境法的基本条件。不同的环境条约有不同形式的关于环境信息收集和交流的规定。环境条约规定的环境信息的收集方式主要有监测、监视、视察、观察、检查、报告等。环境信息的收集和报告是很多环境条约规定的一项权利和义务，如1959年《南极条约》第七条、1972年《伦敦倾废公约》第六条第一款等都有相应规定。环境条约的实施是与环境信息的交流、应用分不开的。被要求进行交流的环境信息，有关于国家政策和法律的、有关于组织机构和科学知识的、有关于整体环境状况或特定环境要素的，也有关于环境紧急事故的等。环境信息的收集和交流，涉及国家重大利益，因此，各国在环境信息交流方面，既是自由开放的，又是有限度的。围绕这个问题，发展中国家与发达国家之间进行着尖锐的斗争。

综合污染控制是一种新的环境保护方法，它的特点是对各种形式的污染和各环境要素实行整体的、系统的控制。传统的管制是分散的、个别控制的方法，其弊端是忽略了各种形式的污染之间的联系、转化以及各环境要素之间的联系、运动。综合污染控制方法克服了传统管制方法的这一缺陷。目前，综合污染控制方法在少数发达国家如美国和一些西欧国内法中有所应用。在国际环境法中，综合污染控制尚未得到条约的广泛承认。

(二)间接管制手段

间接管制手段即经济手段，它指的是从影响成本效益入手，引导经济当事人进行选择，以便最终有利于环境的一种手段。经济手段的目的是利用市场调节机制，保证环境资源的合理价格，促进环境资源的有效利用和合理配置。经济手段导致在污染者和其他社会群体之间出现财政支付转移，如各种税收、收费、财政补贴、产品税，或者产生一个新的实际市场如许可证交易市场。经济手段应用于环境管理的优势是可以激发污染者以较低的成本获得较高的环境保护效果。经济手段可作为直接管制手段的有力补充。当前，经济手段在一些国家，主要是在欧美发达国家中有所应用。国际环境法中关于经济手段的规定比较罕见。第一次规定经济手段的全球性多边环境公约是 1987 年《关于消耗臭氧层物质的蒙特利尔议定书》。此外，它还包括国际标准组织制定的自愿性的 ISO14000 系列环境管理标准。

四、国际环境损害责任和国际环境争端的解决

(一) 国际环境损害责任

国际环境损害责任是指国际法主体因违背国际环境义务而承担的赔偿责任。国际环境损害责任的主体主要是国家，但这并不排除国家以外的其他国际法主体的环境损害责任问题。

国际环境损害责任有若干基本原则，最主要的有两个，即严格责任原则和绝对责任原则。这两个原则在理论上都归类于无过失责任原则。就损害责任而言，绝对责任与严格责任的区别仅在程度上。绝对责任并非绝对，仍有可适用的免责条件。相对于绝对责任，严格责任的免责条件更多一些。严格责任原则是指行为者无论主观上有无过错，只要有环境损害发生，都要承担法律责任，即不依行为者有过错作为构成要件，或者说有了“损害结果”就要负责任。绝对责任原则是无过失原则的另一种表现形式，实际上是严格责任原则的一种特殊形式，只要存在环境损害，其行为者必须无条件地承担赔偿责任，举证责任也都由行为者承担。该原则主要适用于特殊环境领域，如外空开发、核能利用等高度危险领域的污染事故。规定了绝对责任原则或严格责任原则的国际公约有 1960 年经济合作与发展组织《核能领域第三方责任公约》及其 1963 年补充协议、1963 年《核能损害民事责任维也纳公约》、1962 年《关于核动力船舶操作者责任的布鲁塞尔公约》和 1971 年《海运核材料民事责任公约》等。

国际环境损害责任可以从不同的角度进行分类。根据环境损害责任的承担者的不同，可分为国家环境损害责任、法人环境损害责任和自然人环境损害责任；依据国际环境损害责任的性质不同，可分为国际环境损害民事责任、国际环境损害行政责任和国际环境损害刑事责任。下面主要阐述国家环境损害责任和国际环境损害民事责任。

1. 国家环境损害责任

国家环境损害责任是指国家违背国际环境义务，造成环境损害，应当承担的国际环境法上的赔偿责任，它是国际环境损害责任的最基本的形式。这里所谓的损害责任是指一种环境赔偿责任，而不是泛指法律义务的那些责任。

与环境损害有关的国家责任必须符合国际法关于国家责任的一般原则。根据有关的国际条约、判例和国际组织的决议等国际法文件的规定，各国已经承认“确保在其管辖范围内或在其控制下的活动不致损害其他国家或在各国管辖以外地区的环境”是应尽的国际义务，即国际环境义务。国家违背国际环境义务则属于国际不当行为，应负国家责任。然而，尽管国家不损害他国或国家管辖范围以外的环境已成为一项公认的国际义务，但违背这一义务的法律后果却因受损害的环境是他国管辖范围之内的环境或国家管辖范围以外的环境而有所不同。如国际不当行为损害的是他国管辖范围之内的环境，则致害方要为之承担国家赔偿责任。但对于损害各国管辖范围之外的环境的国际不当行为，现行国际法尚未对其规定明确的法律后果。在国际环境领域，跨界环境损害责任分为国家直接赔偿责任和国家为个人行为承担赔偿责任两种情况。

国家直接赔偿责任是因为国家本身和其他国家实体从事的活动造成的域外环境损害，直接由国家承担赔偿责任。例如，《外空条约》规定，一切从事外空活动的实际主体，不论其在国内法上处于何种地位，其活动一概被视为国家本身所从事的外空活动。《联合国海洋法公约》也把国家作为责任主体，另外一国的核动力船在别国港口所造成的污染损害，应由国家承担责任。国家为个人行为承担赔偿责任的一个前提条件就是该行为必须处在其控制之下。控制国对个人行为造成的跨界环境污染损害承担赔偿责任，是目前国家环境法的一个重要发展趋势。国家之所以对个人行为承担环境赔偿责任，是因为国家对私人行为所从事的某些活动，尤其是一些具有高度危险性并可能造成灾害性后果的活动具有控制权。为了预防跨界污染，控制国一般对这样的活动需要颁发许可证，而且控制国被推定从这些高度危险的活动中获利。再者，个人的财力往往无法承受跨界的环境损害赔偿责任，从保护受害人的角度考虑，也只有国家才能保证受害者利益得到充分的保障。国家为个人承担赔偿责任通常分为以下两种情况。

(1)国家为个人承担全部赔偿责任。实际上，在国际环境领域，把私人行为引起的跨界环境损害责任归属国家是相当困难的，在大多数情况下，即使国家进行了赔偿，也否认其承担任何法律上的责任。

(2)国家承担剩余赔偿责任。这一责任是指由实际经营人承担一部分责任，剩余的赔偿责任由国家来承担。在这种情况下，有时是国家过错时承担其应负的赔偿责任那一部分，有时是国家赔偿私人财力不足而未能赔偿的部分。

2. 国际环境损害民事责任

民事责任在国际环境领域的法律责任形式中是最常见的、最重要的一种责任形式。跨界环境污染属于侵权行为的一种，其环境损害承担责任的性质也就是民事责任。从理论上讲，民事责任通常所说的责任形式是赔偿损失、停止污染损害、排除污染妨碍、恢复原状、赔礼道歉等。实践中，国际环境领域民事责任最经常、最主要采用的方式是赔偿损失。

国际环境损害民事赔偿责任，主要是指恢复原状，即负担恢复环境损害发生之前存在的环境状态所需要的一切费用。完全恢复原状往往做不到，实际做法只能是按实际损害给予赔偿款或者其他方式的补偿。在国际环境法中对国家的环境赔偿责任作出规定的条约和有关国家环境赔偿责任的案例较为少见。在环境条约方面，主要有 1972 年的《空间实体造成损失的国际责任公约》和 1982 年的《联合国海洋法公约》。在案例方面，主要有 1938 年和 1941 年的特雷尔冶炼厂仲裁案、1979 年的宇宙“954 号”坠落案、1995 年美国赔偿日本案和 1991 年联合国安理会关于伊拉克侵略科威特的第 687 号决议。

(二) 国际环境争端的解决

在国际环境法的实践中，解决国际环境争端的方式主要有谈判、协商、调停、调解、仲裁和司法解决。人们通常将前四种方式称为外交解决方式，将后两种方式称为法律解决方式。

1. 外交解决方式

谈判和协商是指两个或两个以上国际法主体为了解决彼此间的争议而进行交涉的一种方式。环境条约一般都将谈判和协商作为缔约国之间解决争端的主要方式。例如，1985 年《保护臭氧层维也纳公约》第十一条要求缔约国以谈判方式解决关于公约的解释或适用的争端。以谈判方式解决环境争端的一个比较著名的例子是 1981 年加拿大与苏联的宇宙“945 号”核动力卫星解体所致环境损害之争。协商也是环境条约所普遍规定的争端解决方式。例如，1973 年《防止船舶污染海洋公约》规定缔约国之间的争议应以协商解决。如果协商不成，则应通过仲裁解决。

调停是指第三国为了和平解决争端而直接参与当事国之间的谈判，并提出参考性的条件或解决方案供争议双方参考，促使双方互相妥协，达成一致意见。调停往往是在争议双方不能以谈判和协商解决争议的情况下所采用的方法。例如，1985 年《保护臭氧层维也纳公约》第十一条第二款规定：“如果缔约国无法以谈判方式达成协议，它们可以联合寻求第三方进行斡旋或邀请第三方出面调停。”

调解又称为和解，指的是争端当事国将争端提交一个调解委员会，由调解委员会查明事实并提出报告和关于解决争端的建议，供争端当事国参考采纳。1992

年《联合国生物多样性公约》“附件二”中的第二部分对调解程序作了详细的规定。1992 年《联合国气候变化框架公约》也规定了调解程序。

2. 法律解决方式

仲裁是环境条约规定的一种争端解决方式。它指的是争端当事国根据协议，约定把争端交给它们所选择的仲裁员处理并接受和遵守仲裁员作出的关于争端解决方式的裁决。仲裁裁决对争端当事国具有约束力并且是终局性的。《1969 年国际干预公海油污染事件公约》在其“附件”中不仅对调解，而且对仲裁规定了详细的程序。在国际环境法的历史上不乏以仲裁方式解决争端的案例，比较著名的案例有 1938 年和 1941 年的特雷尔冶炼厂仲裁案和 1957 年的拉努源仲裁案。

司法解决是指通过国际法院或法庭适用法律规定，以判决来解决国际争端。在国际环境保护领域里，可受理国际环境诉讼的国际机构主要有以下三种。

(1) 联合国国际法院。联合国国际法院设立于 1945 年，它是联合国的主要司法机关。1993 年 7 月法院内设立了一个由 7 人组成的环境事务庭。国际法院的诉讼当事国仅限于国家。它的诉讼管辖范围分为自愿管辖、协定管辖、选择强制管辖三种，这三种管辖都包括对国际环境争端的管辖。如《联合国气候变化框架公约》第十四条争端解决就规定“将争端提交国际法院”作为两种争端解决方式之一。此外，根据《联合国宪章》第九十六条和《国际法院规约》第六十五条，国际法院还具有咨询管辖权。

(2) 国际海洋法庭。国际海洋法庭的管辖权仅限于依照《联合国海洋法公约》提交的争端和其他国际协定授权管辖的事项。海洋法庭所适用的法律是《联合国海洋法公约》和其他与公约不相抵触的国际法原则。公约的第Ⅻ部分就是关于海洋环境的保全和保护。国际海洋法庭的判决对同意提交争端当事国具有约束力。

(3) 区域法院。随着区域一体化进程的加快，许多国家和国际组织选择其所在的区域法院作为解决国际环境争端的机关。如欧洲法院是欧盟的司法机关，它的管辖权仅限于欧盟成员国，可受理欧盟成员国提起的环境诉讼。欧盟的各机构、成员国和在一定条件下的个人有权向欧洲法院提起司法程序。自 1980 年以来，欧盟委员会(原欧共体委员会)已向欧洲法院提起 50 多项指控成员国违反欧盟(欧共体)环境法的案件。非洲人权和民族权法院根据《非洲人权和民族权宪章》也可以受理与环境权有关的案件。

第五节　我国缔结和加入的国际环境保护公约

我国政府一贯重视环境保护，深知环境问题所具有的全球性以及中国作为发展中的大国在保护全球环境方面所应承担的责任和可发挥的作用。因而，中国在将保护环境规定为基本国策，努力实现经济、社会、环境效益相统一的可持续发展的同时，也十分重视参与环境保护领域的国际合作，为促进全球环境事业作出了积极的贡献。目前，各种国际环境保护法律文件已超过100件，我国积极参加国际环境保护及其立法活动，已缔结和加入了50余个有关国际环境保护条约，这些国际环境保护条约、文件主要包括以下方面。

一、《濒危野生动植物物种国际贸易公约》

《濒危野生动植物物种国际贸易公约》(简称《濒危物种贸易公约》)，于1973年3月在华盛顿通过，1975年7月生效。该公约于1981年4月8日对我国生效。目前已有110多个国家签署了该公约。该公约的目的是建立一种国际制度来控制某些濒危野生动植物物种的国际贸易，以保护这些物种不致因遭到过度开发利用而急剧减少甚至灭绝。公约的宗旨在于设立一种进出口许可证制度，通过控制国际贸易，防止过度开发，以保护某些濒危物种。公约除了规定了所采取的主要措施(即实行濒危物种进出口贸易许可证制度外)，还规定了濒危物种贸易的基本原则，也就是除遵守公约各项规定之外，各成员国均不允许就附录一、附录二、附录三所列物种标本进行贸易。附录一列举的是“所有受到和可能受到贸易的影响而有灭绝危险的物种”，如某些灵长类、猛禽类动物；附录二列举的是“所有那些目前虽未濒临灭绝，但如对其贸易不严加管理，以防止不利其生存的利用，就可能变成有灭绝危险的物种”，如灰熊、黑猩猩等；附录三列举的是“任一成员国认为属其管辖范围内，应进行管理以防止或限制开发利用，而需要其他成员国合作控制贸易的物种”。

目前我国为切实履行公约，在国家林业局内设立了“濒危物种进出口管理办公室”，作为公约中要求的缔约国的“管理机构”，而中国科学院则是“科学机构”。此外，中国还以红皮书的形式公布了受严格保护的动植物品种，在全国建立了近800个自然保护区，使濒危物种得到有效保护。

二、《联合国海洋法公约》

《联合国海洋法公约》是1982年12月在牙买加的蒙特哥湾通过的，我国于1982年12月10日签署，并于1996年6月7日批准加入该公约。《联合国海洋法公约》是海洋法律制度的综合性国际公约，对海洋环境的保护与管理有着深远的意义。公约的第十二部分以“海洋环境的保护和保全”为题，对国际海洋环境的保护作了重要的原则性规定。第五十四部分则对养护海洋生物资源的许多问题作了规定，整个《联合国海洋法公约》中海洋环境保护占有很大比重，可以说是对过去海洋环境资源保护的国际条约的总结。《联合国海洋法公约》规定各国有保护和保全海洋环境的义务，并制定了履行这些义务方式的规则，规定了对各海洋污染源的控制；建立了国际海洋污染管理体制；还对专属经济区与海洋资源有关的方面作了规定，赋予了沿海国养护海洋生物资源的权利和义务，并为养护海洋生物资源建立了切实的体制。《联合国海洋法公约》要求各国尽其所能，采用各自的方法，单独或集体采用防止各种海洋污染源所需的一切步骤来控制海洋污染，保护海洋环境。它不仅对公海制度及公海自由原则进行了新的发展，而且标志着国际海洋环境资源法的正式形成。

三、《南极条约》

《南极条约》是 1959 年 12 月 1 日在华盛顿签订的。它的适用范围为南纬 60 度以南的地区，包括该地区所有冰架。

它的主要规定如下。

(1)宣布南极只用于和平目的，禁止在南极从事一切具有军事性质的活动，如建立军事基地、进行军事演习和任何类型武器的试验。

(2)促进在南极科学调查方面的国际合作。

(3)“冻结”任何国家对南极地区的领土主权权利或领土要求，既不承认已有的对南极地区的领土主权权利或领土的要求，又禁止对该地区提出新的主权权利或领土要求。

(4)禁止在南极进行任何核爆炸和在该区域处置放射性尘埃。

(5)设立协商国观察员制度以监督条约的执行。

(6)建立缔约国协商会议以审议公约的执行和通过对公约的修正等事项，其中包括关于南极生物资源的保护与保存措施。

1985 年 10 月 7 日，中国在布鲁塞尔举行的第十三次《南极条约》协商国会议上，正式加入《南极条约》。截至 2014 年年底，中国南极科考站共有四个，分别是中国南极长城站、中国南极中山站、中国南极昆仑站和新建的中国南极泰山站。

四、《世界文化和自然遗产保护公约》

《世界文化和自然遗产保护公约》(简称《世界遗产公约》)是联合国教科文组织于 1972 年 7 月通过的。其宗旨在于，为保护具有突出的普遍价值的文化遗产和自然遗产建立的一个依据现代科学方法组织的永久性的有效制度。这个制度的性质，是通过提供集体援助来参与保护具有突出的普遍价值的文化遗产和自然遗产。它虽不能代替有关国家采取的行动，却可成为有关国家行动的补充。《世界遗产公约》承认国家领土内的文化遗产和自然遗产的确定、保护、保存、展出和传与后代，主要是有关国家的责任。同时，公约规定缔约国在充分尊重文化遗产和自然遗产的所在国的主权，并在不使国家立法规定的财产权受到损害的同时，承认这类遗产是世界遗产的一部分，整个国际社会有责任进行保护。公约还规定缔约国不得故意采取任何可能直接或间接损害其他缔约国领土内的文化遗产和自然遗产的措施。因此，公约所建立的保护世界文化遗产和自然遗产的制度是一个旨在支持公约缔约国保存和确定这类遗产的努力的国际合作和援助系统。

《世界遗产公约》是目前加入缔约国最多的国际公约之一，我国于 1985 年 11 月 22 日加入该公约。截至 2014 年，经联合国教科文组织审核被批准列入《世界遗产名录》的中国世界遗产共有 47 项(包括自然遗产 10 项、文化遗产 33 项、自然与文化遗产 4 项)，含跨国项目 1 项(丝绸之路：长安—天山廊道的路网)。在数量上居世界第二位，仅次于意大利(50 项)。

五、《保护臭氧层维也纳公约》

《保护臭氧层维也纳公约》，1985 年 3 月 22 日在维也纳通过，1988 年 9 月 22 日开始生效。我国于 1989 年 9 月 11 日加入该公约。该公约由序言、正文(21 条)和附件(2 个)构成。该公约是联合国环境规划署首次制定的具有约束力的全球性的大气保护公约。该公约以臭氧层的变化会给人类健康和环境带来有害影响的危险，需要以对国际合作保护臭氧层的认识为前提，对“臭氧层”“恶劣影响”“替代技术”“替代装置”和“替代物质”等术语专门下了定义，规定了研究和有组织的观测活动，要求各缔约国在法律、科学和技术领域里广泛合作，并设立了专门的管理机构，规定了纠纷解决的程序。但该公约只是一个框架式的原则性公约，并未对破坏臭氧层物质采取任何控制措施。该公约的主要内容包括对臭氧层破坏的基本认识和概念以及规定缔约国的一般义务。

六、《国际油污损害民事责任公约》

《国际油污损害民事责任公约》是于 1969 年由国际海事组织主持缔结的解决关于海洋石油污染所致的民事责任的公约。我国于 1999 年 1 月 5 日向国际海事组织递交了《1992 年责任公约》加入书，成为该议定书的缔约国。根据议定书第十三条第四款的规定，该议定书于 2000 年 1 月 5 日对我国生效。该公约的宗旨是为确保受到船舶漏出或排出油污损害的人员获得充分赔偿，对判定这类案件责任问题和充分赔偿的国际法规和程序加以标准化。其主要规定包括以下方面。

(1)关于严格赔偿责任的规定。公约规定船舶所有人对船舶溢出或排放油类所造成的污染负赔偿责任。

(2)关于赔偿责任主体的规定。公约规定船舶所有人为赔偿主体。

(3)关于赔偿限额和追诉时效的规定。公约规定赔偿限额为按船舶吨位每吨 2 000 法郎。

(4)关于船舶保险的规定。公约规定在缔约国登记并载运 2 000 吨以上散装货油的船舶所有人必须具有保险或其他财务保证。

(5)关于赔偿诉讼管辖权的规定。公约规定拥有赔偿诉讼管辖权的法院为油污损害预防措施发生地国家的法院。

七、《国际干预公海油污事故公约(1969)》

《国际干预公海油污染事故公约(1969)》于1969年11月在布鲁塞尔通过，1975年5月生效。我国于1990年5月24日正式加入该公约。该公约是规定沿岸国为防污目的在领海外对他国船只采取干预行动的第一个公约，是对传统海洋法公海自由原则的修改，创立了新的国际海洋环境法原则。该公约的目的在于规范各国就引起海岸线油污危险的公海海难事件，在不影响公海自由原则的前提下采取的行动。该公约规定，沿海国有权对在公海上发生的可能危害其所辖海域的油污染事件采取必要的措施。

八、《控制危险废物越境转移及其处置巴塞尔公约》

《控制危险废物越境转移及其处置巴塞尔公约》于1989年通过，1990年3月22日，中国代表签署该公约。1991年9月4日，全国人大常委会决定批准该公约；同日，国家主席批准该公约。1992年8月20日，该公约对中国生效。该公约的宗旨是采取严格的措施来保护人类健康和环境，使其免受危险废物和其他废物的产生与管理可能造成的不利影响。该公约包括序言、正文(29条)和附件(6个)。序言部分重申了危险废物转移对人类和环境可能造成的危害，以及各国在控制危险废物转移方面的国际责任，并且确认任何国家均享有禁止来自外国的危险废物和其他废物进入其领域并在其领土内处置的主权权利。公约的宗旨是"采取严格的控制措施来保护人类健康和环境，使其免受废物和其他废物的产生与管理可能造成的不利影响"。其内容包括缔约国的一般义务、缔约国之间废物越境转移、废物再进口的责任、废物非法运输、国际合作、责任问题的协商、递送资料、机构安排、核查和争端解决办法等方面的规定。

九、《联合国气候变化框架公约》

1.《联合国气候变化框架公约》

《联合国气候变化框架公约》于1992年5月10日在美国纽约通过，并于1992年6月在巴西里约热内卢召开的联合国环境与发展大会上供各国讨论和签署。我国签署了该条约。该公约是联合国环境与发展大会的第一个具体成果，也是人类在环境与发展问题认识上的新飞跃，它建立了人类在发展与环境方面所必须共同遵循的原则。它是人类在面临全球环境问题的新挑战——气候变化、臭氧层损耗、有害废弃物转移等问题时，以保护大气环境为目标的专门规定。该公约共二十六条，其主要内容是控制人为温室气体的排放，主要是指燃料矿物燃烧产生的二氧化碳。这是一个框架性文件，并未对控制温室气体的具体措施作出规定。

2.《联合国气候变化框架公约京都议定书》

为实施《联合国气候变化框架公约》，经过艰难的讨价还价，1997 年在日本京都举行的《联合国气候变化框架公约》第三次缔约国大会上，通过了《联合国气候变化框架公约京都议定书》(以下简称《京都议定书》)。《京都议定书》规定了发达国家的温室气体定量减排的目标，规定发达国家应个别或者共同确保其温室气体排放总量(以二氧化碳当量计)，在 2008~2012 年的承诺期内比 1990 年水平至少减少 5.2%。在此基础上，《京都议定书》为每一个发达国家确定了“有差别的减排”指标。这是首次以国际法的形式对特定国家的特定污染物排放量作出定量限制。为帮助发达国家减轻其承担减排与控排义务负担，使各国可以采用成本效益最佳的方式削减二氧化碳，《京都议定书》设立了三种“灵活机制”，即发达国家与东欧经济转型国家之间的“联合履行机制”、发达国家之间的“排放贸易机制”和发达国家与发展中国家之间的“清洁生产机制”。

2012 年在多哈举行的联合国气候大会通过了《京都议定书》修正案，《京都议定书》(第二承诺期)将对 2013~2020 年应对气候变化活动进行规制。2015 年在巴黎举行的联合国气候大会将决定 2020 年世界各国如何以法律的形式应对气候变化。

十、《联合国生物多样性公约》

《联合国生物多样性公约》于 1992 年 5 月在内罗毕通过，1993 年 12 月生效，同日对我国生效。该公约是联合国环境与发展大会的一个重要成果。该公约被认为是既有利于工业化国家，也有利于南北对话的新型环境保护制度，并对动植物资源的保护和可持续利用作出了详尽的规定。公约的宗旨在于保护并合理利用地球上的生物资源。公约的主要内容有：①确定了生物资源、生物多样性的保护和持续利用的重点领域。②界定了一些有关的基本概念和术语。③确认和重申有关的国际环境法原则。④规定了有关保护和持续利用的基本措施。⑤规定了关于遗传资源的取得、技术的取得和转让、生物技术利益的分配。

该公约的签署，建立了一种新的国际环境资源保护协作制度，即在该公约下，北方国家也将获得南方国家的生物资源，同时，南方国家也将获得北方新的技术资源。这一制度，改变了过去在环境资源保护的合作领域单向义务性观念，要求双方都有所给予和索取，都在享有权利的同时承担义务。但这样一种新的制度的建立和实施，尚需国际社会成员的共同努力和积极支持。

十一、《关于持久性有机污染物的斯德哥尔摩公约》

《关于持久性有机污染物的斯德哥尔摩公约》于2001年5月23日在瑞典的首都斯德哥尔摩通过，包括序言、正文(30条)和附件(6个)。中国在内的90个国家的代表签署了该公约，该公约于2004年5月17日生效。设立该公约的目的是减少或者消除持久性有机污染物质排放和释放，防止持久性有机污染物在其生命周期的所有阶段产生不利影响，开发和利用对环境无害化的替代工艺和化学品，使人类健康和环境免受持久性有机污染物的危害。公约规定了旨在减少或者消除源自有意生产和使用的排放、源自无意生产的排放和源自库存和废物排放的措施；规定了公约的实施计划、信息交流、公众宣传、认识和教育、研究、开发和监测、技术援助、资金资源和机制等。

参考文献

[1] 韩德培. 环境保护法教程[M]. 6 版. 北京:法律出版社,2012.
[2] 汪劲. 环境法学[M]. 2 版. 北京:北京大学出版社,2011.
[3] 蔡守秋. 环境资源法教程[M]. 3 版. 北京:高等教育出版社,2017.
[4] 吕忠梅. 环境法学[M]. 2 版. 北京:法律出版社,2008.
[5] 金瑞林. 环境与资源保护法学[M]. 2 版. 北京:高等教育出版社,2006.
[6] 赵秉志,王秀梅,杜澎. 环境犯罪比较研究[M]. 北京:法律出版社,2004.
[7] 袁清林. 中国环境保护史话[M]. 北京:中国环境科学出版社,1990.
[8] 曲格平. 中国环境问题及对策[M]. 北京:中国环境科学出版社,1984.
[9] 王利明. 民法[M]. 北京:中国人民大学出版社,2005.
[10] 罗丽. 中日环境侵权民事责任比较研究[M]. 长春:吉林大学出版社,2004.
[11] 蔡守秋. 从我国环保部门处理环境民事纠纷的性质谈高效环境纠纷处理机制的建立[J]. 政法论坛,2003,21(5):3-12.
[12] 魏振瀛. 民法[M]. 北京:北京大学出版社,2000.
[13] 周珂. 环境法[M]. 5 版. 北京:中国人民大学出版社,2016.
[14] 王曦. 国际环境法学[M]. 2 版. 北京:法律出版社,2005.
[15] 王文革. 环境资源法[M]. 3 版. 北京:中国政法大学出版社,2020.
[16] 周珂. 生态环境法论[M]. 北京:法律出版社,2001.
[17] 江伟钰,陈方林. 资源环境法研究及应用[M]. 北京:中国政法大学出版社,2000.
[18] 杜澎. 破坏环境资源犯罪研究[M]. 北京:中国方正出版社,2000.
[19] 张帆. 环境与自然资源经济学[M]. 上海:上海人民出版社,1998.
[20] 卓泽渊. 法学导论[M]. 2 版. 北京:法律出版社,2015.
[21] 林娅. 环境哲学概论[M]. 北京:中国政法大学出版社,2000.
[22] 李艳芳. 论环境法的本质特征[J]. 法学家,1999(5):67-74.
[23] 梁慧星. 民商法论丛:第 7 卷[M]. 北京:法律出版社,1999.
[24] 戚道孟. 环境法[M]. 天津:南开大学出版社,2001.
[25] 肖国兴,肖乾刚. 自然资源法[M]. 北京:法律出版社,1999.